식민지시대 재일조선인운동 연구

김 인 덕

국학자료원

책을 내면서

식민지시대사 연구는 1980년대 이후 양과 질적으로 비약적인 발전을 거듭해 오고 있다. 이 가운데 운동사 영역의 연구가 식민지시대사 연구를 선도했다고 할 수 있다. 일본제국주의에 대항한 조선인의 운동은 우리 민족이 사는 곳이면 어디에서나 끊임없이 있어 왔다. 국내를 비롯해 국외 지역에 대한 연구들이 축적되어 당시 사회를 보다 구체적이고 풍부하게 그리고 있다.

일본제국주의의 식민 통치를 경험한 한국 사회는 '겉치레식의 반일'이 국민 정서를 지배하고 있다. 이것은 학문의 영역에서도 마찬가지이다. 특히 한국사 영역에서는 일본, 일본관련 문제가 중요하다면서도 막상 연구 주제로 선정할 때는 주춤하고 있다.

식민지시대 운동사 연구의 분야에서는 다양한 주제가 연구되어 왔으나 국내에서는 유독 일본지역에 대한 연구가 전무한 형편이다. 일본지역의 식민지시대 운동사에서 차지하는 비중을 생각할 때 이러한 현상을 빨리 극복해야 할 것이다. 이에 필자는 일본지역 재일조선인 운동사에 주목했다.

본서는 필자가 성균관대학교에 제출한 박사학위 청구논문인 『재일조선인 민족해방운동 연구 —1925~31년 시기 사회주의운동을 중심으로—』를 일부 수정한 것이다. 연구 초기에 필자는 재일조선인(운동)사 연구를 국내운동의 연결선 상에서 출발해 국내운동과 유기적인 관계 속에서 조망하고자 했다. 이러한 시점은 관련 자료와 연구 성과를 정리하는 과정에서 수정이 불가피했고 현재 일본에서 연구되는 재일조선인(운동)사 연구에 있어 빈자리를 메우는데 일조하는 방향으로 재편되었다. 결국 국내 운동사에 대한 서술이 소략해지고 일본지역 조선인에 대한 서술이 양적으로 늘어나 논문이 작성되었다.

재일조선인의 운동은 식민지시대 사회 운동의 본편적인 내용을 띠면
서 동시에 일본이라는 지역적 특수성에 따라 차별성을 갖고 전개되었
다. 1920년대 중후반 국내 운동이 활성화되었던 시기에 재일조선인 운
동은 국내운동과 조직적인 관계를 맺으며 극성기를 맞이했다. 1920년
대 중반 이후 1930년대 초 재일조선인 운동은 정치투쟁적 성격을 띤
지역단위 민족해방운동이었던 것이다.

올바른 시각도 명석함도 갖지 못한 필자가 이 정도의 책이나마 간행
할 수 있었던 것은 여러 선생님의 가르침이 있었기 때문이다. 올바른
사관에 대해 끊임없이 교시를 주시고 논문을 지도해 주신 성대경선생
님께 감사드린다. 학위논문 심사 때 위원장을 맡아 주신 윤병석선생님,
박사학위 청구논문을 꼼꼼히 읽어 주신 강만길선생님의 은혜도 잊을
수 없다. 서중석선생님, 구태훈선생님의 지도도 빼놓을 수 없다. 또한
사학과와 역사교육과 선생님들과 여러 선배 선생님들의 도움이 연약한
필자에게는 큰 힘이 되었다.

필자의 일본 자료 수집 여행 때마다 가르침의 말씀을 잊지 않으신
박경식선생님, 필요한 자료를 수시로 복사해 보내 준 外村大선생님이
없었다면 필자는 재일조선인운동사에 대해 개안할 수 없었을 것이다.
학내 현대사연구팀과 몇년 동안 지속된 재일조선인 연구 모임이 있었
기 때문에 게으름이 덜 할 수 있었다. 보훈연구실의 직원들과 부모님,
가족의 사랑도 필자에게는 용기가 되었다. 불완전한 이 책의 보완을
다짐하며 여러 분들께 감사드린다.

끝으로 어려운 출판업계의 사정에도 불구하고 상업성이 없는 책을
출판해 주시는 정찬용사장님과 원고를 교정해 준 편집실의 여러분께
고마운 뜻을 표한다.

1996. 11. 14.

필 자

目 次

제3장 재일조선인 민족해방운동 조직의 성장과 일본지역으로의 확대(1925-26년 시기)

제4장 재일조선인 민족해방운동 전위 조직의 강화와 통일적 발전(1927년 시기)

제5장 조선공산당 일본총국과 재일조선인 민족해방
운동의 고양(1928년 시기)

제6장 재일조선인 민족해방운동의 방향전환
(1929-31년 시기)

제1장 서장

제1절 연구대상

1945년 8월 한국은 끊임없이 전개된 민족해방운동과 연합국의 군사력이 토대가 되어 해방을 맞이했다. 식민지시대 조선 민족은 식민 통치 아래에서 민족독립국가 건설과 해방을 위해 민족해방운동을 전개했다. 일찌기 세계사에서 찾아보기 힘든 가혹한 식민지 통치 아래에서 조선 민족은 자신이 처한 위치에서 다양한 반일투쟁을 수행했다. 물론 여기에는 일제의 지배정책으로 말미암아 고양된 반일투쟁과 달리 왜곡된 반민족적 행동도 없지는 않았다. 그러나 조선 민족은 식민통치 전기간 동안 반일의 투쟁의식을 재고해 내며 반제민족해방운동을 지속적으로 전개했던 것이다.

식민지시대 조선 민족은 정치, 경제적인 이유에서 중국, 일본, 러시아, 미주지역 등지로 이주했다. 그리고 경제, 사회적인 기반을 닦고 일상 생활을 영위하며 반일투쟁에 복무했다. 일본지역에도 식민지시대에 다수의 조선인이 일제의 경제적 요구에 따라 도일해 갔다. 일본지역 조선인 문제는 일본 제국주의 침략의 소산으로 단순히 일본에 살고 있는 조선인의 문제가 아닌 것이다. 현대 일본의 역사학에서 일본제국주의에 대한 연구와 관련하여 이 시기 조선인문제는 하나의 중요한 과제라고 생각한다. 그럼에도 불구하고 재일조선인에 대한 연구는 활발하지 않고 단지 일본의 근대사나 사회사, 사회운동사, 노동운동사에서 부분적, 편파적으로 기술하고 있다.

한국사는 전 조선 민족이 포괄되는 역사이다. 따라서 조선 민족의 역사를 서술할 때는 조선반도 내의 역사뿐만 아니라 다수의 조선 민족이 살던 지역의 역사도 포괄적으로 기술하는 것이 타당하다. 식민지시대 조선민족해방운동사에서도 중국 동북 삼성지역과 관내 그리고 연해주 지역의 운동사가 우리의 역사인 것처럼 일본지역에서의 재일조선인의 투쟁사도 빼놓을 수 없는 우리의 중요한 역사이다. 일본지역의 조선인 민족해방운동은 식민지시대 전 기간에 걸쳐 전개되었다. 이러한 일본지역 조선인 즉 재일조선인[1]의 민족해방운동은 가감없이 우리 역사 속에 올바르게 자리매김되어야 할 것이다.

제국주의 시기 민족해방운동은 식민지, 반식민지 국가에서 제국주의자들의 억압과 예속을 청산하는 사회혁명이다. 조선민족해방운동도 반제적 성격을 띄고 있었다. 식민지시대 조선 사회는 자본주의사회로 노동계급과의 모순관계를 기본 축으로 하고 동시에 식민지 수탈과 통치에 매개되면서 민족문제가 또 하나의 과제였다. 계급의 대립이 있는 역사적 현실 속에서 순수한 민족적 감정은 있을 수 없으며 민족문제는 언제나 계급적 프리즘을 통해 나타나듯이[2] 식민지시대 조선 민족문제의 해결은 계급문제의 통로를 통해서 진정으로 가능했다.

조선민족해방운동에는 일부의 반민족세력을 제외한 전 민족이 참가

---

1) 필자는 식민지시대에 '한국'이라는 용어가 거의 사용되지 않은 사실에 주목하여 식민지시대 일본지역 조선인을 재일조선인으로 통칭한다.
2) 박현채, 「분단시대 한국민족주의 과제」, 송건호·강만길 엮음, 『한국민족주의론』 II, 창작과 비평사, 1983, 19쪽.

했다. 가혹한 일제의 식민 통치 아래에서 조선의 노동자, 농민과 청년, 학생들은 민족의 독립과 계급적 해방을 위해 투쟁의 선두에 섰다. 식민지 시기의 조선민족해방운동은 같은 무렵 식민지로 전락한 다른 민족의 그것에 비해 적극적이며 꾸준하게 전개되었다. 그 가운데 공산주의세력이 투쟁의 강도와 지속성에서 상대적으로 다른 운동세력보다 끈질긴 면모를 보였다. 특히 공산주의계가 지도한 노동운동, 농민운동, 청년·학생운동은 이 시기 다른 계열의 투쟁보다 주목할만한 내용을 많이 담고 있다.

재일조선인 민족해방운동에도 다양한 세력이 함께 했다. 재일조선인 민족해방운동에는 여러 운동진영 가운데 노동운동과 청년·학생운동이 중심적인 역할을 차지했다. 특히 일본에서는 공산주의세력의 주도로 지역적 특수성에 기초한 정치적 투쟁이 강력하게 전개되었다. 자본주의라는 바다 한 가운데에 사회주의라는 섬을 건설할 수 없고 다른 민족을 억압하는 민족은 그 자신이 자유로울 수 없듯이 20세기 전반기 일본의 사회운동은 조선의 민족해방운동과 불가분의 관계를 갖고 있었으며 재일조선인 민족해방운동은 그 한 가운데에 있었다.

8·15 이후 반공주의를 근간으로 한 한국의 역사인식은 민족해방운동사에서 공산주의계의 활동을 축소·왜곡했다. 본고는 이를 부분적으로 극복하기 위해 일본지역에서의 재일조선인 공산주의계의 활동에 주목하여 전체 조선민족해방운동사의 상을 역사주의적 시점에서 정립함에 일조하고자 한다.

필자는 재일조선인 민족해방운동에서 가장 왕성하게 운동이 전개되었던 1925년부터 31년까지를 주목하여 살펴보겠다. 여기에서 1925년을 연구의 한 시점으로 삼은 이유는 1925년이 대중운동의 발전을 토대로 조선공산당이 창건됨과 함께 전체 조선민족해방운동이 한단계 새로운 비약을 시작한 때이기 때문이다. 또한 일본지역의 조선인 민족해방운동에서도 1925년은 일월회의 주도로 재일본조선인 노동운동의 중심인 재일본조선노동총동맹이 결성되고 사회주의가 유학생 및 청년들 사이에서 널리 확산되면서 운동의 질적 변화가 본격적으로 시작된 시기였다.

또한 1931년을 연구의 하한선으로 삼았다. 1931년은 조선민족해방운동이 1928년부터 시작된 일본 경찰의 탄압과 함께 코민테른의 잘못된 지시로 운동의 중심을 상실하고 독자성을 잃게 되는 때이며 각 지역의 당에 조선공산주의세력이 들어가면서 방향전환이 전개되는 시기였다. 일본지역에서의 1931년은 재일조선인 공산주의자들의 민족해방운동이 실질적으로 조종을 울린 때로 이후 재일조선인 민족해방운동은 일본사회운동에 편입되거나 부분적인 민족운동으로 잔존하게 되었다.

일천한 국내의 재일조선인 민족해방운동에 대한 연구에서 우선적인 과업은 역사적 사실의 복원이다. 역사적 사실의 복원이 궁극적인 목표는 아니지만 재일조선인 민족해방운동사 연구에서는 편파적인 역사해석에 대해 책임있는 비판을 할 수 있는 기반이 된다는 측면에서 의미가 있다. 필자는 입장의 차이에 따라 사실의 구성이 일방적으로 진행되어질 수 있는 점을 유념하면서 재일조선인 민족해방운동의 상을 그려 보겠다. 특히 선행 연구의 분절적 서술의 한계를 극복하고 공산주의계가 주도한 재일조선인 민족해방운동을 그려냄으로 전체 식민지시대 조선민족해방운동과 재일조선인 민족해방운동에서 1925년에서 31년 시기 재일조선인 공산주의계의 조직과 활동을 자리매김해 보겠다.

제2절 연구 현황과 과제

　재일조선인에 대한 문제는 일본 사회에서 현재적인 문제이다. 이러한 재일조선인에 대한 일반 연구는 도항사, 생활사, 현상소개 등의 방면에서 진행되었으며 해방 이후의 재일조선인에 대한 일반 연구는 인권문제, 법적 지위, 민족교육 등에 대해 초점을 맞추었다. 특히 재일조선인 단체의 변화와 현상을 서술한 책도 많이 나와 있으며 이밖에도 법적 규제, 생존권, 실천경험 등에 관한 작업도 진행되고 있다. 張斗植, 金達壽, 高史明, 金泰生 등의 재일조선인 작가는 식민지시대를 거치면서 지내온 삶의 역정을 그리고 있다. 이밖에도 생활사의 차원에서 여성의 차별과 피폭자의 문제를 다루기도 했다.

　해방 이전의 재일조선인(운동)에 대한 연구는 현재의 재일조선인 문제와 직·간접적인 관련 아래 지속되었다. 시기적으로 그 내용을 살펴보면 먼저 1945년 직후는 재일조선인 문제에 대한 종합적이고 체계적인 연구가 대단히 적었다. 재일조선인운동에서 1955년 5월은 운동노선의 전환을 가져온 때로 북한 南日외상의 성명[3]으로 재일조선인운동의 지형이 급변하고 노선전환이 전면화되어 재일본조선인총연합회가 탄생되었다. 이 노선전환과 함께 재일조선인운동사에 대한 연구도 본격화되었으며 그 첫시도가 林光澈의 「在日朝鮮人問題」(『歷史學硏究』(特輯「朝鮮史の諸問題」), 1953.)였다.

　1950년대 이후 재일조선인과 운동에 대해서는 생활(실태)사, 운동사,

---

3) 남일외상의 성명은 다음의 책을 참조.(카지무라 히데키 지음, 김인덕 옮김, 『재일조선인운동-1945~1965-』, 현음사, 1994, 102-104쪽.) 당시 노선전환의 핵심은 재일조선인운동이 조선민주주의 인민공화국의 재외공민으로서 수행하는 운동이기 때문에 일본공산당의 지도를 부정한다는 것이었다.

강제연행사 영역에서 연구가 시작되어 재일조선인과 일부의 일본인 사회운동 연구자 그리고 국내 연구자에 의해 수행되었다. 남한에서는 1970년대 이후의 이민사 내지는 현대 재일조선인 문제와 관련된 연구가 주로 진행되었다. 이와 함께 일부가 식민지시대사 속에서 언급되기도 했다.

먼저 남한의 연구경향을 살펴보면, 재일조선인(운동)에 관한 연구가 김상현, 민관식, 전준에 의해 진행된 것을 들 수 있다.[4] 그리고 김준엽, 김창순, 서대숙의 글은 부분적으로 재일조선인운동에 대해 언급했다.[5] 특히 반공주의적 시각에서 민족주의운동에 초점을 맞춘 전준은 기존의 일본경찰 자료를 시기, 주제별로 인용하여 재일조선인 역사를 해방 전후에 걸쳐 기술하고 있다. 김준엽, 김창순과 서대숙은 일본경찰이 남긴 조서와 일부의 관련자 인터뷰를 파벌투쟁적 시각을 견지하면서 그대로 옮겨 놓고 있다. 결국 재일조선인 민족해방운동을 파벌운동, 분산적 운동, 지역운동 차원에서만 정리하고 있는 것이다.

다음으로 일본에서의 연구경향을 살펴보면 선구적인 연구는 林光澈, 姜在彦, 朴慶植 등에 의해 주도되었다. 林光澈은 「在日朝鮮人問題」에서 재일조선인 문제는 일본의 국내 요인에 의해 결정되기 보다는 오히려 국제적, 특히 조선민주주의 인민공화국의 통일, 독립을 위한 투쟁의 정세에 좌우된다고 했다. 그리고 재일조선인의 조국방위를 위한 애국적인 투쟁은 결국 세계의 평화와 세계의 노동계급, 식민지 피억압 민족의 해방을 위한 국제주의 투쟁이었다는 것이다. 특히 1920년대의 운동은 조선 본국에서의 공산당과 신간회의 지도 아래 조직적으로 전개되

---

4) 김상현, 『재일한국인』, 단곡학술연구원, 1969, 민관식, 『재일조선인의 현상과 미래』, 고대아세아문제연구소.
5) 김준엽·김창순, 『한국공산주의운동사』(3), (5), 청계연구소, 1986, 서대숙 저, 현대사연구회 역, 『한국공산주의운동사연구』, 화다, 1985.

었으나 내용이 구체적이지 않다면서 제한적인 평가를 내리고 있다. 그리고 1931년 코민테른의 방침에 따라 조선공산당 일본총국이 해체된 것을 조·일 연대의 차원에서 긍정적으로 바라보고 있다. 이렇게 임광철의 연구는 투쟁의 새로운 시각 설정과 식민지시대 재일조선인 민족해방운동의 주체의 설정에 있어서는 선구적이다. 그러나 선언적 내용으로 일관하여 실사구시적이지 못한 한계가 있다. 같은 시기에 연구를 시작한 姜在彦은 「朝鮮人運動」(『社會主義講座』(8), 1957.)에서 재일조선인운동의 본격적인 전개에 대해 주목하여 일본에서 조선인운동의 조직적인 싹은 1922년 여름 조선인노동자의 실태조사를 목적으로 東京에서 조직된 '조선인노동자조사회'라는 사실을 강조했다. 이후 강재언은 도항사에 주목하여 도일의 과정과 도일 후의 상태를 정리했다.6)

朴慶植은 『在日朝鮮人運動史硏究 -8·15解放前-』(三一書房, 1979.)7)에서 재일조선인운동사를 통사적으로 서술하고 있다. 박경식의 연구는 재일조선인 민족해방운동사를 포괄적으로 다루고는 있으나 다음과 같은 한계가 있다. 첫째 재일조선인 민족해방운동 각 조직의 구체적인 사실을 실사구시적으로 그려내지 못했다. 둘째 시기 별 민족해방운동의 내용을 부문 별로 나누어 바라봄으로 민족해방운동의 상을 총체적으로 파악하지 못하고 있다. 그리고 셋째로 조·일 사회운동 가운데 재일조선인운동을 부분적으로 파악하여 식민지시대 조선민족해방운동에서 지역 단위 운동으로 재일조선인 운동을 자리매김하지는 못했던 것이다.

이렇게 재일조선인에 의해 주도된 초기 연구는 정치적 의도에서 선

---

6) 姜在彦, 「在日朝鮮人渡航史」, 『朝鮮月報』(別冊), 朝鮮硏究所, 1957.(이후 이 논문은 金達壽·姜在彦 編, 『手記=在日朝鮮人』(龍溪書舍, 1981)에 실렸다.)

7) 이 책은 「日本帝國主義下における在日朝鮮人運動」이라는 제목으로 『朝鮮月報』(4-8)에 연재되었던 글을 보완한 것이다.

도되어져서 구체적 사실의 검증을 소홀히 하고 있다. 그러나 이러한 연구는 재일조선인의 현실에 보다 접근하면서 사실의 확인을 통한 역사상 재구성의 첫시도로 의미가 있다. 이후 이들 가운데 강재언과 박경식은 정치적 의도를 떠나서 보편적 역사 사실로 재일조선인사를 파악하려고 시도하고 있다.

일본인에 의한 연구로는 일본사회운동사 연구의 일환으로 연구를 수행한 渡部徹, 田中徹 등의 업적이 있다. 그리고 梅田俊英, 小林末夫, 岩村登志夫 등의 연구가 이어져 왔다.

渡部徹의 『日本勞動組合運動史』8)는 일본노동운동사 특히 일본노동조합전국협의회9) 운동사 속에서 조선인 노동자의 투쟁을 취급한 선구적인 노작으로 일본인 주체의 운동사 가운데에서 재일조선인의 노동운동을 정리, 평가하고 있다. 田中徹은「朝鮮人勞動者と日本の勞動運動」10)에서 조·일 연대의 현재적 의미를 거론하면서 일본인 노동자의 조선인 노동자와의 연대는 일부 소수에만 그치고 광범위한 프롤레타리아이 연대가 국제주의에 기초해 실현되지 않았다고 했다. 梅田俊英도「日本勞動組合全國協議會と在日朝鮮人勞動者-山梨縣土建勞動者爭議を通して」11)에서 山梨縣지역의 노동쟁의를 분석하여 전협 지도의 허약함을 거론하면서 재일조선인운동의 독자성을 경시한 것을 극복하려는 움직임이 있었다면서 조·일 연대를 높이 평가했다.

小林末夫는 『在日朝鮮人勞動者と水平運動』(部落問題硏究所, 1974.)에서 미해방부락 출신 일본인 노동자와 조선인 노동자의 억압과 차별에 반대한 공동투쟁을 기술하여 기존의 일본 노동운동사 속에서만 보던

---

8) 渡部徹, 『日本勞動組合運動史』, 靑木書店, 1954.
9) 이하 전협으로 약칭한다.
10) 田中徹, 「朝鮮人勞動者と日本の勞動運動」, 『日本人のみた在日朝鮮人』, 1959.
11) 梅田俊英, 「日本勞動組合全國協議會と在日朝鮮人勞動者-山梨縣土建勞動者爭議を通して」, 『勞動運動史硏究』(55), (56), 1972.

시각을 탈피하여 연구의 대상을 확장시켰다. 이와 함께 岩村登志夫는
『在日朝鮮人と日本勞動者階級』에서 일본노동자계급의 성장과 투쟁에서
재일조선인이 끼친 영향을 무시해서는 안된다고 전제하며 일본 인민은
재일조선인과의 국제적 연대없이는 노동운동을 발전시킬 수 없다고 했
다. 특히 프로핀테른, 코민테른의 재일조선인 공산주의 단체에 대한 지
도방침에 대해 이론적인 수준에서 비판을 가하고 있다.[12] 그러나 그것
은 코민테른 자체에 대한 비판은 아니었다.

이상과 같이 일본인 사회운동 연구자들에 의한 재일조선인 운동에
대한 연구는 조·일 연대에 초점을 맞추고 일본노동운동사 속에서 재
일조선인 노동운동을 중심으로 파악했다. 그리고 코민테른과 일본사회
운동이 안고 있는 코민테른에 대한 사대주의적 시각과 이론중심적 운
동의 한계에 대한 지적이 사상된 가운데 일본노동운동사 속에서 단지
소외되었던 조선인의 활동을 서술하는 수준에만 머물고 있다. 아직도
일본사회운동사, 지역사 속에는 잠자고 있는 조선인의 투쟁이 산재해
있는 것은 현실이다.

이밖에도 鄭哲, 高峻石의 통사적인 연구가 있다. 鄭哲은 『在日韓國人
の民族運動』에서 1970년 이전 시기까지 선학의 자료편찬식의 연구가
경찰관계의 자료, 보고문 등을 주석없이 그대로 사용하고 있다고 비판
하고 민족주의적 시각에서 8·15 이전 반동 친일세력을 고발하고는 있
으나 재일조선인운동사의 상을 반공주의적 시각에서 잘못 기술하고 있
다. 高峻石도 『在日朝鮮人革命運動史』를 내놓았으나 내무성 경보국의
『特高月報』를 단지 요약, 정리하고 있다. 고준석의 연구는 연구경향과
성과를 무시한 일방적 기술과 나열적 서술로 일관하고 있다.

재일조선인운동사에 관한 내용은 아니지만 재일조선인에 대한 朴在

---

12) 齊藤秀夫, 「岩村登志夫 『在日朝鮮人と日本勞動者階級』書評」, 『歷史學硏究(7),
    1974. 7, 참조.

一의 종합적인 연구가 있다.13) 박재일은 시기를 불문하고 재일조선인 문제의 해결은 조선문제 해결을 전제로 한다면서 조선에서 대중생활의 곤란함이 제거되지 않는 한 재일조선인의 고통도 절대로 제거될 수 없다면서 해방 이전부터 집필 당시인 1957년까지 조선인의 상태를 총괄적으로 정리하고 있다.

이상에서 거론한 내용은 재일조선인 민족해방운동의 전반적인 흐름에 대한 것이었다. 이 가운데 재일조선인 민족해방운동의 분기점이 되었던 1929년 시기 재일조선인 민족해방운동 단체의 해체에 대해 주목할 필요가 있다. 그것은 1929년을 기점으로 재일조선인 민족해방운동이 전면적인 개편을 맞이하기 때문이다. 이 주제는 다른 주제와 달리 선학의 몇몇 연구가 제출되어 있다. 朴慶植, 渡部徹, 岩村登志夫 등은 해체논의와 해체가 재일조선인 민족해방운동을 무시한 잘못된 관점에 기초해 전개되었다고 한다. 이와 함께 기본적으로 코민테른과 프로핀테른의 인식이 식민지 민족의 대중과 민족부르주아지를 무시하고 적대시한 섹트적 경향과 극좌적 편향을 띠고 있었다면서14) 해체 이후 재일본조선노동총동맹의 전협으로의 합류가 재일본조선노동총동맹 조직원의 전협에서의 재조직으로 완전히 이행되지 못한 점에 주목하고 있다.15) 이러한 연구는 1929년 시기까지 재일조선인 민족해방운동에 대한 총체적인 평가가 전제되지 않은 것에 근본적인 한계가 있으며 1924년 이후 코민테른의 근본적 한계인 스탈린적 편향을 지적하지 못하고 있다.

한편 해방 후 50년 동안의 연구에 기초하여 최근에는 재일조선인운

---

13) 朴在一, 『在日朝鮮人に關する綜合的研究』, 新紀元社, 1957.
14) 朴慶植, 앞의 책, 224쪽, 참조.
15) 渡部徹, 앞의 책, 참조. 그리고 鈴木秀子는 일본운동의 면밀한 검토를 전제로 한 전후 일본운동으로의 합동의 한계를 거론하고 있다.(鈴木秀子, 「在日朝鮮人運動と日本人」, 『朝鮮研究』(79), 1968. 1.)

동사연구회와 몇몇 연구자들에 의해 지역사를 중심으로 연구가 진행되고 있다. 현재 일본 내의 연구는 식민지시대 조선민족해방운동사 연구와는 일정하게 거리를 두고 진행되고 있다. 朴慶植을 비롯한 姜在彦, 金森襄作, 水野直樹, 梶村秀樹, 樋口雄一, 山田昭次 등의 연구에 堀內稔, 外村大, 金浩, 金光烈, 長澤秀 등이 성과를 올리고 있다.16) 최근 일본에서의 연구는 지역사례(大阪, 東京, 兵庫, 名古屋, 神奈川 등지) 연구를 통해 기존에 일본경찰 및 관헌의 자료를 중심으로 정리되었던 지역의 역사상을 어느 정도 극복하고 사실들을 복원해 내고 있다. 그러나 이러한 연구는 조선민족해방운동사적인 시각에 서지 않고 단순히 지역사, 부분별 사례에 주목한 것이기 때문에 총체적인 시각에서 조선민족해방운동사를 조망하지 못한 아쉬움이 있다. 이밖에도 강제연행사에 대한 지속적인 연구와 渡日, 關東震災 때 朝鮮人 虐殺 그리고 재일조선인의 지역에서의 역할에 대한 연구가 계속적으로 진행되고 있다.

지금까지 살펴본 기존의 연구성과는 첫째 객관적 사실의 연관성에 대한 인식의 한계를 드러내고 있다.17) 재일조선인 민족해방운동은 국내운동과 조직, 활동의 유기적인 상호관련 속에서 일본이라는 지역적 특수성에 기초하여 전개되었음에도 불구하고 일본이라는 지리적인 요인 속에서만 서술하고 있다.

둘째 단체와 조직 주체 사이의 상호관련성을 파악함에 한계를 노정

---

16) 일본에서의 연구성과는 『在日朝鮮人史研究』, 『海峽』, 『季刊三千里』, 『季刊靑丘』, 『朝鮮研究』, 『部落解放研究』, 『勞動運動史研究』 등의 잡지를 통해 참조할 수 있다.

17) 해방 50주년을 맞이하며 최근에 연구 성과에 관해 정리를 한 外村大는 기존 연구의 문제점으로 1) 총체적 시각의 부재, 2) 사회 집단으로서의 재일조선인 사회 형성의 실체와 일본인과의 관계 파악의 문제, 3) 단절된 시기별 연구의 경향성 등을 제기하고 있다. (外村大, 「在日朝鮮人史研究の現狀と課題についての一考察-戰前期を對象とする硏究を中心に-」, 『在日朝鮮人史研究』(25), 1995. 9, 9-13쪽, 참조.)

하고 있다. 재일조선인 민족해방운동 조직은 개별적이고, 분산적이지 않았다. 1925년에서 1931년 시기 재일조선인 민족해방운동은 일월회, 조선공산당 일본부, 일본총국의 주도로 변화되는 정세 속에서 다양한 전술을 대중단체를 통해 구현하면서 전개되었던 것이다.

셋째 재일조선인 민족해방운동은 일제의 탄압 아래에서도 민족, 계급적 모순에 대해 대중투쟁을 통해 전면적으로 대항한 반일 정치투쟁이었다. 그러나 현재까지의 연구는 조선민족해방운동의 일부인 재일조선인의 민족해방운동을 분산적인 투쟁으로 서술하는 경향이 있다. 총체적인 시각에서 재일조선인 민족해방운동을 조망해야 할 것이다.

필자는 일본지역에서 조선인 민족해방운동이 지속적으로 발전했던 1925년에서 1931년까지를 대상으로 다음과 같은 점에 중점을 두고 연구를 진행하고자 한다.

첫째 재일조선인 민족해방운동에서 조직 주체의 변화에 착목하고자 한다. 정세의 변화에 따라 재일조선인 민족해방운동도 조직이 개폐되고 운동세력 내부의 갈등이 야기되면서 전개되었다. 필자는 여기에서 투쟁의 중심인 조직의 실체와 기타 대중 단체 사이의 상호관련성을 파악해 보겠다. 이 가운데 당과 대중 조직의 내용, 지도·피지도의 관계를 통해 주도세력의 변화과정을 살펴 보겠다.

재일조선인 민족해방운동 운동진영은 민족·사회주의진영으로 대분할 수 있다. 사회주의진영에는 공산주의계와 무정부주의계로 세분된다. 본고에서는 재일조선인 민족해방운동에서 투쟁을 선도한 공산주의계의 당 조직과 노동운동, 청년·학생운동 세력 가운데 국내 운동의 연결선상에 있던 조선공산당 일본부·일본총국, 재일본조선노동총동맹, 재일본조선청년총동맹, 신간회 일본지역 지회, 학우회 등을 중심으로 살펴 보겠다.[18]

둘째 재일조선인 민족해방운동의 발전을 조직의 변화와 함께 대중투쟁 속에서 확인해 보겠다. 조직의 변화, 발전은 대중투쟁에서 검증되며 대중투쟁의 의미는 투쟁과정과 투쟁의 결과 그리고 전체 민족해방운동사에 끼친 영향에 의해 평가할 수 있다. 필자는 재일조선인 민족해방운동이 조직 주체의 변화, 발전과 함께 정치 투쟁을 선차적으로 전개하며 지역 단위의 일상적인 요구도 포용하면서 전개되었던 사실에 주목하여 살펴보겠다. 여기에서는 재일조선인 민족해방운동의 지역적 특수성을 파악하고 진정한 국제주의와 관련한 조·일 연대 투쟁의 실상과 의미를 확인하겠다.

셋째 재일조선인 민족해방운동에서 조직 해체의 의미를 검토해 보겠다. 계속적으로 재조직되었던 재일조선인 민족해방운동 단체들은 지속적으로 전개되었던 대중 투쟁과 일본의 사회운동을 일정하게 선도했다. 그러나 일국사회주의론에 입각한 코민테른과 프로핀테른은 재일조선인의 특수성을 무시하고 일방적으로 재일조선인 노동자 조직의 전협으로의 해소를 제기하면서 일본지역 조선인의 독자적인 운동을 인정하지 않았다. 이것은 재일조선인 민족해방운동이 방향전환의 길로 가게 했고 결국 재일조선인 민족해방운동을 일본 사회운동으로 매몰시켰다. 본고에서는 1928년까지의 재일조선인 투쟁의 내용을 확인하고 해체 논의의 일방성을 명확히 하여 재일조선인 민족해방운동 조직의 해체, 해

---

18) 전체 재일조선인 민족해방운동의 대강과 민족주의 진영의 활동은 다음과 같은 책을 참조할 수 있다. 朴慶植, 『在日朝鮮人運動史-8·15解放前-』, 三一書房, 1979, 岩村登志夫, 『在日朝鮮人と日本勞動者階級』, 校倉書房, 1972, 전준, 『조총련연구』, 고대아세아문제연구소, 1972, 高埈石, 『在日朝鮮人革命運動史』, 拓植書房, 1985, 고준석 지음, 김영철 옮김, 『조선공산당과 코민테른』, 공동체, 1989, 리챠트·H·미ッチェル, 金容權 譯, 『在日朝鮮人の歷史』, 彩流社, 1981, 鄭哲, 『在日韓國人の民族運動』, 洋洋社, 1970. 대체로 이러한 연구성과는 재일조선인 민족해방운동의 내용을 분절적, 나열적으로 기술하여 조직과 활동의 상을 제대로 구성하지 못하고 있다. 특히 당 조직과 대중단체의 유기적 관련성과 활동의 내용에 대해서는 제대로 밝혀내지 못하고 있다.

체 논의의 상을 올바르게 정립해 보겠다.

제3절 자료

역사의 연구는 연구자의 정치적 입장에 따라 동일한 사료도 얼마든
지 달리 해석할 수 있다. 특히 민족 간에 첨예한 문제가 개재된 사실
에 대해서는 날조와 왜곡이 비일비재 했다. 역사 연구자는 사료취급에
서 신빙성을 엄밀히 확인하고 이용 가능성을 명확히 한 후에 사료적
가치를 인정하고 채택해야 할 것이다.

재일조선인에 대한 자료는 일본 내 조선인의 활동에 대한 기록이기
때문에 의도적으로 일제의 목적대로 왜곡된 상태로 경찰·검찰 관련
기록에 남아 있다. 이러한 기록을 무비판적으로 사료적 가치를 정확히
평가하지 않고 채택하는 것은 지난 시기의 역사를 왜곡함에 일조하는
것으로 버려야 할 연구 태도이다.

재일조선인에 관한 자료는 경찰·검찰 자료와 운동 관련 당사자들의
자료로 분류할 수 있다. 일본 경찰·검찰은 1945년 이전의 재일조선인
에 관해 관련 기록에서 자의적으로 정리해 두고 있다. 대표적인 것으
로 『社會運動の狀況』(1929-42), 內務省警保局의 『特高月報』, 『昭和特高
彈壓史』등을 들 수 있다. 경찰의 재일조선인 관련 자료를 묶어 낸 金
正明 編, 『朝鮮獨立運動』(3)(4)(原書房, 1966-67.), 朴慶植 編, 『在日朝鮮
人關係資料集成』(1-5)(三一書房, 1975-76.), 朴慶植 編, 『朝鮮問題資料叢
書』(1-15)(アジア問題研究所, 1994.) 등의 자료집도 있다. 1945년 이후
일본경찰이 발간한 공식 출판물에도 1945년 이전 재일조선인(운동)관련
자료를 확인할 수 있다. 주요한 것으로는 森田芳夫의 『在日朝鮮人の推

移と現狀』(1955.), 坪江汕二의 『朝鮮民族獨立運動秘史』(1959.), 坪井豊吉의 『在日本朝鮮人運動の槪況』(1959.) 등이 있다.[19] 이러한 경찰 자료는 윤색과 오기가 많음으로 주의해서 채택해야 한다. 현재 이 자료를 전면 부정하고 연구를 할 수 없는 상황임을 감안할 때 면밀히 평가해 보아야 할 것이다. 검찰 자료로 고려대학교 아세아문제연구소의 조선공산당 관계 자료 가운데 주목할 만한 것이 있다. 이 가운데 강달영, 한림, 김준연, 차금봉, 허장환 등의 관련 기록은 조선공산당 일본부와 일본총국의 실체를 파악함에 긴요한 자료였다.

다음으로 운동관련 당사자들의 자료이다. 운동관련 당사자들의 자료는 다른 사료보다 훨씬 신빙성이 높아 자료적 가치가 월등하다. 필자는 法政大學校 大原社會問題硏究所의 재일조선인 활동가들이 발행한 문건들,[20] 日本國會圖書館 내 憲政資料室의 마이크로필름, 早稻田大學校 圖書館 美軍沒收文獻所藏 마이크로필름,[21] 獨立記念館 韓國獨立運動史硏究所 소장 복제본 등을 본 논문을 작성함에 참고했다.[22] 이와 함께 1920, 30년대 일본의 주요 사회운동 관련 잡지에 실린 재일조선인(운동)과 조선민족해방운동에 대한 문건[23] 그리고 체험기와 회상기,

---

19) 한편 해방 이후 재일조선인(운동)에 대한 자료와 연구는 朴慶植, 『天皇制國家
    と在日朝鮮人』, 社會評論社, 1986, 325-326쪽, 朴慶植, 「解放後時期の在日朝鮮
    人史硏究の現狀と私見」, 『在日朝鮮人史硏究』(25), 1995. 9, 최영호, 『재일한국
    인과 조국광복-해방 직후의 본국 귀환과 민족단체 활동-』, 글모인, 1995,
    25-33쪽, 참조.
20) 이 가운데 일부는 獨立記念館 韓國獨立運動史硏究所에 복제본으로 소장되어
    있다.
21) 여기에서는 Reel No. 12, 13, 14에 재일조선인에 관한 삐라, 팜플렛 등이 있
    다. 마이크로필름의 내용은 다음의 책을 참조할 것. 須崎愼一 編, 『米國國立
    國會圖書館所藏美軍沒收資料マイクロフィルム目錄(一部)』, 早稻田大學文學部,
    1975, 小森惠, 『社會運動·思想關係資料案內』, 三一書房, 1986.
22) 일부의 러시아 현대사자료 보관 및 연구센터 소장 자료도 참고했다.
23) 재일조선인 공산주의자들의 1920, 30년대 일본 사회운동관련 잡지에 실린 문
    건을 모아 책으로 발간 한 것은 다음과 같다. 世界革命硏究會, 『資料在日朝鮮

자서전들도 참조했다.

이상의 관련 자료와 함께 당시의 국내 주요 일간지인 『동아일보』, 『조선일보』, 『시대일보』, 『중외일보』등에 실린 재일조선인 관련 기사와 일본의 1920, 30년대의 주요 사회운동 관련 출판물 가운데 전술한 문헌 이외에 특히 『日本社會運動通信』, 『無産者新聞』, 『赤旗』의 재일조선인(운동) 관련 기사를 자료로 사용했다.

人共産主義運動』(『世界革命運動情報』(特別號2, 4號)), 小澤有作 編, 『在日朝鮮人』(『近代民衆の記錄』(10)), 新人物往來社, 1978. 이와 함께 다음과 같은 일본 잡지를 참조했다. 『進め』, 『中央公論』, 『戰旗』, 『プロレタリア科學』, 『マルクス主義』, 『前衛』, 『赤旗』, 『新光』, 『文藝戰線』, 『大衆』, 『解放』, 『階級戰』, 『改造』, 『政治批判』, 『勞動者』.

제2장 식민지시대 재일조선인의
사회·경제적 조건

제1절 일제의 조선인 이민정책과 조선인의
도일[1]

　일본제국주의는 조선을 강점한 후 무단정치로 불리는 헌병·경찰통치를 자행했다. 이와 함께 식민지 통제 경제정책의 일환으로 수행된 토지조사사업은 농민을 소작농으로 전환시켰다. 1920년부터 실시된 산미증식계획은 식민지 지주제를 더욱 확대시켰고, 농민들은 소작농으로 전락하여 결국 탈농되었다. 특히 조선총독부는 재원의 염출을 지세와 지세부가세로 지주에게 부과했고 지주는 소작인에게 소작료를 50% 내지 70%까지의 고율로 수취하게 되었다. 그 결과 소작인의 부담이 가중되었다. 한편으로 지주층은 고리대금업자로서 소작인들을 이중 삼중으로 수탈하여 조선 농촌은 파탄지경에 이르고 말았다.[2]

---

1) 본고에서는 식민지시대 조선인의 일본 진출을 도일이라는 용어로 표현한다. 그리고 '도항'이라는 단어도 준용한다.
2) 全錫淡·李基洙·金漢周, 『日帝下의 朝鮮社會經濟史』, 朝鮮金融組合聯合會,

토지조사사업의 실시 이후 농촌을 떠난 인구의 태반은 인근 도시지역의 일용노동자로 전락하거나 철도부설·항만시설·도로공사·수리사업 등의 공사장노동자가 되었고, 일부는 상인 및 공장노동자가 되었다. 심한 경우에는 화전민이나 걸인으로 전락하기도 했다. 나머지는 만주·일본 등지의 노동시장으로 유입되었다.3) 당시 국외로 이동할 수 있는 층은 같은 몰락 농민이면서도 여비를 마련할 수 있으며, 또 외부세계에 대한 지식을 갖고 있는 이른바 최저보다는 조금 형편이 나은 자들이었다.4) 즉 소작농보다는 자소작농 출신인 경우가 많았다. 이 가운데 일본으로 유입된 인구는 1925년 시기 전체 전업 농민의 16.86%인 25,308명이었으며 대부분이 南鮮 출신이었다.5)

재일조선인6)의 발생은 철저하게 일본 자본주의의 요구에 기초했으

1947, 99 - 100쪽, 참조.

3) 姜萬吉, 『日帝時代 貧民生活史 硏究』, 창작과 비평사, 1987, 108-109쪽, 284쪽, 참조.

4) 梶村秀樹, 「1920-30年代朝鮮農民渡日の背景」, 『在日朝鮮人史硏究』(6), 1980, 61쪽.

5) 남선 출신의 비율이 20.42%, 북선 출신이 0.03%였다.(朝鮮總督府, 『朝鮮の小作慣習』, 1929, 41쪽.) 일본 본토와의 거리 때문에 도일자의 다수는 남부지방 출신이 많았다. 특히 大阪은 제주도 출신자가 많이 이주했다. 조선인은 지리상으로 가까운 九州 내지는 關西지방의 도시로 도일하여 첫발을 내딛었다. (東京府 社會課, 「在京朝鮮人勞動者の現狀」(1929. 4.), 『勞動關係資料集』(4), 여강출판사, 40쪽.)

6) 지금까지 재일조선인(노동자)의 상태에 대한 연구는 크게 세가지로 나누어 설명할 수 있다.
먼저 이민사 영역에서의 연구이다. (고승제, 『한국이민사연구』, 장문각, 1973, 현규환, 『한국유이민사』, 삼화출판사, 1976 등이 있다. 현규환은 조선인의 도일을 유발기, 조절기(1921-30), 억제기(1931-38), 강제징용기(1939-45)로 나눈다.) 여기에서는 국외 이주의 원인, 상황, 정착 내용, 사회활동 등의 영역을 포괄적으로 다루고 있으나 도일의 의미와 한국사에 끼친 영향 등에 대해서는 거의 언급하지 않고 있다.
둘째로 재일운동사의 전사로 재일조선인(노동자)의 형성사를 정리한 연구가 있다. (李瑜煥, 『在日韓國人五十年史』, 新樹物産株式會社出版部, 1960, 박재일,

며 일본이 조선인의 일본 유입을 정책적으로 통제했다는 점에 주목해야 한다. 이민정책은 직접적인 통제수단이었다. 먼저 이민정책을 살펴보자.

일제의 조선인 노동자 동원을 시기 별로 구분해 보면, 1) 1910년대 조정기, 2) 1920년대 구조적 노동력 동원기, 3) 1930년대의 적극적 노동력 동원기, 그리고 4) 1930년대말 이후 1940년대의 전시노무동원기로 나눌 수 있다.[7]

1910년대 조선총독부의 도일정책은 집단적인 노동자 관리를 목표로 단계적으로 취해졌다. 이 정책은 일본 내 자본가의 이익을 도모함과 동시에 조선 내의 노동력 사정과 관련되었다. 이주자의 주류는 노동자로 그 선구가 된 것은 大阪府 攝津방적이며 이후 1911년에 木津川공장과 1912년에 兵庫縣 明石공장이 조선에서 노동자를 모집해 갔다.[8] 조

앞의 책, 박경식, 앞의 책.) 여기에서는 현재적 문제에 초점을 맞추고 이론·실천의 내용을 일정하게 체계화하며 민족해방운동사 속에서 재일조선인운동이 담당한 역할을 평가하려고 했다. 그러나 박재일, 박경식 등의 연구는 민족해방운동사와의 유기적인 관련 속에서 구체적으로 분석하는데는 성공했다고 할 수 없다. 일본노동시장, 일본노동운동사 연구의 일부로 진행된 연구도(松村高夫, 「日本帝國主義下における植民地勞動者」, 『經濟學年報』(10), 1967, 渡部徹, 앞의 책, 참조.) 마찬가지이다.

셋째로 재일조선인(노동자)문제를 한국사 및 식민지 조선민족해방운동사 속에서 노동계급 형성의 문제에서 보려는 시도가 있다. (서현주, 「1920년대 도일조선인 노동자계급의 형성」, 『한국학보』(63).) 여기에서는 정치경제학적인 시각에서 일정하게 상태론을 정리하기도 했지만 기존의 연구와 별다른 차이가 없이 단지 도일노동자의 상태만을 언급하는 수준이다.

7) 특히 1923년 시기 일본자본주의는 사회, 경제적 수탈 정책을 통한 구조적 노동력 동원을 지속했으며 1925년부터는 유지책을 조정책으로 개편했다. 1920년대 조선총독부의 정책은 이른바 '도항조정책'이었다.(김민영, 『일제의 조선인노동력 수탈 연구』, 한울아카데미, 1995, 27-30쪽.)

8) 기존의 일반적인 연구에서는 보통 1919년 여행증명서제도 확립 이전을 자유도항 시기라고 하는데 水野直樹에 의하면 이 때에도 통제정책이 시행되었다. (水野直樹, 「朝鮮總督府の『內地』渡航管理政策-1910年代の勞動者募集取締-」, 『在日朝鮮人史硏究』(22), 1992, 35-36쪽.)

선에서의 노동자 집단 모집이 급증한 것은 1917년 경이다.[9] 제1차 대전 시기 일본자본주의의 발전, 일본 내 노동력 부족, 식민지 노동자의 저임금 등이 요인이었다. 그러나 1921년까지는 조선인의 도일이 적극적으로 진행되지 않았다. 조선인은 중국 동북지역으로의 이민이 정치적, 경제적으로 유리하다고 생각하고 있었기 때문이다. 당시 중국 동북지역은 망명객과 무장독립운동가들의 적극적인 노력으로 조선인촌이 조성되었고 이곳에서 농사를 짓는 것도 유리했다. 물론 여기에는 일제에 대한 반일 감정도 작용했음은 두말할 나위가 없다.

1920년 일제에 의한 만주통치가 강화되면서 조선인은 반일 감정에도 불구하고 일본 이주를 선택했다. 1922년이 되자 조선인의 중국 동북지역 대 일본지역 이주의 비율이 역전되었다. 조선인은 중국 동북지역이나 노령지역보다 위험부담이 상대적으로 적은 일본으로의 도일을 선택하게 되었다. 여기에 조선인 노동자에 대한 일본 기업의 적극적인 모집이 한 몫을 했다.

조선인의 도일[10]은 철저히 일본제국주의의 필요에 따라 진행되었다. 1922년 12월 여행증명제도가 철폐되고 1923년에는 도항증명제도가 적용되었다. 일본 경제는 1923년경부터 만성적 공황상태에 빠지게 되었고 이에 따라서 특수한 경우를 제외하고는 단체 모집이 허가되지 않았다.[11] 그러나 1923년의 關東震災 때의 파괴된 시가지의 복구를 위해 노동력이 요구되자 일본 정부는 도항증명제를 폐지했다.[12] 1924년 5월 자유도항제 실시에 앞서 일본은 재일조선인의 상태와 조선인의 도일 실태를 조사했다. 내무성 경보국에서 각 府縣의 지사를 통해 확인한

---

9) 『시대일보』 1924. 6. 4.
10) 한편 당시 국내에서도 도일노동자문제에 대해서는 『조선일보』 1920년 7월부터 1936년 8월까지 비정기적으로 82회에 걸쳐 실렸다.
11) 『朝鮮警察之槪要』, 朝鮮總督府警務局, 1925, 167쪽.
12) 『治安狀況』(1927), 519쪽.

바에 의하면 조선인이 유입된다 해도 일본 노동자에게 미치는 영향은 미미한 정도였다.13) 그러나 일본 경제의 상황이 악화되자 내무성은 1925년 8월 도일을 제한해 달라는 요청을 했고 연이어 조선인 노동자의 실업문제가 야기되어 1925년 10월부터 도항저지(제한)가 실시되었다.14) 1925년 도항저지제와 함께 「과격사상 선전취체에 관한 건」이 하달되어 조선인 도일자의 단속과 감시가 강화되었다. 여기에는 일본사회운동의 고양과 이에 따른 조·일 연대를 두려워한 일제의 음폐된 사고가 전제되었음을 알 수 있다.

이후 1928년 7월 조선총독부는 도항허가 조건을 까다롭게 하여 지참금을 60엔 이상 소지하고 노동브로커의 모집에 의한 것이 아닌 조선인의 도일만 허용했다. 1927년 3월 일본경제는 금융공황으로 큰 타격을 받게 되었고 1929년 세계공황에 의해 보다 심화되자 일본 기업의 조선인노동자 단체 모집은 제한되고 도일은 재도항증명서제로 보다 통제되었다.

이런 상황에서도 농촌 경제에서 탈락한 조선인은 계속 도일을 시도했다. 특히 소작농은 이농하여 외국으로 발걸음을 옮길 수밖에 없었다.15) 조선인은 대부분 생계를 위해 도일했다. 일부는 면학을 위해 도일하기도 했다.16) 즉 재일조선인은 대다수의 노동자와 소수의 학생으로 구성되었다.17)

---

13) 『시대일보』1924. 5. 22.

14) 『治安狀況』(1927), 522쪽.

15) 조선인의 도일의 문제를 생각할 때 값싼 중국인 노동력의 조선내 유입이라는 현상을 고려해야 한다. 유입된 중국인 노동력이 조선인을 조선 내 노동시장에서 쫓겨나게 한 부분도 있었던 것이다.(「在神半島民族の現狀」, 朴慶植 編, 『在日朝鮮人關係資料集成』(이하 『자료집성』으로 표기한다)(1), 三一書房, 1975, 595쪽.)

16) 法務研究所, 앞의 책, 8쪽. 이와 함께 정치적 압박을 피하기 위한 경우도 있었다.(酒井利男, 「朝鮮人勞動者問題」(上), 『社會事業研究』(19-5), 1931. 5, 85쪽.)

일제 통제 하에서 조선인은 비합법적인 수단으로 도일하는 경우가 많았다. 특히 서류 수속이 복잡해지자 도일하려는 조선인들은 1) 다른 사람의 신분증명서를 사용하거나, 2) 저금통장을 위조하거나, 3) 서류를 가짜로 만드는 등의 방법을 감행했다. 그리고 밀항했다. 정치적, 사회적 목적에 의한 규제와 조선인노동자에 대한 경제적 요구는 필연적으로 서로 모순되었고, 여기서 다량의 불법이주가 나타났으며 이들의 상당수는 밀항브로커를 통하거나 선박을 매수하여 도일했다. 조선총독부 경무국은 매달 수백 명의 불법이주가 계속되고 있다고 추산했고,[18] 경남 경찰국은 조선인 이주의 3.2%가 불법이라고 했다.[19] 밀항은 정기선박에 숨어들어가거나, 화물과 또한 밀항주선자의 배편으로 이루어졌다. 도일이 제한된 1925년부터 1931년 3월말까지 밀항발각자 수는 556건 3,839명이었다. 이러한 밀항취체의 목적은 자본으로 유용한 노동력의 도입을 인정하고 일본의 통제에 따르지 않은 자에 대한 처벌이라는 의미와 노동시장에 혼란을 일으킬 소위 사상분자 등을 감시한다는 의미에서 조선인 노동자 선별도입제도를 확보하기 위한 수단이었음은 물론이다.

도일하는 조선인은 해상교통 수단에 의지하지 않을 수 없었다. 중심 통로는 부산과 下關 사이의 왕복노선이었다. 麗水-下關, 濟州道-大阪의 정기항로 그리고 청진, 원산, 나진 등 항구와 일본의 新潟, 敦賀 등지와 연결되는 뱃길, 조선 내 포구에서 출발하여 일본의 각 항구에 도달할 수 있는 길이 있었다.[20]

---

17) 한편 일본당국은 허무맹랑하게 일본의 물질적·정신적 진보를 동경하여 도일했다고 아전인수격으로 파악하기도 한다. (大阪市社會部, 「朝鮮人勞動者問題」, 박경식 편, 『자료집성』(1), 352쪽.)
18) 朝鮮總督府警務局, 『最近における朝鮮治安狀況』(1939), 참조.
19) 朝鮮慶尙南道警察部, 『內地出稼朝鮮人勞動者狀態調査』, 참조.
20) 현규환, 앞의 책, 446쪽.

지금까지 살펴본 것처럼 일본은 일본 내의 경제적 상황에 따라 조선인의 도일을 제한하거나 통제했다. 조선인의 도일은 지속적으로 전개되었으며 그 추이를 연차별로 살펴보면 다음과 같다.

<표 1> 재일조선인의 추이(1920-1931)[21]

연 도	이주인구	거 주 인 구			
		(가)	(나)	(다)	(라)
1920	4,211	(40,577)	30,189	30,175	30,189
1921	7,362	48,774	38,561	35,876	38,651
1922	32,806	82,693	59,722	59,865	59,851
1923	27,850	112,051	80,415	80,617	80,617
1924	53,690	168,002	118,152	120,238	120,238
1925	16,582	187,102	129,870	133,710	133,710
1926	17,953	207,853	143,798	148,503	148,503
1927	35,344	246,515	165,286	175,911	175,911
1928	90,622	341,737	238,102	243,328	243,328
1929	40,943	387,901	275,206	276,031	276,031
1930	25,468	419,009	298,091	298,091	298,091
1931	12,621	437,519	311,247	318,212	318,212

위 표는 1920년에서 1931년 시기 조선인의 이주와 거주 현황이다. 도일정책의 변화에 따라 이주인구의 가감현상이 확인된다. 도항이 저지되는 1925년 10월 이후 이주 인구의 감소가 나타나며 1929년 세계공황의 여파로 조선인 노동자의 도일은 다시 격감되고 있다.

초기 조선인 도일노동자들 중에는 돈을 벌게 되면 고향으로 돌아가

---

21) 거주 인구 항목은 각각 다음과 같은 책을 참고했다. (가) 박재일, 앞의 책, 23-32 쪽, (나) 森田芳夫, 『戰前に於ける在朝鮮人の人口統計』, 5쪽,(내무성경보국 자료 인용) (다) 「在日朝鮮人歸國問題の眞相」, 金英達·高柳俊男 編, 『北朝鮮歸國事業關係資料集』, 新幹社, 1995, 10쪽, 김봉우, 『일제식민통치비사』, 1989, 249쪽, (라) 『治安狀況』(1933), 192쪽. 한편 괄호 안의 숫자는 국세조사의 숫자이다.

겠다고 생각하는 자들이 많았으나 시간이 지남에 따라 일본에 定住하는 경향을 보인다. 그 증거로 戶數의 증가와 남녀 비율의 접근[22])을 들수 있다. 즉 1926년에는 14만여 명의 거주 인구에 호수는 1만3천여 호였지만, 1929년에는 거주인구 271,280명에 호수는 32,527호로 호수의 증가율이 인구의 증가율을 능가하고 있다. 또 1921년에는 여자 100명에 대해 남자 600명의 비율이었지만 1929년에는 331명으로 되어 점차 남녀의 비율의 차이가 줄고 있다. 이것은 1923년 이래 매년 8만여 명 이상의 귀환조선인이 있는 상황 속에서도 조선인 노동자들은 점차 일본 내에서 노동자로 정착되어 감을 나타내 준다고 할 수 있다.[23]) 1929년을 기점으로 一家 단위의 이주가 늘어가는 추세였다.[24])

제2절 재일조선인의 지역별 분포 상태

1. 大阪지역

일제시대 재일조선인의 대다수는 大阪, 東京, 神戶지역에 거주했다. 이 지역에 재일조선인이 많이 거주하는 원인은 조선에서 가까운 최대의 상공업 중심지로 노동력의 수요가 많았기 때문이었다.[25]) 특히 關東震災 이후 조선인 노동자가 증가했다. 재일조선인의 연도, 지역별 인구 구성을 보면 다음과 같다.

---

22) 武田行雄, 「內地在住半島人問題」, 『社會政策時報』(213), 1938, 110쪽.
23) 서현주, 앞의 논문, 194-195쪽.
24) 大阪의 경우 그 경향이 뚜렷했다.(『중외일보』, 1929. 3. 3.)
25) 1930년대가 되면 1920년대와 달리 東京府에 조선인이 다수 이주하게 된다. 표2) 참조.

<표 2> 시기 · 지역 별 재일조선인의 인구 구성26)

연도 순위	1920		1921		1925		1928		1930		1933	
①	福岡	7033	福岡	6,092	大阪	34,311	大阪	55,290	大阪	96,343	大阪	140,277
②	大阪	4762	大阪	5,069	福岡	14,245	東京	28,320	東京	38,355	東京	39,314
③	兵庫	2904	長崎	2,409	東京	9,989	福岡	21,042	愛知	35,301	愛知	34,819
④	北海道	2643	東京	2,404	愛知	8,528	愛知	17,928	福岡	34,639	京都	32,594
⑤	長崎	2013	兵庫	2,215	兵庫	8,032	京都	16,701	京都	27,785	福岡	31,510
⑥	東京	1618	山口	1,654	京都	6,823	兵庫	14,322	兵庫	26,121	兵庫	30,440
⑦	山口	1588	北海道	1,622	神奈川	6,212	神奈川	10,207	山口	15,968	山口	17,796
⑧	京都	1089	廣島	1,549	山口	5,967	山口	8,839	北海道	15,560	廣島	14,856
⑨			京都	1,255	北海道	4,450	北海道	6,446	神奈川	13,181	神奈川	12,976
⑩			大分	967	廣島	3,398	廣島	5,827	廣島	11,136	岐阜	9,669
총인구	31,702		32,274		136,709		238,102		298,091		450,217	

위 표를 살펴보면 시기 별로 각 지역의 인구 구성이 변화하는 것을 알 수 있으며 1920년대 중반이 되면 大阪, 東京 중심으로 인구 집중현상이 보인다. 大阪과 東京지역은 일본 경제의 중심지역으로 노동시장의 요구가 일본 내에서 가장 높았던 곳이다. 도일한 조선인이 이 두 지역으로 몰리게 되는 것은 자연스러운 현상이었다. 먼저 大阪지역의 재일조선인의 상태를 살펴보자.

大阪은 제1차 세계대전 후 각종 공업이 발흥하여 특히 1926년에서 1936년까지는 공업생산액이 東京府를 능가하여 일본 내에서 1위를 고수할 정도의 경제 규모를 갖고 있었다. 1937년 군수산업으로 경제구조가 전환하여 공업 중심지가 東京, 名古屋으로 옮기게 될 때까지 大阪

---

26) 『朝鮮人槪況』, 「大正十四年中ニ於ケル在留朝鮮人ノ狀況」, 「大正十五年中ニ於ケル在留朝鮮人ノ狀況」, 「昭和四年社會運動の狀況」, 「昭和五年社會運動の狀況」, 「昭和六年社會運動の狀況」, 「在京朝鮮人勞動者の現狀」(1929), 참조.

은 일본 공업의 선진 지역이었다. 1925년 통계에 따르면 5인 이상 공장의 분포에서 大阪이 최대의 공장과 노동자를 보유한 지역이었다. 도일 조선인은 손쉽게 공장과 공사현장에서 노동을 할 수 있었기 때문에 이곳을 선택했다. 大阪의 재일조선인은 1921년 이후 전일본 거주 조선인의 1/5 이상을 차지하고 있었다.[27]

渡日하는 조선 여성의 증가와 이에 따른 인구구성의 변화는 연령구성의 점진적 고령화, 세대화, 정주 등의 주체적 요인과 함께 大阪지역 재일조선인의 내적 구성의 변화를 초래했다.[28]

大阪에서의 조선인 거주 지역은 鶴橋, 今宮, 中津, 十三橋 등의 주변 지역과 시내의 泉尾, 玉造, 難波, 天滿, 芦原, 福島 등의 지역에 집중되어 있었고 특히 中本, 猪飼野, 九條, 四貫島에는 조선인 마을이 조성되었다. 1920년대 이후에 새롭게 형성된 집단 거주지역은 大阪을 대표하는 중소공장지대와 거의 일치하고 있다. 특히 大阪市에서도 중소공장이 밀집한 東成區에 조선인이 가장 많았다. 이곳의 조선인의 거주상태는 大阪의 여타 일본인의 슬럼지역보다도 열악한 상태였다. 특히 岸和田, 泉南에는 방적공장이 많았고 조선인이 다수 고용되었다.

岸和田방적이 제공한 집이 '조선町(조선인 마을)'이라고 불리게 된 것은 1922년 경이었다. 조선인 마을은 이 공장의 주위와 사택을 중심으로 조성되기 시작했다. 이밖에도 조선인들은 집을 빌어 마을을 형성했다. 大阪의 西成郡 鷺州町의 兼頭시장에 조성된 조선인 마을은 당초에는 시장으로 건설된 것이었으며 불경기로 비게 되자 조선인이 이곳을 빌어 거주하면서 생겨났다. 大阪의 조선인 마을은 1922년경부터 성립되기 시작하여 1930년경에 大阪 전역으로 확대되었다고 말할 수 있

---

27) 1944년 5월 시기에는 경성에 다음가는 제2의 조선인 집결지였다.

28) 佐佐木信彰,「1920年代における在阪朝鮮人の勞動=生活過程」,『大正大阪スラム』, 新評論, 1986, 167쪽, 참조.

다.29)

1920년대 大阪에 거주한 재일조선인은 대다수가 노동자로 토목 건설 현장, 소규모 공장에 주로 취업했다. 조선인이 취로한 건설현장으로는 阪神國道改修工事, 阪急電鐵神戶線, 伊丹線工事, 市內道路改修, 橋梁架設工事, 神崎川堤防改築, 正蓮寺川埋立工事場 등을 들 수 있다. 大阪에 간 조선인은 大阪製麻, 岸和田紡績, 大阪紡績, 日本紡績攝津工場, 大阪製氷所, 三好哨子工場 등의 직공으로 잡역에 종사했다. 가장 다수의 조선인 공장노동자가 살고 있던 이곳에서도 30인 이상의 공장에는 겨우 7%만 근무하고 있는 실정이었다.

특히 1929년 이후부터는 각 직장에서 실업률이 높아지고 동계 실업 구제사업에서 조선인이 절반 정도를 차지하게 되었다.

당시의 『경성일보』는 大阪지역의 조선인의 생활을 다음과 같이 전하고 있다.

> 「8만 9천여명 가운데 일가를 창설한 경우는 거의 3만 7천 6백 66명 이었고 그 가운데 상업 기타의 방법으로 의식주에 특별한 고통을 느끼지 않는 경우도 1만여명에 지나지 않는다. 일가노동자는 실업자라고 해도 과언은 아니다. 그들의 생활은 실제로 불안한 상태였고 그 참담한 정경을 볼 수 없을 정도이다.」30)

2. 東京지역

東京지역에서는 재일조선인 가운데 학생이 차지하는 비율이 다른 지역에 비해 높았다. 1925년 재일조선인 학생 2,087명 가운데 東京에

---

29) 樋口雄一, 「在日朝鮮人部落の成立と展開」, 小澤有作編, 『近代民衆の記録』(10) (在日朝鮮人), 新人物往來社, 550쪽.
30) 『경성일보』1931. 7. 6.

1,322명이 편중되어 있었던 것을 보아도 알 수 있다. 이러한 경향은 표 2)에서 알 수 있듯이 1930년대 초에도 지속되었다. 이 시기 학생들은 1910년대 선배 유학생들과 달리 신문배달, 각종 행상 등을 하는 고학생이 많았다.

東京에서도 재일조선인은 1920년대 關東震災 복구공사, 羽田飛行場 建設工事, 山手·中央·京濱省線 擴張工事, 私鐵 各線 擴張工事, 京濱 國道, 靑梅, 甲州街道 擴張工事 기타 隅田川架橋, 江戶川浚渫工事, 高層 建築 基礎工事 등의 주로 노동자, 잡역부로 취로했다.[31]

이러한 조선인의 東京에서의 주거는 市內에는 深川區, 本所區, 郡에는 北豊島, 荏原, 豊多摩郡에 집중되었다.[32] 東京 부근 神奈川縣의 재일조선인은 川崎, 小田原, 橫須賀, 神奈川, 鶴見 방면에 주로 거주했다.

3. 名古屋지역

名古屋에 조선인이 증가하기 시작한 것은 1920년대 후반으로 이 지역에서도 산업·교통의 중심 도시였던 名古屋市에 가장 많이 거주했다. 특히 이곳에 조선인 인구가 증가한 원인은 名古屋이 京濱, 阪神에 다음가는 3대 산업지역의 하나로 발전한 것과 1925년부터 시작된 실업구제 사업 실시 때문이었다.[33]

名古屋市의 경우 조선인은 千種町, 眞砂町, 中川町, 八態町·野立町, 四好町, 山田町, 御器所町에 많이 거주했다.[34] 三階橋架橋工事, 大曾根

---

31) 박경식, 앞의 책, 98쪽.
32) 현규환 , 앞의 책, 481쪽, 東京거주 조선인분포 상황에 관한 표 참조.
33) 金光烈, 「1930年代名古屋地域における朝鮮人勞動運動」, 『在日朝鮮人史硏究』 (23), 1993, 2쪽.
34) 현규환, 앞의 책, 484쪽, 名古屋시 재주조선인 분포에 관한 표 참조.

·中區道路改修工事, 覺王山·上野修道工事, 기타 국민학교, 공회당, 건축기초공사 등의 토공, 항만공사장의 짐꾼, 역의 짐꾼, 그리고 공장의 잡역으로 일을 했다. 名古屋의 재일조선인의 주요 직종은 실업구제사업의 중요한 직종이었던 일용토목노동자, 건축인부, 仲仕, 기타 작업 등으로 이곳에서도 다른 지역의 조선인 노동자와 마찬가지로 주로 단순 육체노동에 종사했다.

4. 京都지역

京都지역에서는 大阪, 名古屋와 달리 일용노동자수가 적었다. 이곳에는 1925년 경우 직공이 인부의 수보다 다수를 차지했다. 주로 염색, 방적, 나염의 직공, 심부름꾼, 잡역 등으로 노동했으며[35] 이곳에서는 東京, 大阪과 같이 간이 노동시장이 서지 않았기 때문에 일용노동자의 취로는 반수 이상이 親方을 통해 이루어졌다. 그 경우 임금은 민족적 임금 차별과 함께 거의 親方들 손에서 월말 혹은 2, 3개월에 한번씩 식비와 기타 경비를 제외한 잔액이 지급되는 수준이었다.

京都지역에서는 조선인이 시내인 掘川, 西陣, 七條, 下鴨에 郡에서는 伏見, 太秦, 峯山, 綱野 등지에 다수 거주했다. 大阪에서 濟州道 출신자가 주력이었던 것과 달리 1927년 당시 京都에서는 경상남도, 전라남도, 경상북도 출신이 전체 80%을 차지했다.[36]

1930년이 되면 京都도 불황에 의한 실업자의 증가와 함께 직공과 토공·인부 등 자유노동자의 비율이 증가했고 그 해 京都市 실업구제사업 등록노동자 가운데 70%가 조선인이었다. 그리고 1930년부터는 1925

---

35) 鈴木博, 「京都における在日朝鮮人勞動者の鬪い-1920年代-」, 『在日朝鮮人史硏究』(8), 31쪽.
36) 「府知事引繼文書」(1927), 『在日朝鮮人史硏究』(6), 참조.

년부터 동절기에만 실시하던 실업구제사업을 1년 내내 실시하게 되었
다.[37] 京都지역의 조선인도 다른 지역과 마찬가지로 토공과 인부로 노
동을 통해 생계를 유지했다.

제3절 재일조선인의 생활상태

1. 직업

전술했듯이 재일조선인은 渡日 前 조선에서 거의 대부분이 농업에
종사했다. 근대적인 산업노동의 경험이 전무한 농민으로 일본에 가서
는 육체노동에 종사했다.[38] 태평양전쟁 이전의 재일조선인의 직업을
분류하면 <표 3>과 같다.

이 가운데 토목노동자와 잡역부는 기후와 공사 기간에 따라서 쉽게
실업에 빠지고 노동현장을 전전해야만 했으며 토목노동자의 경우 취로
일은 1개월에 15일 내외였다.

1920년 재일조선인은 일본인이 기피하는 토목, 광업, 운수업 부문에
주로 종사했다. 1920년대 조선인 노동자들은 직공과 광부, 토건인부가
되었다. 1926년에 완성된 阪神國道 보수공사에는 연인원 백수십만 명
이 동원되었으며 그 중 1/3은 조선인이었다. 특히 실업구제사업이 실시
됨에 따라 도시에 집중되어 있던 재일조선인 노동자가 지방의 토목공

---

37) 後藤耕二, 「京都における在日朝鮮人をめぐる狀況-1930年代-」, 『在日朝鮮人史
研究』(21), 37쪽.
38) 식민지시대 재일조선인의 직업은 일용부인 토목노동자가 대부분이었고 공장
노동자도 미숙련 직공, 잡역부였다.(朴慶植, 『天皇制國家と在日朝鮮人』, 社會
評論社, 1978, 273쪽.)

사장으로 이동하여 노동했다.[39] 1930년의 경우는 불황과 재일조선인의 숫적 증가도 1920년에 비해 상대적으로 복잡해졌으나 취로 중심은 공업, 거의 실업자에 가까운 토목, 건축에 있었다. 이와 함께 조선인 노동자들이 건강하다는 미명 아래 광산에서도 가장 힘들고 어려운 채탄작업에 집중·배치되었다. 福岡縣 飯塚鑛業所의 경우 조선인 노동자는 일본인 노동자에 비해 훨씬 혹사당했다.[40]

<표 3> 재일조선인 직업별 추이[41]

직 업	1920		1930		1940	
	수 치	비율(%)	수 치	비율(%)	수 치	비율(%)
농 림 업	1,287	3.7	20,058	7.7	27,511	5.2
수 산 업	594	1.7	1,444	0.5	4,094	0.8
광 업	5,534	15.8	16,304	6.3	68,636	13.1
공업일반	12,138	34.5	74,396	28.6	179,976	34.3
토 건 업	7,290	20.8	63,770	24.6	100,258	19.1
상업일반 고 물 상	1,215	3.4	17,892	6.9	32,563	6.3
요 식 업	558	1.6	8,956	3.4	38,104	7.3
운 수 업	4,113	11.7	20,985	8.1	6,914	1.3
공무자유업	372	1.0	1,465	0.5	36,238	7.0
가사사용인	4	-	3,368	1.3	10,848	2.1
일용노동자	2,109	5.8	19,125	7.4	4,224	0.8
기타직업			12,247	4.7	13,927	2.7
소 계	35,214	100.0	260,010	100.0	523,293	100.0

불경기가 심화되는 1928, 29년 시기 조선인 실업자의 비중이 높아지

---

39) 『治安狀況』(1933), 202쪽, 참조.
40) 재적 취업자의 채탄부 비율에 있어 조선인 대 일본인은 65%대 58%였다.(福岡地方職業紹介事務局, 『管內在住朝鮮人勞動事情』, 1929, 참조.)
41) 박재일, 앞의 책, 53-54쪽, 참조.

는데 그것은 실업구제사업에서 조선인 노동자의 비중이 높아지는 것으로 확인할 수 있다. 특히 1930년도 실업구제 토목사업에 동원되는 일용노동자의 절반 이상이 조선인이었고 지역적으로는 大阪을 비롯한 5대 도시에서도 마찬가지였다.[42]

재일조선인은 경기 변동에 직면하여 항상 먼저 희생이 되어 실업 상태에 빠졌다. 수치상으로 보면 1930년 6월 재일조선인 노동자의 실업율은 일본인 5.12%에 비하여 3배인 15%를 상회했다.[43] 大阪지역의 1930년 10월 현재 실업률은 8.6%로 大阪市 전체의 실업률 1.2%를 능가했다.[44] 한편 1931년 서울의 경우는 조선인 24.2%, 일본인 16.0% 전체 22.2%였다.[45] 福岡지방의 경우 飯塚鑛業所에서는 1927년 35%의 조선인 노동자가 경기변동, 작업상황 등의 이유로 해고되었으며 이에 비해 일본인은 17%가 해고되었다.

조선인 일일노동자의 고용도 불안정했다. 1925년의 한 조사에 의하면 전체 재일 조선인노동자의 약 3%가 실업상태에 있었으며 그 가운데 일일노동자의 경우는 19.7%의 실업율을 나타냈다. 특히 건설노동자의 경우 겨울 동안 대부분 휴직상태에 있었다.

1920년대 중후반 재일조선인의 노동은 장시간・과격・불결・저임금으로 특징지워질 수 있고[46] 자유노동 부문에 편중되었다. 이들은 대부분 각종 인부, 공장노동자, 광부로서 비참한 생활을 했다.[47] 일본 정부의 입장에서 보았을 때 조선인의 실업문제는 어디까지나 부차적인 것이었으며[48] 재일조선인의 지위는 최하층 노동자로 상정되었다.

---

42) 酒井利男, 앞의 논문, 131쪽.
43) 『治安狀況』(1930), 182쪽.
44) 佐佐木信彰, 앞의 논문, 211쪽.
45) 姜萬吉, 앞의 책, 339쪽.
46) 佐佐木信彰, 앞의 논문, 196쪽.
47) 『治安狀況』(1933), 203쪽.

2. 임금

재일조선인의 임금 구조는 열악할 수밖에 없었다. 각종 공업의 평균 임금은 1930년 시기 조선인 일일 노동자가 1엔 22전 임에 반하여 일본인 노동자는 2엔 5전이었다.[49] 이러한 임금의 차이는 식민지 민족에 대한 차별과 노동력 사용가치의 차이 때문이었다.

재일조선인 노동자의 임금 운영체계는 대부분 일급 내지는 청부도급 제로 운영되었다. 임금이 월급의 형태로 지불되는 경우도 노동조직은 청부제의 원칙에 입각해 있었다.[50] 조선인 노동자 가운데 비교적 고임금을 받고 있는 경우는 仲仕와 人力車夫 등에 불과하고, 염색공이나 방적공, 유리공 등의 공장노동자들은 상대적으로 낮은 임금을 받았다. 그러나 仲仕의 경우 작업의 성격상 기후 등의 요인에 의해 1개월 동안의 취업일이 불규칙하여 한달에 겨우 15일밖에 취업하지 못하는 경우도 있으므로 다른 직업을 가진 노동자 보다 반드시 수입이 많다고 보기는 힘들다. 한편 토목·건축에 종사하는 토공이나 일용인부의 경우 청부인이나 공사장의 하청인, 또는 숙박소 주인을 통해 일자리를 얻고

---

48) 「朝鮮人勞動者問題」(1924), 『勞動關係資料集』(4), 여강출판사, 46쪽, 참조.
49) 「朝鮮人勞動者の近況」(大阪市社會部報告 177), 박재일, 앞의 책, 75쪽. 한편 조선 내에 있어 일일임금은 1924년의 경우 조선인은 2원 50전, 일본인은 3원 70전, 중국인은 2원 20전이었다.(『동아일보』1924. 10. 3) 그리고 1926년에는 조선인의 경우 2원 20전, 일본인 3원 70전, 중국인은 2원이었다.(『동아일보』 1926. 10. 10)
    재일조선인의 경우 자유노동자가 1일 최고 1엔 75전, 최저 1엔 21전, 숙련직 공은 1일 최고 1엔 75전, 최저 1엔 23전이었다.(『治安狀況』(1930), 181쪽.) 재일본조선노동총동맹의 1927년 11월 시기 회원의 90% 이상을 차지한 자유노동자의 경우는 최고 1엔 80전, 최저 70전, 평균 1엔 내외였다.(『조선사상통신』1927. 11. 29.)
50) 金贊汀, 『關釜連絡船』, 朝日新聞社, 1988, 85-86쪽.

임금도 이들의 손을 거쳐 받았으며 임금의 수수 과정에서 보통 10%
내지 20%를 공제당하기 때문에 노동자들의 손에 직접 돌아가는 부분
은 훨씬 적었다.[51]

1924년 시기 大阪지역 조선인과 일본인 사이 임금을 대비해 보면 다
음과 같다.

<표 4> 大阪지역 조선인과 일본인의 임금차[52]

민족구성 / 직 종	조 선 인	일 본 인
土 工	2.00	2.50
紡績職工	2.00	2.50
日 稼	1.60	2.00
電 氣 工	2.70	4.00

* 단위 : 엔(円)

大阪지역 조선인 마을의 경우 월수입 40엔 이하가 전체에서 80%를
차지하였고 월 평균수입은 28엔 90전이었다. 특히 20엔 이하 절대 빈
곤층은 31.5%를 나타냈다. 猪飼野의 경우 월수입 40엔 이하가 76.4%이
고 평균 월수는 32엔 12전이었다. 조선인 마을과 猪飼野 내의 조선인
의 월수는 일반적으로 이 지역의 일본인보다 열악했다. 조선인 마을의
경우 40엔 미만이 83.4%이고 猪飼野의 경우 84.8%이다. 20엔 이하는
각각 28.9%, 37.5%이다.[53] 당시 일본은 내무성에서 월수입 20엔 이하,
집세 3엔 이하를 빈민으로 취급하는데[54] 이 범주에 상당수의 재일조선

---

51) 大阪市社會部調査課, 「朝鮮人勞動者問題」(1924), 참조.
52) 內務省社會局, 「朝鮮人勞動者に關する狀況」(1924), 참조.
53) 佐佐木信彰, 앞의 논문, 201-204쪽.

인이 들어갔다. 세대당 월평균 수입은 45엔 이하로 조선인 1세대의 평균 구성원이 4인이라고 할 때 세대 인원수에 따른 일본정부가 정해 1932년에 실시한 보호법에 기초한 「생활부조급여액의 한도」에 근거해 보면 재일조선인의 70-80%가 구호한도액 이하의 최저생활에 시달리고 있었다.55) 특히 조선인 노동자에 대한 임금 차별은 중소기업에서 가장 심했다. 노동시간, 작업, 고용의 안정성 등의 노동조건에도 민족별 차별은 마찬가지였다.

한편 재일조선인이 일상생활에서 지불하는 내역은 음식비, 주거비, 피복비, 잡비, 방열비 순이었다.56) 재일조선인은 생계유지를 위한 최소한의 활동에만 돈을 사용했던 것이다.

3. 주거

재일조선인의 곤궁함은 주거문제에서도 잘 나타났다. 조선인에게 주거문제가 발생한 가장 큰 이유는 주거비에 원천적으로 많은 돈을 투자하기 어려웠기 때문이었다. 그리고 임대의 어려움, 분산 주거의 어려움, 임대 거부 때문이었다. 여기에서 일본인 집주인들의 임대거부는 주택 중개업자를 성행하게 하여 주택난을 겪고 있는 조선인들에게 더욱 많은 고통을 안겨주었다.

조선인은 연립주택이나 가건물, 폐선, 거적을 둘러친 집, 폐가, 폐쇄된 시장터 등에 거주했다. 슬럼지역 가운데에서도 조선인의 거주지는 최악의 상태였다. 대도시에서는 공사장의 간이숙소, 하천변 등지의 토굴집, 거적집 등을 짓고 사는 경우가 많았고 운이 좋은 경우도 밀집지

---

54) 藤井忠治郎, 『朝鮮無産階級の硏究』, 1926, 63쪽.
55) 박재일, 앞의 책, 81쪽.
56) 「在京朝鮮人勞動者の現狀」, 박경식 편, 『자료집성』(2-2), 990-991쪽, 참조.

역의 작은 집에 10여명의 남녀가 함께 거주했다. 1928년 통계에 따르면 일본 전국에서 집을 갖고 거주하는 조선인은 40%(東京은 37.4%)였으며 大阪 東成區 조선인 밀집지역의 경우 1호당 평균 거주인원이 18.2명, 1호당 평균 평수 5.1평, 1인당 평균 평수가 0.275평이었다.(1930년의 경우) 참고로 大阪府에서 작성된 1930년 大阪 시내, 55방면의 방면카드 등록자 8,455세대에 대한 조사에서는 1세대당 평균실수가 2실, 1인당 평균 평수가 0.75평이었다.[57]

토목 · 건설업 등에 관련된 일을 하는 노동자들은 飯場 등에서 합숙했다.[58] 이에 반해 공장노동자는 상대적으로 안정된 거주를 했다.[59] 공장노동자들은 사내 혹은 공장 내 기숙사에서 합숙하거나 하숙집에 투숙했다.[60]

大阪지역의 경우 재일조선인 스스로가 주거문제를 해결할 수 없는 상태가 되자, 일본정부는 사회문제로 취급하여 1923년 8월 大阪府 사회과는 大阪汎愛扶植會를 후원하여 50명의 수용능력을 가진 천막으로 된 공동숙박소를 시내 泉尾町에 설치하기도 했다.[61] 이것이 공동숙박소의 효시였다.[62]

---

57) 酒井利男, 「朝鮮人勞動者問題」(中), 『社會事業硏究』(19-6), 1931, 134쪽.
58) 『治安狀況』(1930), 181쪽, 참조.
59) 佐佐木信彰, 앞의 논문, 172쪽.
60) 「재류조선인의 분포 및 일반상황」, 『독립운동사자료집(별집3)』(재일본한국인민족운동자료집), 45쪽, 참조.
61) 『社會事業硏究』(11-8), 1923. 8, 佐佐木信彰, 앞의 논문, 175쪽, 재인용.
62) 이밖에도 豊崎 공동숙박소, 木津공동숙박소가 직업소개소와 함께 내선협화회의 사업으로 설립되었다. 공동숙박소는 내선협화회가 설립한 것 이외에 大阪市가 직영하는 것으로 今宮, 西野田, 鶴町, 長柄, 九條의 공동숙박소가 있었으며 1919년부터 1927년말까지 조선인 숙박인원은 합계 98,457명이었으며 월평균 911명이었다. 이 숫자는 大阪府, 兵庫縣, 京都府, 東京府에 다음가는 수치로 青森縣, 愛媛縣, 廣島縣, 奈良縣을 능가했다.(佐佐木信彰, 앞의 논문, 178-179쪽.)

조선인 마을이 조성되기 시작한 것은 이주자가 급속히 늘어난 1920
년 전후인 것 같다. 조선인 마을은 조선인에 의한 自衛의 장소로 성립
경위는 1) 飯場, 회사의 사택에 거주하기 시작하여 이곳을 거점으로 조
성된 경우, 2) 토지 소유자가 명확하지 않은 저지대, 습지대, 하천부지
등에 자력으로 임시가건물을 지으면서 조성된 경우, 3) 일본인이 주거
하지 않는 집에 거주하면서 형성된 경우, 4) 아파트, 연립주택 등을 빌
어 집단으로 거주하면서 형성된 경우 등이 있었다.

시간이 지나면서 마을 내에는 조선음식점과 재료가게가 생겨나게 되
었고 조선말만으로도 충분히 생활이 가능하게 되었다. 마을이 커지고
내부의 응집력이 강해지면서 마을의 힘이 배가되자 일본인 지역의 주
민들과 회사, 지주 등이 철거를 요구했다. 그리고 행정상 일제가 강제
로 철거를 실행하기도 했다. 이러한 행정적인 처리는 일본정부의 조선
인, 조선인 마을에 대한 기본적인 시각을 나타내 주는 것이었다.

실제로 조선인은 자신의 이름으로 집을 빌어 사용하는 것이 거의 불
가능했다. 집주인들은 임대료의 체납, 건물의 지저분한 사용, 집단 합
숙 등을 이유로 조선인의 임대를 거부했다.[63] 일본인 집주인들의 임대
기피현상은 조선인 노동자들의 주거문제를 보다 심각하게 만들었다.

여기에 대항해 조선인 노동조합은 借家人同盟을 조직하여 대항했으
며[64] 借家人同盟으로 가장 빨리 조직된 것은 堺市의 조선인노동동지회
로 1925년 1월 5일 임시 총회에서 조직되었다.[65] 이후 1928년 6월 金
光을 서기장으로 東大阪借家人同交會와 1929년 9월 大阪 泉州朝鮮人借
家人組合[66], 大阪조선노동조합 港口지부 내에 借家人同盟 분회 등이

---

63) 그러나 실제로 체납의 경우는 일본인의 경우가 훨씬 숫자 상으로 많았다.
64) 『조선일보』 1925. 1. 10.
65) 『조선일보』 1925. 1. 10.
66) 『조선일보』 1929. 10. 7.

설치되었다.[67] 특히 재일본조선노동총동맹이 조직적으로 정비되고 발전되자 1928년부터 주택문제에 대해 활발하게 대응하게 되었다. 8월 12일 재일본조선노동총동맹 大阪조선노동조합은 주택문제에 대한 연설회를 개최했다. 여기에는 大阪조선노동조합, 재일본조선청년동맹, 신간회 大阪지회, 新黨準備會 大阪지회, 借家人同盟 大阪지부가 참가했다.[68]

재일조선인의 주택분쟁은 1924년 大阪市에서 일어난 분쟁에서 시작되었다. 1926년에는 東京에서도 급증했으며[69] 1927년 시기에는 전국적으로 발생하면서 분쟁 회수가 증가했다. 1929년의 주택분쟁은 총 1,610건으로 그 원인은 집세체납이 919건으로 57%이고, 계약 위반, 무료轉貸, 부금불납건 순이었다. 이 가운데 해결이 된 경우는 554건에 불과하며 해결의 경우에도 대부분은 집주인이 入退料를 지급하고 조선인들이 퇴거하는 것으로 끝을 맺었다.

재일조선인은 대체로 주거환경이 불량주택지에서도 가장 열악했고 집단 거주로 인한 악취와 질병에 시달릴 수 밖에 없었다. 1920년대말 30년대초 재일조선인은 단독이주에서 세대이주로 도일조선인의 이주형태가 바뀌면서 보다 주택문제가 심각하게 되었다. 1930년대의 주택분쟁이 대부분 강제집행이나 조정집행을 통해 해결되는 경우에 비추어 볼 때, 그나마 1920년대 주택분쟁은 상대적으로 양호한 편이었다.

4. 교육

일제의 의무교육제도는 일본지역의 조선인들에게는 적용되지 않았을 뿐만 아니라 도일한 조선인의 경제상태가 좋아지지 않았기 때문에 재

---

67) 「特別高等警察資料」(1929. 12.), 박경식 편, 『자료집성』(2), 98쪽.
68) 『無産者新聞』 1928. 8. 20.
69) 『高等警察要史』, 1934, 경상북도 경찰부, 144쪽.

일조선인 아동의 취학 상황은 열악했다. 고율의 무취학상태가 개선되
고 겨우 재일조선인의 취업상태가 호전된 것은 1940년 경이었다.[70]

재일조선인들의 경우 정식학교 수업을 받는 경우도 있지만 생활의
필요에 따라 야학에서 일본어를 학습했다. 조선에서 일본어를 이해하
지 못한채 도일한 대다수의 재일조선인은 언어의 불통으로 인해 많은
피해를 입었다. 소개료의 갈취, 노임의 중간 착취, 하숙비의 과대 징수,
조선으로의 대리 송금을 빙자한 중간착취가 그것이다.[71] 대다수의 야
학은 주로 재일조선인 활동가들이 운동의 일환으로 운영하기도 했으며
조선의 독립과 해방에 대해 선전·선동하는 장이 되는 경우가 많았다.

제4절 재일조선인의 계층별 상태

1. 노동자의 경우

도일한 재일조선인은 주로 대도시의 노동부문에 흡수되었다.[72] 특히
6대 도시 일일노동자에서 조선인이 차지하는 비율이 조선인의 인구 증
가와 함께 급속도로 늘어나 1925년 11.9%, 1926년 27.4%, 1927년

---

70) 박재일, 앞의 책, 110쪽.
71) 하종근 옮김,『日帝植民官僚가 분석한 朝鮮人』, 세종출판사, 1995, 43-44쪽.
72) 주로 일본노동시장의 구조에서 일일노동자군에 속하고 비숙련노동자로 위치
    지워졌으며 계절적으로 겨울에는 실업에 처해지는 극히 불안정한 고용조건
    속에 놓여 있었다. 이들 재일노동자는 일본의 자본주의 경제체제 속에서 높
    은 비중을 차지했으며 1920년의 경우 일본 전체 노동자수 대비 0.51%, 1930
    년에 3.08%, 1940년에 5.75%를 점유했다. (정진성,「계급으로서의 민족공동
    체」, 서울대학교 사회학연구회 엮음,『현대자본주의와 공동체이론』, 한길사,
    1988, 583쪽, 참조.)

33.3%, 1928년 55.3%가 되었다. 재일조선인은 도일 후 일본자본주의 사회에서 각종 인부, 공장노동자, 광부로 고용구조 속에 편입되었는데 인부의 주된 노동부문은 토목, 건설부문이었다.[73] 토목, 건설 그리고 건축업은 광산 채굴, 항만 하역 노동과 함께 인간의 노동력을 가장 많이 필요로 하는 노동부문으로 토목, 건축 기계가 발달하지 않은 시기에는 육체노동력이 제일 중요했다.[74] 이렇게 재일조선인이 토목, 건설노동자로 전국적으로 이주하기 시작한 것은 1927년 금융공황기부터였다.[75]

재일조선인 노동자의 상태는 당시 문건에 보면 잘 나타나 있는데 그 내용은 다음과 같다.

「일본에 재류하는 조선인 70여만 가운데 약 10%, 7만 내외의 학생, 소상인, 관리, 회사원 등의 소위 중간층을 제외하고, 나머지 90%는 전부 육체노동자로 약 15%, 10만 5천여명이 공업, 광산, 농업 기타 잡산업노동자로 일정한 직업을 얻었고 나머지 75%, 52만 5천여명이 자유노동자로 반실업자였다. 일본자본주의의 안정기였던 1923년 당시에 조차 조선인 전체에 대한 광산과 공장 기타 잡산업노동자의 비율은 거의 21%을 차지하는데 지나지 않았다.

세계적 규모에 있어서 자본주의의 붕괴 제3기에 접어든 지금 이 21%(광산, 공장, 농업 및 잡산업노동자의 1923년 비율)라는 수치도 붕괴되었다.

공업에서 취업 조선노동자의 압도적 다수를 차지하는 방적, 화학을 비롯한 금속, 목재 등 전 산업부문에 산업합리화의 바람은 … 일본인보다도 한발 앞서 xx(해고 : 필자)의 대상이 되었다. … 취업노동자의

---

73) 「大正14年中の於ける在留朝鮮人の狀況」, 金正柱 編, 『朝鮮統治史料』(7)(이 자료는 『독립운동사자료집(별집3)』에 번역 수록되어 있다.), 宗高書房, 1970, 830쪽, 참조.
74) 窪田宏, 「滿洲支配と勞動問題-鑛山·港灣荷役,土木建築勞動における植民地的搾取について」, 『日本帝國主義と東アジア』, アジア經濟硏究所, 1979, 310쪽.
75) 岩村登志夫, 앞의 책, 108쪽.

비율은 현재 최대한 계산해도 15% 내외에 지나지 않다. 이렇게 많은 실업자 대중은 일할 의지와 능력을 갖고 있으면서도 일할 곳이 없어 암담한 xx(기아 : 필자)선 상에서 xx(신음 : 필자)하고 있다.」[76]

재일조선인 노동자는 위험하고 불결하며 굴욕적인 노동부문에서 일본인보다 낮은 임금으로 취업하여 임시적으로 노동하는 것이 보통이었다. 일본 노동시장의 최하층에서 일본인 노동자가 기피하는 노동을 잦은 해고와 위험한 노동환경 속에서 고통스럽게 수행해야 했다.

조선인 노동자는 이민 현상이 야기하는 보편적인 내용, 즉 이민이 가능한 국가의 경제적 요구에 기초해 도일했다.[77] 1920년대 전반에 형성된 재일조선인 노동자계급은 일본자본주의의 요구에 따라 조선인의 노동 이민이 전면화되면서 양적인 증가를 보이다가 노동자계급으로 계급적 자각과 전국적 조직을 갖고 재일조선인 민족해방운동의 구심이 되어 갔다.[78]

2. 학생의 경우

조선인의 1920년대 국외유학은 엄청난 증가현상을 보였다. 이러한 현상은 3·1운동 이후 국내의 향학열이 높아졌기 때문이며 한편으로 조선반도 내에서 일제의 제도교육이 전면적으로 조선인의 향학열을 수용하지 못했기 때문이었다. 따라서 외국유학은 필연적으로 늘어나게 되었으며

---

76) 金重政, 「在日朝鮮人勞動者の現狀」, 小澤有作 編, 『近代民衆の記錄』(10)(在日朝鮮人), 新人物往來社, 1978, 148-149쪽.
77) CHIN-SUNG CHUNG, COLONIAL MIGRATION FROM KOREA TO JAPAN, ADISSERTATION SUBMITTED TO DOCTOR OF PHILOSOPHY CHICAGO , 1984, 17쪽.
78) 이러한 내용은 후술한 재일조선인 노동운동을 통해 구체적인 내용을 확인할 수 있다.

결국 식민지 본국인 일본에 다수의 조선인이 유학하게 되었다.

1910년 이전의 도일유학이 주로 정부 주도로 진행된 것에 반해 1910
년 이후의 재일유학은 사비유학이었다. 1910년대까지의 도일유학이 주
로 문벌과 권세있는 집안의 후예들이 주였다면 1920년대 유학생의 숫
자가 늘어나고 구성도 다양해지면서 고학생이 늘어났다.[79] 고학생들은
東京을 비롯한 京都, 大阪, 神戶지역에서 신문배달, 인력거 차부, 일용
노동자로 노동에 종사하면서 생계를 유지하고 학비를 벌었다.[80] 이렇
게 되자 유학기간이 길어졌으며[81] 동시에 유학생은 현실문제에 자연스
럽게 관심을 갖게 되었다.

<표 5> 도일 조선인 유학생의 추이(1920-1931)[82]

연 도	유학생수
1920(6)	828
1923	1,001
1924(6)	1,601
1925(10)	2,087
1926(6)	3,375
1928	12,320
1929(9)	4,433
1930(10)	5,285
1931(10)	5,062

* ( )안은 월을 표시

---

79) 1925년 10월말 567명이었고 1926년말에는 700여명으로 늘어났다.(「內地に於
   ける朝鮮人と其犯罪に就て」, 박경식 편, 『자료집성』(1), 275쪽.)
80) 『朝鮮警察之槪要』, 朝鮮總督府警務局, 1925, 168쪽.
81) 東京府社會課, 「在京朝鮮人勞動者の現狀」(1929. 4.), 『勞動關係資料集』(4), 여
   강출판사, 41쪽.
82) 「內地に於ける朝鮮人と其犯罪に就いて」, 박경식 편, 『자료집성』(1), 274-275쪽,
   「在留朝鮮人の運動狀況」, 박경식 편, 『자료집성』(2-1), 75쪽, 현규환, 앞의 책,
   532쪽, 참조.

특히 전문학교 이하의 학교에 재학하는 학생들은 학비때문에 야간에 공부하고 주간에 노동하는 경우가 많았으며 1929년 9월말 유학생 구성은 중등학교, 전문학교, 사립대학, 관공립대학 순이었다.[83] 다수의 유학생들이 다녔던 학교들은 正則英語學校, 明治大學, 早稻田大學, 日本大學, 慶應大學, 帝國大學 등이었다.[84]

고학생이 다수를 차지하게 되면서 재일유학생의 내부구성이 변하여 전업적인 학문 연구보다는 이중적인 생활 속에서 특히 민족·계급적으로 자각하고 운동 단체에 조직되는 수가 늘어났다. 당시 학우회는 東京YMCA와 함께 공동조직의 공간으로 재일조선인 민족해방운동사에서 중요한 역할을 했다.

<표 6> 재일유학생의 지역별 추이(1929-1931)[85]

연 도	東 京	京 都	大 阪	기 타	합 계
1929(9)	3,086	344	265	738	4,433
1930(10)	3,443	494	314	1,034	5,285
1931(10)	3,075	416	460	1,111	5,062

* ( )안은 월을 표시

1926년 6월말에는 유학생의 70%가 東京에 거주했고 나머지 15%는 京都, 大阪에 그리고 기타 山口, 岡山에 주로 거주했다.[86] 1930년대 전반기는 1920년대와 달리 수치의 증가에 내용적인 변화가 있었다. 1929,

---

83)「在留朝鮮人の運動狀況」(1929), 박경식 편,『자료집성』(2-1), 1191쪽.
84)「大正 9年 6月 朝鮮人槪要」, 김정주 편,『朝鮮統治史料』(7), 677쪽, 참조.
85)「在留朝鮮人ノ運動狀況」, 박경식 편,『자료집성』(2-1), 75쪽.
86)「內地に於ける朝鮮人と其犯罪に就いて」, 박경식 편,『자료집성』(1), 274쪽.

30년 광주학생운동에서 비롯되어 전국적인 반일학생운동이 전개된 결과 일본 경찰의 탄압에 맞서 일부의 제명된 학생들이 일본유학을 선택했고 이것이 유학생 수의 증가를 추동했던 것이다.

재일조선인은 산업예비군으로 일본자본에 철저히 착취당했으며 특히 민족적 차별을 구직과 노임에서 실감할 수밖에 없었다.[87) 당시 재일조선인은 약간의 아나키즘계와 상애회 반동 세력을 제외하고는 대부분 반제투쟁에 있어 전투적인 모습을 나타냈다.[88) 재일조선인 노동자, 청년, 학생의 조직은 보다 강화되어지고 결국 전국적 규모의 투쟁 조직로 나아갔다.

이상에서 살펴 본 것처럼 재일조선인은 민족, 계급적 착취를 당하면서 인간으로서의 최소한의 생활도 할 수 없는 상태였다. 결국 재일조선인에게는 굶주림과 민족적 멸시만이 존재했고 투쟁과 굴종 가운데 하나를 선택해야 하는 입장이었다. 따라서 재일조선인은 출신 성분을 불문하고 반일투쟁에 나가게 되는 것이다.

---

87) 예를 들어 李奉昌이 1926년경 神戸철도우편국 열차계의 모집포스터를 보고 서류를 제출했던 일이 있었다. 이봉창은 '廣島보다 서쪽의 사람은 下關에서 취급하게 되어 있다. 여기에서는 채용할 수 없다'는 이유로 거절당했다. 그리고 노임에도 일이 익숙해지면 보통 올라가는 것과 달리 조선인이라는 이유로 오히려 보수가 내려갔다.(「李奉昌의사옥중수기」, 『동아일보』1994. 12. 15)
88) 日本反帝同盟書記局, 『反帝資料』(2), 1932. 7, 11쪽.

제3장 재일조선인 민족해방운동 조직의 성장과 일본지역으로의 확대 (1925-26년 시기)

제1절 마르크스주의 (재일)사상단체의 결성

1. 마르크스주의 (재일)사상단체와 북성회

사상단체는 마르크스주의 사상단체로 사고와 이성의 발전을 임무로 하는 조직이며 마르크스주의의 원리와 학설을 연구·선전하는 것을 자신의 주된 임무로 한다. 이러한 사상단체는 어느 나라 혁명운동사를 막론하고 그 원초적·자생적 성장시기에는 소수의 지식분자에 의해 사회주의의 교리를 합리적으로 연구·고찰하여 후진상태에 있는 무산대중에게 선전·교양을 수행했다.[1] 따라서 사상단체란 사회주의운동 초기에 사회주의사상을 선전·보급하고 대중적 실천을 통해 사회주의운동의 대중성 확보를 지향하는 지도 조직이라고 할 수 있다.

---

1) 崔益翰, 「사상단체해체론」, 『이론투쟁』(1-2), 13-14쪽.

재일조선인 마르크스주의 사상단체는 일본이라는 지역적 조건에서 사회주의 사상의 연구와 본국으로의 보급에 역할을 다했으며 일본의 사회운동세력, 특히 노동계급과 연대했다. 일본에서의 대표적인 사상단체로는 朝鮮苦學生同友會, 黑濤會[2], 螢雪會, 北星會, 一月會 등을 들 수 있다. 이 가운데 재일조선인운동의 조직적 발전에 있어서는 북성회와 일월회에 주목할 필요가 있다.

북성회의 결성과정을 보면, 흑도회가 1922년 11월 아나키스트와 볼세비키로 분화되어 朴烈, 金重漢, 李允熙는 흑우회를 金若水, 金鍾範, 宋奉瑀, 卞熙瑢, 金章鉉, 李如星, 安光泉, 李憲[3] 등 60여명은 북성회를 조직했다.[4]

북성회의 선전 강령은

1. 조선 인민이 적으로 하는 것은 일본의 프롤레타리아가 아니라 일본의 지배계급임을 명확히 한다.
2. 조선프롤레타리아와 일본프롤레타리아 간의 연대사상과 결합의 강화

---

2) 사상연구를 표방하고 조직된 이 조직은 일본지역 조선인 사회주의 단체의 효시이다. (「在留朝鮮人の運動」(1931), 박경식 편, 『자료집성』(2-1), 1071쪽.)

3) 이하의 본고에서는 재일조선인 민족해방운동사의 주요 인물들의 활동을 정리하여 조직적 상호연관성을 확인하고자 한다. 먼저 이헌(李憲)의 일본에서의 주요 활동 경력을 보면 다음과 같다. 1920년 조선고학생동우회 결성, 1922년 11월 동경조선노동동맹회 조직, 실행위원, 1922년 11월 북성회 결성, 1923년 6월 재일본무산청년회 결성, 1924년 1월 동경조선노동동맹회 대표, 1924년 12월 북풍회 결성, 1925년 2월 재일본조선노동총동맹 결성 주도, 재일본조선노동총동맹 창립대회에서 위원장으로 선임(『독립운동사자료집』(별집3), 1971, 朴慶植, 『在日朝鮮人運動史-8.15解放前-』, 1979, 스칼라피노·이정식, 『한국공산주의운동사』(1), 돌베개, 1986.)

4) 박경식, 「在日思想團體北星會·日月會について」, 『在日朝鮮人:私の青春』, 三一書房, 1981, 116쪽, 이석태 편, 『사회과학대사전』, 문우인서관, 1948, 278쪽. 이와 함께 북성회를 片山潛은 '일본에 있어서 조선프롤레타리아운동의 중심기관'으로 평가하고 있다.(片山潛, 「日本における朝鮮人勞動者」, 『片山潛著作集』(3), 1960, 79쪽.)

3. 일본에 있어 전조선인 노동자의 단일한 대조합의 창설」[5]

이었다. 북성회는 일본지역 내 재일조선인운동세력을 장악하고 東京은 물론이고 大阪, 神戶, 京都, 北海道 등지에서 노동단체를 조직했다. 그리고 일본사회주의 단체인 '무산자동맹회'에까지 참가하여 국제연대를 도모하기 시작했다.

북성회는 關東震災 때 재일본조선노동자조사회, 동경조선노동동맹회, 일본노동총동맹의 원조로 罹災同胞의 조사, 위문을 전개했다. 1923년 11월 말 東京조선노동동맹회, 大阪조선노동동맹회, 神戶조선노동동맹회 등과 함께 한 모임에서 (1) 진재 당시의 조선인학살사건에 대해 일본정부에게 그 진상의 발표를 요구할 것, (2) 학살에 대해 항의서를 제출하고 피해자 유족의 생활권 보장을 요구할 것, (3) 사회의 여론을 환기시키기 위해 조선과 일본의 주요 도시에서 연설회를 개최하고 격문을 반포할 것. (4) 關東震災 당시 龜戶署에서 살해당한 일본의 동지 9명의 유족을 위해 조위금을 모집할 것, (5) 기관지『척후대』를 금년 내에 속간할 것을 결의했다. 이 결의는 조선에서 활동하던 회원에게도 전달되어 대구 부근의 회합에서도 결의되었다.[6]

북성회의 활동은 크게 국내와 일본지역[7]에서의 내용으로 나누어 볼 수 있다. 국내에서는 조선 내 순회강연회[8], 土曜會, 建設社, 北風會 등

5) 片山潛, 앞의 논문, 81쪽, 吉岡吉典, 「朝鮮人がはじめて參加した第3回メ-デ-前後-白武氏にきく-」, 『朝鮮研究』(40), 1965. 6, 33쪽.
6) 박경식, 앞의 논문, 114쪽.
7) 일본에서는 월례집회를 주로 개최했다.
8) 1923년 8월 강연의 경우 김약수의 주도로 백무, 정운해, 布施辰治, 北原龍夫가 참가하여 부산, 대구, 서울, 광주, 전주 등지에서 1개월에 걸쳐 전개되었다.(吉岡吉典, 앞의 논문, 33쪽.) 특히 布施辰治는 '사회주의 변호사'로 불렸다. 조선, 조선인에 대한 굴찍한 변론-의열단 사건, 조선공산당 사건 등-을 맡으며 계속해서 조선 내의 강연에도 적극적으로 참가했다.(布施柑治, 『ある辯護士の生涯』, 岩波書店, 1963, 57-61쪽.)

의 조직을 들 수 있다. 북성회의 조직원들은 정치적 활동무대를 찾아 조선으로 돌아왔다.9) 이들 가운데 일부는 新思想硏究會에 가담했지만 대부분은 과거의 유대관계를 계속 유지하다가 1924년 11월 25일 13인의 핵심적 활동가들을 중심으로 북풍회를 京城府 齊洞 84번지에서 조직했다. 북풍회라는 명칭의 유래는 "북풍이 한번 불게 되면 빈대와 모든 기생충이 날아가 버린다"10)는 속언에서 딴 것이었다.

조선공산당 2차당 시기 조선공산당 보고서에 의하면 북풍회의 회원 40명 중 공산당원은 5명이었다. 북풍회 창립 당시의 회원 '13인'은 김약수, 김종범, 馬鳴, 鄭雲海, 南廷哲, 徐廷禧, 朴昌漢, 朴世熙, 辛鐵, 송봉우, 李浩 등이었다.11) 북풍회는 창립과 동시에 코민테른의 블라디보스토크 오르그뷰로 책임자 안데르슨에게 조선의 유일한 사회주의자 통일전선임을 보고하였으나 승인을 얻지 못했다.12)

실제로 북풍회의 결성은 북성회의 주력을 東京에서 국내로 옮겨 놓은 것이었다.13) 이러한 북풍회는 국내 다른 사상단체와 달리 일본무산정당과의 제휴를 강조한 것이 특기할만 하다. 북풍회에서는 조선의 혁명은 일본인 주의자와 밀접한 제휴를 하지 않고서는 도저히 불가능하다고 하여 1924년 12월 16일 북풍회 집행위원 서정희, 정운해, 배덕수,

---

9) 북성회는 1925년 1월 3일 일월회의 조직과 함께 해산한다.
10) 朝鮮總督府法務局, 『朝鮮獨立思想運動の變遷』, 1931, 48쪽.
11) 『동아일보』, 1924년 11월 24일자 2면에 실린 북풍회 창립 당시의 집행위원 13인을 살펴보면 서정희, 정운해, 김약수, 임세희(박세희의 착오), 배덕수, 이이규, 김종범, 송봉우, 김장현, 남정철, 마명, 손영극, 박창한 등으로 신용기, 이호 대신 배덕수, 이이규, 김장현, 손영극 등 4인이 추가되어 있다.(『治安狀況』(1925), 391쪽.)
12) 『治安狀況』(1925), 23쪽.
13) 북성회의 구성원으로 일본 내에는 이여성, 안광천, 이헌, 백무, 유영준, 이명규, 손종진 등이 남아서 활동했고 조선 내에는 김약수, 김종범, 정운해, 송봉우 등이 활동했다.(「最近における在留朝鮮人情況」(1925), 『特高資料集成』(5), 不二出版社, 1992, 126쪽.)

남정철, 김약수, 김종범, 송봉우, 박세희, 김장현, 신철, 이이규, 마명의 12명 연서로 일본 조선 양무산계급의 연락과 제휴를 한층 유기적으로 함과 동시에 그 원조와 지도를 바란다는 문건14)을 작성하여 東京, 大阪방면 일본인주의자 앞으로 발송했다.15)

이에 앞선 1924년 12월 13일자 북풍회 집행위원 이름의 팜플렛도 무산계급의 공동의 이익을 위해 만국노동자의 단결과 일본노동자와의 연대, 제휴를 강조하고 있다.16)

1924년에는 조선인 도일자가 급증하고 다수의 조선인단체가 새롭게 조직되었으며 조선인의 자주적인 노동운동과 공제운동이 점차 활성화되었다. 이때부터 재일조선인의 민족해방운동이 대중적으로 추진되었다고 할 수 있다.17) 이렇게 일본지역의 재일조선인 사상단체가 조직되어 재일조선인 민족해방운동을 주도해 갈 때 1920년대 들어 조선 내에서는 각종 대중단체가 비약적으로 증가했다. 이 가운데 1920년대 전반기 전국적인 조직을 지향한 주요 단체로 조선노농총동맹, 조선노동공제회, 조선노동연맹회, 서울청년회, 무산자청년회, 신흥청년동맹, 조선청년총동맹 등이 있었다.

---

14) 『治安狀況』(1925), 21쪽.
15) 김준엽·김창순, 앞의 책(2), 21쪽.
16) 팜플렛(1924. 12. 13)(대원사회문제연구소 소장). 여기에는 북풍회 집행위원의 이름으로 서정희, 정운해, 배덕수 남정철, 김약수, 김종범, 송봉우, 임세희, 김장현, 신철, 이이규, 마명 등이 보인다.
17) 朴慶植, 앞의 책, 151쪽.

2. 일월회18)의 조직과 활동

1) 조직

일월회는 1925년 1월 3일 결성되었다.

일월회의 강령은 1) 대중 본위의 신사회의 실현을 도모한다, 2) 모든 억압과 착취에 대해 계급적, 성적, 민족적인 것을 불문하고 조직적으로 투쟁한다, 3) 엄정한 이론을 천명하여 민중운동에 이바지한다는 내용이 었다.19) 그리고 행동강령으로 1) 조선 내 사회운동의 분립에 대해 절대 중립을 고수하고 그 입장에서 적극적으로 전선의 통일을 촉진한다, 2) 재일조선인의 노동운동 및 청년운동을 지도, 원조한다, 3) 국제운동으로 동양 무산계급의 단결을 도모한다, 4) 무산자 교육을 위해서는 지방 유세, 조합 순회 강연 아울러 리프렛과 팜플렛, 기관지를 발행한다고 했다.20)

---

18) 일월회에 대한 내용은 일단 박경식의 앞의 논문, 이석태, 앞의 책, 536-537쪽, 참조. 일월회는 운동의 확대 강화, 새로운 대중 본위의 신사회 실현을 목표로 레닌서거 1주년을 기념하여 조직되었다. 박경식은 북성회에서 일월회로의 발전적 해소는 '당시 민족운동의 발전에 따라 운동의 이론적 究明, 대중과의 결합의 강화, 파벌항쟁에 대한 강고한 입장의 견지 등의 요청에 응해서'라고 전제하고, 북성회가 일월회로 개편될 때는 이여성, 안광천 등이 조선 내의 김약수 등과 사전협의가 있었다.(金正明 編,『朝鮮獨立運動』(5), 原書房, 1967, 932쪽.)
한편 북성회가 김약수일파의 주의선전에 이용되는 것을 비판하고, 1924년 김약수일파가 귀국하자 북성회를 해산하고 일월회를 조직했다는(「大正十四年中二於ケル在留朝鮮人ノ狀況」(1925. 12.), (박경식 편,『자료집성』(1), 163쪽.) 설도 있다.
19)『동아일보』1925. 1. 16, 안광천,「1925년 1월 만천하동지들게」,『사상운동』1-1(1925. 3.), 3쪽,『독립운동사자료집』(별집3), 55쪽.
20) 박경식, 앞의 논문, 125쪽. 이와 함께 과학적 이론에 입각한 엄정한 비판을 주장했다.

일월회는 사무소를 東京府下 戶塚町 源兵衛 132번지에 두었다. 초기의 부서는 다음과 같다. 편집부 : 안광천, 金泳植, 宋彦弼, 溫樂中, 孫宗珍, 朴洛鍾, 李如星, 서무부 : 河弼源, 方致規, 金鐸, 金三奉, 金貴燮, 劉榮俊, 白武, 金光洙, 河鎔植, 金正奎, 李相昊, 金世淵, 집행위원 : 안광천(상임), 이여성(상임), 하필원(상임), 김광수(상임), 김탁, 송언필, 金正奎, 박락종, 韓林, 辛載鎔21), 權大衡, 魯炳春, 김상옥, 辛泰嶽, 朴泉 등이었다.

1925년 10월 25일 임시총회는 종래의 편집, 서무의 부서에 선전, 조사부를 추가하여 4부로 하여 상무위원 2명(안광천, 이여성), 집행위원 약간명을 선출했다.22) 그 구성을 보면 다음과 같다.

「상 무: 안광천, 이여성
서무부: 이여성, 김탁, 김광수
선전부: 하필원, 송언필, 김정규, 박천
조사부: 안광천, 이상호
편집부: 박락종, 한림, 변희용, 신태용, 하용식, 방치규」23)

일월회의 회원은 1925년, 1926년에 각각 37명으로 기록되어 있다.24)

---

21) 신재용(辛載鎔)의 일본에서의 주요 활동 경력을 보면 다음과 같다. 1925년 1월 일월회 창립에 참가, 1925년 대판 城東朝鮮勞動同盟 결성에 대표, 1925년 재일본조선노동총동맹 창립대회 집행위원, 1926년 대판조선노동조합의 간부로서 재일본조선노동총동맹 관서연합회 결성 주도, 1927년 3월 신간회 대판지회 결성에 참가, 1929년 5월 大阪 岸和田방적 쟁의 지도.(독립운동사편찬위원회, 『독립운동사자료집』(별집3), 1971, 岩村登志夫, 『在日朝鮮人と日本勞動者階級』, 1972, 明石博隆·松浦總三, 『昭和特高彈歷史』, 1975.)
22) 『사상운동』신년호(3-1)(1926. 1.), 朴慶植 編, 『朝鮮問題資料叢書』(5), アジア問題硏究所, 150쪽.
23) 『사상운동』(3-1)(1926. 1.), 박경식 편, 『조선문제자료총서』(5), 150쪽.
24) 『동아일보』 1925. 1. 6, 「大正14年中ニ於ケル在留朝鮮人ノ狀況」(1925. 12.), 박

대표적인 사람은 안광천, 하필원, 박락종, 이여성, 김영식, 송언필, 온락중, 김세연, 김정규, 한림, 박천, 김광수, 최익한, 이우적, 김삼봉, 이상호, 손종진, 방치규, 김탁, 김귀섭, 유영준, 백무, 하용식, 김상민 등이었다. 이들의 상당수는 재일본조선노동총동맹, 삼월회, 재동경조선무산청년동맹 등의 간부를 겸하면서 조직을 지도·원조했다. 1926년 11월 28일 일월회는 해체되고 政治俱樂部를 조직했다.25)

재일본 조선민족해방운동을 내용적으로 지도하던 일월회 내에는 革命社의 구성원이 들어가 있었다.26) 혁명사는 北京에 본부가 있고 모스크바, 조선, 東京에 한명씩 각각 연락책임자를 두었다. 이 조직의 東京 책임자는 許璋煥이었다.27) 허장환은 1925년 12월경 안광천, 남대관과 접촉하여 조선의 혁명운동 세력을 통일시킬 수단으로 동지의 교환과 함께 기관지『혁명』의 인쇄용 조선어 활자를 요구했다. 활자 획득 활동의 과정에서 안광천과 南大觀은 박락종, 김정규, 하필원, 한림 등과 허장환을 책임으로 하는 혁명사 東京지부를 조직했다. 혁명사 東京지부는 책임자 허장환, 구성원 안광천, 남대관, 하필원, 박락종, 한림, 김정규 등이었다.28) 이후 1926년 7월경 허장환이 귀국하자 안광천이 東京 책임자가 되어 활동을 계속했다. 이 조직을 통해 일월회가 일본 내에서만 고립적으로 조직된 제한적 조직이 아니라는 것을 확인할 수 있다. 혁명사는 北京에서 「무산 혁명 달성에 대하여」라는 제목의 글에서 노농계급에 기초한 계급혁명을 명확히 천명하면서 당시 세계혁명운동

경식, 『자료집성』(1), 161쪽, 210쪽.

25) 박경식, 앞의 논문, 150쪽.

26) 박종린, 「1920년대 통일조선공산당의 결성과정에 관한 연구」, 연세대학교 석사학위 청구논문, 1993, 12-18쪽.

27) 「被疑者訊問調書(제1회 許璋煥)」, 『許璋煥 外 2人調書』1929), 41-42쪽.

28) 「被疑者訊問調書(제1회 許璋煥)」, 『許璋煥 外 2人調書』(1929), 40-42쪽, 「被疑者訊問調書(제2회 許璋煥)」, 『許璋煥 外 2人調書』(1929), 70-77쪽, 慶州警察署, 『意見書, 外 2人調書』(1929), 221-222쪽.

에서 나타났던 카우츠키적 흐름을 조선혁명운동에서 타격해 낼 것을 주장했다.29)

일월회의 자매 여성단체로 삼월회가 1925년 3월 이현경, 황산덕 등이 중심이 되어 조선무산계급과 여성해방을 목적으로 조직되었다. 이들은 '조선 여성은 계급적·봉건적·인습적 및 민족적 압박 아래 있다'면서 '무산계급 남성과 제휴하여 인류의 압력을 근본적으로 일소하고 대중 본위의 신사회를 건설하지 않으면 아니된다'고 선언했다.30)

삼월회는 1925년 12월 총회에서는 선언, 강령, 규약을 새로이 정했다. 강령은 1) 대중 본위의 신사회건설을 도모한다, 2) 무산계급 및 여성의 억압과 착취에 대하여 적극적으로 항쟁을 도모한다, 3) 목표와 방책을 명확하게 하기 위하여 과학적 이론의 보유를 도모한다는 내용이었다. 삼월회는 사무소를 東京府下 高田町 雜司ヶ谷 龜原10번지 凡生舍에 두었다.31)

2) 활동

사상단체인 일월회의 활동은 선전, 선동과 대중단체에 대한 내용적 지도를 주로 전개했다. 선전과 선동은 기관지, 팜플렛, 리플렛을 통해 주로 수행했다. 먼저 출판, 인쇄를 위한 활동을 보면, 동성사는 1924년 10월 김세연, 박락종, 하필원, 申鉉聲 등이 중심이 되어 설치한 조선어문 인쇄소로 1925년 1월 김세연, 박락종, 하필원, 신현성, 吳成根, 咸錫勳 등이 이사진을 장악했다.32) 이곳에서 일월회는 기관지 『사상운동』

29) 『革命』(23)(1926. 6. 1)(「朝保秘」(472號)(1926. 6. 24)), 고대 아세아문제연구소 소장.
30) 『독립운동사자료집』(별집3), 78쪽.
31) 『사상운동』신년호(3-1) (1926. 1.), 박경식 편, 『조선문제자료총서』(5), 150쪽.
32) 『동아일보』1924. 11. 1, 1925. 1. 20, 「被疑者訊問調書(제1회)」(한림), 『許璋煥

과 대중용 권독사 팜플렛을 발행했다. 권독사 팜플렛은 1926년 4월까지 총 7집이 발간되었으며 제1집은 청년에게 訴함, 제2집은 사회개조의 諸思潮, 제3집은 제1인터나슈날 창립 선언 및 규약, 제4집은 자본주의의 해부, 제5집은 통속사회주의경제학, 제6집은 맑스와 맑쓰주의, 제7집은 과학적 사회주의를 제목으로 하고 있다. 그리고 1926년 6월 5일 『대중신문』창간호 1천부를 발행했다.33) 『대중신문』의 발기인은 안광천, 하필원, 박락종, 한림, 김정규, 남대관, 김세연, 이여성, 김광수, 송언필, 鄭順悌, 鄭淳鍾 등이었는데,34) 이 신문은 조선무산계급 전위운동의 통일촉진에 공헌할 것을 목적으로 출범했다.

일월회는 『사상운동』의 배포망을 지분국의 형태로 조선 내 10여개소에 두고 구독자로 6백여명을 확보했다. 특히 조선공산당 동만청년연맹35) 독서부를 통해서 만주, 북간도 지역에 『사상운동』의 총지부를 두었다.36)

1926년 신년을 맞이하여 『사상운동』은 분량을 줄이고 내용을 유연하게 개편했다. 창간호에서 2권 3호까지 주로 '단순한 이론잡지', '과학적 이론의 소개'가 중심이었다. 1925년 1년간 자금문제, 법률에 의한 탄압으로 휴간 2회, 발매금지 4회를 당하고 조선 내 반입이 일체 금지되었으며 3권 1호부터 이여성에서 박락종으로 편집장이 바뀌면서 『사상운동』의 편집 방향이 새롭게 조정되었다. 특히 당시에는 자금 사정이 좋

外 2人 調書』(1929), 251쪽.

33) 『독립운동사자료집』(별집3), 77쪽.

34) 『조선일보』1926. 4. 20, 「朝鮮社會運動略史コ-ス」, 『사상월보』(2-8), 1932. 11. 15, (배성찬 편역, 『식민지시대 사회운동론 연구』(돌베개, 1987)에 번역되어 있다.), 37쪽.

35) 동만청년연맹은 1926년 1월 26일 용정에서 결성된 동만청년총연맹으로 1926년 10월 시기 57개 가맹단체를 포용했다.(「間島及び接攘地方共産主義の運動槪況」, 梶村秀樹·姜德相 編, 『現代史資料』(29), みすず書房, 1977, 533-534쪽.)

36) 『독립운동사자료집』(별집3), 77쪽.

지 않아 잡지 대금을 선금해 달라고 했다.[37]

이러한 일월회의 활동은 『대중신문』과 『사상운동』을 통해 확인할 수 있다. 1925년 6월 5일 창간한 『대중신문』에서는 2대 운동을 목표로 내걸었다. 1) 무산계급과 준무산계급의 구체적 대중운동의 전개, 2) 무산계급의 민족주의적 투쟁 요소와 공동전선의 신설이 그것이었다.[38]

일월회는 당시 조선에 속학적 마르크스주의가 횡행하고 있기 때문에 진정한 마르크스주의가 요구된다면서[39] 이론투쟁을 임무로 했다. 『대중신문』(3호) 사설은 단일 합법적 전위당의 결성을 강조하고 있다.

「전계급적 운동, 사회주의적 투쟁은 어떻게 전취할 수 있는가. 우리는 대담하게 답하는데 그것은 오직 단일 표면적 전위의 결성에 있다는 것이다. 각 부문의 조직, 무조직 대중의 정예를 포괄하는 단일 전위를 편성하는 이외에, 대중을 전계급적으로 결성하고 동시에 대중을 지도하여 투쟁을 집중시키는 이외에 하등의 방법이 없다.」

『대중신문』의 초기 집필진에는 화요, 서울계의 100여명을 망라하여 일정하게 통일적인 집필진을 확보했다.[40] 그리고 『사상운동』에서는 마르크스주의의 일반론, 유물사관, 정치경제학, 제국주의론, 사회사, 경제사와 정당과 조합의 역할에 관한 내용을 학습용 커리큘럼으로 제출하는[41] 등 사회주의의 보급에 진력했다. 특히 과학적 사회주의의 비조인 마르크스가 소개되고 또한 개량주의적 사회주의가 비판적으로 언급되었으며[42] 실천을 위한 학습의 대상으로 당시 일본의 대표적인 사회주

37) 『사상운동』(2-3), (3-1), 박경식 편, 『조선문제자료총서』(5), 126쪽, 151쪽. 당시 『대중신문』과 『이론투쟁』은 조선공산당 3차당의 기관지였다.
38) 박경식, 앞의 논문, 137쪽.
39) 「丙寅1年間의 朝鮮社會運動槪觀」, 『동아일보』1927. 1. 1-3, 참조.
40) 이석태 편, 앞의 책, 536쪽.
41) 「연구과정」, 『사상운동』3-2 (1926. 2.), 40-42쪽.

의자들의 글과 이론이 소개되었다.

일월회는 1925년 10월 25일 임시총회에서 다음과 같은 내용을 토의하여 결의했다.[43] 1) 일본학생과학연합회, 정치연구회, 재일본조선노동총동맹과 연계하여 일본인을 대상으로하는 小樽高商軍事敎育訓練練習 규탄연설회 개최의 건, 2) 1)의 사건에 대하여 재동경조선인 각 단체와 연합하여 성명서를 발표하고 조선인을 대상으로 한 연설회 개최의 건, 3) 형설회관의 화재에 대해 螢雪會 동정 캠페인 결정, 4) 自强會에 대한 조사의 건(조사위원 한림), 5) 일월회와 동일한 주장을 가진 재일본조선노동총동맹, 조선무산청년동맹, 삼월회 등의 각 단체와 공동으로 조선 내의 운동과 재일운동의 관계에 관한 성명서를 작성하여 발표한다. 그리고 6) 회의 조직을 갱신하여 종래의 편집, 서무의 부서에 선전, 조사부를 추가하여 4부로 하여 상무위원 2명(안광천, 이여성), 집행위원 약간명을 선출했다.

특히 1926년 1월 3일 창립 1주년 기념식에서는 당면 슬로건으로 세 가지를 제출했다. 1) 전래의 모든 단체적 감정을 무조건 매장하자, 2) 전조선적인 유력한 단일사상전선을 결성하자, 3) 현실적인 프로그램을 갖고 대중 가운데로 들어 가자는 내용이었다.

1926년 3월 총회에서는 각 부 보고 이후 孫文國際追悼會, 三重縣 虐殺事件 國際糾彈演說會 등에 대해 보고했다. 그리고 신임 집행위원, 검사위원을 선거하고 관서방면 순회강연문제, 동경조선노동동맹회의 재일본조선노동총동맹으로부터의 제명문제 등을 논의했다.[44] 특히 이 자리에는 얼마 전에 경성을 방문했던 안광천[45]도 참석하여 조선 내 당파

---

42) 류시현, 「1920년대 전반기 사회주의사상의 수용과 발전과정에 대한 연구」, 고려대학교 석사학위 청구논문, 1990, 12-13쪽.
43) 『사상운동』신년호(3-1)(1926. 1.), 박경식 편, 『조선문제자료총서』(5), 150쪽.
44) 『사상운동』 4월호(3-4)(1926. 4.), 박경식 편, 『조선문제자료총서』(5), 196쪽.
45) 안광천은 1926년 전술했듯이 정치연구회의 黑田壽男과 함께 東京 내의 노동

적 대립항쟁의 연구, 대립의 불이익, 대동단결의 필요성 등을 주장하고
분립에서 통일로 나아갈 것을 강조했다.

사회주의운동의 통일을 주장한 일월회는 1925년 11월 17일 재동경조
선무산청년동맹, 삼월회, 재일본조선노동총동맹과 함께 성명서를 발표
했다.46) 여기에서는 재일본조선무산계급운동이 조선무산계급운동의 일
부라는 전제 아래 재일운동의 유의미성을 다음과 같이 밝히고 있다.

「1. 일본의 식민지 지배에 의해 일본 노동시장에 투입된 조선인 노동자
　　를 단결시키는 것. 그것은 조선 사회운동을 위해서 뿐만 아니라 일본
　　사회운동을 위해서도 중대한 의의가 있다.
　2. 후진국 및 예속국의 무산계급운동에서는 xx(혁명 : 필자)적 지식계
　　급과 좌경적 학생집단이 중요한 역할을 수행한다. 따라서 일본에 유
　　학하고 있는 학생을 사상적으로 지도하고 무산계급진영에 서게 할
　　것.
　3. 전세계 무산계급의 단결을 부르짖을 때 우선 일본과 조선의 무산계
　　급의 제휴, 나아가서는 극동 무산계급의 제휴가 필요하다. 그러나 국
　　제주의적 제휴의 실현은 말만으로는 무의미하고 불가능하다. 상호 이
　　해와 접촉, 그 위에서 공동투쟁이 이루어지지 않으면 안된다. 그 점
　　에서 일본에서의 우리들의 운동을 통한 제휴가 빠른 길이다.
　4. 조선은 세계정세로부터 격리되어 출판의 자유도 없다. 그러므로 민
　　중교양의 자료를 제공하는 것은 재일단체의 임무의 하나이다.」

재일조선인 민족해방운동의 계급적 성격과 임무를 전면적으로 거론
한 것은 이것이 처음이었다. 성명서는 조선 내 파쟁이 일본 내 조선인
운동으로 전이되는 것을 차단하고 특히 국제주의적 연대의 실현을 먼

단체가 모금한 수해구제금을 갖고 조선에 가서 단체 상황을 시찰하고 1926
년 3월 20일 동경으로 돌아갔다.(『독립운동사자료집(별집3)』, 76쪽.)
46) 『사상운동』(3-1)(1926. 1.), 박경식 편, 『조선문제자료총서』(5), 128-130쪽.

저 일본지역에서 진행시켜 낼 것을 강조했다. 그리고 재일조선인 운동 세력이 일본지역에서 활동한다는 지역적 유리함에 기초해 학생의 역할과 민중교양의 필요성이 당위적임을 분명히 했다. 동시에 조선인운동의 통일을 강조했다. 재일조선인 민족해방운동이 조선민족해방운동의 일부임을 강조한 이 성명서는 이후 실제 재일운동의 내용적 지침이 되어 이러한 방향에서 재일본조선인 민족해방운동은 전개되어 갔다. 물론 재일조선인 민족해방운동은 조선 내 민족해방운동의 연결선 상에서 그리고 일본무산계급과의 연대 속에서 진정으로 가능했던 것이다.

1926년 1월 2일 일월회는 전술한 성명서의 계속선 상에서 운동의 통일문제를 논의하고 슬로건으로 1) 전래의 모든 단체적 감정을 무조건 매장하자, 2) 전조선적의 힘있는 단일사상전선을 편성하자, 3) 현실적 프로그램을 가지고 대중 속으로 들어가자는 내용을 제기했다.[47] 그리고 국내 사회주의계 단체가 東京에 진출하여 파쟁을 벌이는 것에 적극적으로 항쟁하여 신성회를 해체시켰다.[48] 조선에서는 1926년 초 본격화된 내부의 합동의 논의가 2월 17일 명월관 집회에서 전면화된 이후 3월 5일 간담회가 파국으로 치달은 것을 비판하고 전진회측의 협의안과 4단체측의 간담회안이 평행선을 달려 분립상태가 지속되고 있었다.[49]

일월회는 1926년 3월 19일 「분열으로부터 통일에」라는 리프렛을 발행했다.[50] 여기에서 운동전선 통일의 필요성을 강조하고 『사상운동』을

---

47) 『사상운동』(3-1)(1926. 1.), 6쪽. 같은 호의 권두언 「1주년을 맞이하여」는 "어떻게 하면 대중의 전진을 강력하게 하고, 따라서 최후의 승리를 완전하게 할 수 있을 것인가? 단일전선을 편성하자. 그것이 우리들이 1주년을 맞이하여 통절히 느끼는 것이다"고 했다.

48) 이 내용은 후술한다.

49) 『사상운동』(3-4)(1926. 4.), 박경식 편, 『조선문제자료총서』(5), 179-180쪽.

50) 「社告」, 『사상운동』(3-4), 박경식 편, 『조선문제자료총서』(5), 37쪽, 「大正十五年中二於ケル在留朝鮮人ノ狀況」, 박경식 편, 『자료집성』(1), 212쪽.

통한 원칙적인 이론투쟁을 제기했다. 『사상운동』은 다양한 의견 수렴의 장으로 1926년 4월 시기 운동의 통일이 재일조선인 민족해방운동세력 내부에서 거론될 때 kw(전진회), 金瓊載(화요회), 金革命(조선노동당), 沈恩淑(여성동우회) 등의 의견이 실리기도 했다.51) 1926년 6월 5일 『대중신문』창간호에는 「조선운동의 통일과 그 촉진」(武伯), 「일치를 위하여」(山川均)라는 글이 실려 발간의 취지를 명확히 했다. 『사상운동』과 『대중신문』이 발간되자 일월회는 이를 근거로 통일운동을 전개했던 것이다.

　1926년 11월 12일 일월회는 재일본조선노동총동맹, 동경조선청년동맹, 삼월회 등의 간부들과 함께 정우회, 전진회와의 항쟁에 대한 박멸과 성명을 발표하기로 결정했다. 그리고 선언에서 파벌주의의 박멸에 대해 언급했다.52) 여기에서는 파벌 출현의 조건으로 1) 지방열의 재생산, 2) 봉건 당습의 변태, 3) 중산계급의 몰락과 정치적 불평을 제시했다. 그리고 파벌주의의 죄악으로 1) 파벌주의는 민중을 철두철미 기만했다, 2) 파벌주의는 대중의 의식적 생명을 여지없이 유진시켰다, 3) 파벌주의는 우리 운동의 국제적 관계를 여지없이 무력하게 했다는 것이다. 아울러 파벌 소멸의 조건으로 1) 봉건경제의 소멸, 2) 청년과 대중의 의식 昂進, 3) 일본무산계급 이론의 영향을 들고 있다. 파벌 소멸의 조건에서 3)항은 일월회가 일본이라는 지역에 기반을 둔 조직이기 때문에 나타난 일본적 편향이었다.

　이와 함께 「파벌주의에 대한 철의 戰綱」을 선포했다. 1) 우리는 오늘 조선 내에 있는 소위 사상단체 정우회, 전진회를 파벌주의의 결정체로 볼 수 밖에 없다. 우리는 대중의 이름으로 이 양단체의 철저한 해체를

---

51) 「내외협치에 대하야 : 재일본조선무산계급운동에 대한 적극적 희망과 소극적 희망」, 『사상운동』(3-4)(1926. 4.), 11-16쪽.
52) 燕京學人, 「전환기에 임한 조선사회운동」, 『조선사상통신』1927. 1. 13.

선언한다, 2) 우리는 이 양자가 대중의 선언에 응하지 않는 경우에는 그들을 철저히 박멸할 것을 주저하지 않는다, 3) 우리는 이 양자가 해체되지 않는 경우에는 철저히 박멸하고 나아가 우리가 운동의 각 방면에 침입해 있는 파벌주의의 세균까지도 여지없이 소독하여 대중의 正路를 개척함과 동시에 진정으로 우리가 무산계급적 정신으로 국제적, 세계적으로 단결하여 촉진하는데 태만하지 않을 예정이라고 했다. 이후 일월회는 11월 28일 스스로 해체를 성명하고 해산했다.

일월회와 조직적으로 관련있는 단체로는 新興科學研究會, 關東朝鮮無産階級團體協議會, 極東(社會)問題研究會, 朝鮮內地運動特別研究委員會, 在日朝鮮無産階級團體協議會 등을 들 수 있는데 이들 단체는 구성원이 이중, 삼중으로 중첩되어 있었다. 일월회 구성원의 이들 단체에서의 활동을 통해 조직적인 연대를 확인해 보자.

먼저 일월회의 李鍾橫, 劉英俊 등은 조선무산청년동맹회의 박천, 정희영, 김삼봉 등과 1926년 11월1일 사회과학 연구를 목적으로 신흥과학연구회를 결성했다.[53] 1926년 10월 이래 활발히 전개된 회원모집에 기초하여 11월 1일 이들은 창립총회를 개최하고 '현금 도처에서 각종 운동이 활발해도 비과학적인 것이 많고 우리들은 과학적으로 현대사회를 연구하여 조선 민족의 세계적 신발전의 항로를 개척하고 장래 영원히 인류 평등과 평화 및 행복을 증진시키기 위하여 본회를 창립한 것이다'고 선언했다.[54]

---

53) P生, 「「동경유학생」이란 이데올로기에 대하야 귀국하는 동무들의 0」, 『신흥과학』(2-1), 1928. 7, 박경식 편, 『자료집성』(5), 213쪽. 신흥과학연구회의 발기인은 다음과 같다. 현철, 최익한, 황병석, 강철, 안병수, 송창렴, 박원조, 홍양명, 이병호, 이우적, 김형식, 권대형, 김동훈, 서상석, 김상혁, 박천, 정희영, 신헌길, 김일선, 최돈, 유영준, 박태원, 박원태, 조학제, 장지형, 홍기문, 임무, 박형채, 강소천, 김삼봉, 이종모, 박인규, 송형순, 임준석, 양재도, 천용근 등이었다. (「朝鮮社會運動略史コ-ス」, 배성찬 편역, 앞의 책, 55쪽.)
54) 독립운동사편찬위원회, 『독립운동사자료집』(별집3), 1978, 78쪽.

이 자리에는 53명이 출석하여 창립 의의서를 낭독하고 우의 단체 대표자 축하연설이 있었다. 아울러 선언·강령은 위원에게 부탁하고 회칙을 축조 심의하고 원안을 가결시켰다. 특히 매월 첫째, 넷째 일요일 모임을 갖고 마르크스주의를 기초로 이론과 실천운동에 대해 논의했다.[55] 그리고 잡지『신흥과학』을 발행했다.[56]

관동조선무산계급단체협의회는 1925년 11월 22일 결성되었다. 일월회가 주도한 관동조선무산계급단체협의회의 모임은 일월회 회관에서 있었으며 결성 당일 출석한 단체는 일월회, 삼월회, 재일본조선노동총동맹, 橫濱조선노동합동회, 재일본조선무산청년동맹회 등이었다.

첫날 모임에 참석한 일월회는 1926년 1월 관동조선무산계급단체협의회 주최의 악법 반대운동을 건의하고 격문 작성을 담당하는 등 협의회를 주도했다.[57] 당시 안광천은 이 조직이 관동지역 무산계급운동의 통일적 지도기관이 될 것으로 기대했으나 이후 예상대로 되지는 않았다.

극동(사회)문제연구회는 안광천, 高津正道, 高瀬淸 그리고 남대관, 黃克謙 등에 의해 동양 무산계급 해방의 기초 조직으로 만들어졌다.[58] 1925년 8월 1일 발기식을 개최했다. 20여 단체, 수천여명이 모인 이 자리에서 '조선경제 개황', '일본의 침략상황'이라는 제목의 연설이 있었다.[59] 이와 함께 1926년 1월에는 극동노동연합회의 결성을 일월회는

55)「昭和二年中ニ於ケル在留朝鮮人ノ狀況」, 36쪽.
56) 이석태 편, 앞의 책, 537쪽.
57) 驅,「관동조선무산계급단체협의회」,『사상운동』(3-1), 박경식 편,『조선문제자료총서』(5) 11-12쪽.
58)「大正十四年中ニ於ケル在留朝鮮人ノ狀況」, 박경식 편,『조선문제자료총서』(5), 845쪽. 안광천은 극동무산계급에게는 세계적 차원의 무산계급단체에 가입하는 것도 중요하지만 조선, 중국, 일본의 무산계급이 중심이 되는 극동의 공동전선을 구축하는 것이보다 필요하다고 했다.(安光泉,「極東無産階級の共同戰線」(2),『大衆』(1-2), 1926. 4, 128쪽.) 특히 여기에는 공동전선 구축의 승패가 일본무산계급의 태도에 달려있다면서 일본 내 각 단체의 전폭적인 지지를 호소했다.(安光泉, 앞의 논문, 130쪽, 참조.)

결정했으나 결실을 보지 못했다.[60] 극동(사회)문제연구회의 주요 활동
으로는 재일본조선노동총동맹과 함께 조선수해이재자구제연설회,[61] 關
東震災 虐殺 3주년 기념집회를 조직해 낸 것을 들 수 있다.[62]

이상과 같은 조직 단위에서의 연대 투쟁과 함께 일월회는 공동투쟁
과 일상적인 투쟁을 조직했다. 재일조선인에 의한 공동투쟁은 1925년
이전부터 있었다. 1925년에 들어 재일본조선노동총동맹과 일월회가 결
성되면서 공동투쟁의 대중적 확대가 도모되었다. 일월회의 안광천은
『신사회』 창간호에서,

> 「식민지 해방운동은 민족주의운동 … 사회주의운동의 양대 조류로
> 나뉘어, 초기에는 전자가 후자를 지배하려 하고, 후기에는 후자가 전
> 자를 지배하려고 한다. 그러므로 초기에는 사회주의자가 민족주의자에
> 대해 그의 기만성을 민중 앞에서 지적·공격했어도, 후기에 이르러서
> 는 사회운동의 민중적 지지가 완강하게 되고 민족운동을 조절할 자신
> 이 생기기에 이르러 그의 반역성을 불쌍히 여기고 제휴하려고 하기에
> 이른 것이다. 조선 사회운동은 이미 안심하고 민족운동과 제휴해야 할
> 때이다.」[63]

고 했다. 이렇게 재일조선사회주의자 사이에는 민족협동전선이 논의되

---

59) 『시대일보』 1925. 8. 8.
60) 전준, 앞의 책, 197쪽.
61) 「大正十四年中ニ於ケル在留朝鮮人ノ狀況」, 김정주 편, 『조선통치사료』(7), 845
   쪽.
62) 「大正十四年中ニ於ケル在留朝鮮人ノ狀況」, 김정주 편, 『조선통치사료』(7), 871
   쪽.
63) 「在京朝鮮留學生槪況」 (大正14年 12月), 박경식 편, 『자료집성』(1), 328쪽. 잡
   지 『신사회』는 東京의 조선인 유학생과 조선 내의 유지가 조선사회의 실제
   문제를 비판 연구하기 위하여 발행했다.(『동아일보』 1925. 6. 26) 현재 실물을
   볼 수 없다.

고 여기에 따라 공동투쟁이 보다 강화되었다.

1925년 3월 1일 東京帝大 불교청년회관에서 3·1운동 기념식이 학우회, 여자흥학회, 고학생형설회, 재일본조선노동총동맹, 일월회, 동경조선무산청년회의 여섯 단체 주최로 열렸다. 약 250명이 참가했던 기념식은 趙憲泳의 사회로 시작되었다. 조헌영은 '오늘은 6년 전의 이날에 민족적인 존재를 알리게 된 날로 이날의 영광을 맞이하여'라고 개회사를 했는데 결국 해산당했다. 더우기 제2차 집회를 靖國神社에서 열기로 했으나 124명이나 검속되어 개최되지 못했다.[64]

같은 해 9월 20일에 열렸던 關東震災 朝鮮人虐殺 追悼會는 재일본조선노동총동맹, 동경조선노동동맹회, 일월회, 삼월회, 동경조선무산청년회, 흑우회, 학우회, 여자학흥회, 무산학우회, 고학생형설회, 노사공생회 등의 11개 조선인단체에 의해 공동으로 개최되어 일본인을 포함해서 800명이 참가했다.[65]

10월 조선인 폭동을 가상해서 일제가 자행한 小樽高等商業學校의 軍事敎育에 항의하는 투쟁에서도 일월회는 11월 1일 早稻田大學 스콧트홀에서 재일본조선노동총동맹, 재동경조선무산청년동맹회, 삼월회, 흑우회, 형설회, 학우회, 무산학우회, 학흥회의 8개 단체와 연합하여 小樽高等商業學校 軍事敎育事件 糾彈演說會를 열었다.[66] 이 보다 앞서 10

---

64) 박경식 편, 『자료집성』(1), 182쪽, 『동아일보』 1925년 3월 3일자에는 집회 참가자가 500여명이다.

65) 『사상운동』(2-3), 11쪽.

66) 『동아일보』 1925. 11. 7, 『사상운동』신년호(3-1), 1926. 1. 특히 小樽高等商業學校 軍事敎育事件 反對運動을 살펴보면, 1925년 10월 小樽고등상업학교에서 군사교관의 지휘 아래 야외 연습이 있었는데 가상의 사건으로 대진재로 札幌, 小樽에서 대피해가 발생하고 무정부주의자가 조선인을 선동하여 札幌, 小樽의 전멸을 기도해서 小樽공원에 결집하여 재향군인단과 사투를 전개하면 여기에 小樽고등상업학교 생도대에 출동 명령을 내린다는 것이었다. 이 사건이 발생하자 小樽고등상업학교 사회과학연구회 학생들이 항의 시위를 전개했다. 이와 함께 小樽의 재일조선인 항만노동자 3,000명이 분격하여 일어

월 28일 일월회, 재일본조선노동총동맹, 일본인단체인 정치연구회, 전일본학생사회과학연합회의 주최와 자유법조단의 후원으로 군사교육규탄연설회가 協調회관에서 열렸다.[67]

1925년 7월 이래 재일본조선노동총동맹과 일월회의 호소로 朝鮮水害饑饉 救濟運動[68]이 전개되었다. 朝鮮饑饉 및 水害救濟委員會[69]는「日本無産階級에 호소함!」이라는 글에서 1924년의 한발과 1925년 대홍수로 조선에는 500만의 이재민이 발생했다면서 특히 천재가 제국주의적 착취로 수십배 조선 민중을 비참하게 만들었다면서 의연금을 보내라고 호소하고 있다.[70] 전술했듯이 일월회의 지도자 안광천은 동 위원회의 특파원으로 모은 기금을 갖고 경성에 들어왔던 것이다.

1926년 1월 三重縣에서의 조선인과 일본인 사이에 벌어졌던 亂鬪事件에 대해 10개 단체가 조사회를 조직하여 조사위원을 파견했다.[71] 또한 1926년 9월 關東震災 기억을 위한 연설회도 공동주최로 열렸다. 그

나고 평의회계의 소준총동맹조합, 정치연구회 小樽지부 등이 연대하여 이 지역의 재일조선인과 일본인 청년, 학생들이 투쟁에 나섰다.(大山郁夫,「軍事教育の階級性の發現-小樽高商の野外演習に於ける所謂『想定問題』に關する一批判-」『中央公論』(1924. 12.), 참조. 여기에서 상정의 대상은 재일조선인과 일본무산계급이었다.)

이렇게 반대운동이 전개되자 재일본조선노동총동맹은 대표자회의를 열고「日本無産階級に與ふ」(1925. 10. 23)라는 격문을 통해 이 사건을 관동진재 시기의 학살사건의 계속선 상에 선 것으로 규정하고 적극 반대 투쟁에 나설 것을 선동했다.

67) 『동아일보』 1925. 11. 2.
68) 1924년의 가뭄과 1925년 7월의 대수해에 의한 희생자를 구원하려고 조선 내에서 대대적인 기금모집운동이 전개되었는데 조선 내에서 조선기근구제회가 결성되었다.
69) 사무실은 芝區 南佐久間町 1丁目 2番地로 참가단체는 관동노동조합회의, 정치연구회, 일본농민조합관동동맹, 수평사관동동맹, 중국국민당 동경지부, 재일본조선노동총동맹, 일월회였다.
70) 『マルクス主義』(17), 1925. 9, 239쪽.
71) 『동아일보』 1926. 1. 23, 『사상운동』(3-2), 4쪽에는 9단체로 되어 있다.

리고 러시아 비행사 환영회에는 안광천이 파견되었고 러시아노동조합 대표 레브세일행 정치연구회지부 방문에는 한림이 참가해[72] 선전·선동 활동을 전개했다.

일월회 주최 강연회는 국제적 교류의 장소가 되었다. 1925년 6월 16일 강연회는 조선인, 일본인, 중국인 등 총 600여명이 참가했다. 여기에서 조선인이 과반수였고 나머지는 일본인과 중국인이었다.[73]

대중사업으로 일월회가 개최한 것은 1926년 1월 2일 열린 新年研究會이다. 이 자리에서는 조선 내의 무산계급의 통일에 관한 토론을 했다.[74] 또한 창립 1주년 기념식, 칼·로자·레닌추도회, 신년 국제간담회 등이 있었다. 특히 정기적으로 개최하는 연구회는 선전부가 주관하여 열렸다. 또한 국제노동절 기념 행진 등을 거행했다. 국내 문제에 관심이 지대했던 일월회는 1925년 전조선민중운동자대회가 열리자 구성원을 파견했다. 이후 일월회는 '대중의 속으로 가자!, 공동전선의 편성을 부르짖자!'라고 하면서 이를 위해 사회주의자 단체의 단일전선을 편성하자고 했다.[75] 1926년 10월 일월회는 YMCA 주최 가을육상대회에서 조선무산청년동맹과 함께 '종교 박멸, 청년회 박멸, 민중의 아편 기독교 퇴치' 등의 문구를 인쇄한 전단을 뿌리고 이 날 모임을 방해하기도 했다.[76]

한편 일월회와 대립적이었던 李鳳洙, 김삼봉, 방태성 등은 일월회의 활동방식이 잠행적이라고 하면서 그 나약함을 비판하고 1925년 9월 東

---

72) 「大正十四年中ニ於ケル在留朝鮮人ノ狀況」, 김정주 편, 『조선통치사료』(7), 846쪽.
73) 『사상운동』(2-1), 1925. 8, 박경식 편, 『조선문제자료총서』(5), 73쪽.
74) 『사상운동』(3-2), 1926. 2, 박경식 편, 『조선문제자료총서』(5), 174쪽.
75) 『사상운동』(3-1), 1926. 1, 박경식 편, 『조선문제자료총서』(5), 127쪽.
76) 유동식, 『재일본한국기독교청년운동사-1906~1990-』, 재일본한국기독교청년회, 1990, 202쪽.

京에 간 김봉수, 정순종, 金南天, 金溫, 金祥洙, 정명원, 金瑢萬, 민완, 金龍萬, 朴水廣, 權告一 등과 1925년 10월 4일 신성회를 조직했다.[77] 신성회는 무산계급운동에서 전위가 되어야 한다는 취지 밑에 수차례에 걸친 위원회를 열어 주의, 운동 방침에 대해 협의하고 7명의 위원을 선임했다. 그리고 선전부, 조사부, 실행부 등을 정했으며 주요한 활동 은 다음과 같다.

1) 1925년 10월 25일 제1회 사회과학연구회를 신성회 사무소에서 열 었다. 15명이 참가한 이 자리에서 大賀駿二는 중국의 혁명운동에 대하 여 언급하기를 '중국 학생청년은 제국주의 침략에 대한 자주권 회복의 사상은 더욱 대두하여 동양의 혁명은 중국을 중심으로 하고 발달하지 않을 수 없는 형세에 있다'고 했다, 2) 1925년 10월 31일 조선기독교청 년회관에서 열린 운동회에서 '전일본 학생제군에게 보낸다! 小樽高等商 業學校 軍事敎育 事件에 관하여'라는 격문을 살포했다, 3) 러시아 혁명 기념식을 개최했다.[78]

이러한 신성회에 대해 일월회는 조직적으로 반대 투쟁을 전개했다. 馬鳴은 신성회의 설립이 운동을 방해하고 있다고 비판했다.[79] 이와 함 께 안광천도 신성회를 조직한 사람들을 비판하면서 당면한 정세에서 1) 통일을 희생시키고 소수 개인들의 뜻을 관철시킬 것인가, 2) 소수 개인들의 뜻을 희생시키고 재일본 전운동의 통일을 지속시킬 것인가하 는 내용이 문제라면서 후자를 선택하는 것이 무산계급운동의 올바른 자세라고 했다.[80]

---

77) 『독립운동사자료집(별집3)』, 58-60쪽.
78) 『시대일보』 1925. 11. 12.
79) 「大正十四年中ニ於ケル在留朝鮮人ノ狀況」(1925. 12.), 김정주 편, 『조선통치자 료』(7), 849쪽.
80) 驅「재일본조선무산계급운동의 통일과 신성회의 희생적 태도」(1925. 12. 12) 『사상운동』신년호(3-1), 1926. 1.

일월회는 재일본조선노동총동맹, 동경무산청년회, 삼월회 등과 신성회가 재일조선인 민족해방운동 진영을 교란시킨다고 4단체 연명의 성명서를 발표하여 조선 내 각 단체에 배포했다. 그리고 橫濱조선합동노동회와 연합하여 관동조선무산계급해방단체협회를 조직하고 1926년 신성회가 해체성명을 내게 했다. 마침내 신성회는 붕괴되었다.[81]

이상에서 살펴본 것처럼 일월회는 북성회의 계속 조직으로 1925년 시기 결성되어 혁명사의 지도하여 조직적으로 움직였다. 특히 일월회는 혁명사를 통해 일본 내 재일조선인 조직으로서의 한계를 극복하고 국내 공산주의운동을 한 시기 주도하게 된다.

제2절 재일본조선노동총동맹의 성장

1. 재일본조선노동총동맹의 창립

조선에서는 3·1운동 이후 노동운동을 비롯한 대중운동이 급속히 성장하고 노동자, 농민들의 조직이 계속 출현함에 따라 그들을 전국적으로 조직하려는 지향과 요구가 강화되어 갔다.[82] 1924년에는 노동자의 대중투쟁이 강화됨에 따라 노동자계급의 연대와 노동단체 간의 연계가 긴밀해지면서 지방 각지에서는 노동운동계를 통합하라는 요망이 고조되었다.

노동자들의 투쟁은 전국적 규모에서 연결될 때 계급투쟁으로 발전해

---

81) 「大正十四年中ニ於ケル在留朝鮮人ノ狀況」(1925. 12.), 김정주 편, 『조선통치사료』(7), 850쪽.
82) 성대경, 「3·1운동 시기의 한국노동자의 활동에 대하여」, 『일제하 식민지시대의 민족운동』, 풀빛, 1981, 참조.

갈 수 있다. 조선의 경우 노동자 조직의 전국적 연대는 1924년 4월 조직된 조선노농동총동맹의 결성으로 실현되었다. 1924년 이후 조선에서는 노농운동단체와 청년운동세력의 전국적 통일이 진행되었다.

이러한 움직임은 일본에서 재일조선인 민족해방운동세력의 조직화를 가속화시켰다. 당시 재일조선인운동을 내용적으로 주도하던 일월회는 關東震災로 파멸 상태에 빠진 동경조선노동동맹회의 재흥을 1924년부터 도모하며[83] 동시에 동경조선조선동맹회의 간부 개편으로 북성회에 의한 간섭에 반대의 입장을 취해온 대판조선노동동맹회와도 관계를 개선했다. 그러던 끝에 백무, 안광천, 이여성, 金相哲, 이헌 등은 東京府下 中野町 平文社에서 조선노동구제회장 朴長吉, 공제회의 李智英 등과 협의하여 무산청년과 노동자의 대동 단결을 도모함을 목적으로 일본 내의 통일기관인 재일본조선노동총동맹 준비회를 만들었다. 그리고 준비위원으로 이헌, 김상철, 이지영, 박장길, 김홍성, 金吉燮, 池厚根, 金治 외 6명을 선정했다. 이들 준비위원은 東京 시내와 인근에 있는 조선인 노동단체에 가맹을 권유했다. 大阪에는 김길섭을 파견하여 關西방면에서 각 노동단체의 규합에 노력하여 대판조선노동동맹을 비롯한 堺조선인노동동지회, 관서조선인삼일청년회, 城東노동동맹회, 西成노동조합의 가맹을 보았다. 이러한 大阪의 5개 단체의 참가 약속에 힘을 얻은 준비회는 이헌을 大阪에 파견하여 2개 단체의 가입을 더 획득했다.[84]

1925년 2월 15일 동경조선노동동맹회 고문 변호사 布施辰治와 이헌 등 14명의 준비위원은 사무실에서 창립대회와 장래의 운동방침 등에

---

83) 「大正十四年中ニ於ケル在留朝鮮人ノ狀況」, 김정주 편, 『조선통치사료』(7), 851-852쪽, 「在留朝鮮人の運動」(1931), 박경식 편, 『자료집성』(2-1), 1075쪽.

84) 大阪의 참가 단체는 大阪조선노동동맹회, 堺조선노동지회, 西成조선노동동맹회, 大阪공제회, 今福조선노동조합, 鶴町조선노동조합, 城東조선노동동맹회였다.

대해 협의하고 창립은 일본노동총동맹과 협조하여 조선무산계급의 운동을 개시할 것과 2월 22일 창립대회를 개최하기로 결정했다.[85] 이헌은 2월 17일 大阪에서 關西地方 朝鮮人團體에 가입을 권유하고 20일 東京에 돌아가서 관서지방의 각 단체대표자인 宋章福 등을 비롯한 12명을 東京으로 가게 했다. 이와 함께 동서 각 단체대표자 20여명을 모으고 창립대회에 관해 협의하고 위원 15명을 뽑았다. 그리고 공장, 기타 지역에서 조선인노동자의 참가를 유도하면서 선언, 강령, 규약 등의 작성에 착수했다.[86] 역원을 보면 집행위원장 이헌, 위원 신재용, 남대관, 김상철, 盧超, 文錫柱 등 당시 일월회 구성원이 다수를 차지했다.

재일조선인 노동운동 단체는 초기의 상호부조와 친목을 목적으로 하는 경향에서 노동자계급의 성장과 함께 계급해방을 내건 조직으로 성장해 갔으며 가시적 산물이 재일본조선노동총동맹이다. 1925년 2월 22일 오전 10시 재일본조선노동총동맹은 東京府 高田雜司ヶ谷 429번지 日華日鮮청년회관에서 조직되었다.[87] 참가단체는 東京의 경우 東京조선노동공생회, 東京조선노동동맹회, 조선인노동동지회, 關西지방의 경우 神戶조선노동동맹회, 京都조선노동동맹회 등이었다. 大阪의 경우 大阪조선노동자동맹회, 堺조선노동동지회, 西成조선노동동맹회, 대판광제회, 今福조선노동조합, 鶴町조선노동조합, 城東조선노동동맹회 등 12단체 63명의 대표가 참석하고 150여명이 모였다.[88]

재일본조선노동총동맹은 단체 가입의 원칙 아래 출범했다.[89] 창립준

---

85) 「大正十四年中ニ於ケル在留朝鮮人ノ狀況」, 김정주 편, 『조선통치사료』(7), 852쪽.

86) 「大正十四年中ニ於ケル在留朝鮮人ノ狀況」, 김정주 편, 『조선통치사료』(7), 853쪽.

87) 「안내장」, 대원사회문제연구소 소장. 이 안내장은 창립준비위원회 명의로 되어 있다.

88) 「大正十四年中ニ於ケル在留朝鮮人ノ狀況」, 김정주 편, 『조선통치사료』(7), 853쪽.

비위원회는 "조선노동단체의 대동단결의 필요를 느낀지 어언 3개 성상 이 지냈다. … 착취계급을 박멸하며 현사회의 불합리한 제현상을 타파 하기 위하여 共生의 진리를 絶叫하며 계급전선으로 용진해야 할 것이 다"[90]고 창립의 필요를 강조하고 노동자계급의 대동단결과 자본가계급 의 박멸, 자본주의의 타도를 주장했다.

당일의 진행상황을 보면, 발기인 이헌의 사회로 시작되었다. 대판조 선노동동맹회 李重煥이 임시의장이 되어 의장선거가 실시되었고 추천 한 이헌이 만장일치로 의장이 되었다. 그리고 선언,[91] 강령, 규약이 통 과되어 재일본조선노동총동맹이 공식으로 출범했다.

오전 회의 이후 오후 1시 30분에 잠시 휴식을 취하고 1시 40분에 재 회되어 우의단체의 축전 낭독이 있었다. 이후 역원은 중앙위원회에 선 임을 일임하기로 하고 계속하여 우의단체의 축하연설이 있었다. 市電 自治會 佐佐木善五郎 외 11명의 연설은 임석한 경찰에 의해 중지당했 다.[92] 마침내 金正根의 발언[93]으로 장내가 소란해지고 일본경찰의 해 산 명령으로 난투극이 벌어졌으며[94] 결국 해산되었다. 한편 대의원 이 헌 이하 35명은 다시 평문사에 모여서 결정을 보지 못한 토의사항을 토론하고 오후 10시 30분 제안대로 의안을 통과시키고 회의를 완료하

---

89) 규약에 보면 제5장 28조에 "대회, 중앙위원회는 일정한 가맹조합 또는 조합 원에 대하여 권고, 경고를 하고" 제6장 32조에서는 "본총동맹의 경비는 가맹 조합이 부담한다"고 했다(「在日朝鮮勞動總同盟規約」, 『在日朝鮮人史研究』創 刊號, 1977. 12, 101쪽.)

90) 「재일본조선노동총동맹취지서」, 대원사회문제연구소 소장.

91) 「大正十五年中ニ於ケル在留朝鮮人ノ狀況」, 59-64쪽.

92) 「大正十四年中ニ於ケル在留朝鮮人ノ狀況」, 김정주 편, 『조선통치사료』(7), 853 쪽.

93) 그는 "총동맹의 설립은 우리 조선무산노동자 자유해방에 있어 기쁜일이지만 그 지도자는 누구든지 사복을 채운다"고 했다.(「大正十四年中ニ於ケル在留朝 鮮人ノ狀況」, 김정주 편, 『조선통치사료』(7), 853.)

94) 『동아일보』 1925. 2. 24.

고 산회했다.

당시 채택된 강령과 주장은 다음과 같다.

「강령 : 1. 우리는 단결의 위력과 상호부조의 조직으로 경제
적 평등과 지식 개발을 도모한다.

2. 우리는 용기와 용감한 전술로 자본가계급의 억압
과 박해에 대해서 철저히 투쟁할 것을 도모한다.

3. 우리는 노동자계급과 자본가계급이 양립할 수 없
다고 확신하고 노동조합의 실력으로 노동자계급의
완전한 해방과 자유, 평등의 신사회 건설을 도모한
다.95)

주장 : 1. 8시간 노동과 1주간 48시간제

2. 최저임금의 설정

3. 악법의 철폐

4. 메이데이의 일치적 휴업

5. 경제적 행동의 일치적 협력」96)

조선노동총동맹 산하의 단체로 출범한 재일본조선노동총동맹의 강령
은 조선노동총동맹의 강령보다 전투적이지는 않았으며 대신 일본 노동

---

95) 「大正十四年中ニ於ケル在留朝鮮人ノ狀況」, 김정주 편, 『조선통치사료』(7), 834
쪽.

96) 「大正十五年中ニ於ケル在留朝鮮人ノ狀況」, 64쪽. 姜在彦은 「朝鮮人運動」(『社
會主義講座』(8))에서 계급해방 일반을 외치고 민족해방의 독자적인 정치목표
를 내걸지 않은 미숙함이 보인다고 했다. 한편 金森襄作은 이를 계기로 민족
운동을 주로하던 재일운동이 진정으로 계급운동으로 방향전환을 했는지 의
문이라고 하는데(金森襄作, 「大阪朝鮮勞動同盟會」, 渡部徹·木村敏男, 『大阪
社會勞動運動史』(1)(戰前編(上)), 有斐閣, 1986, 1070쪽.) 이후 재일조선인 민족
해방운동은 대중 단체의 통일적 기반 아래 계급적 성향을 보다 강하게 띠어
갔다.」

총동맹의 것과 유사했다. 그것은 지역적 특수성에 따른 당연한 결과였
다.

재일본조선노동총동맹은 창립되어 기존의 각종 조선인단체를 통일하
여 대중을 단결시켜내는데 단체 가입의 원칙 아래 12개 단체 800명으
로 출발해 1925년 10월에는 1220명의 조합원을 가진 조직으로 성장했
다.[97] 이에 앞선 7월에는 재일본조선노동총동맹대판연합회의 송장복
등의 주도로 堺조선노동동맹회, 大阪의 城東조선노동동맹, 鶴町조선노
동조합, 泉尾조선노동조합, 今福조선노동동맹, 대판조선노동동맹의 7개
단체를 조직했다.[98] 특히 大阪에서는 재일본조선노동총동맹계가 연말
에 1천여명에 이르렀다.

1926년 1월, 2월 關東聯合會[99], 關西聯合會[100]의 결성으로 조직이 강
화되어 21개 조합 3천명에 이르렀고 그 해 10월에는 25개 조합 9천 9
백명으로 성장했다.[101] 1926년 가을 大阪에서는 조직이 확대되어 大阪
조선노동조합, 泉尾조선노동조합, 浪速조선노동조합, 天王寺조선노동조
합, 朝鮮勞動連珠會 등 10개 조합이 가맹했다.[102]

---

97) 「在留朝鮮人の運動」(1931), 박경식 편, 『자료집성』(2-1), 1076쪽.
98) 「大正十四年中ニ於ケル在留朝鮮人ノ狀況」, 김정주 편, 『조선통치사료』(7), 856
쪽.
99) 관동연합회의 대회는 제1회가 1926년 3월 21일 東京府下 寺島玉の井에서 열
렸다. 제2회는 3월 20일 東京府下 戸塚의 松月亭에서 열렸다. 제2회 대회는
민족적 단일당 결성에 노력할 것과 노동농민당 지원을 결의했다.(『無産者新
聞』 1927. 3. 26) 이후 관동연합회는 관서연합회와 함께 제3회 재일본조선노
동총동맹 대회 이후 1府縣 1조합 원칙에 따라 단일 협의회로 되었다.
100) 1926년 3월 1일 大阪, 京都, 神戸 등지의 13개 조선노동조합이 모였다. 임시
의장으로 지건홍이 만장일치로 선정되었고 중앙위원으로 김수순, 어파, 황세
평, 김상구, 김노안, 김달환, 김념, 박망 등이었다.(『자아성』창간호(1926. 3.
20), 박경식 편, 『조선문제자료총서』(5), 203쪽.)
101) 「在留朝鮮人の運動」(1931), 박경식 편, 『자료집성』(2-1), 1076쪽.
102) 1926년 10월 9천 9백명, 1927년 3만 3백명, 1929년 3만 3천 5백명이었다.(朴
慶植, 「在,日朝鮮勞總の活動」, 『在日朝鮮人-私の靑春-』, 三一書房, 1981, 150

1926년말 재일조선인 노동운동단체로는 크게 재일본조선노동총동맹계열과 反재일본조선노동총동맹계열로 大阪평의회계와 제휴한 계열로 구분할 수 있다. 재일본조선노동총동맹계열로는 관동조선노동연합회 산하로 東京에는 조선노동동맹회, 관동조선노동일심회, 동경조선노동공상회, 조선합동노동조합, 조선합동노동조합지부, 동경조선노동조합, 조선적성노동조합, 조선노동회, 동흥노동동맹회, 조선적위노동동맹회가 있었고 神奈川에 조선합동노동회, 山梨에 山梨縣조선노동조합이 있었다. 재일본조선노동총동맹 관서조선노동연합회 산하로 大阪에는 堺조선노동동지회, 大阪조선노동동맹회, 재대판조선노동조합, 鶴町조선노동조합, 泉尾조선노동조합, 今福조선노동조합, 대판서성조선노동동맹, 大阪浪速조선노동동맹, 대판天王寺조선노동동맹, 조선노동연주회가 있었고 京都에 경도조선노동동맹회, 兵庫에 神戸조선노동동맹회, 岐阜에 조선중부노동조합이 있었다.103)

2. 재일본조선노동총동맹 제2회 대회

재일본조선노동총동맹 제2회 대회는 1926년 4월 15, 16일104) 大阪 土佐堀 靑年會館에서 열렸다.105) 관동, 관서연합회 19단체의 대의원 약

쪽.)

103) 「大正十四年ニ於ケル在留朝鮮人ノ狀況」, 박경식 편, 『자료집성』(1), 참조. 反재일본조선노동총동맹계는 大阪평의회계와 제휴한 계열로 大阪에는 在大阪靑山노동조합, 대판조선합동노동조합, 大阪에는 조선근육노동자연맹, 자유노동단堺市제일연맹, 일선합동노동조합평의회, 京都에는 경도조선북지회, 경도조선노동자협회가 있었다.

104) 『자아성』(5월호), 1926. 4. 20. 원래는 제2회 정기대회를 1926년 1월 15일 오전 10에 東京府下 戸塚 原兵衛 132번지에 있던 재일본조선노동총동맹 회관에서 개최하기로 했다.(「안내장」(1926. 1. 10), 대원사회문제연구소 소장.)

105) 「초대장」, 대원사회문제연구소 소장.

80여명과 방청객 120명이 참석했다. 첫날인 4월 15일에는 오전 10시부
터 시작하여 오후 5시 30분에 끝났다. 진행은 金天海(관동연합회 위원
장)와 池健弘(관서연합회 위원장)이 맡았으며 이날은 임시의장 1명과
부의장 1명 서기 2명을 선출했고 10명의 심사위원을 대의원 가운데 뽑
았다.106) 경과보고는 辛載鎔이 했다.

둘째날은 오전 10시부터 오후 5시까지 회의가 열려 건의안을 결의하
고 역원을 선거했다. 건의안은 1) 조선운동 통일 촉진의 건, 2) 노동학
교 설립의 건, 3) 극동노동자회의에 관한 건, 4) 악법 반대에 관한 건,
5) 異流단체에 관한 건, 6) 쟁의기금 정립에 관한 건, 7) 무조합 노동자
에 관한 건107)과 이밖에도 반동단체 박멸과 도일노동자 취체반대를 결
의했고, 소련의 조선수해의연금 처리에 관해 논의했다.

역원으로는 위원장 魚波, 상무 박망, 회계 임무를 선임하고 중앙위원
24명을 선출했다. 그리고 대회선언이 채택되었으며 안광천이 그 내용
설명을 했다. 선언은 "우리들 재일조선인 노동자는 이민족보다 피정복
자적 및 민족적 비애를 한정없이 체험하였다"고 하며 총동맹 창립 이
후 1년간의 투쟁을 경험한 지금이야말로 확고한 기반을 마련할 때라는
것이다.108) 재일본조선노동총동맹은 부르주아지와 저항하는데 역사적
보조를 같이해야 하며 재일조선인 노동자는 일본노동자와 결속하여 민
족해방운동을 수행할 임무가 있었다.

선언은 경제투쟁의 강화와 분파투쟁의 배제, 민족통일전선으로의 결
집, 민족·계급의식의 신장과 함께 일본 노동자와의 연대 강화를 거론
하고 있다.109)

---

106) 『자아성』(5월호), 1926. 4. 20, 박경식 편, 『조선문제자료총서』(5), 207쪽.
107) 『자아성』(5월호), 1926. 4. 20, 박경식 편, 『조선문제자료총서』(5), 207쪽.
108) 「大正十五年中ニ於ケル在留朝鮮人ノ狀況」, 박경식 편, 『자료집성』(1), 참조.
109) 안광천의 내용 설명 이후 선언서가 낭독되지 못하고 경찰에 의해 몰수가
    자행되었다. 그리고 안광천은 검속되었다.

구체적인 재일본조선노동총동맹 제2회 대회 운동방침으로는 1) 기존 조직노동자의 결속을 보다 강고하게 하고 미조직 노동자의 조합으로의 흡수에 역점을 둔다, 2) 의식적 운동을 권유하기 위해 조합원의 교육과 동시에 지도적 동지의 교육이 급선무이다, 3) 일본 무산계급과의 관계를 보다 긴밀히 하며, 또한 극동무산계급 및 세계무산계급과 단결을 촉진한다, 4) 조선무산계급운동과 분리할 수 없고 또한 운동의 분립에 엄중 중립을 고수하여 분립에서 통일로 전환을 촉진한다는 내용이었다.

재일본조선노동총동맹의 활동은 일월회의 지도와 기타 대중단체와의 공동으로 행해지는 것이 보편적이었다.

국제주의적 시각에서 이헌은 金順敬, 金亨潤과 함께 1925년 3월 15일 神戶에서 열린 日本勞動總同盟 전국대회에 출석하여 조선노동총동맹은 인종, 국경의 차이에서 야기되는 차별을 비난하고 제휴를 희망한다고 천명했다. 아울러 이헌은 朝鮮民衆大會에 출석하기 위해 국내에 들어와서 남선지방의 노농단체를 방문했고 상해, 러시아에 가서 연대를 도모했다.[110]

재일본조선노동총동맹은 자금 모집에 적극적이었다. 재일본조선노동총동맹의 남대관 등은 6월 19일 학우회 임시총회 자리에서 동아일보 배척운동에 따른 동아일보의 해외동포위문금 가운데 재일본조선노동총동맹이 2천원을 획득하여 사용하기로 하는 결정을 얻어냈다. 이 자금으로 『노동독본』(1집)의 편찬과 기관지 『조선노동』(월간)을 발행했다. 이밖에도 조선수해구제운동에서 모인 지원금 6천원 중의 일부도 사용했다. 1926년 시기 재일본조선노동총동맹은 이여성이 1926년 재일조선인단체에 기증한 2천5백원, 정순제가 기증한 3천 8백원이 있어 비교적 자금사정이 윤택한 편이었다. 국내의 자금이 일본에 들어가 사용되었

---

110) 「大正十四年中二於ケル在留朝鮮人ノ狀況」, 김정주 편, 『조선통치사료』(7), 855-856쪽.

던 것이다.

재일본조선노동총동맹이 결성된 1925년에는 전술했듯이 조선수해 이재민 구제운동과 小樽高等商業學校 군사훈련사건 규탄운동이 있었다. 이와 함께 三重縣壓殺事件에 대한 조·일 연대투쟁이 있다. 三重縣壓殺事件은 新潟縣 虐殺, 關東震災 虐殺, 小樽高等商業學校 事件에 연이어 일본제국주의에 의해 계속적으로 자행된 虐殺事件으로 三重懸에서 일본 정부가 조선인이 시가지를 전멸시킨다는 유언비어를 날조하여 2명을 체포, 학살했다. 이와 함께 관련 조선인 2명은 행방불명, 15명은 형무소로 그리고 일부는 滋賀縣으로 추방되었다. 재일본조선노동총동맹은 1926년 2월 10일 삼월회, 재동경조선무산청년동맹회, 일월회와 공동으로 이 사건에 대해 일본의 무산계급에게 연대 투쟁할 것을 호소했다. 林林一, 高橋萬次郎 등의 일본노동자는 당시 동지적 관점에서 투쟁을 함께 하기도 했다.[111]

또한 1926년 6월 13일 재일본조선노동총동맹은 본부 사무소가 습격당한 것과 쟁의부장 金三峯의 집이 습격당하고 김삼봉이 상애회 아지트에서 고문당한 사실을 선전하며 상애회 괴멸을 주장했다.[112] 여기에서는 일본 경찰의 방관자적 자세를 질타하고 이들의 배후에 일제가 있음을 분명히 하며 조·일 노동자 형제가 함께 할 것을 천명했다.

1926년 시기에 재일본조선노동총동맹은 4대 운동인 3·1운동 기념투쟁, 메이데이투쟁[113], 관동진재 조선인학살 추도회, 국치일 기념투쟁을

---

111) 「三重縣撲殺事件に際し全日本無産階級に訴ふ」(1926. 2. 10), 대원사회문제연구소 소장.
112) 「일본의 동지제형 여러분에게 고함」(1926. 6. 15), 대원사회문제연구소 소장.
113) 메이데이를 맞이하여 재일조선인이 일본노동총동맹 주최 집회에 조직적으로 참가한 것은 1922년부터였는데 동우회 회원 송봉우(백무의 회고에는 그가 참가하지 않았다.(吉岡吉典,「朝鮮人がはじめて參加した第3回メ-デ-前後-白武氏にきく-」,『朝鮮研究』(40), 1965. 6, 32쪽.)), 백무 등이 참가했다.(金熙明,「メ-デ-を前にして」,『文藝戰線』(4-5), 1927. 5, 132쪽.) 이후 1923, 24년

주도했다.

제3절 조선공산당 일본부[114]의 조직

조선공산당은 조직의 활성화와 선전, 선동 활동을 위해 해외기관을 설치했다. 당시 해외의 조선인 공산주의자는 파벌 끼리 당 조직을 만들고 있어 통일이 불충분했다. 따라서 이것을 통일시키고 연락을 보다 강화하기 위해 특별히 해외부를 조직했다.[115] 본고에서는 일본지역에서의 조선공산당 해외부의 조직과 활동의 내용을 살펴보고자 한다.

조선공산당은 1925년 4월 17일 창건되었다. 조선공산당 1차당 시기 일본에는 일본부가 설치되는데 이 조직은 崔元澤이 책임을 맡아 잠시 존재했다. 최원택의 지도로 최원택, 김찬, 이석, 김정규로 야체이카가 조직되었다.[116] 이 조직의 수차례에 걸친 야체이카 회의는 조선의 운동과 일본인 운동이 불가분의 관계를 갖기 위해서는 일월회와 같은 단체에 가입하여 표현운동을 해야 한다고 사고했다. 정확한 내용은 알 수 없다. 이와 같은 조선공산당 1차당 시기 일본부는 당시 일본지역의 재

일본의 메이데이 집회에도 재일조선인이 계속적으로 참가하는데 1924년 집회에서는 조선인 노동자가 제출한 '식민지 즉시 해방'이라는 표어가 일본노동총동맹의 간부들에 의해 이유없이 거부되기도 했다.(김희명, 앞의 논문, 133쪽.) 그럼에도 불구하고 재일조선인은 메이데이 행사에 계속 참가했다. 한편 당시 재일조선인에게 있어 메이데이의 의미는 조·일 양 프롤레타리아의 동일한 적에 대한 승리를 위해 협동전선을 구축하는데 있었다.(朱鐘建, 「メ-デ-と朝鮮の問題」, 『進め』(1-4), 1923. 5, 世界革命研究會, 앞의 책, 29쪽, 참조.)

114) 일본연락부, 조선공산당 일본연락부, 조선공산당 임시일본부라고도 하며 본고에서는 '일본부'로 칭한다.

115) 「朝鮮共産黨事件ノ檢擧顚末」, 梶村秀樹・姜德相 編, 『現代史資料』(29), 39쪽.

116) 「被疑者訊問調書」(金正奎), 『姜達永外 47人調書(8의1)』, 336쪽.

일조선인의 여러 조직과 공산주의 세력을 묶어 내지는 못했던 것 같다.

조선공산당 2차당 시기 김정규는 姜達永의 지도로 조직 사업을 인계 받았다.[117] 조선공산당 1차당 조직의 검거 이후 계속하여 조선공산당 조직은 재건되었다. 그것이 조선공산당 2차당이다. 조선공산당 2차당은 제3회 중앙집행위원회(1926. 2. 26)에서 일본부 책임자로 김정규를 선정 했다. 이후 조선공산당 2차당 책임비서 강달영은 김정규에게 일본부 조직에 관한 모든 지령을 내렸다.[118] 강달영은 일본과 만주에 지부를 설치하는 이유로 습관, 감정 내지는 언어의 문제를 제기하고 동시에 일본부의 조직화가 당 조직 강화를 위해서 유리하다고 했다. 이에 따라 일본부도 설치되었다.[119]

조선공산당 2차당의 책임비서 강달영은 김정규를 집행위원회의 결의 에 기초하여 일본부 책임으로 임명하면서 1926년 4월 4일 일본부 조직 에 관한 모든 지령과 함께

> 「일본에도 조선공산당과 마찬가지로 일본공산당이 있는 이상 조선 공산당 일본부를 설치하는 것은 기존의 원칙을 어기는 느낌이 든다. 지금까지의 습관, 감정 내지 언어 등의 관계로 재일조선인이 당장 일 본공산당원이 되기 곤란하여 설치하는 것이기 때문에 만사 주의해야 한다. 특히 (우리가) 활동하면 우리 민족부 설치에 관해서 민족운동자 라고 오해받기 싫다. 또 우리당의 일본부 설치에 대하여 국제당으로부 터 일본공산당에 대해 이 뜻의 통지가 있었는지도 모르니 … 양해에 노력해야 한다.」[120]

---

117) 조선공산당 2차당 시기에는 '조선공산당 일본연락부', '조선공산당 임시일본 부'라고 했다.(「被疑者訊問調書」(金正奎), 『姜達永外 47人調書(8의1)』, 334쪽, 고대아세아문제연구소 소장. 이하 별도의 언급이 없는 피의자신문조서는 고 대 아세아문제연구소 소장본이다.)
118) 「被疑者訊問調書(10)」(姜達永), 『姜達永外 47人調書(8의2)』, 1431쪽.
119) 「被疑者訊問調書(10)」(姜達永), 『姜達永外 47人調書(8의2)』, 952쪽.

라고 했다. 이후 김정규는 이러한 내용을 숙지하고 여운형이 佐野學 앞으로 보낸 소개장을 갖고 東京으로 파견되었다. 김정규는 『無産者新聞』의 上田茂樹와 關根悅郎을 만나면서 일본공산당과 지속적인 유대관계를 맺어 갔다.[121]

조선공산당 2차당 시기 일본부의 활동을 살펴보자. 먼저 조선공산당 중앙의 입장을 보면, 조선공산당 2차당 중앙집행위원회가 1926년 7월 발표한「조선공산당선언」은 세계혁명론적 시각에서 조선공산당이 국제 공산당의 한 부대임을 천명하고 "朝鮮革衆을 세계 피압박민족의 해방과 세계무산자혁명, 특히 일본의 그것과 또 소비에트 사회주의 연합공화국과 밀접한 동맹을 지어 그들의 제국주의자에 대한 투쟁을 지도할 것이다"고 했다.[122] 그리고 "조선공산주의자들은 일제의 압박 아래서 조선을 반드시 해방시키는 것이 당면의 근본과업"이라면서 조선의 공산주의자들은 이를 위해 민족유일전선을 결성하여 일제에 타격을 가해야 한다는 것이었다. 이와 함께 투쟁에서는 노동자, 농민이 중심이 되어 도시 소부르주아지, 지식인과 직접 동맹할 것과 장래의 정권 형태를 선거에 의한 민주공화국을 상정했다.[123] 특히 민족주의자와의 협동전선 구축의 문제에 있어서는 식민지 민족이 총체적으로 무산계급이며

---

120) 「被疑者訊問調書(10)」(姜達永), 『姜達永外47人調書(8의2)』, 1431-1432쪽.
121) 김정규 인터뷰(1968. 7. 23), (김준엽·김창순, 『한국공산주의운동사』(2), 청계연구소, 1986, 430쪽.) 김정규는 인터뷰에서 일본공산당과 어떤 협정을 맺고자 한 것은 아니고 개인적으로 의견을 교환을 했다고 하나 일본공산당 결성시기와 이후 조선공산당 3, 4차당 시기의 조·일 공산당의 관계를 생각할 때 조선공산당의 일본부 설치는 일본공산당의 승인이 어떤 형태로든지 있었을 것이다.
122) 『불꽃』(7), 1926. 9. 1.
123) 「朝鮮共産黨ト高麗共産靑年會大獄記」, 梶村秀樹·姜德相 編, 『現代史資料』(29), 417-422쪽.

제국주의가 곧 자본주의이기 때문에 민족해방이 계급해방이고 정치적 해방이 경제적 해방이라고 인식하고 있다. 조선공산당 2차당 중앙의 이러한 혁명론은 해외부인 일본부에 전달되었을 것이다.

조선공산당 2차당이 일본부를 설치한 목적은 '조선공산당의 사업을 하기 위해, 조선 내 기타와 연락하며, 아울러 일본의 공산주의자들과 연락하는 것이 주요 사업'이었고, 또 일본부 책임비서에게 부여된 권한은 일본에서의 당원 신분, 야체이카 조직, 당 사업에 관한 모든 것이었다.[124] 일본부는 중앙집행위원회의 지도, 감독 아래에 있었다.

김정규를 책임으로 한 조선공산당 2차당 일본부에는 崔桂善, 吳基成, 金漢卿[125], 李爽, 鄭雲海, 李相昊 등이 야체이카를 통해 활동했다.[126] 이와 함께 조선공산당 2차당 시기에는 일본 내에 공산주의적 경향을 갖은 청년학생들의 서클적 모임은 있었으나 아직 당 조직 내에 고려공산청년회 일본지부가 조직되지는 못했다.[127] 일본부에는 일월회의 구성원이 들어가 있었다.[128]이후 일본부는 조선공산당 2차당 검거 때 김정규 등이 검거되자 사실상 해체 상태가 되었다.

---

124) 「被疑者訊問調書」(金正奎), 『姜達永外 48人調書(10의1)』, 2412쪽.

125) 김한경(金漢卿, 金均)의 일본에서의 주요 활동 경력을 보면 다음과 같다. '2 차당' 일본부 선전부책임, 1927년 12월 일본부 서부야체이카 책임, 1928년 재일조선노동총동맹중앙집행위원, 정치교육부장, 1928년 2월 조선공산당 제3차 전국대회에 조선공산당 일본부 대표로 출석, 1928년 '4차당' 조직부장과 중앙집행위원, 1928년 8월 국치일 투쟁이 빌미가 되어 11월에 일본 경찰에 검거, 전향. 1938년 7월 시국대응 전선사상보국연맹 결성준비위원. 사상보국연맹 본부감사, 1939년 6월 국민문화연구소 전무감사.(임종국, 「제1공화국과 친일세력」, 『해방전후사의 인식』(2), 한길사, 1985, 『친일변절자 33인』, 가람기획, 1995.)

126) 「被疑者訊問調書」(金正奎), 『姜達永外48人調書(10의1)』, 2412쪽, 「朝鮮共産黨事件ノ檢擧顛末」, 梶村秀樹・姜德相編, 『現代史資料』(29), 39쪽.

127) 김정규인터뷰(1968. 7. 23) (김준엽・김창순, 앞의 책(3), 242쪽.)

128) 확인 가능한 증거로 당시 김정규는 일월회의 집행위원을 겸하고 있었다. (「被疑者訊問調書」(金正奎), 『姜達永外 47人調書(8의1)』, 339쪽.)

제4절 재일조선인 청년운동의 정비

1. 동경조선무산청년동맹회의 창립과 활동

1920년대에 들어 조선의 선진적인 청년·학생은 마르크스주의의 영향 아래 청년·학생단체를 조직하는 활동을 전개하여 1925년 말에는 전국 각지에서 847개의 청년단체와 185개의 학생단체가 조직되었는데 그 중심은 조선청년총동맹이었다.

재일조선인 사상단체로 1926년 10월 시기 활동했던 조직은 먼저 東京의 경우 동경조선청년동맹회(공산주의계), 일월회(공산주의계), 조선여자삼월회(공산주의계), 신흥과학연구회(공산주의계), 흑우회(무정부주의계)가 있었다. 大阪에는 대판고려무산청년동맹(공산주의계), 재일본배달소년단(공산주의계), 堺조선인노동동지회청년단(공산주의계), 계림무산청년동맹(무정부주의계), 조선인신진회(무정부주의계), 神奈川에는 조선노동청년단(공산주의계), 兵庫에는 兵庫縣조선무산동맹(공산주의계) 등이 있었다.[129] 특히 재일조선인 청년운동의 경우 東京과 大阪을 중심으로 京都지역이 연합하여 결합이 강화되면서 조직이 가속적으로 발전했다. 東京과 大阪의 대표적인 공산주의계 조직을 살펴보자.

1925년 1월 기존의 조선무산청년회, 동경조선무산청년동맹이 합동하여 동경조선무산청년동맹회가 되었다. 주요 간부는 백무,[130] 이헌, 박

---

129) 「大正十五年中ニ於ケル在留朝鮮人ノ狀況」, 34-35쪽.

130) 백무(白武, 白晚祚)의 일본에서의 주요 활동 경력을 보면 다음과 같다. 재동경조선유학생학우회 가입, 1921년 11월 흑도회 결성, 1922년 11월 북성회 결성 주도, 1922년 자유노동동맹 조직, 1922년 11월 동경조선노동동맹회 조직, 실행위원.(『독립운동사자료집』(별집3), 1971, 姜徹, 『在日朝鮮人史年表』,

천, 黃炳碩, 金旭, 남대관131) 등이었고 회원은 80여명으로 시작했다. 그리고 집행위원을 이헌 이외에 14명을 선출했다. 인적 구성을 볼 때 이 조직은 일월회가 장악하고 있었다.

강령은 1) 우리들은 현대사회의 모든 불합리한 현상을 타파하여 이상적인 신사회를 건설한다, 2) 무산청년의 계급의식을 환기시켜서 혁명전선의 투사를 양성한다, 3) 무산청년의 계급적 대동단결에 노력한다는 내용이었다. 이 강령은 일월회 강령의 신사회 건설론과 동일선 상에 있었다.

1925년 4월에는 사상운동사에서 동경조선무산청년동맹회 임시총회가 열렸다. 조선 내 사회주의적 풍조가 강화되는 가운데 열린 이날 모임에는 남대관, 홍인표, 김상철 등 17명이 참석하여 치안유지법 실시 이후의 운동방침에 대해 협의하고 여기에 신중하게 대처하여 경찰의 검거망을 피할 것을 강조했다. 회원은 25세 전후로 회원 2명 이상의 증명이 있는 자에 국한하여 입회를 허락하기로 결정했다.

동경조선무산청년동맹회 제2회 총회(1925. 4. 29)는 80여명이 참가하여 열렸다. 주요한 협의 내용은 1) 동류단체 진흥 제휴의 건, 2) 무산청년의 국제적 친밀에 관한 건, 3) 조선 내의 운동 통일에 관한 건, 4) 조선 및 일본청년단체 제휴의 건, 5) 무산청년단체 여성가입의 건 등이었다.

동경조선무산청년동맹회에서는 조선 내 파벌에 대해 중립적 자세를 견지하던 조직 초기의 입장을 버리고 반목이 가시화되었다. 즉 '화요회파'와 '반화요회파'(소위 서울청년회계)로 나뉘었다. 당시 조직 내의 화

雄山閣, 1983.)

131) 남대관(南大觀)의 일본에서의 주요 활동 경력을 보면 다음과 같다. 동경조선무산청년동맹회 간부, 1925년 2월 22일 열린 재일본조선노동총동맹 창립대회에서 집행위원, 재일본조선노동총동맹 대표, 이후 극동사회문제연구회 조직.(『독립운동사자료집』(별집3), 1971, 김창순·김준엽, 앞의 책(4), 참조.)

요회파는 辛泰嶽, 李相烈 등이었고 반화요회파는 鄭禧泳, 朴泉 등이었다.132) 특히 국내운동과 관련하여 갈등이 표면화된 5월 4일 집행위원회에서 신태악 등은 정희영을 3개월간 회원 자격 정리 처분에 부쳤다. 이로 이해 내부의 분열이 가속화되었고 일월회와 재일본조선노동총동맹에서 조정에 나섰으나 뚜렷한 성과를 거둘 수 없었다. 결국 相愛會133)가 6월 재일본조선노동총동맹을 습격하자 일월회와 두 단체가 공동전선을 구축하여 활동하면서 내부 분열이 조정되기 시작하여 9월 타협을 보고 해결되었다.

11월 1일에는 동경조선무산청년동맹회 임시총회가 열렸다. 총회에는 백무, 이여성, 안광천 등 17명이 참석했다. 백무는 이 자리에서 '본 회는 설립 이래 아직 아무런 볼만한 활동이 없이 부질없는 시간만 경과해 왔는데 실로 유감이며 이즈음 내용의 충실을 도모하여 우리 청년의 사상 향상을 기하자'고 했다. 이 자리에서는 서무부, 교양부, 선전부, 조사부, 편집부를 설치하고 각 부원 7명을 선정했다.134)

임시총회는 11월 19일 또 열렸다. 李鍾模, 박천 등 14명이 참석하여 다음과 같은 내용을 협의했다. 1) 규약, 2) 삼월회, 일월회, 재일본조선노동총동맹과 공동투쟁의 건(이인규 제안), 3) 2)안에 따라서 우의단체 교섭 연락위원으로 이종모, 李乙範 등 2명 선출, 4) 북풍회의 신성회

---

132) 『독립운동사자료집』(별집3), 74쪽.

133) 상애회는 1921년 12월 23일 李起東, 朴春琴이 丸山鶴吉, 齊藤實총독의 지원 아래 사회사업을 수행한다는 미명 아래 조직한 반동단체이다. 1930년 4월 시기에는 조선 내의 京城, 城東, 北部, 京南지부 이외에 일본에 13개의 본부, 35개 지부, 56개의 출장소가 존재했다. 1936년부터 協和會가 보급되고 1939년에 中央協和會가 조직되자 1941년 3월 東京의 총본부가 해산했다. 金斗鎔, 『日本に於ける反民族運動史研究』, 鄕土書房, 1947, 3-19쪽, マンフレッド・リングホ-ファ-, 「相愛會-朝鮮人同化團體の歩み-」, 『在日朝鮮人史研究』(9), 1981. 12, 참조. 이와 함께 일본지역 반민족운동세력으로 협화회, 興生會, 一心會 등이 解放 이후까지 존재했다.

134) 『독립운동사자료집』(별집3), 73-75쪽.

東京 설치는 조선무산계급 해방운동을 교란시키는 적이므로 일월회, 삼월회, 재일본조선노동총동맹과 함께 성명서를 발표하여 성토할 것, 5) 김삼봉을 제명처분에 부치기로 결의했다. 이밖에도 구성원으로 주의, 강령을 엄수하지 않는 자는 단호히 처분하기로 의견을 정리했고 강연회의 개최와 기관지 발간에 대해서도 협의했다.

결국 동경조선무산청년동맹회는 1926년 11월 일본에서 무산정당운동이 활성화되자 널리 청년을 규합하여 공동전선을 조직해야 궁극적으로 목적의 달성이 가능하다고 하여 '무산'의 두자를 빼고 '동경조선청년동맹'으로 개칭했다. 이밖에도 大阪의 대판고려무산청년동맹이나 兵庫의 兵庫縣조선무산동맹의 경우도 개칭하여 지역 청년운동의 구심으로 그 역할을 수행했다.

동경조선무산청년동맹회의 주요 활동은 먼저 조직 결성 이후 1925년 4월 서울에서 열린 조선민중대회에 유진걸과 또 한사람을 파견했던 사실을 들 수 있다. 그리고 9월 20일 개최된 관동진재 때 학살된 동포의 연합추도회에 참가했다.

동경조선무산청년동맹회는 「三重縣 박멸사건에 관하여 전일본무산계급에게 호소한다」[135]는 격문에서 1926년 2월 10일 재일본조선노동총동맹, 삼월회, 일월회와 함께 계급적 단결을 강조하며 연대투쟁을 수행했다. 전술했던 三重縣 虐殺事件에 대해서는 재일본조선노동총동맹, 조선무산청년회, 일월회, 학우회 등의 6개 단체가 실지조사회를 조직했다. 실지조사회는 2월 12일 오후 9시 早稻田 스콧트홀에서 진상보고 연설회를 열었다.[136]

동경조선무산청년동맹회는 특히 일월회 구성원의 지도와 재일본조선노동총동맹 등의 단체와 불가분의 관계를 갖고 활동을 전개했다.

---

135) 대원사회문제연구소 소장.
136) 『학지광』(27), 1926. 5, 674쪽.

東京지역 청년운동의 중심이 된 동경조선무산청년동맹회는 1926년 1월부터 기관지 『청년조선』(월간)을 발간했다. 동경조선무산청년동맹회는 강령의 실현을 위해 선전활동을 지속하는 한편 1926년 6월 상애회가 재일본조선노동총동맹 본부를 습격하자 일월회, 조선노농총동맹과 공동전선을 구축하고 상애회 박멸 투쟁을 전개했다.

2. 삼일무산청년회의 조직

東京과 함께 재일조선인 민족해방운동에 있어 또 하나의 중심적인 지역이 大阪이다. 일찌기 大阪에는 다수의 재일조선인 단체가 결성되었다. 이 가운데 삼일청년회는 大阪, 神戶지방의 기독교 신자를 중심으로 1922년 조직되었다.

삼일청년회는 1925년 3월 1일 총회에서 삼일무산청년회로 개칭하고 강령을 정했다.[137] 강령은 1) 세계무산청년의 조직적 단결 운동을 도모한다, 2) 합리적 협력사회를 실현하여 조선 新人의 교양과 투사의 수련을 도모한다, 3) 동족의 특수한 처지에 감응하여 신흥계급의 여러가지 종류의 운동을 도모한다는 내용이었다.

삼일무산청년회는 초기에 주로 민족주의적 입장에서 반일사상을 선전했으며 공산주의계 단체, 일본의 사회주의자, 수평사, 노동단체와 함께 朝鮮集會 抑壓彈劾會, 弱小民族과 植民地解放演說會 등을 개최하여 민족해방운동에 본격적으로 참가했다.

1926년 시기에는 전술했듯이 東京, 大阪지역과 함께 神奈川과 兵庫 등지에서도 재일조선인 사상운동 단체와 청년 단체들이 조직화되어 있었다. 이러한 움직임에 기초하여 분산적이지만 지역 단위에서 재일조

---

137) 박경식, 앞의 책, 119쪽.

선인운동은 발전하게 되었다.

제5절 학우회의 조직적 강화

조선에서 사회주의적 학생단체로 처음 결성된 것은 북풍회계가 1925년 5월에 결성한 조선공학회였다.[138] 그러나 이 단체는 창립 6개월 만에 일제로부터 탄압을 받아 해산되었다. 이후 사회주의적 학생조직은 경성학생연맹, 서울학생구락부, 조선학생과학연구회가 중심이었으며 그 가운데 실질적인 활동은 조선학생과학연구회가 주도했다.

국내 학생운동과 함께 하며 일본에서 재일조선인 유학생의 구심적 역할을 수행하던 학우회도 1920년대 중반에 가면 조직적으로 개편되었다. 1910년 10월 대한흥학회를 개칭하여 출범한 학우회는 유학생 친목회 연합으로 출발했다.[139] 1910년대의 학우회는 구성된 이후에도 출신 지역별 모임이 분회로 여전히 존재함으로써 지방분회의 연합체적 성격을 띠고 있었으나 1916년 1월 총회에서 분회를 해산하고 중앙통일제로 개편함으로써 새로운 체계를 갖추었다. 즉 종래의 '지방분회제'를 '중앙통일제'로 고쳐 조직을 개편했다.[140]

1920년대 학우회는 상당수의 구성원들이 재일조선인 유학생단체 예

---

138) 홍석률, 「일제하 청년학생운동」, 『한국사』(15), 한길사, 1994, 참조.
139) 1912년 10월 27일 '동경조선유학생학우회' 즉 학우회가 조직되었다. 본고에서는 (재)동경조선(인)유학생학우회를 학우회로 통칭한다.
140) 『학지광』(10), 1916. 9. 4, 58쪽. 이러한 학우회의 중앙집권화의 필요성은 『학지광』(6)(1915. 7. 23)에서 신석우가 「귀로에 임하야」라는 글에서 학우회 발전에 관한 의견을 제시하는 가운데 제기되었는데 "지방분회는 가급적 현상을 유지하야 세세한 집행사무와 회비 수합에 관한 사항만을 기 會에서 行케하고 基반 共通的 사무는 總히 학우회에서 처리케 할 것"(27쪽.)이라고 했다.

를 들면 조선기독교청년회, 조선학회의 주요 구성원으로 되어 있었다.
특히 조선기독교청년회와는 이명동체라고 할 수 있을 정도였다.[141] 특
히 이 시기에는 사상, 조직적 변화가 심화되어 이계원, 임세희 등은
'학우회혁신동맹'을 조직하고 학우회 중앙에 맞섰다. 이들은 연설회를
통해 순수한 학생조직으로 학생단체를 조직하고자 했다. 그러나 이와
같은 행동은 학우회 내에서 문제가 되어 1920년 6월 15일 임시총회는
임세희 등이 주도하여 김준연(회장), 변희용(총무)의 전횡에 대한 탄핵
결의를 54대 121로 채택하여 간부가 총사직했다. 결국 6월 17일 중앙
간부와 '學友會革新同盟' 사이에 격론이 벌어졌고 '學友會革新同盟' 쪽
의 간부들이 퇴석하여 간부가 유임되어 정리되었다.[142] 한편 『시대일
보』 1925년 12월 25일자에 따르면, 학우회는 동창회 대표 20여명으로
연합동창회를 열고 조직 개혁을 단행했다. 그 내용은 종래의 東京에
있던 모든 조선인 유학생이면 다 참가하게 했던 것을 개편하여 일정한
학교에 재적한 자만을 즉 학생을 본위로 조직하기로 했다.

학우회의 조직은 다음과 같다. 회장(1), 총무(1), 평의원(14), 문서부원
(3), 간사부원(2), 재무부원(2), 지육부원(2), 체육부원(2), 학예부원(2), 편
집부원(4)으로 구성되어 각부에는 부장을 두고 부원은 평의회 결의에
따라 수시로 교체가 가능했다.[143] 이러한 학우회의 1925년 시기 조직
구성원은 위원대표 : 한림, 서무부 : 林炳禱, 李東俊, 李龍守, 金敏奎,
사교부 : 全富一, 이지영, 金容采, 金永根, 재무부 : 孫奉祚, 方順卿, 金
明燁, 李佐燁, 尹吉鉉, 변론부 : 權憲, 郭貞吉, 朴俊燮, 운동부 : 方昌錄,
李秉勳, 徐元出, 편집부 : 李從直, 金相弼, 朴最吉이었다.[144] 이렇게 학

141) 「주의를요하는단체」(1922), 『독립운동사자료집』(별집3), 15쪽.
142) 「大正9年6月朝鮮人槪況」, 김정주 편, 『조선통치사료』(5), 685쪽.
143) 「조선유학생 학우회규칙」, 『학지광』(5), 1915. 5. 2, 66쪽.
144) 『학지광』(27), 1926. 5. 24, 675쪽.

우회도 일월회계의 한림에 의해 조직이 장악되어 기존의 민족주의적
색채를 일정하게 벗게 된다. 1926년 이후에는 기존의 조헌영, 金光洙,
崔國彬, 朴鐘大, 李浩, 崔寧熙, 朴準之, 丁奎昶, 金聖敏 등과 새로 가입
한 이여성, 안광천 등 사이에서 대립이 생겨나기도 했다.145)

학우회가 합법적 대중단체이기 때문에 다수가 재일조선인 단체에 이
중, 삼중으로 소속되어 있었다. 특히 학우회는 1920년대 중반 이후 재
일조선인 우의단체인 재일본조선인노동총동맹, 동경조선무산청년동맹
회, 재일본조선청년동맹, 일월회, 신흥과학연구회 등과 긴밀한 관계를
갖고 있었다.

학우회는 일월회 등에 의해 일정하게 내용적인 지도를 받으며 연대
활동을 전개했다. 1924년 1월 『동아일보』의 「민족적 경륜」과 「정치적
결사와 운동」에 대해 북성회, 동경조선노동동맹회, 재일본동경조선유학
생, 여자학흥회, 형설회, 노우사, 평문사, 전진사, 대판조선노동동맹회,
조선무산청년회, 재일본동경조선교육연구회 등의 단체와 함께 조선 안
에서 허락되는 범위에서 정치적 결사를 조직한다는 것은 암묵적으로
총독정치를 시인하고, 조선의 자치를 요구하며, 참정권 획득을 갈망하
는 것으로 종국적으로 민족운동을 저해한다고 하여 성토문을 발간하고
반대운동을 전개했다. 특히 동아일보사가 조선 민중의 적인 총독부의
손에 있는 것을 잊지 말자고 했다.146)

1924년 10월 11일 조선기근구제회를 학우회는 학흥회, 무산청년회,
동경노동동맹회, 북성회, 해방운동사, 흑우회, 형설회 등 14개 단체와
함께 발기하여 조직했다.147) 饑饉 救濟를 위해 춘계 육상운동회를 이용

---

145) 坪江汕二, 앞의 책, 224쪽.
146) 「성토문」(1924. 2.), 대원사회문제연구소 소장. 이 성토문의 총대표는 이헌으
    로 되어있다.
147) 『시대일보』 1924. 10. 22.

해 매점을 경영하고 수건을 팔아서 동아일보사에 이익금을 보냈다. 당
시 재일본조선청년동맹과 근우회도 식당을 경영해 막대한 이익을 饑饉
救濟를 위해 송금했다.[148]

당시 유학생들의 주거는 재일조선인에게 가해졌던 압박과 마찬가지
로 주요한 문제였다. 다수가 빈민에 가까운 생활을 하면서 인간 이하
의 취급을 받는 현실에서 기숙사의 제공은 이들에게 대단한 선심꺼리
였다. 군산의 態本利乎은 동경의 조선유학생을 위해 보인회를 설립하
고 숙박소를 설치해서 침식을 제공했다.[149] 학우회는 이곳의 본질을 파
악하고 보인학사의 탈퇴를 결의하고 퇴사하는 반대운동을 전개했던 것
이다.[150]

이상과 같은 국내와 재일조선인 단체와의 연대투쟁과 함께 학우회의
사업은 주로 대중사업이 많은 부분을 차지했다. 이 가운데 강연회, 연
구회, 운동회, 웅변대회, 환영회, 환송회, 축하회 등을 통해 대중교양과
계몽활동을 전개했으며 공산주의와 반일 투쟁사상이 선전·선동되었다.
재일조선인 유학생운동은 1920년대 초에 주로 학우회와 각종 동창회
등을 중심으로 운동이 전개되었다. 이와 달리 1920년대 중반 이후에는
학우회 활동이 침체되면서 신흥과학연구회, 학우회 등 공산주의계의
유학생 운동단체가 선진, 전투적인 투쟁을 주도했다.

제6절 소결

재일조선인 민족해방운동사에서 1925, 26년은 조직의 발전과 함께

---

148) 『학지광』(29), 1930. 4. 5.
149) 『매일신보』 1920. 3. 20.
150) 『동아일보』 1921. 2. 25.

전일본지역으로 운동이 확대 발전했던 시기이다.

이 시기에는 다양한 형태의 재일조선인 민족해방운동 조직이 병존하면서 투쟁이 진행되었다. 대표적인 조직으로는 마르크스주의 사상단체인 북성회와 일월회, 재일본조선노동총동맹, 조선공산당 1, 2차당 일본부, 동경조선무산청년회, 삼일무산청년회, 학우회 등을 들 수 있다.

일월회는 혁명사의 지도로 정치구락부로 개편될 때까지 재일조선인 민족해방운동을 주도했다. 이것은 조선공산당 일본부 조직이 일본지역에서는 아직 구심적인 역할을 수행하지 못한 것과 무관하지 않다.

일월회의 주도로 재일조선인 노동운동의 구심인 재일본조선노동총동맹은 기존의 지역 단위의 분산적 형태의 노동운동 조직들을 결집하여 창립되었다. 재일본조선노동총동맹은 노동자계급의 단결과 자본가의 박멸, 자본주의체제의 타도를 내걸면서 계급적 성격을 분명히 했다. 재일조선인 노동자의 전국적 통일기관인 재일본조선노동총동맹의 결성은 재일조선인 민족해방운동 조직의 성장기인 1925년 시기에 국내 노동운동과 관련하여 주목되는 성과였다.

재일본조선노동총동맹, 동경조선무산청년동맹회, 학우회, 신흥과학연구회, 일월회 등은 조직적으로 긴밀한 관계를 갖고 연대 투쟁을 계속 전개했다. 일월회의 구성원은 노동, 청년, 학생 조직에서 성장기의 재일조선인 민족해방운동을 주도했다. 1925, 26년 시기 재일조선인 민족해방운동은 대중단체 연대에 기초하여 연설회와 대중집회를 통해 투쟁을 전개했다. 주로 강연회, 연구회, 운동회, 웅변대회, 환영회, 환송회, 축하회 등을 통해 대중교양과 계몽활동을 전개하여 반일투쟁사상을 선전, 선동했다.

계기 투쟁으로 3·1운동 기념투쟁, 메이데이 투쟁, 關東震災 朝鮮人 虐殺 追悼會, 國恥日 鬪爭, 小樽高等商業學校 軍事敎育事件 反對運動 등이 있었다. 이상과 같은 일상적인 투쟁과 함께 1926년에는 三重懸

虐殺事件 反對鬪爭이 있었다. 이 투쟁은 재일본조선노동총동맹, 일월회, 삼월회, 조선무산청년회 등 재일조선인 민족해방운동단체들 사이의 연대에 기초하여 조·일 연대를 투쟁 속에서 실현했던 한 사례이다.

재일조선인 민족해방운동이 조직적으로 성장하여 투쟁이 전국화되어 가던 1925, 26년에는 단체운동이 중심적인 역할을 수행했다. 이에 따라 사상단체적 성격을 띤 단체의 연대가 강조되었고 동시에 관념적 차원의 국제적 결속도 조·일 사회운동 단체들을 통해 도모되었던 것이다.

제4장 재일조선인 민족해방운동 전위 조직의 강화와 통일적 발전(1927년 시기)

제1절 조선공산당 일본부의 재조직과 활동

1. 정우회와 정우회선언

1926년 2월 일월회의 안광천, 김세연 등은 高津正道, 黑田壽男 등 일본 사회주의자들과 함께 구제금을 전달하기 위해 귀국하여 양분된 사회주의자 간부들을 한자리에 불러 사회주의운동의 통일과 대립의 지양을 역설했다.[1] 1926년 8월 중순 東京에서 재차 안광천, 하필원 등은 귀국했다. 당시 일본의 일월회에서는 안광천, 하필원, 박락종이 귀국하고 崔益翰, 李友狄, 김천해, 權大衡, 姜徹, 李載裕, 鄭禧泳, 한림, 金相爀은 東京에서 대중단체를 지도했다.[2] 국내로 들어온 안광천, 한위건, 하필원 등은 곧바로 국내 운동상황을 파악하고 파벌청산을 표방하며 '레닌

---

1) 『동아일보』 1926. 2. 19, 「大正十五年中ニ於ケル在留朝鮮人ノ狀況」(1926. 12.),
   박경식 편, 『자료집성』(1), 212쪽.
2) 이석태 편, 앞의 책, 526쪽.

주의동맹' 관계자들과 결합하여 본격적인 국내 활동에 나서며 정우회에 가입했다.3) 정우회는 화요회, 북풍회, 조선노동당, 무산자동맹회의 4단체가 합동하여 만든 조직이나 일월회 출신의 국내 진출로 그들에 의해 주도되었던 것이다.

일월회의 국내 진출은 정우회의 조직을 개편시켰다. 1926년 9월 28일 집행위원회는 위원의 보충과 회계정리, 국면수습책에 대해 토의하고 위원을 보선했다. 金平山, 李鎬泰, 洪性憙, 姜徹, 董林, 朴文熹, 徐在國, 姜容, 沈相琓, 韓洛敍, 成世斌, 金光洙, 李昇馥이 선임되었다.4) 특히 일월회 출신이 대거 들어온 11월 3일 상무집행위원회는 선언 발표를 결정하고 업무를 새롭게 분장했다. 서무부 안광천, 김영식, 權肅範, 孫永極, 강철, 조사부 金京泰, 김광수, 千斗上, 서재국, 李鎬泰, 李承元, 회계부 김평산, 강용, 한락서, 동림, 성세빈, 연구부 하필원, 南廷哲, 이승복, 林炯日, 姜相熙, 검사위원 姜仁澤, 鄭鍾鳴, 魚龜善, 曺景敍 등이 맡았다.5) 이후 일월회 출신이 정우회를 주도하는데 1926년 11월 15일 집행위원회를 통해 정우회선언을 발표했다. 이 선언은 안광천, 김광수, 임형일 등이 기초했으며 1) 분파투쟁의 청산과 사상단체의 통일을 주장하고, 2) 대중의 무지와 자연성장성의 퇴치를 위해 조직과 교육운동의 전개를 제기했다. 3) 종래의 경제투쟁의 형태에서 정치투쟁으로 전환을 요구하면서 타락하지 않은 민족주의세력과 적극적으로 제휴를 제기한다. 그리고 4) 운동의 현실화와 이론의 실천을 통한 검증을 강조하고 있다.6) 정우회선언7)의 내용이 일월회의 조직, 사상이 일본에서 출

---

3) 특히 이들의 국내진출은 혁명사 국내 조직과의 조직적인 관계 속에서 이루어진 것이다. 이 혁명사 국내 조직은 '레닌주의동맹'에 깊이 관여했다.
4) 『동아일보』 1926. 9. 30.
5) 『동아일보』 1926. 11. 6.
6) 『조선일보』 1926. 11. 17.
7) 정우회선언에 대한 연구는 사상, 운동론의 차원과 신간회 성립의 이론적 기초

발했던 것과 전체적인 서술 구조-단계론적 투쟁전술의 구사, 민족부르
주아지에 대한 인식의 불철저, 이론 중심적인 분리 결합론적 사고-, 당
시 활동가의 인터뷰를 통해 살펴보건데 福本主義로부터 영향을 받았다
고 할 수 있다.

福本主義는 山川主義의 비판에서 정형화되었다. 福本和夫의 山川均
에 대한 전면적 비판은『마르크스主義』(4-2)(1926. 2.)와 계속해서 5월호
의「山川氏의 方向轉換論의 轉換에서 시작해야 한다」(1)(2)에서 진행되
었다.8) 여기에서 福本和夫는 山川均이 인식론과 방법론에 있어 대상을

를 해명하는 수준의 연구가 있다.

선행 연구에 기초하여 볼 때 일본에서 사회주의 사상을 체득한 일월회원은
변화되는 일본 내 마르크스주의 진영을 읽고 그 가운데 구태인 山川主義를 일
정하게 극복하고 당재건론으로 새롭게 등장한 福本主義를 수용했던 것이다.
그것은 당시 세계 혁명의 총본산인 코민테른의 혁명론과도 부합되었다. 이와
함께 일월회원은 계속적으로 국내의 진출을 모색하면서 당시 선진 이론이었던
福本主義를 갖고 당내에서 혁명론을 정리하려고 시도하며 이를 통해 조선의
혁명운동진영을 통일시켜내려고 했다.

山川均의 합법무산정당운동이 풍미하던 때부터 일본에서 사회주의를 수용한
일월회원에게 조선의 혁명은 곧 공산주의혁명이었다. 일본 내에서 일본공산당
의 재건론으로 등장한 福本主義가 일본 내에서 전면화되면서 조선공산당이 존
재하는 국내에서는 적용되지 않는다고 해도 혁명사의 조직원이 가담해 있던
일월회는 스스로 공산주의적 조직이라고 하면서 이 새로운 이론으로 무장하는
것은 필연적이었다. 이후 일월회는 조선에 들어와 이론의 실현을 조직과 활동
의 내용있는 실천을 통해 도모했다.

당시를 회고한 錢鎭漢은 유학생의 적지 않은 수가 일본공산당을 따라 마르
크스를 숭상했다면서 당시의 경향으로는 '마르크스주의는 곧 정치투쟁의 원
리'로 받아들여졌고 마르크스주의를 모르면 바보취급을 당했다는 것이다.(「전
진한인터뷰 (1970년 3월 8일)」, 김준엽·김창순, 앞의 책(3), 8쪽, 재인용.)

문제는 福本主義의 수용이 아니라 수용된 福本主義의 국내에서의 영향과 폐
악이었다. 정우회선언 이후 국내의 운동진영은 본격적으로 혁명론에 대한 논
쟁을 전개했으며 여기에는 福本主義的, 이론중심적, 코민테른 지상주의적인 측
면이 강하게 작용했다.

8) 이후 「折衷主義の批判」으로 『無産階級の方向轉換』과 『福本主義初期著作集』(3)
에 실려 있다.

전체성에서 고찰하지 않고 과정적으로 파악한 점에 문제가 있다고 하면서 山川均이 말하는 '전체'는 분열적, 배타적, 대립적, 고정적으로 규정되는 '부분'의 연장이거나 종합에 지나지 않다고 정확하게 인식론적 한계를 지적했다. 그리고 정치적 투쟁을 山川均은 단순하게 경제적 투쟁의 연장이고 종합으로 생각하며 정당 조직도 조합의 연합, 즉 조합으로 보고 있다면서 인식론에서 출발한 오류가 전술, 정당 조직론까지 외연이 확대되어 있다는 것이다. 결론적으로 山川均의 방향전환론은 그가 조합주의자이기 때문에 '사회주의와 조합주의의 절충적 방향전환론이다'고 했다. 여기에서 福本和夫는 올바른 방향전환, 조합주의적 투쟁에서 사회주의적 투쟁으로의 전환이 山川均에게 요청된다는 것이다. 이후 福本主義[9)]는 일본공산당 재건의 이론으로 한 시기 일본공산주의 운동을 풍미했다. 그러나 이론 중심적 경향은 현실 운동에 있어 해악을 끼쳤다.

코민테른은 福本主義와 일본공산당의 편향에 대해 소위 「27년 테제」(「日本問題에 관한 決議」)[10)]에서 비판했다. 「27년 테제」은 "공산당을

---

9) 일본공산당 제3회 대회의 공식 견해가 된 福本主義의 내용을 정리해 보면 부르주아지는 아직 절대, 전제적 권력을 타파하지 못했기 때문에 천황제 타도를 전제로 한 부르주아혁명의 사회주의혁명으로의 전화가 요구된다고 했다. 이와 함께 경제투쟁에서 정치투쟁의 방향전환을 투쟁 전술로 제기하는데 福本和夫에 따르면 경제투쟁은 정치투쟁에 내포된다. 일본공산당 재건론으로 등장한 福本主義는 레닌의 「무엇을 할 것인가』에 의거하여 이론 투쟁과 분리 결합론에 기초한 전위당 조직론을 내걸었다.(關幸夫, 「「非共産黨マルクス主義」は何んてすか」(1)-(9), 『科學と思想』(63- 73), 1987-1989, 참조.)

10) 소위 「27년 테제」는 1927년 12월 1일 日光에서 열린 일본공산당 확대중앙위원회에서 승인되는데 일본공산당이 강령적 문서를 정식으로 채택한 것은 이것이 최초였다. 이 테제는 일본자본주의 급속 몰락론을 비판하고 일본 국가권력이 자본가와 지주 블럭의 수중에 있다면서 자본가 주도권을 갖고 있다는 것이다. 그리고 민주혁명에서 사회 혁명으로의 2단계 혁명론을 제시하고 당 건설에 있어서는 독자적인 사상적 단련에 기초한 규율있는 중앙집권적인 대중적 공산당의 건설을 역설했다.

노동조합 운동의 좌익으로 해소시키는 방침을 취한 것은 오류이며 치명적인 것이다. 또한 당을 프롤레타리아트의 대중적 조직으로부터 고립시키게 된 방침을 취한 것도 똑같이 오류이다. 동지 '그로키'(福本和夫를 지칭한다 : 필자)가 제창한 분리결합 이론은 사실상 이러한 방침을 기초지운 것 뿐이다. 그것은 레닌주의와는 결정적으로 또 근본적으로 모순된다. 동지 '그로키'는 일본공산당이 당면한 구체적 임무와 역사적으로 부여된 문제를 해결하는 방법을 분석하려 하지 않고 멋대로 그린 추상적 도식에서 출발하여 현실관계를 명확히 하려는 노력 대신 논리적 범주상 문제제기와 짜맞춤식의 유희에 만족해 하고 있다"고 福本主義가 갖고 있는 오류를 지적했다. 「27년 테제」은 山川主義가 갖고 있던 우편향적 인식에 대해서도 비판했다. 코민테른의 결론은 山川均이 공산당을 광범한 노농정당으로 대치시킬 수 있다는 '청산주의적 경향'을 대표한다면, 福本和夫는 공산당을 대중운동이나 대중조직에서 유리된 순수한 혁명적 분자의 결합으로 간주하는 '분파적 경향'을 대표한다고 규정했다.[11)]

일월회 출신인 박문병, 최익한, 김영식 등의 글에서 福本主義的 요소 -단계론적 투쟁전술로 정치, 경제투쟁을 보는 시각, 이론 중심적이며 분리 결합론적 논리체계-를 확인할 수 있다. 福本主義는 1920년대 조선에 단지 일본에서 새로운 운동론으로 유입, 대두되었다는 것에 주목하기 보다는 국내운동의 경험과 이론의 축적[12)]이 내외정세의 변화와 함

---

11) 福本主義에 대한 코민테른의 비판과 일본공산당에 대한 지도는 타당하다. 소위 福本主義는 재건 일본공산당의 일시적인 당론이 되었으나 본래부터 안고 있는 관념성과 이론주의적 경향은 일본공산당을 발전시킴에 있어 제약적 요소로 작용했다. 福本主義에 대한 코민테른의 즉자적인 비판은 국제주의의 권위 속에 그대로 일본 내에 영향을 미쳤다. 이후 스탈린에 의해 주도된 코민테른의 권위는 일본사회운동을 근본적으로 제약했고 창조적 발전에 역으로 작용했다.

12) 정우회선언을 계기로 촉발된 조선사회주의자들의 논쟁에 앞서 입장의 차이

께 福本主義를 비롯한 일본의 운동 경험을 수용해 낼 수 있었던 것에
착목할 필요가 있다. 즉 조선의 민족해방운동도 1926년에 들어와서 계
급 결성의 과정이 성숙하게 되고 또 정치운동으로의 경향이 발생하게
되었으며 동시에 혁명운동의 발전과 함께 이론을 요구하게 되었다.13)

정우회선언이 발표되자 사회주의 진영은 '공전의 대파동'에 휩싸였
으며14) 비판은 전진회에서 시작되었다. 그리고 사상단체 해체 찬반론,
양당논쟁, 청산논쟁으로 계속되었다.15)

정우회선언 이후 논쟁과정에서 확인할 수 있는 것은 첫째, 정우회선
언이 조선의 정치, 경제, 사회적 상황에 대한 분석에서 제시된 것은 아

에 따른 내부의 논전이 있었다. 그동안 입장을 표명하지 않고 있던 일월회원
들은 『대중신문』의 창간을 통해 "비사회주의적 이데올로기를 공고히 하려는
모든 기도에 대하여 일층 격렬히 투쟁할 것"(乎于生,「병인 1년간 조선사회
운동개관」(3),『동아일보』1927. 1. 3)을 선언했다. 일월회의 이우적은 배성룡
을 표적으로『대중신문』창간호에서 그를 '속 학적 맑스주의자'라고 비판했다.
이에 대해 배성룡이 이우적을 '맑스주의를 맹종하는 철부지'라고 하여 논쟁
이 시작되었는데(裵成龍,「계급의식의 이론」,『개벽』(69), 1926. 5.) 여기에 또
이우적이 비판하자 배성룡은「'계급의식이론'의 반박문(?)을 읽고」(14)(『동아
일보』1926. 6. 20-7. 7)를 발표한다. (이후 두사람의 논쟁의 자세한 내용은 김
기승의「배성룡의 정치경제사상연구」, 고려대학교 박사학위 청구논문, 1993,
16-17쪽, 참조.) 이러한 상황에서 안광천은 이우적을 지지하며 마르크스주의
자체도 비판과 수정의 대상이 될 수 있다는 배성룡의 주장을 비판했다.(乎于
生, 앞의 논문, 참조.) 결국 배성룡과 이우적, 안광천 사이에 전개되었던 논쟁
은 배성룡이 일제 경찰에 검거되면서 일단 종결된다.
　이러한 논쟁의 가운데 마르크스주의 수용의 태도, 정치투쟁과 경제투쟁의
연관성에 관한 문제들이 쟁점으로 부각되었으나 문제는 코민테른의 편향에
서 출발한 근본적 오류를 내포하고 있었다는 점이다. 그들은 마르크스주의에
대한 일면적 이해에서 '인용주의'와 국제주의를 무비판적으로 채용하여 논리
의 전개와 전략, 전술의 구사에 있어 교조주의로 일관했다. 특히 정치, 경제
투쟁의 분리론적 시각은 한 예라고 할 수 있다.
13) 乎于生, 앞의 글, 참조.
14) 燕京學人,「전환기에 임한 조선사회운동개관:과거 일년간의 회고(1회)」,『조선
　　일보』1927. 1. 2.
15) 이균영,『신간회연구』, 역사비평사, 1993, 115-146쪽, 참조.

나라는 점이다. 둘째 선언은 경제투쟁 단계와 정치투쟁 단계에 대한 단계론적 인식과 종래의 모든 소아병적 증세를 지양하고 우리의 승리를 위한 모든 가능한 조건을 이용해야 한다는 식의 사고만 역설했다. 특히 단계론적 전술론의 구사에 근본적인 문제가 있었다. 이것은 당시 논객 모두가 논쟁의 과정에서 범한 오류였다.

세째로 일월회 출신은 파벌의 박멸을 얘기하면서 실제 조선공산당 3차당을 주도하는 가운데 분파 활동을 배척하는 모습을 보였다. 당시 조선의 상황은 국제주의적 시각에서 볼 때 코민테른 지상주의가 만연하여 독자적인 지역 당 조직과 당 내의 분파적 활동이 그리 활발하지 못했던 것도 사실이다. 내용적으로 조선의 공산주의자들은 이념적으로 성숙하지 못했을 뿐만 아니라 실천적으로도 일정하게 대중과 괴리되어 있어 운동론의 강화와 운동의 대중·현실화가 절실했다.

정우회선언에서 비롯된 운동론을 둘러 싼 논쟁은 6·10만세 사건 이후 잠시 침체되어 있던 민족해방운동에 사상단체의 통합문제를 비롯하여 비타협민족주의자들과 협동에 관한 문제들을 제기함으로 민족해방운동이 활성화될 수 있는 계기를 마련했다는 점에서 의의를 찾을 수 있다.16)

2. 조선공산당 일본부의 재조직

1) 조선공산당 일본부

일월회계가 혁명사 조직을 통해 전면적으로 국내로 들어온 이후 조선공산당 제2회 대회에 앞서 1926년 11월 당 중앙위원회는 대회 준비

---

16) 洪陽明,「朝鮮運動의 特質」(17),『조선일보』1928. 1. 28, 참조.

과정에 있어 출석 대의원으로 13명을 지역 당과 고려공산청년회를 대표해 선임했으며 일본지역에서도 대표 1인의 선임을 결정했다. 이에 따라 1926년 12월 6일 제2회 조선공산당대회는 東京에서 박락종이 참석했다. 이 대회는 일월회 출신이 당 중앙을 장악한 첫 대회로 여기에서는 신임중앙집행위원으로 안광천, 한위건, 김준연, 鄭學先, 權泰錫, 金南洙, 하필원을 뽑았고 중앙집행위원 후보로 金泳植, 安相吉, 金世淵, 梁明, 姜錫奉, 張赤波, 李丙儀가 선임되었다. 그리고 박락종과 朴泰善이 중앙검사위원 후보로 뽑혔다.[17]

일월회계의 국내 진출과 함께 일본부는 조선공산당 3차당 안광천 책임비서 때 부활되었다. 안광천, 한위건, 하필원은 1926년말 이미 조선공산당을 장악하고 조선민족해방운동의 새로운 운동론으로 전술한 정우회선언을 들고 나왔다. 이들은 김철수의 뒤를 이어 안광천이 당을 장악하자 조선민족해방운동을 주도했다. 안광천 책임비서 시대는 이전 시기보다 일본부의 조직 활동이 활발했다. 그것은 안광천의 東京시절의 동지가 아직도 東京에 잔류해 있고 일본 내 조선인 대중투쟁과 조직 활동이 활발했기 때문이다. 결국 안광천은 일월회 시기 함께 활동했던 사람들을 중심으로 일본부를 재건했다.

조선공산당 3차당 중앙의 혁명론에 입각하여 일본부는 "민족해방운동은 프롤레타리아의 주도권 하에 실현되는 것으로 현단계에서 프롤레타리아의 주도권을 획득하기 위해 민족해방운동과 사회운동을 결합시켜서 일본에 있는 조선 노동자 및 특히 조선 청년을 지도하여 그들로 하여금 경제투쟁을 격발시켜 정치투쟁으로 전환시킨다"[18]는 활동 방침을 세웠다.

---

17) 「대회보고서」(1926. 12. 7), 러시아 현대사 자료보관 및 연구센터 소장.
18) 「金漢卿外29名治安維持法違反被告事件豫審終結決定書寫」, 김준엽·김창순, 『한국공산주의운동사』(자료편2), 고대 아세아문제연구소, 1980, 810쪽.

조선공산당 3차당은 1927년 4월 하순경 박락종의 집에서 조선공산당 일본부를 조직할 것을 발의하여[19] 책임비서 박락종, 조직부장 최익한, 조직부원 姜小泉, 선전부장 한림, 선전부원 金漢卿, 검사위원 姜徹[20], 당원 권대형, 鄭南局, 鄭益鉉으로 조직되었다.[21] 여기에는 일월회에서 활동하던 다수가 포진하고 있었다.

조선공산당 3차당 일본부는 1927년 12월 경에 이르러 당원 획득에 기초하여 東京을 두 지역으로 나누어 야체이카[22]를 두었다. 동부(深川, 本所區방면)야체이카는 한림, 박락종, 강소천으로, 서부(早稻田, 戶塚, 高田, 落合방면)야체이카는 김한경, 金鳳禧로 구성되었다.[23] 이 야체이

---

19) 「被疑者訊問調書」(韓林), 『金俊淵外31名調書(10)』, 1217쪽(실제로 1217쪽이 두 쪽이다). 한편 「朝鮮社會運動略史コ-ス」는 일본부(총국)의 창건을 1927년 4월로 보고, "일월회, 전진회, 북성회(신흥과학그룹)그룹의 결합"이라고 하며 중심인물로 김한경, 송창염, 김학의, 진병로, 김봉희, 이종웅, 조학제, 박득룡, 이운수, 김두진, 박춘성, 송장호, 이상조, 具昏淳, 金容洙, 정희영, 印壽岩, 金又燮, 金錫舜, 金正洪, 金基連, 沈在淳, 金深嚴, 朴魯珀, 朴台乙 등을 지명하고 있다. 그리고 조선공산당 일본부의 책임으로 박락종과 김한경을 들고 있다. (「朝鮮社會運動略史コ-ス」, 『思想月報』(2-8)(梶村秀樹・姜德相 編, 『現代史資料』(29)), 165쪽.)

20) 강철(姜徹, 姜炳昌, 姜大鷄)의 일본지역에서의 주요 활동 경력을 보면 다음과 같다. 1922년 11월 동경조선노동동맹회 결성, 실행위원, 1927년 초 조선공산당 입당, 조선 공산당 일본부 검사위원.(『독립운동사자료집』(별집3), 1971. 김창순・김준엽, 앞의 책(3), 참조.)

21) 「金漢卿外29名治安維持法違反被告事件豫審終結決定書寫」, 김준엽・김창순, 『한국공산주의운동사』(자료편2), 고대 아세아문제연구소, 1980, 810쪽, 「在留朝鮮人ノ運動 상황」, 박경식 편, 『자료집성』(2-1), 1157쪽, 「日本に於ける朝鮮人共産主義運動」, 김정명 편 『조선독립운동』(4), 36쪽. 한편 이기하는 검사위원회 구성원을 최익한(책임), 강철(위원)로 기술하고 있다.(이기하, 『한국공산주의운동사』, 국토통일원 조사연구실, 1976, 509쪽.)

22) 야체이카는 '상설기관으로 그 임무는 내면운동 방침을 토의, 수립하는 것이며', '당원인한 청년운동이건 사상운동이건 또는 형평운동이건 상이한 영역의 사람들'로 조직이 구성되었다. 그리고 야체이카가 내면운동을 주로 하는 것에 반해 플랙션은 표면운동을 수행했다.(「被疑者訊問調書(10)」(姜達永), 『姜達永外47人調書(8의2)』, 847-850쪽.)

카는 조선 내의 조직과는 차별적으로 일본에 거주하는 조선인 노동자 및 유학생의 사상 동향, 조선인에 의해 조직된 표면단체의 활동상황에 대해 협의하고 내용적으로 지도했다.[24] 특히 일본 안에 있었던 재일본조선노동총동맹, 재동경조선노동조합, 신간회 동경지회, 동경조선유학생 학우회 등에 당조직의 영향력 확대를 기존의 일월회 구성원과의 연계 속에서 도모했다. 조선공산당 3차당 시기 일본부에서는 플랙션을 확인할 수 없었다.

조선공산당 3차당 일본부는 매월 한번 씩 개최된 간부회의를 통해 중요 사항을 의결, 수행했다. 일본부에 소속되어 있던 조선공산당원들은 지역적 특이성과 인테리적 성향, 공산주의 이론 흡수의 상대적 선진성 때문에 조선공산당 중앙의 전술과 활동에 대해 비판적이었다.

1927년 12월 초 일본부 간부회는 조선공산당 중앙의 활동에 문제를 제기하고 조선공산당대회에 1) 조선공산당의 지도정신 확립의 건, 2) 당원 교양에 관한 건, 3) 파벌주의 박멸의 건, 4) 신간회와 조선공산당과의 관계에 관한 건을 결의, 건의하기로 했다. 첫째 조선공산당의 지도정신 확립에 대해서는 그것은 어떤 때는 테러리즘으로 보이고 또 어떤 때에는 프롤레타리아 독재주의로 보이며, 또한 어떤 때에는 봉건적 산물인 파벌주의와 소부르주아지 관념의 절충주의로 보이기도 하여 하나도 확립되어 있지 않은 것으로 보이기 때문에 민족주의와의 철저한 분리와 계급투쟁의 자유로운 발전에 입각하여 당의 지도정신을 확립해야 한다는 것이었다.

둘째 당원 교양에 관해서는 당원에게는 연 2회씩 휴가를 주어 마르

크스주의를 연구시킬 필요가 있다고 했다. 그리고 셋째 파벌주의의 박멸에 대해서는 당원들 사이에서 서로 북풍회파, 서울청년회파, 화요회파라 하여 자파세력의 증대를 일삼는 경향이 있다는 사실을 지적하고 철저한 박멸을 주장했다.

마지막 넷째로 신간회와 조선공산당과의 관계에 관한 건에서는 조선공산당과 신간회는 서로 별도의 독립된 단체이며, 신간회가 곧 조선공산당은 아니므로 조선공산당은 신간회의 사회적 조건을 규명하면서 신간회와의 관계를 원활히 해야 한다는 것이었다. 그리고 "신간회가 지녀야 하는 정신인 민족의 철저한 해방은 조선공산당의 지도정신과 일치하는 바가 있으므로 양자의 관계를 원활히 하고 서로 제휴하여 활약하는 것이 바람직하기 때문에 이와 같은 건의안을 제출하기에 이르렀다"고 문제 제기의 타당성을 강조했다.[25]

이러한 네가지의 문제 제기는 조선공산당 중앙에서는 대단히 의미심장한 것으로 수용되어야 했다. 문제는 당내의 민주주의가 조선공산당 3차당 시기에 있어 여전히 제대로 구현되지 못한 상황이었다는 점이다. 비록 파벌주의를 박멸하고 나온 조선공산당 3차당 조직이지만 내부의 파벌적 경향이 불식되지 못한 점을 인정하고 전면적으로 파벌의 박멸을 제안했다.

조선공산당 3차당의 활동 가운데 주목할 만한 것은 민족주의 운동세력과 함께 신간회와 근우회를 조직한 것이다. 김철수가 조선공산당 3차당의 재건을 보고하러 모스크바에 갔을 때 코민테른은 11개조의 지령을 내렸다.[26] 그 가운데 민족협동전선의 필요성과 방법을 구체적으

25) 「被疑者訊問調書」(韓林), 『金俊淵外31人調書(10)』, 1921-1923쪽.
26) 코민테른에서는 조선공산당 3차당의 간부들이 일본의 福本主義에 기반을 두고 있으므로 이론만을 앞세워(강조 : 필자) 파쟁을 벌릴 가능성이 있음을 간파하고 소위 11개조의 지령을 내려 당 내부의 정리를 명했다.(방인후, 『북한 '조선노동당'의 형성과 발전』, 고대 아세아문제연구소, 1967, 44쪽.)

로 지시했다. 국내에서도 민족주의 운동세력과의 연대의 필요성이 널리 인식되었다. 이러한 배경 아래 1927년에 신간회가 결성되었다.

이렇게 일본부의 구성원은 조선공산당 중앙의 계급투쟁의 선명성이 보장되지 못한 가운데 당의 지도정신이 혼란함을 가장 먼저 지적하고, 이론과 실천의 결합을 위한 이론학습과 신간회를 통한 민족해방운동을 제안했다.

2) 고려공산청년회 일본부

고려공산청년회는 당조직이 만들어질 때 보통 동시에 조직되었으며 고려공산청년회의 책임비서는 조선공산당 중앙위원 일인이 담당하고 당 중앙집행위원회에서는 그 기관의 집행위원 일인이 고려공산청년회의 집행위원 가운데 한사람이 되었다. 따라서 고려공산청년회의 활동은 조선공산당의 활동과 그 궤를 함께하는 것이 일반적으로 조선공산당 3차당 시기 일본부의 고려공산청년회도 마찬가지이다. 일본지역에서는 조선공산당 3차당 시기에 와서 재일조선인 조직운동이 강화되어 처음으로 고려공산청년회가 조직되었다.

일본에서의 고려공산청년회 조직도 조선공산당 3차당 시기 당 일본부와 마찬가지로 박락종의 지도에 따라 한림이 이우적, 박천, 정익현, 김상혁[27] 등과 회합하여 조직했다. 책임비서에 한림, 조직부 책임에 정익현, 조직부원에는 김상혁, 선전부 책임에 이우적, 선전부원에 박천을 선출했다.[28] 그리고 검사위원은 康守盛이었다.[29]

---

27) 김상혁(金相赫)의 일본에서의 주요 활동 경력을 보면 다음과 같다. 신간회 동경지회 간사, 일본부 고려공산청년회 조직부원, 서부야체이카, 책임비서, 일본 총국 조직부원, '재건고려공산청년회 일본부'에서 잠시 활동.(『동아일보』 1927. 12. 30, 안종철 외, 『근현대의 형성과 지역 사회운동』, 새길, 1995, 37-42 쪽.)

처음으로 일본부 고려공산청년회는 東京을 세지역으로 나누어 회원을 세 야체이카에 배속시켰다. 동부야체이카에 박형채(책임), 박천, 임종웅, 서부야체이카에 宋昌廉(책임), 김상혁, 정익현, 북부야체이카에 강수성(책임), 이우적, 김병이 조직되었다.30) 이 야체이카는 조선공산당 일본부의 지도 아래 야체이카 회의를 열어 주요한 사항을 결의하고 투쟁을 주도해 갔는데 주로 고려공산청년회는 조직의 확대를 도모했다. 1927년 6월 朴得龍을 大阪에 파견하여 조직 구성의 임무를 부여했으며 박득룡은 尹東鳴, 金又燮, 金秉國으로 고려공산청년회 대판야체이카를 결성해 냈다. 이후 윤동명은 대판조선노동조합의 南英祐, 金守顯, 安鐘吉을 포섭하여 지도했다.

1927년 11월 고려공산청년회는 책임비서 한림이 사퇴하고 김상혁이 그 자리를 대신했다. 그리고 새롭게 조선공산당 3차당 일본부 고려공산청년회를 조직했으며 책임비서에는 김상혁, 조직부 책임에 정익현, 조직부 부원에 송창염, 선전부 책임에 이우적, 선전부 부원에 김계림이었다. 그리고 야체이카를 3구역으로 나누어 제1구에 박형채31)(책임), 임무32), 이우진33), 제2구에 김계림(책임), 정익현, 李仁洙, 송창염, 제3구

---

28) 「金漢卿外29名治安維持法違反被告事件豫審終結決定書寫」, 813쪽, 「被疑者訊問調書(2)」(韓林), 『金俊淵外31人調書(10)』, 1242쪽.

29) 이기하, 앞의 책, 510쪽.

30) 「金漢卿外29名治安維持法違反被告事件豫審終結決定書寫」, 813-814쪽, 한림의 진술은 조선공산당 3차당 일본부 고려공산청년회 한림 책임시기와 김상혁 책임시기 야체이카가 혼재되어 있는 것 같다. 동부야체이카는 박형채, 이우진, 林薰(燕의 오자 : 필자), 한림, 서부야체이카는 김계림, 정익현, 송창렴, 북부야체이카는 강수성, 박천, 김상혁, 이우적으로 조직되었다고 한다.(「被疑者訊問調書(2)」(韓林), 『金俊淵外31人調書(10)』, 1251-1252쪽.)

31) 박형채(朴炯採, 朴魯珀)의 일본에서의 주요 활동 경력을 보면 다음과 같다. 1927년 신간회 동경지회 창립 때 가입, 총무간사, 학생부 간사, 1927년 10월 고려공산청년회 가입. 고려공산청년회 일본부 1구 책임.(「金漢卿外29名治安維持法違反被告事件豫審終結決定書寫」, 김준엽·김창순, 『한국공산주의운동사』(자료편2), 고대아세아문제연구소, 1980.)

에 강수성(책임), 이우적, 김상혁, 이재유(후보)로 구성했다.[34]

1927년 12월 하순 박락종의 사회로 열린 조선공산당 일본부대회에서는[35] 1) 고려공산청년회의 기관지 발행의 건, 2) 고려공산청년회 전국대회에 대표 파견 및 건의안 제출의 건, 3) 사회운동에 관한 건, 4) 학생운동에 관한 건을 결의했다. 고려공산청년회 전국대회에 대표 파견 및 건의안 제출의 건의 경우 구체적인 내용을 보면 당 중앙에서 1928년 초에 전국대회를 개최할 예정이므로 정익현을 대표로 파견하는 동시에 건의안을 제출하기로 했다.

사회운동에 관해서는 조선에서의 종래의 사회운동은 통일을 잃고 파쟁에 빠져버릴 폐단이 있으므로, 이것을 통일하여 단일한 사회운동을 전개해야 한다는 것이었다. 특히 학생운동에 대해서는 조직적으로 지도하여 학생 대중에게 공산주의의 선전에 힘써야 했다.

---

32) 임무(林茂, 林鐘雄)의 일본에서의 주요 활동 경력을 보면 다음과 같다. 조선노동동맹회 중앙위원, 신간회 동경지회 선전부 간사, 1927년 11월말 고려공산청년회 일본부 深川야체이카.(「金漢卿外29名治安維持法違反被告事件豫審終結決定書寫」, 김준엽·김창순, 『한국공산주의운동사』(자료편2), 고대아세아문제연구소, 1980.)

33) 이우진(李愚震, 李震) 1927년 3월 東京조선노동조합 가입, 1928년 2월경 재일조선노동총동맹 東京조선노동조합 상임위원, 교육출판부장, 1927년 11월 고려공산청년회 일본부 3구 야체이카.1928년 6월 深川야체이카 책임.(「金漢卿外29名治安維持法違反被告事件豫審終結決定書寫」, 김준엽·김창순, 『한국공산주의운동사』(자료편2), 고대아세아문제연구소, 1980.)

34) 「金漢卿外29名治安維持法違反被告事件豫審終結決定書寫」, 814쪽, 고준석 감수, 문국주 편저, 『조선사회운동사사전』, 고려서림, 1991, 238쪽. 한편 정익현은 다음과 같이 조직 구성을 진술했다. 1구책 康守盛, 1구회원 송창염, 이재유, 2구책 김계림, 2구회원 정익현, 이인수, 이우적, 3구책 박형채, 3구회원 임무, 이우진이었다. (「被疑者訊問調書」(鄭益鉉), 『金俊淵外31人調書(9)』982-984쪽.)

35) 이 자리에는 박락종, 한림, 정익현, 박형채, 김상혁, 윤도순, 송창염, 이우적, 김계림, 강수성 등이 모였다. (「被疑者訊問調書(2)」(韓林), 『金俊淵外31人調書(10)』, 1257-1258쪽.)

간부회는 통상 월별로 개최되었다. 파악할 수 있는 간부회(1927년 5월-11월)의 내용을 살펴보면, 제1회는 정익현, 한림, 이우적이 참석하여 1927년 5월 하순경 한림의 하숙에서 열렸다. 이 자리에서는 1) 청년노동자에 공산주의 고취 문제, 2) 회원 모집 문제, 3) 공산주의자로서의 책임 문제를 토의했다. 청년노동자에 대한 공산주의의 고취는 노동강좌를 개최하여 공산주의에 관한 지식 보급을 제기했고 공산주의자로서의 책임 문제를 거론할 때는 간부는 단결하여 비밀을 준수하고, 민중에 대해 언동을 조심하여 공산주의자로서 모범이 되어야 한다고 했다.

제2회 간부회는 1927년 7월 중순 정익현, 한림, 이우적, 김상혁, 박천이 한림의 하숙에 모여 개최했으며 한림의 하기귀국 중 정익현으로 하여금 책임비서를 대리하게 하기로 했다. 이후 제3회 간부회는 정익현, 김상혁, 이우적이 10월 초순 김상혁의 하숙에 모여 개최했다. 책임비서 한림과 선전부원 박천이 귀향하여 돌아오지 않으므로 간부 경질을 협의하여 책임비서 김상혁, 조직부책 정익현, 조직부원 송창염, 선전부책 이우적, 선전부원 金桂林을 선정했다.

제4회 간부회는 정익현, 김상혁, 이우적, 송창염, 김계림이 1927년 11월 중순 전술한 김상혁의 하숙에서 열렸다. 이 자리에서는 책임비서 김상혁이 일본부 회원의 생활상태에 대하여 보고하고, 노동강좌의 교재에 관한 건을 협의했다.36)

이렇게 간부회는 주로 조직의 정비에 주안점을 두었고 동시에 회원의 모집을 통한 조직의 확대를 도모했다.

조선공산당 3차당에 가담했던 서울계의 李英, 李雲赫, 金榮萬, 朴衡秉, 李樂永, 권태석 등이 김준연을 책임비서로 한 당조직의 개편 때 대거 탈락했다. 이에 옛 서울계 조선공산주의자들은 이영의 주도로 동조

---

36) 「被疑者訊問調書」(鄭益鉉), 『金俊淵外31人調書(9)』, 986-989쪽.

세력을 전국적으로 결집하기 시작하여 전국에서 12명 정도의 대표가
출석한 자신들의 '제3차 조선공산당대회'를 갖고 당을 조직했다. 이것
이 '춘경원당'이다. 이 때 선임된 중앙 간부는 이영, 李丙儀, 박형병, 洪
震義, 이운혁 등이었다.[37] 그리고 대회가 끝난 뒤 상황을 코민테른에
보고하기 위해 김영만을 모스크바로 파견하기도 했다.[38]

'춘경원당'은 중앙 당조직을 결성한 후 조선공산청년회 및 일본부,
동만부를 조직했다. '춘경원당'에서 일본에 파견된 許一은 1927년 12월
초순 東京에 도착하여 조직사업을 하던 가운데 1928년 1월 3일 吳相哲,
洪陽明, 文三賢 등과 회합하여 조선공산당 3차당 일본부 조직을 무시
하고 '춘경원당' 일본부를 조직했다.[39] 이후 조직이 정비되어 '춘경원
당' 일본부 책임비서에는 文達, 조직부에 오상철, 선전부에 홍양명, 검
사부에 정남국이 인선되었다.[40] 이와 함께 '춘경원당' 고려공산청년회
를 조직했으며 책임비서에 오상철, 조직부에 李哲, 선전부에 文拳, 검
사부에 홍양명을 선정했다.[41]

---

37) '춘경원당'의 고려공산청년회는 박형병 주재 아래 결성되어 중앙위원장 박형
병, 정치부 박형병, 이영, 조직부 도정호, 김경택, 선전부 서태석, 홍양명 등이
었다.(「예심결정서전문」, 『중외일보』 1929. 5. 23)
38) 「서울계공산당검거개황」, 58-59쪽.(방인후, 앞의 책, 45쪽, 재인용.)
39) 이에 앞서 허일은 신간회 동경지회 내에서의 프롤레타리아에 대한 태도의
문제를 둘러싼 내부 논쟁에서 안광천의 조선공산당 3차당 중앙에 반대하면
서 파쟁을 일으키기도 했다. 특히 여기에는 협동조합운동사의 전진한이 관계
되었던 것 같다.
40) 『중외일보』 1929. 6. 5.
41) 『중외일보』 1929. 6. 5. 이들은 일본노농당과 제휴하여 '춘경원당' 일본부의
조직을 완료했으며 이후 허일은 東京을 출발하여 대판 재일본조선노동총동
맹 대판지부 사무소에서 辛載鎔, 鄭昌南 등과 회합하고 이들을 조직 내로 흡
수했다. 기관지로 『朝鮮運動』을 발간하여 당원 및 회원을 규합하는데 진력하
기로 결정했다.

3) 조선공산당 일본부의 활동

조선공산당 3차당 일본부의 주요한 활동은 조직의 확대 강화와 유학생과 재일조선인 노동자에 대한 선전활동을 중심으로 진행되었다. 조선공산당 3차당은 '노동자는 전민족운동의 선두가 되자', '모든 힘을 신간회로'라는 슬로건을 제기했다. 조선공산당 3차당 시기 일본부 야체이카는 각종 노동단체와 공장 내에 들어가 조직사업을 전개하여 東京, 大阪, 京都, 橫濱에 60명의 당원을 포섭했다. 이들은 日本大學, 早稻田大學, 中央大學 및 正則英語學校生들이었다.

일본부의 표면단체로 신흥과학연구회가 1926년 11월 1일 결성되었다. 이것은 일본부 산하 대중 조직으로 주요 구성원은 최익한, 한림, 玄喆, 黃炳碩, 강철, 安炳洙, 송창렴, 朴元根, 홍양명, 李丙鎬, 이우적, 金炯植, 권대형, 金東訓, 徐相錫, 김상혁, 박천, 정희영, 申鉉吉, 金日善, 崔敦, 劉榮俊, 朴台源, 朴源兌, 趙學濟, 張志衡, 洪起文, 박형채, 강소천, 김삼봉, 이종모, 朴寅奎, 宋亨淳, 梁在道, 千鎔根 등 50명 내외였다.[42]

일본부의 활동 가운데 국내 투쟁과 관련하여 일본 경찰에 의해 적발된 사건으로는 1928년 3.1절 투쟁용으로 20만장의 전단을 제작하여 국내에 송달하던 중에 압수된 일이 있다.[43]

1927년 2월 상해에 일본 육군이 상륙하고 5월에는 山東에 일본군이 출병을 자행했다. 여기에 대해 일본공산당은 『無産者新聞』(1927. 1. 15)

---

42) 전준, 앞의 책, 198쪽.
43) 이석태 편, 앞의 책, 438-439쪽. 조선공산당 일본부의 활동은 후술할 재일본 조선노동총동맹, 동경조선청년동맹, 학우회의 서술 내용을 통해 보다 구체적인 사실을 확인할 수 있다.

에서 '對支非干涉運動을 전국적으로 일으키자!'고 했고 2월 12일자 사
설에서 일본, 미국, 영국 등 제국주의 열강의 즉시 출병을 요구하고
'對支非干涉同盟'의 결성을 외쳤으며 『無産者新聞』(1927. 2. 26)에서 '對
支非干涉同盟'의 결성을 재차 호소했다.44) 이후 이 조직은 노농당, 평
의회 등에 의해 1927년 5월 설립되어 국제적 연대를 도모했다.45) 朝鮮
總督 暴壓政治 反對運動의 과정에서 조선과 일본 공산주의자 사이의
국제 연대가 실현된 것에서 알 수 있듯이 '對支非干涉同盟'에 재일조선
인 공산주의자들은 직, 간접적으로 함께 했을 것이다.46) 재일본조선노
동총동맹도 중국 출병을 반대했다.

  국제공산당의 지도를 받는 지역 당은 상대적인 독자성을 가지며 동
시에 지역적 특수성에 따라서 활동을 전개하는데 조선공산당과 일본공
산당의 경우 연계관계를 갖고 있었다.

  그러나 일본 무산계급의 대표적인 활동가들의 1920년대 초 '조선해
방'에 대한 인식은 차별적이었다. 山川均과 堺利彦은 조·일 무산계급
의 단결이 요구된다는 국제주의적 시각에 섰던 것에 반해 대다수의 활
동가들은 심정적 공감대의 구축, 선 일본해방 후 조선해방적인 시각
등을 견지하고 있었다.47)

---

44) 日本共産黨中央委員會, 『日本共産黨の五十年』, 日本共産黨中央委員會新出版
    局, 1972, 38쪽.
45) 日本共産黨中央委員會, 『日本共産黨の七十年』(上), 新日本出版社, 1994, 52쪽.
46) 『無産者新聞』 1927. 9. 25, 10. 1.
47) 「無産階級から見た朝鮮解放問題」, 『赤旗』(3-4), 1923. 4, 참조. 그러나 문제는
    일본의 무산계급 학자와 실제 활동가들이 조선문제에 등한시했던 점도 없지
    않았다는 사실이다.(安光泉, 「日本社會運動者の態度」, 『政治硏究』, 1925. 3, 참
    조.) 그런가 하면 이 시기 재일조선인 활동가들의 조·일 혁명의 연대에 대
    한 인식을 살펴보면 주종건은 '조선프롤레타리아트와의 협력은 역시 일본프
    롤레타리아트의 필승적 조건이다'고 했으며 김종범도 '동양의 혁명은 중·조
    ·일 노동자의 연대에서 기대할 수 있다'고 했다. (金鍾範, 「朝鮮に於ける無
    産階級運動の發興」, 『前衛』(3-2), 1923. 2, 433쪽.)

조선공산당 일본부 조직에 대한 일본공산당과 사회주의자의 관심은 일정하게 존재했고 특히 1, 2차 조선공산당에 대한 공판이 임박하자 여기에 직·간접적으로 관여했다.[48] 古屋貞雄과 변호사 中村高一, 布施辰治 등은 1927년 9월 2, 3일 조선에 와서 경성을 비롯하여 부산, 대구 등지에서 각 사회단체의 환영 아래 강연회에 가담했다.[49]

전술했듯이 조선공산당 3차당 중앙은 중앙위원회의 결의에 기초하여 김정규를 일본부 책임비서에 임명하고 김정규에게 당시 일본공산당이 코민테른에 가맹해 있고 조선공산당 일본부를 설치하는 것이 일국일당 주의 원칙에 위배됨으로 현재 재일조선인 공산주의자를 일본공산당원으로 하는 것이 곤란하다면서 일본공산당에 그 내용을 설명하여 일본 공산당의 양해를 얻어야 한다고 했다.[50]

조선공산당은 일본공산당과 제휴하여 혁명운동에 종사할 것을 상정하고 당시 上海에 있던 여운형으로부터 佐野學 앞으로 보내는 영문소개장을 입수했다. 이것을 崔元澤, 김정규 등은 휴대하고 佐野學을 방문했다. 그러나 이들이 협의하는 가운데 佐野學이 투옥되어 『無産者新聞』의 上田茂樹와 교섭하게 되었다. 上田茂樹는 상호 원조와 연락을 약속했으나 그도 역시 투옥되었다. 이후 최원택과 김정규 등은 關根悅郎과 교섭한 결과 上田茂樹와 마찬가지로 지도를 약속받았다.[51] 이와 함께 조선공산당은 국내와의 연락을 위해 조선에서 일본에 강달영 및 이봉수를 파견하기로 계획했으나 실행되지는 못한 것 같다. 조선공산당은 일본지역 사회운동의 중심으로 일본공산당을 인정했고 조직적인

---

48) 이와 함께 1928년 2월 조선공산당 검거에 대해 대중적 석방운동을 일으키자고 하기도 했다.(「再び捕縛された朝鮮共産黨員に對する大衆的釋放運動を起こせ!!」, 『赤旗』(3), 1928. 3.)
49) 이기하, 앞의 책, 479쪽.
50) 「朝鮮共産黨事件ノ檢擧顚末」, 梶村秀樹·姜德相 編, 『現代史資料』(29), 45쪽.
51) 「朝鮮共産黨事件ノ檢擧顚末」, 梶村秀樹·姜德相 編, 『現代史資料』(29), 45쪽.

연계를 갖고자 했다.

일본공산당도 계속해서 조선공산당과 유기적인 관계를 맺었던 것 같다. 그것은 後藤象二郎의 파견에서 일단을 확인할 수 있다. 1928년 제3차 조선공산당대회 참석을 위해 경성에 온 後藤象二郎은 조선지사를 방문하여 李星泰를 만나고 그의 소개로 조선공산당 4차당 책임비서 車今奉, 고려공산청년회 책임비서 金在明 등과 접촉했다. 이 자리에서 後藤象二郎은 조선공산당 대회의 출석을 위해 조선에 왔다고 하며 시기가 늦어 참석하지 못한 유감을 표명하고 일본공산당 대표의 신임장을 보이고 신분을 증명했다.52)

이렇게 後藤象二郎이 제3차 조선공산당대회의 개최를 알고 조선에 들어온 것을 고려할 때 적어도 그 이전에 일정하게 조선공산당 일본부와 조선공산당, 일본공산당이 유기적인 협조 관계를 구축하고 있지 않았는가 싶다. 일본공산당은 어떤 나라의 공산당도 모두 형제라고 전제하고 '조선공산당원과 일본공산당원은 끊을 수 없는 인연이 있다'면서 '일본프롤레타리아국가'는 '조선프롤레타리아국가'와 긴밀하게 연대하여 세계혁명에 공헌할 것이라고 했다.53) 그러나 실제로 일본공산당은

---

52) 이 자리에서 後藤象二郎은 동양혁명이 점차 구체화되고 일본공산당도 일제에 함께 대항한다는 의미에서 인사를 교환할 필요를 느껴 경성에 왔다면서 이후 조선공산당원이 도일하여 淺野次郎을 방문하면 자신에게 연락이 가능하다고 지속적인 연대를 거론했다. 조선공산당도 방문에 대한 답례로 도일를 약속했고 後藤象二郎은 일주일 동안 경성에 체류하고 돌아갔다.(「朝鮮共産黨事件ノ檢擧顚末」, 梶村秀樹·姜德相 編, 『現代史資料』(29), 80쪽.) 한편 서대숙은 일본공산당과 조선공산당과의 공식적인 관계에 대해 부정적으로 서술했다. 그는 공식적인 관계가 양국 당 사이에는 존재하지 않았다고하며 後藤象二郎의 방문으로도 진전된 것이 없다면서 성명서를 통해 일제에 대한 인식을 함께한 정도였다고 한다.(서대숙, 앞의 책, 160쪽.) 국제공산당의 지부로 양국의 당이 존재한 것을 전제로 한다면 이것은 자의적 해석이다.

53) 「再び捕縛された朝鮮共産黨員に對する大衆的釋放運動をおてせ!!」, 『赤旗』(3), 1928. 3.

조선공산당과 재일조선인 문제, 재일조선인 민족해방운동을 원조하는
일에 그리 적극적이지 않았다.[54]

제2절 재일본조선노동총동맹의 조직 강화

1. 재일본조선노동총동맹 제3회 대회

1926년 여름 이후 전술했듯이 일월회의 안광천, 한위건, 하필원 등은
국내로 들어와 정우회를 장악하고 정우회선언을 들고 나와 국내 운동
진영의 주도권을 잡았다. 그리고 나아가 당 중앙을 차지하게 되었다.

일본에서 일월회는 1926년 11월 국내 운동정세와 연동하여 해산을
결정하고 각 사상단체의 해소, 민족통일전선의 확대 강화의 기운을 주
도했다. 일월회는 강령을 실질적으로 개편하여 1926년 12월 "종래의 태
도를 용감히 버리고 정치운동을 시인하고 … 적극적으로 참가해야 한
다"고 했다. 이에 따라 일월회가 주도한 재일본조선노동총동맹도 조직
적인 변화를 도모했다. 즉 재일본조선노동총동맹 정치부는 1927년 1월
12일자로 「방향전환에 관한 선언」을 발표하고 민족적 단일정당의 결성
을 선동했다.[55]

이러한 움직임은 재일조선인 민족해방운동 전체에 영향을 미쳐 1927
년부터 전면화되었다. 재일본조선노동총동맹은 이 전환을 외형상 주도
해 갔다. 특히 1926년 이래 재일본조선노동총동맹의 중앙 간부들은 조
직의 개편에 대해 고민하다가 당시 합동조합에 지나지 않던 각 조합을

---

54) 이후 여기에 대해 일본공산당은 반성하기도 했다.(『赤旗』(35), 1931. 3. 1)
55) 『政治批判』(1927. 3.), 참조.

산업별 혹은 직업별로 정리하려고 했다. 그러나 사회적 조건이 허락치 않아서 보류하고 당분간 지역 정리에 노력했다.[56]

방향전환론이 대두한 이후 최초의 대회인 재일본조선노동총동맹 제3회 대회는 1927년 4월 20일 열렸다.[57] 여기에서 중앙위원회는 大阪府 13,408, 東京府 6,308, 兵庫縣 3,101, 神奈川 3,032, 中部지방 3,005, 滋賀縣 919, 京都府 539, 計 30,312명으로 조직 인원을 보고했다.[58] 또한 16개조의 당면과제가 결의되었다. 그 내용은 1) 신간회 및 일본의 노농당 지지, 2) 치안유지법 철폐, 3) 언론, 출판, 집회의 자유, 4) 도일조선노동자 도항의 자유, 5) 단결권, 6) 파업권, 7) 단체계약권, 8) 8시간 노동제의 확립, 9) 최저임금제의 실시, 10) 조선노동자와 청소년에 대한 민족적 학대와 혹사의 근절, 11) 부당구속에 대한 배상 요구, 12) 무산계급적 정치투쟁의 교육과 훈련의 실시 등이었다. 이와 함께 당면한 실천적 과제로 전민족적 단일당의 수립과 신간회 지원을 들고 있다. 이렇게 제3회 대회는 노동자와 자본가 사이의 관계보다는 민족적 차별의 문제가 주된 조건이라면서 민족운동을 중심으로 민족해방운동을 전개할 것을 확인했다.[59]

---

56) 崔雲擧, 「在日本朝鮮勞動運動の最近の發展」, 『勞動者』(2-9), 1927. 9, 44쪽.
57) 재일본조선노동총동맹은 제3회 대회 통지서에서 중국 혁명이 승리적으로 전개되는 사실에 감화되어 "일본의 노동시장에서 이중적인 착취에 대항하여 용감히 투쟁할 역사적 사명이 있음"을 확신하고 과거의 운동을 비판했다. 그리고 장차 "마르크스주의적 이론을 전개하고 그것을 확실히 전취해야 한다"면서 1927년 4월 20, 21일 양일 간 오전 10시부터 東京市 神田區 表猿樂町 明治會館에서 제3회 대회를 연다고 통지했다.(「재일본조선노동총동맹제3회정기대회통지서」, 대원사회문제연구소 소장.)
58) 이 가운데 자유노동자의 비율이 6할이었다고 한다.(최운거, 앞의 논문, 398쪽.)
59) 선언에서는 재일본조선노동총동맹은 자유노동자가 주체가 되어야 한다고 확인했으나 1928년 초 이미 공장노동자가 東京에서 68%, 大阪에서 62%를 점하고 있고, 大阪에서는 조선인이 1927년의 4만 1천명에서 1929년에는 6만 5천명으로 급증했다.(金森襄作, 「在日朝鮮人の勞動組合運動」, 渡部徹·大村敏南,

또한 대회선언과 신강령을 채택했다. 선언[60]은 "우리의 노동 생활은 일본의 노동자에 비하여 거의 특수한 취급을 받고 있다. 민족적 차별과 학대는 우리에게 이중의 질곡이다. 그리고 우리 대부분은 자유노동자이기 때문에 조합의 형태는 직업별, 산업별 기준을 갖는 것이 불가능했다. 뿐만 아니라 우리 대다수는 언어가 불통, 감정이 다르고 습관이 상이하며 지식의 부족 등 여러가지 조건에서 일본노동조합에 직접 참가하는 것이 사실상 불가능한 과도기이다"고 하고 "더군다나 우리의 생활은 극히 최저이다. 일본지역은 우리에게 있어 극악한 일대 공장이다. 따라서 우리의 신분은 조선 민족이라는 민족적 임금노예이다"면서 조선인이 처해 있는 민족, 계급적 차별의 상황을 설명했다. 이렇게 선언은 창립대회 당시 보다 정치적 색채가 더욱 강화되면서 조선인 노동자의 상태를 명확히 하고 여기에 기초하여 투쟁할 것을 선도했다.

의식은 빠른 속도로 반성하면서 심화된다. 제3회 대회는 "우리의 인식은 경제적, 조합적 세계관에 머물지 않고 항상 정치적 권력전선으로 투쟁의 목표를 발견하려고 한다"고 제국주의에 대한 항쟁을 용감하게 수행해야 한다는 것이다. 그리고 재일조선인 노동자는 분포의 불균등과 집단의 이기심 때문에 분산적, 이주적, 지방적, 수공업적 경향이 있다고 전제하고 완전한 투쟁기관인 노동자학교에서 조직적 훈련과 정치적 교양에 기초해서 의식적 전위분자의 교양이 가능하다면서 이것이 재일본조선노동총동맹의 선결적 임무라고 했다.

이와 함께 30만에 달하는 재일조선인 가운데 자유노동자가 대부분을 차지하는 현실에서 최근 조선무산계급운동은 전민족적, 정치적 투쟁으로 방향전환을 절규하고 투쟁에 돌입하고 있기 때문에 재일본조선노동총동맹은 전조선민족적 정치투쟁의 선발대가 되어야 한다는 것이다.

『大阪社會勞動運動史』 (2) (戰前編(下)), 有裵閣, 1989, 1367쪽.)
60) 최운거, 앞의 논문, 46-47쪽.

재일본조선노동총동맹 제3회 대회는 강령61)을

「1) 본동맹은 조선무산계급의 지도적 정신에 따라서 정치투쟁을 전개하
   고 민족적 해방을 도모한다.
 2) 본동맹은 일본 각지에 산재한 미조직 조선 노동대중의 조직을 도모
   한다.
 3) 본동맹은 일본노동계급과 국제적 단결을 도모한다.」

고 했다. 이렇게 새로 제정된 강령은 창립대회의 강령보다 정치투쟁을
강조하고 조직의 강화와 국제 연대 구축을 재차 천명했다. 이밖에도
박천이 기초한 재일본조선노동총동맹 규약이 있었다.
  재일본조선노동총동맹은 1927년 시기에 동경조선노동조합과 함께 東
京市外 戶塚町 源兵衛 144번지에 있는 같은 사무소를 사용하고 있었
다.62)

2. 재일본조선노동총동맹의 조직과 활동

1) 조직

  재일본조선노동총동맹의 조직은 전국대회 아래 4개의 위원회(확대중
앙위원회, 중앙위원회, 집행위원회, 상임집행위원회)를 두었고 집행위원
회에는 서무부, 조직선전부, 정치교육부, 조사쟁의부, 부인부, 회계감사
가 있었다. 집행위원회는 위원장 1인, 12명의 집행위원으로 구성되었고

---

61) 「在日勞總3回大會宣言,綱領,規約」(1927. 4. 20),『在日朝鮮人史研究』(創刊號),
    1977, 97쪽.
62) 『조선사상통신』 1927. 11. 29.

각 부서에는 2명씩 배치했다. 특히 대회는 의장과 부의장이 주재하고 서기를 뽑았으며 자격심사위원, 예산심사위원, 회계심사위원, 법규위원, 의사위원, 의사심사위원 등이 선출되었다.[63] 그리고 지방 조직에는 1명의 지부장 이외에 4, 5명의 위원을 두었다.[64] 재일본조선노동총동맹 규약에는 1인당 1개월에 10전의 회비를 부담하기로 되어 있었으나 재일본조선노동총동맹원들은 스스로 생계를 유지하지 못하는 처지였다.[65]

1927년 10월말 현재 재일본조선노동총동맹의 집행부는 집행위원장 정남국, 서무부 全海, 강소천, 조직선전부 金炳, 朴泉, 정치교육부 金均, 高敬相, 조사쟁의부 金鳳壽, 남영우, 부인부 梁鳳順, 姜平國, 회계감사 李成百, 金相求였다.[66] 재일본조선노동총동맹 집행부에는 일본부의 구성원으로 정남국, 강소천, 박천, 남영우, 김병, 남영우 등이 활동했다. 이들의 조직 내 위상을 통해 일본부와 재일본조선노동총동맹의 조직적인 관계를 쉽게 짐작할 수 있다.

재일본조선노동총동맹은 내부에서는 자유노동자만으로 한정하고 공장노동자는 일본노동조합평의회에 가입하기로 하는 의견도 있었으나 민족별 차별 등 특수한 조건을 무시할 수 없다는 견해가 채택되고 다만 일본노동조합원 대중과의 밀접한 연계가 강조되었다. 최운거에 따르면 "최근 우리 조합 전위분자 사이에는 조합 조직에 대하여 의견의 차이를 보이고 있는데, 그 이론이 구구하다. 한편의 의견에 따르면 투쟁의 장소가 동일하고 또한 투쟁의 대상이 동일한 이상, 우리 공업노

---

63) 「在日本朝鮮勞動總同盟規約」, 『在日朝鮮人史硏究』(創刊號), 1977, 99-100쪽.
64) 『조선사상통신』 1927. 11. 29.
65) 1927년 11월 시기 회원의 9할 이상을 차지하던 자유노동자는 1개월의 노동일 수가 10여일에 지나지 않았고 임금도 최고 1엔 80전, 최저 70전, 평균 1엔 내외였다.(『조선사상통신』1927. 11. 29) 따라서 기아선 상을 어떻게 타개할 것인가가 큰 문제였다.
66) 실제로 강소천과 박천은 신간회와 국내 조선청년총동맹에서 활동하고 있었기 때문에 결원인 상태였다.(『조선사상통신』 1927. 11. 30)

동자 즉 조직 가능자에 한해서는 산업별로 일본인 노동조합에 직접 편입하고 그 이외의 자유노동자만을 조선인 노동조합으로 통솔해야 한다"[67]는 식이었다.

1927년 재일본조선노동총동맹 제3회 정기대회에서는[68] "투쟁의 장소, 대상이 동일해도 일본노동자보다 조선노동자는 특수한 취급을 받고 있기 때문에 일본인 노동조합에 직접 참가는 아직 불가능하다. 뿐만 아니라 우리들 대다수는 언어의 불통, 감정의 불화, 습관의 상이, 지식의 불급, 기타 다양한 조건으로 일본노동자와 동일조직을 갖는 것은 지금으로는 곤란하다"고 조선인만의 독자적인 노동조합의 결성이 필요함을 강조했다. 따라서 일시적으로 민족별 별도의 노동조합을 보유하고 재일본조선노동총동맹은 재일본조선노동자 전부를 조직, 훈련하고 동일 공장의 산업군으로 일본노동조합에 모두 편입된 자에 대해서도 인수하던가 혹은 재조직해야 한다는 것이었다.

이와 함께 "재일본 조선노동자는 일본자본가에 대해 그 투쟁의 중점과 슬로건 등이 단순히 노자관계보다도 민족적 차별이 항상 주된 조건이기 때문에 우리들은 조직활동에 따라서 조합운동에 있어서도 특수한 조건을 경시하는 것은 불가능하다"면서 재일본 조선노동자는 독자의 조합을 갖고 누구도 그들의 일상적인 경제투쟁의 장에 있어서는 일본인 노동조합 대중과 가장 밀접한 관계를 보지해야 하며 어떤 때는 공동투쟁을 하고 어떤 때는 특수한 투쟁을 해야 한다는 것이었다. 이를 확실히 하기 위해서는 공장, 광산 혹은 직장 그리고 일정한 구역에 양자의 공동위원회와 같은 조직을 설치하는 것이 필요한데 조직 형태는

---

67) 최운거, 앞의 논문, 45쪽.
68) 실제로는 대회에서 각지의 가입단체가 독자성을 갖고 재일본조선노동총동맹 본부가 연락기관에 지나지 않은 기구로 전국통일적인 민족운동을 전개하기 힘들다고 하여 중앙집권적인 조직 재편성을 수행하기도 했다.(金森襄作, 앞의 논문, 1367쪽, 재인용.)

공장위원회 등의 단위로부터 조합, 총동맹과 같은 대단위에까지 다양하게 설치해야 한다고 했다.[69] 특히 조·일 노동자의 결합은 단순하게 재일본 조선노동자에게만 유리하지 않고 일본인 노동운동에도 도움이 될 것이라면서 일본인 좌익노동조합의 적극적인 협력과 지도를 상정했다.

제3회 정기대회 이후 재일본조선노동총동맹은 각지에 분산적으로 조직된 조합을 정리, 통합하려는 '1府縣 1조합' 원칙을 수립했다.[70]

개편된 조직은 최고기관으로 재일본조선노동총동맹 중앙이 있고 각 부현에 조합이 있으며 조합 아래에는 지부를 설치했다. 그리고 지부를 노동의 편의에 따라서 반으로 나누었다. 그리고 관동, 관서로 나누어 연합회를 개최했으며 이것을 九州, 四國, 關西, 關東, 北海道로 나누어 지방별 협의회를 열었다. 즉 반→지부→조합→(협의회)→총동맹의 체계를 확립했다. 조직의 중요 사항은 세포단체에서 대의원을 뽑아 연합체를 만들고 그 연합체에서 결의했다.[71] 결의는 지부의 사항은 지부에서 조합의 사항은 조합에서 해결하는 것이 보통이었고 결과만 보고했다.[72] 만약 각 단위에서 해결이 되지 않을 때에는 점차 상위기관으로 가고 최후에 재일본조선노동총동맹 전국대회에서 의결되었다.[73]

1926년 9월 경 관동조선노동조합연합회의 결의에 따라 東京 안에 있는 78개의 조합은 중, 서, 남, 북의 4개의 조합으로 정리되었다. 그리고 재래의 조합 명칭을 일제히 폐지하고 지역 이름을 부치기로 했다.[74]

---

69) 최운거, 앞의 논문, 45쪽.

70) 규약 제2장 5조에 보면 "동일 지방에 2개 이상의 단체가 있을 때는 지방연합회를 조직하고, 중앙집행위원회의 통제 아래 그 지방 내 조합의 행동을 통일하고 공통의 사무와 문제를 처리시킨다"고 명문화했다.(『在日朝鮮人運動史硏究』(創刊號), 1977, 99쪽.)

71) 『조선사상통신』 1927. 11. 29.

72) 『조선사상통신』 1927. 11. 29.

73) 『조선사상통신』 1927. 11. 29.

1926년 시기 관동, 관서연합회 중심으로 조직되었던 재일본조선노동조합은 1927년 4월 조직을 지역별 일반조합으로 고쳐 東京, 大阪, 神奈川, 京都, 神戶, 中部, 富山[75] 등지에 조선노동조합을 조직했다.

제3회 대회 당시 조합원은 3만 3백 12명으로 東京 630, 神奈川 3,032, 中部 3,005, 滋賀 919, 京都 539, 大阪 1만 340, 神戶 3,101명 정도였으며 주요 지역별 조선노동조합 조직은 다음과 같다.[76]

동경조선노동조합의 경우 재일본조선노동총동맹과 같은 사무실을 쓰고 1927년 시기 회원 수 약 3천 90명이었다.[77] 집행위원장은 梁在道로 5개의 지부가 있었다. 동부(지부장, 尹道淳, 소재지 ; 神田區 猿樂町 2의 5, 회원수 ; 700명), 서부(지부장 ; 梁在道, 소재지 ; 市外 高田町 447, 회원수 ; 300명), 남부(지부장 ; 金顯一, 소재지 ; 荏原郡 戶越 344, 회원수 ; 840명), 북부(지부장 ; 李雲洙, 소재지 ; 本所 向島押上町 242,

---

74) 최운거, 앞의 논문, 44쪽.

75) 최운거, 앞의 논문, 45쪽.

76) 지역별 재일조선인 노동조합의 활동은 다음의 논문을 주로 참조. 堀內稔,「兵庫縣における朝鮮人勞動運動-兵庫縣朝鮮勞動組合を中心に-」,『在日朝鮮人史硏究』(19), 1989. 10, 鈴木博,「京都における在日朝鮮人勞動者の鬪い-1920年代-」,『在日朝鮮人史硏究』(8), 1981. 6, 橋澤裕子,「新潟縣における朝鮮人勞動運動-新潟縣朝鮮勞動組合を中心に-」,『在日朝鮮人史硏究』(17), 1987. 9, 角木征一,「東京·深川における朝鮮人運動-1930年」,『在日朝鮮人史硏究』(6), 1980. 6, 金森襄作,「大阪朝鮮勞動同盟會」, 渡部徹·木村敏男,『大阪社會勞動運動史』(1), 有斐閣, 1986, 金森襄作,「在日朝鮮人の勞動組合運動」, 渡部徹·木村敏男,『大阪社會勞動運動史』(2), 有斐閣, 1986, 정혜경,「1910-20년대 東京한인 노동단체」,『한국근현대사연구』(1), 한울, 1994, 外村大,「在日本朝鮮勞動總同盟に關する一考察」,『在日朝鮮人史硏究』(18), 1988. 10, 堀內稔,「在日朝鮮人アナキズム勞動運動(解放前)-朝鮮東興勞動同盟會と朝鮮自由勞動者組合-」,『在日朝鮮人史硏究』(16), 1986. 10, 石坂浩一,「神奈川縣朝鮮勞動組合の活動をめぐって」,『近代日本の社會主義と朝鮮』, 社會評論社, 1993, 堀內稔,「兵庫縣·朝鮮人の初期勞動運動」,『在日朝鮮人史硏究』(23), 1993. 9, 堀內稔,「兵庫縣における朝鮮人勞動運動と全協」,『在日朝鮮人史硏究』(22), 1992. 9, 金森襄作,「在日朝鮮勞總「大阪事件」について」,『在日朝鮮人史硏究』(20), 1990. 10.

77)『조선사상통신』1927. 11. 30

회원수 ; 950명), 玉川(지부장 ; 金剛, 소재지 ; 荏原郡 矢口村, 회원수 ;
300명)지부가 조직되어 있었다.[78]

大阪지역의 조선인노동조합은 재일본조선노동총동맹 제3회 대회의
결정에 따라 개별 노동동맹, 노동조합들[79]이 대판조선노동조합으로 해
소했다. 그리고 北部, 東北, 東南, 港, 西成, 堺, 泉北 등의 지부로 개편
되었으며 1927년 9월에는 회원수가 2천 4백명이었다.

대판조선노동조합은 본부를 西成지부에 두고 역원으로는 위원장 金
達桓, 집행위원 김한경, 金守顯, 金文準, 朴永根, 朴永万이 선출되었으
며 대다수는 재일본조선노동총동맹 중앙과 대립적인 인물이었다.[80]

京都조선노동조합은 재일본조선노동총동맹 제3회 대회의 '1府縣 1조
합' 원칙에 따라 경도조선노동조합[81]과 경도조선합동노동조합[82]이 합
동하여 출범했다.[83]

神奈川縣에는 1927년 4월 재일본조선노동총동맹 산하 神奈川縣조선
노동조합이 조직되었다.[84] 여기에는 寒川, 川崎, 横須賀, 東横浜, 西横

---

78) 실제로 회원수는 자유노동자가 많았기 때문에 수치보다는 적었다.(『조선사상
    통신』 1927. 11. 30.)
79) 大阪에서 재일조선인의 1920년대 초 민족해방운동세력 가운데는 대표적인
    것으로 대판조선노동동맹회(1922. 12.), 조선무산자사회연맹(1924. 6.) 등이 있
    었다. 대판조선노동동맹회는 1922년 12월 1일 창립대회를 열고 의장 宋章福,
    의장 대리 金鐘範 등으로 출범했다.
80) 岩村登志夫, 앞의 책, 119쪽. 이 가운데 조선공산당에 가입하지 않은 김문준
    이 포함되어 있었으며 특히 재일본조선노동총동맹 중앙과 노선 대립이 있어
    각 지부가 독립적으로 행동한 부분도 없지 않았다.
81) 경도조선노동동맹회가 1927년 3월 정기대회에서 경도조선노동조합으로 개칭
    하여 조직되었다.
82) 경도조선북지회, 경도조선노동자협회 등이 경도백의노동조합과 연합하여
    1927년 4월 경도조선합동노동조합을 결성했다.
83) 『동아일보』 1927. 7. 9.
84) 이전에 神奈川에서는 文錫柱, 金天海가 주도한 横浜조선합동노동회가 1925년
    7월 11일 조직되어 재일본조선노동총동맹에 가입하지 않고 일월회, 삼월회,
    재일본조선노동총동맹, 재일본조선무산청년동맹과 '在日本關東朝鮮無産階級

浜, 湘南지부가 1928년 시기에 존재했다. 자유노동자가 중심이며 민족적 성격이 강한 특징을 갖고 있었다.

神戶지역에는 1925년 3월 29일 神戶조선노동동맹이 이종모, 유용주를 중심으로 90명의 회원으로 재일본조선노동총동맹 산하 조직으로 결성되었고 1926년 8월 3일에 神戶조선노동조합 서부지부가 창립되었다.

2) 활동

재일본조선노동총동맹은 조선공산당 3차당 일본부 조직의 강화와 이에 따라 대중적 정치투쟁을 전개했다. 각 세포단체에서 제기되는 경제투쟁을 지도하고, 뿐만 아니라 조선 내의 문제에 깊은 관심을 갖고 기근구제 활동 등을 적극적으로 전개했다. 기관지 『조선노동』을 발간하고 각종 강연회를 개최하여 재일본조선인 노동자의 계몽에 힘썼다. 재일본조선노동총동맹이 결성된 뒤 최초로 조직한 노동쟁의는 兵庫縣의 有馬 電鐵罷業으로 1927년 8월에 그해 3월 이래 지불되지 않은 임금 지급을 요구하여 2주간 투쟁을 전개했다.[85]

1927년 일본은 금융공황[86]에 빠져 노동자의 해고와 실업자의 증대 그리고 전술한 일본제국주의의 산동 출병 등으로 인해 사회적 모순이

團體協議會'를 결성했다.(石破浩一, 앞의 논문, 197쪽.)

85) 朴廣海의 회고에 따르면 조선인만도 300, 400명이 참가했다.(「朴廣海氏勞動運動について語る」(1), 『在日朝鮮人史研究』(19), 1989. 10, 97-98쪽.)

86) 1927년 일본의 금융공황을 대강 정리하면 다음과 같다. 2월 지방의 소규모 은행의 파산과 3월의 渡邊은행의 도산, 계속해서 三井物産이 만들었던 鈴木商店이 파산되어 鈴木에게 무담보로 거액을 대부했던 臺灣은행이 위기에 빠진다. 이렇게 되자 若槻내각은 대만은행의 구제를 위해 긴급칙령안을 樞密院에 제출했는데 樞密院은 이것을 헌법에 위헌이라고 하여 부결시켰다. 이로 인해 若槻내각은 총사직하고 臺灣은행은 휴업, 東京의 十五은행을 비롯한 은행회사가 도산했던 것이다.(井上淸, 『日本の歷史』(下), 岩波書店, 1977, 166쪽.)

격화되어 노동자, 농민을 비롯한 민중들의 대중투쟁이 전개되었다. 일본공산당은 『無産者新聞』을 비롯한 다른 매체에서 노동자, 농민에게 생활 방위를 위한 투쟁에 나갈 것을 선동하고 4월에는 日本勞動組合評議會가 중심이 되어 임금인하 반대, 해고 반대, 시간 단축, 휴업 수당의 획득 등의 통일적인 요구에 기초하여 공장대표자회의운동을 조직하기도 했다.

1927년 시기 재일본조선노동총동맹의 활동을 보면, 1) 각 조합의 지역적 정리가 진행된 것을 들 수 있다. 과거의 소규모 조직을 전부 해체하여 1府 1縣에 단일조합을 설치하여 대중의 자연생장적 소결합체를 의식적 결합체로 상승시켰다.

2) 조합의 활동분자들의 교육을 강화했다. 재일본조선노동자는 70% 이상이 문맹으로 계몽사업이 대단히 중요했다. 구성원들은 조합활동의 의의와 한계 등에 대하여 무지한 상태여서 강사의 파견, 교재의 제작 그리고 강좌의 설치로 교양을 수행했다.

3) 조·일 연대를 계속적으로 강화시켰다. 당시 일본의 우익 노동단체들은 조선인 노동단체를 하나의 지도 대상으로 생각하고 있었다. 특히 이러한 현상은 大阪지방의 일본노동총동맹계에서 심했던 것 같다. 재일본조선노동총동맹은 이것을 거부하고 메이데이 鬪爭, 惡法反對 鬪爭, 議會解散鬪爭, 對支非干涉同盟의 활동과 연설회, 선전데이 등을 통해서 국제연대를 실현해 나아갔다.

특히 조·일 무산계급의 연대를 상정할 때 또한 이 시기에는 選擧鬪爭을 고려해야 한다. 당시 재일본조선노동총동맹에는 구성원의 다수가 자유노동자이지만 선거권 획득자가 일부 발생하면서 조·일 무산계급의 연대가 보다 중요하게 되었다. 당시 집행위원장을 맡고 있던 정남국은 조·일 무산자의 진정한 제휴는 무엇보다도 먼저 피억압 식민지 민족을 민족적으로 해방시키는 것이 근본적 조건이라는 전제 아래 "무

산자운동의 최고로 공통적인 목표가 어떻게 경제문제의 해결에 있는
가"라면서 이에 앞서 정치적 수단이라는 것은 어떻게 해서든지 식민지
의 해방에 의하지 않으면 피억압 민족은 근본적으로 구제되지 않는다
고 했다.[87]

당시 일본에는 무산정당이 난립했다. 勞動農民黨(大山郁夫, 福本和夫
; 급진적 공산주의), 日本勞農黨(麻生久, 三輔壽莊 ; 점진적 공산주의),
日本農民黨(平野力三, 須貝快天 ; 국수주의적 무산당), 社會民衆黨(安部
磯雄, 鈴木文治 ; 개량주의적 무산정당)이 있었다.[88] 재일본조선노동총
동맹은 노동농민당과 정치운동에 있어 제휴하며 日本勞動組合評議會와
경제투쟁에 있어서는 연대할 것을 제기했다.[89] 이에 따라 재일본조선
노동총동맹은 일본노동 대중에게 알리는 글에서 일본 인민의 의회투쟁
에서 노동농민당을 지지하고 공동으로 투쟁할 것을 천명했다.[90]

田中반동내각은 일본공산당을 탄압했다. 그리고 勞動農民黨, 日本勞
動組合評議會, 全日本無産靑年同盟의 해체를 명령했다. 또한 조선의 대
중단체인 3단체의 모든 집회를 금지시키고 전노동대중에 대한 탄압 특
히 조선 민족에게는 한층 더 악랄한 탄압을 가했다. 여기에 대항하기
위해 재일본조선노동총동맹은 조·일 무산계급의 제휴와 활발한 대중
적인 공동투쟁이 요구된다면서 전선통일의 필요를 강조했다.[91] 이와

---

87) 『조선사상통신』 1927. 12. 1. 정남국은 조선공산당 3차당 일본부에 소속되었
    다가 1928년 1월 이후 '춘경원당' 일본부 검사국에서 활동했다.
88) 『조선사상통신』 1927. 12. 1.
89) 『조선사상통신』 1927. 12. 1. 한편 일본공산당의 지도 아래 1926년부터 27년
    에 걸쳐서 勞動農民黨과 日本勞動組合評議會가 중심이 되어 議會解散請願運
    動이 전국적으로 전개되었다. 이 정치운동은 보통선거의 실시를 연기하는 일
    본 반동정부에 대하여 의회의 해산과 보통선거법에 의해 총선거의 즉각 실
    시를 요구함과 동시에 언론, 출판, 집회, 결사의 자유, 노동자의 단결권, 파업
    권, 농민의 경작권의 확립 등을 요구한 정치투쟁이었다.(日本共産黨中央委員
    會, 앞의 책, 51쪽.)
90) 「전조선 피억압 대중 제군에게 격함」(1928. 2. 17), 대원사회문제연구소 소장.

함께 일제의 거류민 보호를 가장하여 출병한 것에 반대하여 중국의 공산주의운동을 지원하는 차원에서 대중국 출병을 반대하고 治安維持法 改惡을 반대했다.

4) 전민족적 단일당 결성운동을 적극적으로 전개했다. 조선노동자의 일부로 일본의 노동시장에 고립되어 있는 재일조선인 노동자는 전민족적단일당 결성운동에 참가했다. 조선인의 문제는 단순히 경제투쟁에 국한해서는 해결을 볼 수 없고 정치운동을 긍정하고 전민족적 단일당 결성을 주저없이 결성함으로 가능하다는 것이었다.92) 여기에는 물론 조선공산당 일본부의 지도가 조직적으로 있었음은 두말할 것도 없다.

아울러 재일본조선노동총동맹은 신간회대회 금지, 근우회대회 금지, 조선일보 정간 처분, 경성청년동맹대회 금지 등을 반대하며 투쟁에 나설 것을 선동했다.93) 그리고 4대 운동(朝鮮人虐殺 追悼會(關東震災 虐殺 紀念鬪爭), 메이데이 鬪爭, 國恥日 紀念鬪爭, 3·1運動 紀念鬪爭)과 더불어 朝鮮總督 暴壓政治 反對, 朝鮮共産黨의 公開 裁判, 治安維持法 撤廢, 三總94) 解禁 要求, 조선에 대한 日本軍 증병, 중국에 대한 武力 干涉 反對, 相愛會 撲滅, 日本 左翼團體 支持 등의 운동을 다른 재일운동단체와 연대하여 전개했다.

재일본조선노동총동맹의 1927년 활동 가운데 주목할 만한 것은 朝鮮 總督府 暴壓政治 反對運動이다. 이것은 지부의 연설회, 강연회 등을 통해서 전개되었으며 이를 통해 재일본조선노동총동맹의 민족적 정치세

---

91) 「우리 재일본조선노동총동맹 본부 가택 수색과 간부 총검속에 대하여, 일본의 전투적 노동자농민에게 고함」(1928. 4. 24), 대원사회문제연구소 소장.

92) 최운거, 앞의 논문, 48-49쪽.

93) 「對中出兵反對, 治安維持法 改惡反對, 모든 폭압반대운동에 관한 건」(1928. 5. 24), 대원사회문제연구소 소장.

94) 三總은 조선노동총동맹, 조선농민총동맹, 조선청년총동맹으로 일제는 이들 조직의 활동을 저지하기 위해 집회를 허가하지 않았다.

력화가 보다 강화되었다. 조선총독 폭압정치 반대운동에만도 전국적으로 1년 간에 23회의 연설회, 14회의 데모, 40회의 삐라 살포가 있었다. 大阪의 경우 1928년 2월 16일 天王寺 공회당에서 폭압정치 반대대회가 열렸다. 이 자리에서는 1) 재일본조선동포의 거주권 확립을 주장하자, 2) 민족적 박해에 대항하자, 3) 조선인을 억제하는 악법을 철폐하자, 4) 조선공산당 유죄판결 반대, 5) 신간회 전국대회 금지에 반대하자, 6) 在滿擁護同盟을 적극적으로 지지하자, 7) 조선인 교육의 자유를 승인시키자, 8) 勞動農民黨을 지지하고 田中반동내각을 타도하자는 등의 의안이 제출되었다.[95]

제3절 동경조선청년동맹의 발전

조선청년총동맹은 1927년 8월에 새로운 정치투쟁을 전개하기로 선언했다. 당시 조선공산당의 조직방침은 노동단체는 조선노동총동맹에 농민단체는 조선농민총동맹에 청년단체는 조선청년총동맹에 각각 결집시켜 민족해방투쟁을 수행한다는 것이었다. 여기에 조선청년총동맹도 함께 했다. 조선인의 청년운동은 중국에서는 재중국조선청년동맹, 일본에서는 재일본조선청년동맹이 각각 결성되어 투쟁을 전개했다.

국내의 움직임과 함께 일본에서도 지역 단위의 단일체계를 갖추게 되는데 그 과정을 특히 東京지역을 중심으로 살펴보자.[96] 재일본무산

---

95) 제안자는 발언 중지를 당하고 집회는 해산되었다.(大阪市, 『勞動月報』(83), 1928. 3.)
96) 재일조선인 청년운동의 경우 東京지역의 활동이 활발했다. 이 지역의 대표적인 조직이 동경조선청년동맹이기 때문에 본고에서는 이 조직에 초점을 맞춘다. 이후 동경조선청년동맹은 재일본조선청년동맹의 조직을 주도한다.

청년동맹은 박천을 위원장으로 고학생과 무산청년을 중심으로 1925년 조직되었다. 이 조직은 일월회의 해체와 함께 일월회의 회원으로 25세 이하의 다수 청년이 가입하여 1926년 겨울 개칭하여 동경조선청년동맹으로 발족했다.[97] 사무실은 東京府 戶塚町 諏訪 164에 있었다.[98]

발족 이후 동경조선청년동맹은 조선청년총동맹에 가맹하여 산하 단체가 되었다. 당시 조선청년총동맹은 조선 청년운동의 최고 기관으로 중앙이 경성에 있었고 각 도에 도연맹, 군에는 군동맹이 있었다. 이 동경조선청년동맹은 조선 내의 府·縣동맹과 같은 자격의 단위단체였다.

1926년 10월 시기에는 박천, 황병석, 김욱 등을 중심으로 80여명의 회원을 갖게 되었으며 1927년 12월 시기 회원 수는 289명으로 이 가운데 2/3가 학생이고 노동자, 농민이 1/3이었다. 중요 간부로는 집행위원장 정희영, 위원 이우적, 姜漢淳, 김계림, 崔星, 金三峰, 이우진, 李丙植, 金永允, 吳基伯 등이었다. 이 가운데 박천, 이우적, 이우진, 김계림 등은 조선공산당 3차당 일본부 소속으로 동경조선청년동맹에서 활동했다.

동경조선청년동맹의 입회비는 30전, 회비는 월 20전이었다. 회합은 간부의 집이나 하숙에서 열렸는데 부정기적이었다. 그리고 1년 1회의 정기대회를 개최했다.

동경조선청년동맹 확대집행위원회는 1928년 2월 26일 오후 7시 동경조선청년동맹 회관에서 열렸다. 이 자리에서는 1) 재일본조선청년동맹을 조직하고 각 지방에는 지부를 설치케 할 것을 본부에 제안한다. 2) 1928년 3월 11일 재일본조선청년동맹 창립대회에 인정식, 정희영, 진병로, 김시용을 대의원으로 보낸다. 그리고 후보로 송재홍, 이병식 등을

---

97) 박상희, 「동경조선인 제단체 역방기」, 『조선사상통신』 1927. 12. 20.
98) 재동경조선청년동맹은 동경여자청년동맹, 신흥과학연구회, 이론투쟁사, 조선인단체협의회, 조선총독폭압정치반대동맹 등과 같은 사무실을 사용했다. 이들 대중단체에는 구성원이 서로 중첩되고 특히 조선공산당 일본부의 지도를 받았던 것에 주목할 필요가 있다.

선정했다. 3) 청년단체협의회를 조직하기 위해 노력함에 있어 종교단체의 참가를 불허하고 있으나 교섭하여 활성화하기로 결의했다. 집행위원 보선도 있었다. 또한 창립대회 연설회에 진병로와 고경흠을 파견하기로 했다. 조직 강화와 국내와의 연계 그리고 협의회를 통한 재일조선인 단체와의 공동전선 등을 구축하려고 했다. 이것은 조직적으로 당연한 것이었다.

동경조선청년동맹은 기관지를 『청년신문』 이후 『청년조선』(월간)으로 속간하기 위해 노력했으나 재정상의 어려움으로 우선 프린트로 『청년조선』을 속간했다. 이 기관지는 단순한 재동경조선청년동맹의 기관지에서 전국적 청년신문으로 발전할 전망을 갖고 있었다.

동경조선청년동맹의 활동은 다른 재일조선인 민족해방운동 조직보다 계급적 입장을 분명히 했다. 이 조직은 사회과학의 교양에 필요한 강좌와 강연회, 독서회를 주로 개최했으며 특히 1928년 1월 16-20일까지를 리프크네히트와 로자룩셈부르크 기념 반일본군국주의 주간으로 정하기도 했다. 그리고 같은 달 29일 東京府 本所 불교청년회관에서 전 동방피억압청년 즉 인도, 베트남, 중국, 대만, 일본, 조선 등의 청년합동대간친회를 개최했다. 여기에서는 슬로건으로 1) 세계전쟁의 위기와 싸우자! 2) 소비에트 러시아를 옹호하라! 3) 동방피억압청년은 단결하라! 4) 중국혁명을 옹호하고 원조하라![99] 등을 제출했다.

연대 투쟁도 활발히 전개했다. 1928년 1월 10일 재동경조선청년단체위원 공동간담회를 개최했다. 참가단체는 재동경조선청년동맹, 학우회, 천도교청년당, 기독교청년회, 조선프로예술동맹 동경지회, 신흥과학연구회, 재동경조선여자청년동맹 등으로 이 자리에서 재동경조선청년동맹은 '청년단체협의회'의 필요성을 강조했다.

---

99) 『대중신문』(1928. 1. 28), 박경식 편, 『조선문제자료총서』(5), 374쪽.

「… 조선 민족운동의 일부문인 우리 청년운동은 재래 서로 분리적, 배타적 상태에 있었던 것을 유감으로 생각하는 바이다. 더욱이 청년은 청년 독자의 대중적 투쟁을 전개하지 못하고 사상단체적 영역을 탈각치 못한 것은 우리 청년운동의 과오가 아닌가 한다. … 조선청년은 재래의 모든 감정과 쓸데 없는 장벽을 전민족적 공동 이익을 위해 공동 투쟁을 하지 않으면 안된다. 그리하여 청년 독자의 대중적 투쟁을 전개치 아니하면 안된다. 이러한 의미에 있어 우리 재동경조선청년단체는 靑年團體協議會(강조 : 필자)를 조직하자는 것을 제창했다.」

여기에 대해 기독교 청년회와 천도교 청년당 간부는 개인적으로는 찬성하나 단체의 의견은 토의해야 한다면서 유보를 주장했다. 결국 이 자리에서 靑年團體協議會期成會가 발기되었다.[100]

동경조선청년동맹은 1928년 4월 8일 東京府下 高田町 高砂館에서 대회를 개최했다. 이 자리에서는 과거의 투쟁을 비판하고 해체[101]와 1) 革命 中國에 대해 절대 非干涉, 2) 朝鮮에 대한 增兵 反對, 3) 解放運動 犧牲者를 즉시 석방하라는 등의 내용을 결의했다.[102] 이후 동경조선청년동맹은 재일본조선청년동맹의 東京지부로 개편되었다.

결국 재일본조선청년동맹은 대회의 결의에 따라 재일본조선청년동맹 東京지부 창립대회를 개최하고 집행위원장과 집행위원 10명을 선출, 새롭게 출범했다. 특히 이 과정에서 조직을 개편할 때 부인부를 설치했다. 그것은 개별 조직으로의 성의 구분이 무의미하고 재동경조선여자청년동맹이 해체되어 없으며, 재일본조선청년동맹 동경지부대회에서 부인부를 두기로 한 것과 재일본조선청년동맹에도 부인부가 있기 때문

---

100) 『대중신문』 1928. 1. 28.
101) 『대중신문』 1928. 4. 29.
102) 『대중신문』 1928. 7. 7.

이었다.

大阪에는 재일조선인 민족해방운동의 중심적인 역할을 했던 공산주의계 단체로 1926년 10월 시기 재대판고려무산청년동맹, 재일본배달소년단 등이 있었다.

제4절 학우회의 조직적 발전

조선공산당의 창건 이후에는 국내와 일본에서 공산주의운동의 급격한 진전에 따라 공산주의 운동에 참가하는 활동가가 늘어나고 피억압 민족해방, 반일본제국주의, 민족적 차별철폐 등의 혁명적 투쟁을 통한 조선의 독립이 적극적으로 모색되었다.103)

재일조선인 민족해방운동에 있어 학생청년들의 구심이었던 학우회도 조직이 개편되는데 1925년 이후 개편 내용은 <표 7>과 같다.

특히 1925년에서 1927년 사이의 조직에는 한림, 박형채를 비롯하여 이전보다 공산주의계에 속한 사람의 수가 늘어나기 시작했으며 1928년에는 학우회 내 고려공산청년회 플랙션으로 박형채(책임), 강춘순 등이 활동했다.

조직적 발전을 도모한 학우회는 『학지광』을 계속 발간했다. 『학지광』은 학우회와 관련하여 그 의미가 뚜렷했다. 그 내용은 다음과 같다. "東京에 硏學하는 우리 학생 대중의 기관이 학우회이며 이 모든 진리의 원천을 배운대로 들은대로 양심을 속이지 않고 발표하는 곳이 즉 학지광이다." 그리고 『학지광』은 조선학계의 서광이었으며, 새로운 조선의 건설과 세계 개조의 신 기치를 내건 학우회는 이론과 실천에서 중

---

103) 「在留朝鮮人の運動」(1931), 박경식 편, 『자료집성』(2-1), 1124쪽.

요한 역할을 했다.[104] 1930년 4월에 위원장이 된 황규섭은 여기에서 한 발 더 나아가 "현실적 이론의식을 파악하는 유일한 방법은 이 이론적 의식을 실천과 결합하여 비로소 현실적이 되는 변증법적 사유방법뿐이다. 환언하면 실천과 이론이 변증법적 통일이 되는 곳에 수립되는 역사적 이론의식이 사상위기에 際하여 유일의 현실적 이론의식이다"[105] 면서 『학지광』을 통해 이론을 대중에게 선전하는 것이 절실하다고 했다. 필자는 아직 『학지광』이 전부 발굴되지 않아 게재 문건의 내용을 전면적으로 확인할 수 없었지만 27, 29호의 기사를 통해서 볼 때 1920 년대 중반 이후에는 마르크스주의 일반과 노동자계급의 위상에 대해 명확하게 인식하고 그 내용을 선전하고 있었다고 생각한다.

재일조선인 민족해방운동이 강화되기 시작하던 1927년 학우회는 대중적 기반 아래 선도적으로 일본지역 조선인들의 상설적 연합체의 설치를 제의하고 주도적으로 조직했다. 학우회는 東京朝鮮人團體協議會를 상설기관으로 설립하고 서무부의 한 조직으로 활동했던 것이다.[106]

---

104) 주태도, 「학지광의 역사적 사명」, 『학지광』(29), 1930. 4. 5.

105) 황규섭, 「학지광 갱생의 의식」, 『학지광』(29), 1930. 4. 5.

106) 조선인단체협의회의 구성은 다음과 같다. 서무부 : 천도교청년당, 기독교청년회, 신흥과학연구회, 협동조합운동사, 동부노동조합, 학우회, 조사부 : 교육연구회, 형설회, 북부노동조합운동사, 흑우회, 을축구락부, 서부노동조합, 사교부 : 청년동맹, 고려공업회, 서부노동조합, 조선여자청년동맹, 무산학우회.(『동아일보』1927. 3. 2)

<표 7> 학우회 조직의 개편(1925-1930)[107]

시 기	개 편 내 용
1925.12-1926.5	위원대표 한림 서무부 임병도, 이동준, 이용수, 김민규 사교부 전부일, 이지영, 김용채, 김영근 재무부 손봉조, 방순경, 김명엽, 이좌엽, 윤길현 변론부 권헌, 곽정길, 박준섭 운동부 방창록, 이병훈, 서원출 편집부 이종직, 김상필, 박최길
1927.12	대표위원 박형채 서무부대표 장지형, 부원 : 이정수, 윤달성, 조창시 재무부대표 김태일, 부원 : 장순섭, 강원수, 유속진 정치부대표 강영순, 부원 : 이동준, 박병조 조직부대표 한병국, 부원 : 김효순, 최병락, 김주경 체육부대표 김익호, 부원 : 홍병화, 이귀락, 윤승용 편집부대표 김봉호, 부원 : 김형식, 신양규
1925.5-6	위원대표 류원우 서무부 박용해, 김영균, 한종희, 류계향 체육부 이창인, 장인갑, 이희갑 정치부 신철, 김광휘, 박용설, 이상옥 조직부 김익호, 류관술, 김상정 편집부 이동준, 손창주, 강원수 재무부 허영호, 최병락, 황규섭, 정령
12	위원장 이창인 서무부 한종희, 김경하, 이상옥, 이홍교 체육부 김익호, 양만식, 김동진 정문부 정령, 이세환, 박노갑 조직부 강일산, 선동기, 김효경 재무부 김상정, 김종태, 강용운 편집부 최한규, 손창주, 이재효
1930.4	위원대표 한림 서무부 주태도, 이종흡, 이정욱 체육부 김익호, 정태교, 정용환 정문부 김형식, 이일광, 서채종 조직부 김상정, 이종태, 박용설 편집부 박용해, 홍승호, 임철재 재무부 조현하, 이민구, 김동지
5	위원장 김광휘 위원 이종합, 이민구, 신철, 정홍석, 서채종, 홍은표, 이의배, 김용대, 정용모, 황규섭, 임철재 등

---

107) 『학지광』, 『동아일보』, 「在京朝鮮人狀況」, 박경식 편, 『자료집성』(1), 참조.

제5절 신간회 동경지회의 조직과 성장

1. 동경지회의 창립

1927년 5월 7일 早稻田 스콧트홀에서 신간회 동경지회 창립대회가
열렸다.[108] 이에 앞서 4월 25일 창립준비위원회가 개최되어 창립준비를
마무리 했다.[109] 대회는 회원 61명, 방청객 150명이 출석하여[110] 조헌
영이 지회장에 선출되었다. 설립 당시 간부를 보면, 총무간사에 전진한,
윤길현, 오희병, 송창렴, 김준성, 강소천, 임태호였고 간사에는 김황파,
최병한, 장지형, 박형채, 함상훈, 홍양명, 정헌태, 유원우, 정익현, 안병
수, 유영준, 김원석, 전부일, 임종웅이 뽑혔다.[111] 동경지회가 출범한 이
자리에서는 1) 우리들은 정치적, 경제적 각성을 촉진한다, 2) 우리들은
단결을 공고히 한다, 3) 우리들은 기회주의를 일체 부인한다는 강령을

---

108) 『無産者新聞』(82) 1927. 5. 14.
109) 「昭和二年中ニ於ケル在留朝鮮人ノ狀況」, 40쪽.
110) 『동아일보』1927. 5. 15, 『高等警察要史』, 156쪽, 참조.
111) 간부들의 다른 조직과의 관련을 보면, 학우회 관계(조헌영, 송창렴, 김준성,
임태호, 장지형, 박형채, 유원우, 임종웅) 8명, 협동조합운동사 관계(전진한,
임태호, 함상훈, 정헌태, 유원우, 김원석) 6명, 재일본조선노동총동맹계(송창
렴, 강소천, 박형채, 정익현, 임종웅) 5명, 신흥과학연구회 관계(송창렴, 강소
천, 장지형, 박형채, 홍양명, 안병수, 유영준) 7명, 그리고 이후 조선공산당과
관련하여 검거된 인물이 5명(송창렴, 강소천, 박형채, 정익현, 임종웅)이었
다.(水野直樹, 「신간회 동경지회의 활동에 대하여」, 『신간회연구』, 동녘,
1984, 125쪽.) 이 가운데 일본지역 민족주의 진영의 중요 운동 조직이었던
협동조합운동사는 1926년 5월 24일 창립되었다. 초대 위원은 전진한(서무
부), 김용장(재무부), 김봉집(연구부), 임태호(선전부), 김성현(선전부), 함상훈
(조사부), 김노수(조사부), 이선근(경영부), 김원석(경영부) 등이었다.(『동아일
보』1926. 7. 6.) 이후 이 조직은 1928년 4월 東京에서 경성으로 본부를 이전
할 때까지 신간회 東京지회와 일정한 연관 관계를 맺으며 활동했다.

내걸었다.112) 동경지회의 창립에 대해 민족주의계와 공산주의계 단체는 지지했으나 조선민중회, 흑풍회는 반대의 태도를 취했다.

이렇게 東京에 지회가 빨리 설립될 수 있었던 것은 무엇보다도 조선 공산당의 지도 아래 민족단일당을 결성하려는 움직임이 국내와 연결되어 동시에 전개되었던 점과 지속적으로 공동투쟁이 東京지역에서 있었기 때문에 가능했던 것이다.113) 일본지역에는 신간회 지회가 東京을 비롯하여 大阪, 京都, 名古屋에 있었다.114)

2. 동경지회 제2회 대회

제2회 대회는 1927년 12월 18일 上野 자치회관에서 개최되었다.115) 100여명의 회원과 300여명의 방청객이 모여 조헌영의 개회가 있은 후 의장 송창렴, 부의장 전진한이 피선되었고 서기에 진병로 외 4명을 임명했다. 이와 함께 1) 긴급동의로 在滿同胞 구축에 대한 주일중국공사를 통해 항의할 것을 결의했다. 2) 조선공산당사건 공판에 대해 대회 명의로 항의문을 발송하기로 하고 변호사단에 격려문을 보내기로 했다. 3) 10여건의 중요 의안 토의와 일반정세 보고, 활동 보고가 있었다.116)

활동 보고 자리에서는 대중운동의 생생한 경험이 보고되었고 실천 투쟁의 구체적 방침이 활발하게 논의되었다. 특히 1) 과거 투쟁의 오류를 지적하고 그 원인이 봉건적 형태에 기인한다고 하며, 2) 班 조직이 없어 운동이 대중화되지 못했다면서, 3) 운동방침, 의견서에 대한 논의

---

112) 『독립운동사자료집』(별집 3), 85쪽.
113) 水野直樹, 앞의 논문, 127쪽.
114) 조지훈, 『한국민족운동사』, 나남, 1993, 261쪽.
115) 『중외일보』 1927. 12. 25.
116) 『중외일보』 1927. 12. 25.

를 통해 본부의 제안을 수정하기로 결정하고 4) 강령에 대하여 전국대
회에 건의하기로 했다.

여기에서 결정된 강령 개정안과 정책안은 의미있는 것으로[117] 「신간
회 동경지회의 제2회 대회 보고 및 제출 의안」[118]에서 그 내용을 보면
다음과 같다.

「1. 우리는 조선민족의 정치적 경제적 해방의 실현을 도모 함.
2. 우리는 전민족의 총역량을 집중하여 민족적 대표기관이 되기를 도
모함.
3. 우리는 일체 개량주의운동을 배척하여 전민족의 현실적 공동 이익
을 위하여 투쟁하기를 도모함.」

이러한 내용은 신간회의 성격과 목적을 선명히 제기하고 있으나 제2
회 신간회 전국대회가 열리지 못하여 빛을 보지 못했다.

전국대회 건의안으로 슬로건이 제기되었다. 1) 우리 민족에게 생존권
을 확보하라, 2) 우리 민족의 자유를 획득하자, 3) 일체의 폭압정치에
절대 반대[119]라고 했다. 동시에 노동농민당과의 제휴안을 결정했다. 이
것은 조선 민족의 해방은 일본무산계급의 해방없이는 불가능한 것이며
일본 무산계급의 해방은 조선 민족의 해방없이는 불가능한 것임을 조
직, 실천적인 측면에서 표현한 것이다.

그리고 신간회 본부에 다음과 같은 정책을 제안했다. 1) 언론, 집회,
출판, 결사의 자유, 2) 조선 민족을 억압하는 일체 법령의 철폐, 3) 고
문제 폐지 및 재판의 절대 공개, 4) 조선으로의 일본 이민 반대, 5) 부
당 납세 반대, 6) 산업정책의 조선인 본위, 7) 東拓폐지, 8) 단결권, 파

---

117) 『대중신문』 1928. 1. 1.
118) 조지훈, 앞의 책, 262-264쪽.
119) 『대중신문』 1928. 1. 1.

업권, 단체계약권의 확립, 9) 경작권의 확립, 10) 최고 소작료의 공정, 11) 소작인의 노예적 부역의 폐지, 12) 소년 및 부인의 야간 노동, 갱내 노동 및 위험 작업의 금지, 13) 8시간 노동 실시, 14) 최저 임금 최저 봉급제의 실시, 15) 공장법, 광업법, 해운법의 개정, 16) 민간 교육기관에 대한 허가제 폐지, 17) 일체 학교 교육의 조선인 본위, 18) 일체 학교 교육 용어의 조선어 사용, 19) 학생 생도의 연구 자유 및 자치권의 확립, 20) 여자의 법률 및 사회상의 차별 철폐, 21) 여자 인신매매의 금지, 22) 여자교육 및 직업의 일체 제한의 철폐, 23) 형평사원 및 노복에 대한 일체 차별 반대, 24) 형무소에서의 대우 개선, 독서 통신의 자유 등이었다.

제2회 대회에서 선출된 간부는 명확하지 않지만 1927년 12월 21일 시기의 간부는 지회장 박량근, 총무간사 강소천, 천매근, 이선근, 송창렴, 함상훈, 임종웅, 조중곤, 간사 김상혁, 이상현, 김영기, 이덕진, 이우적, 장준석, 김강, 박야민, 이병호, 장도환, 진병로, 김수명, 유영복, 이상조이었다.[120]

3. 동경지회의 활동

동경지회의 활동 가운데 먼저 내부의 주도권 싸움을 정리할 필요가 있다. 동경지회는 1927년 12월 이후 고려공산청년회 일본부에 의해 지도되고 간부를 조선공산당 3차당 일본부원이 장악했다. 1928년 1월 초 동경지회에서는 「全民族的 單一戰線 破壞陰謀에 관하여 全朝鮮民衆에게 호소함 - 統一戰線을 攪亂하려고 하는 新派閥鬼의 正體를 暴露하고,

---

120) 『동아일보』 1927. 12. 30, 水野直樹, 앞의 논문, 137쪽. 이 가운데 협동조합운동사계는 이선근, 함상훈, 김수명, 유영복이었다.

신간회 동경지회 임시대회의 召集을 要求한다 -」은 성명서가 나왔다. 여기에서는 1927년 12월 18일 신간회 동경지회 제2회 대회는 '신파벌의 독점적 난무장'이 되었다면서 공산주의자들은 플랙션에 의해 의회전술을 조직적으로 구사하여 대중을 여지없이 우롱했고 '이것은 말할 것도 없이 헤게모니 탈취라는 반동이론의 구체적 실행이었다'는 식이었다. 또한 안광천을 비롯한 조선공산당 3차당 중앙의 신간회 전술과 그들의 활동에 전면적으로 반대하고 '신파벌의 괴뢰를 타도하자'고 했다.121) 프롤레타리아의 헤게모니를 주장하는 것은 좌익소아병이고 전민족적 총역량의 분산과 조직의 분열을 초래할 것이라고 했다. 특히 일월회를 파벌분자들의 집단으로 규정하고 이들에 의해 독점된 東京지회의 임시대회 소집을 요구했다.

1927년 12월 당시 고려공산청년회 일본부 深川야체이카회의는 박형

---

121) 확인 가능한 서명자 명단을 보면 다음과 같다. 趙憲泳, 咸尙勳, 劉永福, 金滉宇, 金俊星, 金三峰, 玄哲, 文拳, 尹承龍, 洪陽明, 金源碩, 이출, 李基弘, 尹吉鉉, 吳熙秉, 朴源, 盧然, 李瑄根, 金成薰, 柳元佑, 黃晉局, 文達, 金震, 朴建, 南浩榮, 錢鎭漢, 梁興錫, 吳熙稷, 金在元, 金長安, 李夏榮, 吳相哲, 金益鎬, 李基昉, 李鈍, 朴野民, 吳鉉岱, 鄭渤, 全鳳, 安永濟, 朴琥圭, 吳鉉垓, 金奉斗, 安鎭, 申鉉吉, 洪淳淡, 康泳昱, 南振祐, 李炫啓, 金昌湜, 金忠漢, 金渭經, 金正希, 李鍾泰, 趙時泳, 金太乙, 呂英淑, 洪在範, 李永漢, 吳鉉永, 金鳳鎬, 金恭默, 趙忩基, 金允經, 申哲, 延日熙, 任鉉七, 鄭奎昶, 皇甫旭, 李南鐵, 楊喜得, 金允基, 金光輝, 鄭錫奉, 尹熙甲, 林日植, 李玄徹, 南鐵, 金瀋碩, 林慶星, 申紅照, 金吉詣, 李洪錄, 柳東璉, 金景祈, 鄭祥泰, 金敏稷, 金洹敎, 許英勳, 金相漢, 高熙錫, 金東樑, 李英勳, 鄭祥臺, 鄭雄, 林鳳圭, 李準憲, 崔性文, 金鐵洙, 成有慶, 朴薰, 鄭德默, 金相善, 安相祿, 朴秉朝, 金徊薰, 金東郁, 金敦枰, 李軒來, 鄭東弼, 柳漢相 등이었다.(新幹會東京支會會員,「全民族的單一戰線破壞陰謀に關し全朝鮮民衆に訴ふ-統一戰線を攪亂せんとする新派閥鬼の正體を曝露し新幹會東京支會の臨時大會の召集を要求す-」(日文)(1928. 1.)(대원사회문제연구소 소장))(『文戰』 1928년 2월호에도 실려 있다.) 이 문건의 서명자 가운데는 누구인지는 모르나 10여명은 귀국자이고 10여명은 신간회의 회원이 아니거나 또는 회원이지만 이들의 행동과 무관한 사람이었다.(金昊洋,「帝國主義の走狗反動的派閥鬼を撲滅しょう」(1928. 1. 13),『進め』(1928. 3.), 23쪽.)

채, 이우진, 임종웅이 참석하여 조헌영 등의 행동을 배척하고 신간회 내 기존의 간부를 옹호하기로 했고 東京지회의 논쟁은 이후 고려공산 청년회의 의도대로 정리되어 동경지회의 간부들은 간사회의 명의로 성명서[122])를 발표하여 임시대회 소집 요구를 전면적으로 비판하고 이들을 파벌주의자라고 규정했다. 허일, 홍양명, 이동재, 김정희, 려영숙, 김삼봉, 조헌영, 고희석, 김진, 전진한, 오병희 등을 미친 개들이라고 했다.[123]) 임시대회 소집 요구에 나선 사람들은 파벌에 속한 사람들을 제외한 모든 층을 망라했다고 하나 사실 임시대회 소집을 요구한 130여 명의 사람들은 '東京朝鮮人團體協議會'[124])를 비판하여 파벌귀의 대표자들의 모임이라고까지 했다.[125]) 근우회 동경지회도 신간회 동경지회와 함께 성명서를 제출해 본부의 활동에 문제를 제기했다.[126])

1928년 1월 1일자 『대중신문』은 신간회가 소수의 인테리겐차와 사회주의자의 집단이 되어서는 곤란하다면서 모든 반제국주의의 투쟁의 장이 되어야 하며, 각 계급에 특수성과 이해의 불일치가 있기 때문에 프롤레타리아의 계급성에만 따른다는 것은 곤란하다는 식으로 표현했다.[127]) 문제는 이러한 논쟁 가운데 프롤레타리아의 헤게모니 문제가 사상된 점이다.

이상의 과정에서 확인할 수 있는 것은 파벌적 경향을 가진 민족주의계와 일부의 서울계 사람들이 연합하여 조선공산당 일본부의 지도를 받은 동경지회 중앙에 대해 문제제기와 반기를 든 사실이었다. 성명서

---

122) 「반동적 파벌주의군의 蠢動에 대하여 만천하동포제군에 격함」(1928. 1. 13), 대원사회문제연구소 소장.
123) 金昊洋, 앞의 논문, 22쪽.
124) 이하 조선인단체협의회로 한다.
125) 新幹會東京支會臨時大會召集要求會員一同, 「派閥鬼の傀儡たる幹事會の非行に對して再び全民衆に訴ふ」(日文)(1928. 1.)(대원사회문제연구소 소장)
126) 『청년조선』(1928. 7. 31)(早稻田大學 마이크로필름실 소장)
127) 「신간회의 제2회 대회를 마지려 한다」, 『대중신문』 1928. 1. 1.

와 무관한 사람들까지도 임의로 10여명이나 도명하면서 발표한 이 문건은 결국 동경지회의 조직 변화를 야기시키지 못했다. 한편 「전민족적 단일전선 파괴음모에 관하여 전조선민중에게 호소함」이라는 전술한 문건이 일본무산 단체들에 배포되었을 때 이들 단체에서는 받을 필요를 느끼지 못한다고 반송했다.128)

조선공산당이 비타협적 민족주의세력과 연대하여 결성한 신간회는 동경지회의 경우 대부분의 활동을 재일본조선노동총동맹, 조선인단체협의회 등 다른 단체와 공동으로 전개했다.

1927년 12월 18일 동경지회 제2회 대회는 다음과 같은 활동을 보고했다. 그 내용은 1) 反動團體 民衆會 撲滅運動, 2) 關東震災 당시 虐殺同胞 追悼會, 3) 朝鮮總督 暴壓政治 反對運動(강연, 격문, 삐라로 폭로), 4) 朝鮮共産黨事件 非公開 公判 反對運動, 5) 자꼬 반제티 死刑處分 反對運動,129) 6) 中國視察團 朝鮮代表 派遣運動, 7) 國恥日 紀念運動, 8) 러시아혁명 紀念運動, 9) 조선인대회 소집, 10) 西神田署 고문사건 항의 등이었다.130) 그리고 중국 봉천성장의 재류조선인에 대한 폭압에 항의하기 위해 재일본조선노동총동맹과 공동위원회를 개최하고 다음과 같이 결의했다.131)

「1) 이 사건에 대하야 본 공동위원회 명의로 중국 북경 정부와 봉천성장에게 엄중 항의할 것, 2) 이 사건의 내용 즉 xxxx(일본제국 : 인용자)주의의 xxxx의 xx정책을 전민중에게 폭로할 것, 3) 이 사건에 대

---

128) 『대중신문』 1928. 1. 28. 구체적으로 어떤 단체인지 알 수는 없으나 일본공산당과 노동농민당과 관련된 조직이었을 것으로 추측된다.
129) 재일본조선노동총동맹과 함께 다양한 대중활동을 전개하는 가운데 이태리 무정부주의자 자꼬 반제티의 사형에 대하여 미국대통령 앞으로 국제주의적 입장에서 항의문을 보내기도 했다.(『중외일보』 1927. 8. 17)
130) 조지훈, 앞의 책, 263쪽.
131) 『중외일보』 1927. 12. 21.

하야 일본무산계급과 공동투쟁을 제의하는 동시에 對支非간섭동맹의
공동투쟁을 제의할 것, 4) 일본전제정치와 경성지방법원 검사국 元橋
검사에게 항의문을 발송할 것.」

이상의 활동 가운데 조선공산당 일본부 및 재일본조선노동총동맹과
관련하여 계급적 성격이반영된 것으로 1927년 시기에 朝鮮總督 暴壓政
治 反對運動, 朝鮮共産黨事件 非公開公判 反對運動, 러시아혁명 기념운
동 등을 들 수 있다.

1927년 신간회 동경지회는 다른 어떤 투쟁보다 조선총독 폭압정치
반대운동에 몰두했다. 이 운동은 개별 문제를 내세우면서 식민지 지배
자체를 부정한다는 명확한 목적의식을 갖고 전개되었다.132) 8월 3일 조
선총독 폭압정치 폭로연설회가 동경조선노동조합 서부지부 주최와 신
간회 동경지회, 노동농민당 成西지부의 후원으로 高田會館에서 900여
명이 모여 열렸다.133)

이 자리에는 슬로건으로 '전민족적 단일당을 촉성하자,' '경찰정치에
철저히 항쟁하자,' '침략적 교육정책에 반대하자' 등이 걸렸다.134) 이
날 동경조선노동조합 서부지부 위원 金台郁이 최근의 여러 가지 사건
에 대해 보고하고 이후 布施辰治, 金荒波, 金桂林이 연사로 등장했지만
중지되고 해산당했다.135)

8월 14일에도 연설회가 동경조선노동조합 남부지부 주최로 개최되었
다. 이 날 모임에는 신간회 동경지회, 노동농민당 荏原지부의 후원으로
700여명이 참가했다.136) 동경조선노동조합 동부 지부 주최로 8월 24일

---

132) 水野直樹, 앞의 논문, 131-132쪽.
133) 『동아일보』 1927. 8. 8.
134) 『무산자신문』 1927. 8. 6.
135) 『동아일보』 1927. 8. 8.
136) 『동아일보』 1927. 8. 19.

에 연설회도 열렸다.[137]

1927년 시기 조선총독 폭압정치 반대운동의 중심이 하반기부터 조선 공산당 공판투쟁에 대한 관심으로 모아졌다.[138] 조선공산당 일본부는 대중적 선도 투쟁을 신간회 일본지역 지회를 통해 수행했다.

이러한 활동에 기초하여 1927년 9월 17일 신간회 동경지회 회관에서 朝鮮總督 暴壓政治 反對 關東地方同盟이 결성되었다. 여기에는 재일본 조선노동총동맹, 신간회 동경지회, 학우회 등과 동경조선청년동맹, 동경조선여자청년동맹, 동경조선노동조합, 동경조선노동조합 4지부, 신흥과학연구회, 협동조합운동사, 여자학흥회의 모두 14단체가 참가했다.[139] 朝鮮總督 暴壓政治 反對 關東地方同盟은 朝鮮人團體協議會에서 아나키 즘계를 제외하여 구성되었으며 결국 신간회 동경지회와 같은 구성이었다. 주요 구성원은 상무위원으로 송창렴, 김상혁, 김성도, 박균, 김계림, 김순실, 강철, 진병로 등이었다. 이들은 대부분 신간회 동경지회의 간사이거나 활동가로 신간회 동경지회의 구성원이 주도했다.[140] 물론 이들의 대부분은 조선공산당 일본부에 소속되어 있었다.

1927년 9월 25일 조선총독 폭압정치 반대연설회를 東京帝大 불교청년회관에서 개최하기도 했다. 이 자리에서는 1, 2차 조선공산당사건 공판의 공개, 피고의 무죄, 치안유지법 철폐 등의 슬로건을 내걸었다. 특히 여기에는 일본의 중요 사회운동단체들도 참가했으며 勞動農民黨, 日本勞動組合評議會, 全國農民組合, 關東婦人同盟, 全日本無産靑年同盟,

---

137) 『동아일보』 1927. 8. 26.
138) 1927년 7월 재일본조선노동총동맹, 신간회 동경지회는 1, 2차 조선공산당 탄 압으로 검속된 사람에 대한 재판에 대응하여 대책을 협의하기 위해 공동위원회를 설치했다.(『동아일보』 1927. 8. 5)
139) 『동아일보』 1927. 9. 22, 24.
140) 관헌 자료는 '신간회 동경지회의 별동대'로 보고 있다.(水野直樹, 앞의 논문, 134쪽.)

對支非干涉同盟, 朝鮮總督 暴壓政治 反對同盟, 無産者新聞社 등이 국제적 연대를 도모했다.[141]

이밖에도 동경지방 조선노동자위안회에 참가하여 총독정치 반대, 조선공산당 비공개공판 반대 등의 삐라를 살포했다.[142] 그리고 정확하지는 않지만 對支非干涉同盟[143]과 共同委員會를 설치했으며[144] 1928년 1월 22일 신간회 동경지회 회관에서 在東京朝鮮人大會를 열고[145] 기관지 발행을 시도했다.

이렇게 1927년 조선총독 폭압정치 반대운동이 전개되었으며 폭로연설회와 시위운동의 형태로 東京, 京都, 神戶, 大阪 등지의 조선노동조합이 재일본조선노동총동맹의 지도 아래 30여회, 5만여명을 정치적으로 동원하여 개최했다.[146] 1928년 5월 재일본조선노동총동맹 제4회 대회의 보고에 따르면 조선총독 폭압정치 반대운동이 소연설회 22회, 시위운동 14회, 삐라살포 40여회의 형태로 재일본조선노동총동맹에 의해 전개되었다.[147] 東京을 중심으로 한 지역과 大阪에서도 '朝鮮總督暴壓政治反對同盟'이 조직되었다.[148]

전술했듯이 1927년 시기 조선총독 폭압정치 반대운동의 한 초점은 조선공산당사건 비공개 공판 반대운동에 맞춰졌다. 일본지역의 운동에 결정적인 영향력을 행사하고 있던 조선공산당 일본부는 의식적으로 조선공산당 비공개 공판 반대운동을 도모했으며 1, 2차 조선공산당에 대

---

141) 『동아일보』 1927. 10. 1, 『無産者新聞』 1927. 9. 25, 10. 1.
142) 『동아일보』 1927. 11. 4, 『無産者新聞』 1927. 11. 6.
143) 일본공산당 주도로 1927년 5월 대지비간섭동맹 전국대회가 있었다.
144) 『무산자신문』 1927. 10. 15.
145) 『대중신문』 1928. 1. 28.
146) 『대중신문』 1928. 1. 28.
147) 金斗鎔, 「在日本朝鮮勞動運動は如何に展開すべきか」, 김정명 편, 『조선독립운동』 (5), 1021-1022쪽.
148) 『대중신문』 1928. 1. 28.

한 탄압으로 검속된 사람들에 대한 재판은 1927년 9월에 시작되었다. 이에 앞서 7월에는 재일본조선노동조합총동맹, 동경지회가 대책을 협의하기 위한 공동위원회를 설치했다.[149]

러시아혁명 10주년을 맞이하여 동경지회는 사무소에서 기념 모임을 1927년 11월 7일 밤 개최했다. 같은 해 明治會館에서 열린 연설회는 일본의 각 단체로 조직된 러시아혁명 10주년 기념 無産階級團體協議會가 주최했으며 이 자리에 동경지회의 구성원과 재일본조선노동총동맹 등에 속한 조선인이 다수 참석했다.[150]

제6절 소결

재일조선인 민족해방운동사에서 1927년은 조선공산당 3차당 일본부의 활동이 본격화된 시기로 일본부 중심으로 대중단체의 조직과 확대가 진행되었고 이에 기초하여 투쟁이 이전 시기보다 풍부해졌다.

혁명사 조직에 기초하여 일월회계는 이론의 실천을 강조하고 조선공산당 3차당 중앙을 장악하면서 국내 조선공산주의운동을 총괄하기 시작했다. 일월회계의 국내 진출은 재일조선인운동의 지형을 새롭게 개편했다. 일월회 출신이 조선공산당 3차당 중앙을 장악하면서 재일조선인 민족해방운동도 당 중앙 및 국내운동으로부터 본격적인 세례를 받게 되었다. 조선공산당 3차당 시기 안광천 책임비서 때 부활된 일본부는 어느 시기보다 조직활동이 활발했으며 이 때 최초로 고려공산청년회가 조직되었다. 이후 재일조선인 민족해방운동은 분산성이 극복되어

---

149) 『동아일보』 1927. 8. 5.

150) 『노동통신』(14-41) 1927. 11, 水野直樹, 앞의 논문, 129쪽, 재인용. 이 날의 집회에 양봉순, 김순실 등이 참석했으며 일본 경찰에 구속당했다.

전국적 통일로 이행해 갔던 것이다.

노동운동 조직의 강화와 함께 대중단체의 조직 강화는 일본지역 신간회 조직과 지역 단위 청년, 학생단체의 결성으로 이어졌다. 동경조선청년동맹, 학우회는 일본지역 조선인들의 투쟁을 선도하는 기관으로 조선공산당 일본부의 지도를 받았다. 특히 조선공산당 일본부는 상설기관인 朝鮮人團體協議會를 학우회를 통해 설립했다.

정우회선언 이후 제기된 방향전환론은 재일조선인 노동운동을 재편의 방향으로 몰아갔다. 제3회 재일본조선노동총동맹대회 이후 재일본조선노동총동맹은 전 조선민족적 정치투쟁의 선발대임을 자임하고 정치투쟁을 보다 강화했으며 각지에 분산적으로 조직된 조선인노동조합을 정리하는 '1府縣 1조합' 원칙을 수립했다. 4개의 집행위원회 체제를 유지하면서 활동의 강화를 도모했다. 여기에는 조선공산당의 직접 지도가 들어가 있었다.

1927년 시기에는 재일노동운동의 조직이 반→지부→조합→협의회→총동맹으로 단일하게 정립되었다. 그리고 1926년 시기 관동, 관서연합회 중심으로 조직되었던 재일본조선노동조합은 1927년 4월에 가면 東京, 大阪, 神奈川, 京都, 神戶, 中部, 富山 등지에서 지역별 조선인노동조합으로 개편되었다.

일본이라는 지역적 특수성에 따라 재일조선인 민족해방운동 조직 특히 조선공산당 일본부와 신간회 동경지회는 국내 운동에 대해 문제제기를 단절적이지만 계속 했다. 그러나 조선공산당 일본부의 조선공산당 3차당 중앙에 대한 비판은 당내에서 수용되어 분파적 내용을 갖지 못했다. 1927년은 조선민족해방운동사에서 전민족적 단일운동체를 결성하기 위해 투쟁한 해이다. 일본에도 그 영향은 미쳐 조선공산당 일본부의 지도로 신간회와 근우회 일본지역가 결성되었다. 신간회 동경지회는 신간회 본부 보다 계급적 성향이 강한 조직이었다. 그것은

1927년말에서 1928년 초에 있은 내부 논전에서 확인된다. 그것은 신간회 본부의 대회 금지에 대한 타협적 자세를 비판하는 가운데 분명했다. 이후 동경지회는 비판적 시각을 견지했고 계속적으로 정책 대안을 제기했다. 그러나 이러한 문제 제기는 동경지회가 본부와 괴리되어 있었기 때문에 현실화되지 못했다.

일본부의 지도를 받던 재일본조선노동총동맹도 일상적인 투쟁과 계기 투쟁을 지속적으로 전개했다. 특히 대중교육을 통해 조직원의 교육과 조직의 확대를 도모했으며 공동투쟁도 友誼단체와 계속적으로 수행했다. 이와 함께 조·일 연대투쟁을 1927년 시기에는 일본 내 정치상황의 변화에 따라 능동적으로 전개했다.

재일조선인 민족해방운동에서 1927년은 본격적으로 공동투쟁으로 나아간 해이다. 재일조선인은 3·1운동 紀念鬪爭, 메이데이 鬪爭, 國恥日鬪爭, 關東震災 紀念鬪爭과 朝鮮總督 暴壓政治 反對運動, 朝鮮共産黨 非公開 公判 反對運動, 治安維持法 撤廢運動, 三總解禁運動, 朝鮮增兵, 對支干涉 反對運動, 相愛會 撲滅運動, 日本左翼 團體支持 運動 등을 주로 전개했다. 이 시기 재일조선인 투쟁에서 주목할 것은 조선공산당 일본부→ 신간회 동경지회→ 조선인단체협의회→ 朝鮮總督 暴壓政治反對 關東地方同盟으로 이어지는 선에 따라 전개된 朝鮮總督 暴壓政治 反對運動이다. 조선총독 폭압정치 반대 연설회는 조·일 연대의 장이 되었다. 이와 함께 조·일 연대투쟁은 對支非干涉運動, 재일본조선노동총동맹의 일본노동조합평의회와의 공동투쟁 그리고 일본의 무산정당 가운데 일본공산당의 지도를 받던 노동농민당을 성원, 지지했던 것 등을 통해 확인할 수 있다.

재일조선인 공산주의자들은 일본공산당, 일본공산주의계 사회운동세력과 계속적으로 연대를 추구했다. 그러나 이러한 모습은 노동자계급의 진정한 국제프롤레타리아트로서의 계급적 연대와는 본질적으로 다른 것이었다. 재일조선인 공산주의자들이 조·중·일 프롤레타리아의 연대가 일본 프롤레타리아의 혁명과 동양혁명의 선결 조건임을 주창했던 것과 달리 일본인 사회운동가들은 선일본 해방적 시각을 견지하고 있었다. 그것은 뿌리깊은 대조선관에 연유한 부분도 없지 않은 것이다. 진정한 노동자계급의 계급적 연대와 국제주의의 실현은 아직도 멀었다.

1927년 시기 재일조선인의 민족해방운동은 조선공산당 일본부의 지도로 통일적으로 발전했다.

제5장 조선공산당 일본총국과 재일조선인 민족해방 운동의 고양(1928년 시기)

제1절 조선공산당 일본총국의 조직과 활동

1. 조선공산당 일본총국

조선공산당 4차당 중앙은 중앙집행위원회에서 일본총국과 만주총국을 설치했다. 조선공산당 3차당 일본부는 일본총국으로 1928년 4월경 재건되었다. 조선공산당 4차당 제2차 중앙위원회는 일본총국 간부로 책임비서에 김한경, 위원 한림, 이우적, 印貞植을 선정했다.[1] 당시 김한경은 제3차 당대회에 일본부 대표로 참석하여 경성에 왔으며 제3차 조선공산당대회에서 당 중앙집행위원에 선임되었다.

김한경이 일본총국 책임비서로서의 임무를 수락하지 않자[2] 조선공

---

1) 「秘密結社朝鮮共産黨竝ニ高麗共産青年會事件檢擧ノ件」, 梶村秀樹・姜德相 編, 『現代史資料』(29), 111쪽, 「在留朝鮮人の概況」, 박경식 편, 『자료집성』(2-1), 1158쪽.
2) 京城地法檢事局, 『內地檢事局情報綴』(1928-1930), 64-65쪽, 73쪽.

산당 4차당 책임비서 차금봉은 새롭게 일본총국 중앙을 조직했다. 그
것은 책임비서 한림, 위원 이우적, 김상혁, 강소천이었다.[3] 일본총국은
한림이 책임비서가 되면서 조직적 강화를 도모하며 당내 규율을 위반
한 사항인가의 여부는 차치하고 책임비서 한림, 선전부책임 이우적, 선
전부원 인정식, 조직부 책임 강소천,[4] 조직부 부원 김상혁으로 진영을
새롭게 편성했다.[5] 고려공산청년회 일본총국 책임비서에 인정식을 선
정했다. 특히 일본과 국내와의 연락에 있어 중앙 및 각도, 총국 사이의
연락기관을 金在明과 일본총국의 張心德[6]이 맡기로 했다. 당 기관지는
일본에서 발행되는 것 가운데『대중신문』,『현계단』을 선정했고 이 두
인쇄물을 조선공산당과 고려공산청년회의 공동기관지로 전국대회에서
승인했다.[7]

　　제3차 조선공산당대회에서는 조직의 개편과 함께 코민테른에 제출할
「국내정세에 관한 보고」[8]를 토의, 결의했다. 여기에서는 소비에트공화

---

3) 「車今奉調書」, 한국역사연구회 편, 『일제하 사회운동사 자료총서』(8), 고려서
　　림, 1992, 194쪽.
4) 강소천(姜小泉, 姜龍律)의 일본에서의 주요 활동 경력을 보면 다음과 같다.
　　1927년초 조선공산당 일본부 조직부원, 동부야체이카 소속, 1927년 5월에 신간
　　회 동경지회 창립총회에서 총무간사, 신간회 동경지회 플랙션, 1928년 4월 조
　　선공산당 일본총국 조직부 책임.
5) 「金漢卿外29名治安維持法違反事件豫審終結決定書寫」, 김준엽 · 김창순, 『한국공
　　산주의운동사』(자료편2), 811-812쪽.
6) 장심덕의 주소는 東京市神田區錦町3丁目12番地 內藤의 집이었다.(「秘密結社朝
　　鮮共産黨竝ニ高麗共産靑年會事件檢擧ノ件」, 梶村秀樹 · 姜德相 編, 『現代史資
　　料』(29), 86쪽.)
7) 또한 『청년조선』은 고려공산청년회 일본총국의 기관지로 인정식이 책임을 곽
　　종렬이 위원을 맡아 발행하기로 고려공산청년회 제3회 중앙집행위원회에서 결
　　정했다. 아울러 『新興科學』은 장차 당기관지로 승인할 예정이었다.(「秘密結社
　　朝鮮共産黨竝ニ高麗共 産靑年會事件檢擧ノ件」, 梶村秀樹 · 姜德相, 『現代史資
　　料』(29), 89-90쪽.)
8) 梶村秀樹 · 姜德相 編, 『現代史資料』(29), 126-133쪽. 「국내정세에 관한 보고」가
　　제출된 배경을 보면 코민테른 결정서 가운데에서 지적하고 있는 분파투쟁 청

국을 건설하는 것이 불가능하다면서 인민공화국의 건설을 장래의 정권 형태로 제기하고 있다. 그리고 "조선민족의 독립된 공화국 건설은 조선 해방을 통해서이고 그 해방은 노동자, 농민의 지도세력에 의한 혁명으로만 가능하다"면서 "조선혁명의 승리에서 가장 정확한 보증은 공산주의적 대중당의 결성과 그 강대함에 있고, 공산주의적 대중당에 포함된 모든 민족해방운동 조직에서의 마르크스주의자의 직접적 지도는 온갖 소시민적 동요와 반혁명성을 막아내는 견고한 보장이 된다"고 했다.

조선공산당 4차당 제6회 중앙집행위원회는 안광천이 기초한「민족해방운동에 관한 논강」9)에서는 1926년 이래 조선은 프롤레타리아트의 투쟁이 정치투쟁으로 전환되어 통일전선을 결성하는데 큰 성공을 거두었다고 자찬하고 신간회를 민족해방운동의 현단계에서 필요한 산물로 규정했다. 특히 자치운동에 대해 단호하게 반대하여 "조선민중은 '자치' 대신 절대 보통선거에 기초한 조직적 국민회의를 획득해야 한다. 조선의 장래 권력형태는 조선사회의 정세에 기초한 혁명적 인민공화국이어야 한다"고 했다. 이 문건 가운데 다섯번째 항목에서는 조선의 프롤레타리아트는 조선의 민족해방운동을 지도함에 다음과 같은 좌·우의 극단적인 견해를 철저히 극복할 필요가 있다면서 1) 좌익소아병적 견해(양당론), 2) 청산주의적 견해(계급표식 철폐론) 양자를 모두 비판했다.

산에 대해 조선공산당 제3회 대회는 그 필요성을 인정할 수 없다는 것이 지배적이었다. 조선의 분파투쟁은 1927년 후반에 들어와 어느 정도 청산되고 있으며, 현존하는 소분파는 주로 비공산단체이기 때문에 그 필요성을 인정할 수 없다는 것이었다. 그 이후 계속된 코민테른의 지시가 분파투쟁을 과도하게 지적한 점이 없지는 않으나 실제로 분파투쟁이 완전히 사라진것은 아니었다. 그래서 제3회 대회는 이것을 수정하여 코민테른에 보고하기로 하고 이 문건을 채택했다.

9) 梶村秀樹·姜德相 編,『現代史資料』(29), 122-126쪽. 조선공산당은 1925년 창립 이후 1928년 해체될 때까지 자신의 당강령을 갖고 있지 않았다. 때문에 제4차 조선공산당에서 채택한 코민테른에 보고할「국내정세에 관한 보고」와「민족해방운동에 관한 논강」은 강령으로 볼 수도 있다.

「민족해방운동에 관한 논강」은 조선공산당의 표현단체인 정우회가 발표한 정우회 선언에 기초한 것으로 조선의 역사적 사회적 특수성에 입각하여 조선공산당의 임무를 말한 것이다. 양당론, 계급표식 철폐론 등은 신간회의 조직형태를 놓고 당시 사회주의자 사이에서 전개된 이론투쟁의 공식적인 정리의 내용을 담고 있다.

이상의 내용을 종합해 볼 때 조선공산당 4차당은 프롤레타리아는 민족해방운동에서 헤게모니를 확립하는 것이 필요하며, 통일전선에서도 프롤레타리아의 정치적 자립성을 해소해서는 안된다면서 신간회를 통한 대중투쟁을 제기하고 있다. 이후 신간회에 대한 전술은 재일본조선노동총동맹에서도 중요한 운동 방침이 되었다. 조선공산당 4차당 중앙의 혁명론에 따라 투쟁한 일본총국에 대해 살펴보자.

조선공산당 일본총국의 한림, 강소천, 인정식은 1928년 5월 조선공산당 4차당 책임비서 차금봉의 지령에 따라 조선공산당 일본총국 간부를 전술했듯이 결정했다. 특히 이 회합에서는 한림으로부터 조선공산당의 연혁, 조직, 입당수속, 당비, 당원의 처분 등에 관해 들었다. 그리고 東京을 동, 서, 남, 북 4개의 야체이카로 나누어 조직하기로 했다. 한림, 인정식, 송창렴은 별도 회합에서 5월 하순 개최 예정인 재일본조선노동총동맹대회에 대한 대책으로 1) 간부를 동지 중에서 전형할 것, 2) 경시청의 탄압 아래 이 대회를 원만히 진행시킬 방책과 신간회 분열문제의 해결과 그 지도에 대해 협의했다.[10] 3) 대판조선노동조합 분쟁 해결을 위해 재일조선노동총동맹에서 위원 1명을 파견할 것, 4) 재일조선노동총동맹에서 기관지를 발행할 것과 재일조선노동총동맹대회의 결과 등도 논의했다.

조선공산당 4차당 시기 일본총국은 조직적인 강화가 도모되었다. 전

---

10) 「金漢卿外29名治安維持法違反事件豫審終結決定書寫」, 김준엽·김창순, 『한국공산주의운동사』(자료편2), 고대 아세아문제연구소, 1980, 참조.

술했던 회의에 따라 이미 획득된 조직원으로 東京지역을 동서남북으로
나누어 4개의 야체이카를 두었다. 동부야체이카(神田區, 深川區, 本所
區, 京橋區, 日本橋區, 麴町區, 下谷區) 책임 李丙鎬, 성원 尹道淳,[11] 한
림, 徐仁植, 서부야체이카[12](小石川區, 戶塚, 巢鴨, 落合, 中野 各町 등)
책임 인정식, 성원 진병로, 이우적, 김봉희, 남부야체이카(芝區, 麻布區,
目黑, 品川, 荏原, 大森, 大井, 蒲田 各町) 책임 정희영, 성원 강소천, 박
득현, 김천해, 권대형, 북부야체이카(淺草區, 日暮里, 南千住, 三河島, 吾
孺, 龜戶 各町 등) 책임 姜春淳,[13] 성원 이재유, 송창렴,[14] 宋在洪으로
정했다. 이와 함께 한림은 서부와 남부를, 송창렴은 동부를, 강소천은
북부의 각 야체이카를 지도했다.[15]

---

11) 윤도순(尹道淳)의 일본에서의 주요 활동 경력을 보면 다음과 같다. 1927년 고
려공산청년회 일본부 가입, 1928년 조선공산당 일본총국 동경조선노동조합
플랙션, 1928년 5월 일본총국의 조직부 책임, 深川지구 야체이카의 구성원,
재일본조선노동총동맹 제4회 대회 조사·정보·부녀부장.(김창순·김준엽, 앞
의 책(5), 박경식, 『在日朝鮮人運動史-8.15解放前-』.)

12) 1928년 1월 김한경, 김봉희, 이우적 등은 조선공산당 일본부 서부야체이카를
결성하고 당비를 수납할 것, 비밀을 엄수할 것, 早稻田, 戶塚, 高田, 澁谷방면
의 담당구역 정세를 조사할 것, 東京조선노동조합 서부지부대회에서 서부지
부위원 선임에 대한 대책과 지부대회에 제출할 의안 등에 대하여 협의했다.
(「金漢卿外29名治安維持法違反事件豫審終結決定書寫」, 김준엽·김창순, 『한국
공산주의운동사』(자료편2), 고대 아세아문제연구소, 1980.)

13) 강춘순(姜春淳, 姜鎐淳)의 일본에서의 주요 활동 경력을 보면 다음과 같다.
신흥과학연구회 상임위원, 교육부장, 서기장, 1928년 1월 하순 조선공산당 일
본총국 북부야체이카 책임.(「金漢卿外29名治安維持法違反事件豫審終結決定書
寫」, 김준엽·김창순, 『한국공산주의운동사』(자료편2), 고대 아세아문제연구
소, 1980.)

14) 송창렴(宋昌濂)의 일본에서의 주요 활동 경력을 보면 다음과 같다. 신흥과학
연구회 가입, 1926년 재일본조선노동총동맹 중앙집행위원, 정치부장, 1927년
5월 신간회 동경지회 총무간사, 정치문화부 담당, 1928년 3월 조선공산당 일
본총국 가입, 재일조선노동총동맹 플랙션, 신회 동경지회 플랙션.(「金漢卿外
29名 治安維持法違反事件豫審終結決定書寫」, 김준엽·김창순, 『한국공산주의
운동사』(자료편2), 고대 아세아문제연구소, 1980.)

15) 「金漢卿外29名治安維持法違反事件豫審終結決定書寫」, 김준엽·김창순, 『한국

이 시기 일본총국 조직 가운데 특기할 만한 사항은 京都와 大阪야돌에서 엿볼 수 있다. 야체이카가 조직되지 않은 이 두 지역에 都在琪, 宋乙秀를 京都야돌에, 尹庠奎, 魏京永을 大阪야돌로 조직했다.[16] 大阪야돌은 대판조선노동조합에서 1928년 5월 중에 2회에 걸친 회합을 갖고 1) 비밀을 엄수할 것, 2) 노동자를 권유하여 가능한 다수의 동지를 규합할 것, 3) 유물사관, 제국주의, 자본주의의 안정과 국가 사회, 마르크스학설에 대한 서적을 강독, 연구하기로 결정했다. 京都야돌도 당의 정책인 조선청년총동맹, 조선노동총동맹, 조선농민총동맹의 삼총해금 연설회를 발기하여 개최하고 조선총독부의 폭압정치에 대해 여론을 환기시키고 재일본조선노동총동맹 등지에 이것에 대한 삐라를 인쇄하고 발송했다. 京都야돌과 일본총국의 통신부호로 京都를 光星, 東京을 陣文軒으로 정했다.[17]

일본총국 한림책임비서 시기의 당 플랙션은 재일본조선노동총동맹, 신간회 동경지회, 동경조선노동조합 등에 설치되었다. 1928년 4월경에는 재일본조선노동총동맹에 책임 박득현, 성원 송창렴, 진병로, 신간회 동경지회에 책임 한림, 성원 강소천, 동경조선노동조합에 책임 이재유, 성원 윤도순, 이우진으로 플랙션을 조직하여 지도했다.[18]

1928년 6월 일본총국 책임비서 한림이 검거되자 잔류 간부 강소천, 송창염, 인정식 등은 당 중앙에 당의 비밀을 누설하는 자가 있다는 소문을 듣고 이대로 당 본부에 속해 있는 것이 위험하므로 당 중앙과 연락이 두절되는 것을 기화로 당 중앙의 지령을 기다릴 것 없이 잠정적으로 간부를 개편했다. 새롭게 일본총국 책임비서에 김천해,[19] 조직부

공산주의운동사』(자료편2), 고대 아세아문제연구소, 1980, 811쪽.

16) 「朝鮮共産黨事件ノ檢擧顚末」, 梶村秀樹·姜德相 編, 『現代史資料』(29), 112쪽.

17) 「朝鮮共産黨事件ノ檢擧顚末」, 梶村秀樹·姜德相 編, 『現代史資料』(29), 112쪽.

18) 「金漢卿外29名治安維持法違反事件豫審終結決定書寫」, 김준엽·김창순, 『한국 공산주의운동사』(자료편2), 고대 아세아문제연구소, 1980, 815쪽.

책임 서인식, 조직부원 인정식, 선전부 책임 朴得鉉, 선전부 부원 李學淳으로 구성되었다.20) 이렇게 되어 일본총국은 김천해를 중심으로 활동을 전개하게 된다.

김천해 책임비서 시기에는 東京야체이카가 종전의 4구에서 1구가 늘어나 5구가 되었다. 동부야체이카 책임 이병호, 부책임 윤도순, 성원 김계림, 許義淳, 서인식, 서부야체이카 책임 인정식, 부책임 김봉희, 성원 金容杰, 진병로, 남부야체이카 책임 정희영, 부책임 김강, 성원 박득현, 북부야체이카 책임 강춘순, 부책임 이재유, 이학순, 서남부야체이카 (西谷區, 赤坂區, 大久保, 淀橋, 代代幡, 世田ケ谷 등) 책임 송재홍,21) 부책임 郭鍾烈, 김천해로 조직을 확대했다. 이때 김천해는 동부를, 박득현은 서부 및 북부를, 서인식은 남부 및 서남부의 야체이카를 지도했다.22)

---

19) 김천해(金天海, 金鶴儀)의 일본에서의 주요 활동 경력을 보면 다음과 같다. 1922년 東京조선노동동맹회 결성, 1925년 7월 橫浜市 神奈川縣조선합동노동조합 상무집행위원, 1927년 神奈川縣조선합동노동조합 집행위원, 1926년 재일본조선노동총동맹 중앙집행위원, 1928년 5월 중앙집행위원장겸 쟁의부장, 1928년 5월 조선공산당 가입. 조선공산당 일본총국 남부야체이카 소속, 1928년 6월 24일 조선공산당 일본총국 책임비서.(「金漢卿外29名治安維持法違反事件豫審終結決定書寫」, 김준엽·김창순, 『한국공산주의운동사』(자료편2), 고대 아세아문제연구소, 1980, 이청원, 「조선사람지도자 김천해」, 『신천지』(1-6), 1947. 7, 「在日朝鮮人.韓國人社會活動家略傳(1)」, 『アジア問題研究所報』(7), 1992. 9, 樋口雄一, 「金天海について」, 『在日朝鮮人史研究』(18), 1988. 10.)

20) 「金漢卿外29名治安維持法違反事件豫審終結決定書寫」, 김준엽·김창순, 『한국공산주의운동사』(자료편2), 고대 아세아문제연구소, 1980, 812쪽, 「1929年の共産主義運動」, 金正明 編, 『朝鮮獨立運動』(4), 原書房, 1967, 38-39쪽.

21) 송재홍(宋在洪)의 일본에서의 주요 활동 경력을 보면 다음과 같다. 재동경조선청년동맹 가입, 1928년 3월 재일본조선청년동맹 동경지부 상임위원, 정치문화부장, 1928년 5월 초순 고려공산청년회 일본부 目黑야체이카, 1928년 6월 조선공산당 일본총국 서남부야체이카 책임.(「金漢卿外29名治安維持法違反事件豫審終結決定書寫」, 김준엽·김창순, 『한국공산주의운동사』(자료편2), 고대 아세아문제연구소, 1980.)

22) 「金漢卿外29名治安維持法違反事件豫審終結決定書寫」, 김준엽·김창순, 『한국

야체이카는 일본총국 중앙과 유기적으로 연락을 유지하면서 간부회, 야체이카회 그리고 플랙션회를 통해 투쟁을 지속했다. 조선공산당 일본총국 김천해 책임시기 플랙션은 재일본조선노동총동맹 내 책임 박득현, 부책임 진병로, 성원 송창렴, 신간회 동경지회 내 책임 서인식, 부책임 林鍾雄, 동경조선노동조합 내 책임 이재유,[23] 부책임 이우진, 윤도순이었다. 특히 박득현은 재일본조선노동총동맹과 동경조선노동조합을 지도했고, 서인식은 신간회 동경지회를 지도했다. 한편 동경조선노동조합에는 고려공산청년회의 플랙션도 이중으로 존재했다.[24] 이러한 플랙션 가운데 이재유가 담당한 동경조선노동조합 각 지부의 플랙션은 동경지부에 金斗鎭(책임), 서부지부 문기련(책임), 남부지부 김석순(책임), 북부지부 이상조(책임), 서남부지부 沈在潤(책임)을 임명했다.[25]

조선공산당 4차당 시기 일본총국은 야체이카를 통해 조직적인 활동을 전개했다. 동부야체이카는 야체이카회의에서 허의순, 김계림과의 야체이카회의에서 비밀을 엄수할 것, 상부의 명령에 절대 복종할 것에 대해 논의했다.[26] 서부야체이카는 1928년 5월 상순 인정식, 진병로, 김봉희와 회의하여 야체이카구역 내의 25세 이상의 조선인 중에서 투사

공산주의운동사』(자료편2), 고대 아세아문제연구소, 1980, 812쪽. 1928년 10월 검거 당시 조직은 기존에 서부야체이카 구성원이었던 김용걸이 선전부 부원, 북부야체이카에 배속되었다.(『高等警察要史』, 161쪽.)

23) 이재유는 박득현에게서 국치일과 진재기념일을 맞이하여 투쟁 슬로건을 지시받고 재일본조선노동총동맹을 비롯한 단체에 '국치기념일을 맞이하여 전조선 2천3백만 동포는 일제히 무장하여 일대 폭동을 일으키자', '죽어도 잊을 수 없는 9월을 맞이하여'라는 삐라를 배포했다.

24) 「金漢卿外29名治安維持法違反事件豫審終結決定書寫」, 김준엽·김창순, 『한국공산주의운동사』(자료편2), 고대 아세아문제연구소, 1980, 816쪽.

25) 「金漢卿外29名治安維持法違反事件豫審終結決定書寫」, 김준엽·김창순, 『한국공산주의운동사』(자료편2), 고대 아세아문제연구소, 1980, 816쪽.

26) 「金漢卿外29名治安維持法違反事件豫審終結決定書寫」, 김준엽·김창순, 『한국공산주의운동사』(자료편2), 고대 아세아문제연구소, 1980, 참조. 이하 야체이카의 활동은 「金漢卿外29名治安維持法違反事件豫審終結決定書寫」를 참조.

를 선발하여 연구회를 개최하기로 협의했다.

서남부야체이카는 1928년 7월 서남부야체이카 회의에 김천해, 곽종렬, 송재홍이 참가하여 御大典 예비검속을 대비하여 은신할 것과 동경조선노동조합 남부지부가 개최한 연구회에 곽종렬을 강사로 파견하는 내용을 결의했다. 북부야체이카는 1928년 4월 상순 회의에서 당비에 관한 것, 비밀을 엄수할 것, 당에 관한 기록문서를 남길 것, 두발을 단정히 할 것에 대해 협의했다. 그리고 1928년 4월 중순 강춘순의 소집에 따라 이재유 등과 북부야체이카회의를 열어 동경조선노동조합 북부지부에 연구회를 설치할 것을 결정했다.

1928년 6월 東京區위원회는 각 야체이카에서 교재로 「고립에서 대중으로」를 사용하여 연구회를 개최할 것과 조선청년동맹, 동경조선유학생 학우회 및 신흥과학연구회 내에 고려공산청년회 일본부 플랙션을 조직하기로 결의했다.

2. 고려공산청년회 일본부

조선공산당 4차당 시기 고려공산청년회 제2회 중앙집행위원회는 전술했듯이 3월 고려공산청년회 일본부 간부로 책임비서에 인정식을 그리고 위원 김계림, 윤도순, 송을수, 李啓心, 후보 김강, 진병로, 金越星을 선정했다.[27]

이미 1928년 2월에 조선공산당 3차당 시기 책임비서였던 김상혁, 선전부장 이우적 등이 검거를 피해 행방을 감추어서 1928년 5월에는 고려공산청년회 중앙의 지시에 따라 간부를 개편하여 책임비서 인정식,

---

27) 「秘密結社朝鮮共産黨並ニ高麗共産青年會事件檢擧ノ件」, 梶村秀樹·姜德相 編, 『現代史資料』(29), 84쪽. 같은 자료 112쪽에는 위원 가운데 이계심을 대신하여 이재유가 등재되어 있다.

선전부 책임 이재유, 조직부 책임 윤도순으로 했다. 그리고 關東部와 關西部를 설치했다. 다시 관동부를 東京區와 橫濱區로 나누었는데 東京區는 서무부 책임 진병로, 선전부 책임 김강, 조직부 책임 이계심이었고 8개의 야체이카로 구성되었다. 8개 야체이카의 조직의 구성을 살펴보면 다음과 같다. 本所 제1야체이카 책임 이정규,[28] 성원 이재유, 이상조,[29] 박태을, 本所 제2야체이카 책임 조학제, 성원 이운수,[30] 박춘성,[31] 이학순, 目黑야체이카 책임 박득현,[32] 성원 정희영, 송재홍, 戶塚

---

28) 이정규(李廷珪)의 일본에서의 주요 활동 경력을 보면 다음과 같다. 1928년 2월 '고려공산당청년회' 東京 本所 제1야체이카 책임, 1929년 재일본조선노동총동맹이 일본노동조합전국협의회로 해소하는 문제에 반대, 1929년 12월 14일 재일본조선노동총동맹 전국대표자회의 및 확대중앙집행위원회에서 규약위반으로 이성백, 강준섭과 함께 제명.(朴慶植, 『在日朝鮮人運動史-8.15解放前-』, 1979, 김창순・김준엽, 앞의 책(3), 참조.)

29) 이상조의 일본에서의 주요 활동 경력을 보면 다음과 같다. 1924년 東京, 神奈川縣재일본조선노동총동맹원, 1928년 5월 東京조선노동조합 북부지부 집행위원장, 1928년 6월 고려공산청년회 일본부 本所제1야체이카, 1931년 8월 29일 옥중데모 조직으로 인해 폭행당하여 머리에 충격받아 뇌일혈로 大久保병원에 입원, 1932년 4월 11일 사망.(「金漢卿外29名治安維持法違反事件豫審終結決定書寫」, 김준엽・김창순, 『한국공산주의 운동사』(자료편2), 고대 아세아문제연구소, 1980.)

30) 이운수(李雲洙, 李盆, 李一, 李判水)의 일본에서의 주요 활동 경력을 보면 다음과 같다. 1926년 東京조선노동조합 가입, 1928년 4월 재일조선노동총동맹 東京조선노동조합 집행위원장, 1928년 6월초 고려공산청년회 가맹, 고려공산청년회 일본부 本所 제2 야체이카.(「金漢卿外29名治安維持法違反事件豫審終結決定書寫」, 김준엽・김창순, 『한국공산주의운동사』(자료편2), 고대 아세아문제연구소, 1980.)

31) 박춘성(朴春星)의 일본에서의 주요 활동 경력을 보면 다음과 같다. 1927년 3월 동경북부조선노동조합 가입, 1928년 2월 재일본조선노동총동맹 동경조선노동조합 북부지부 조사위원, 1928년 6월 상순 고려공산청년회에 가입, 고려공산청년회 일본부 本所 제2 야체이카.(「金漢卿外29名治安維持法違反事件豫審終結決定書寫」, 김준엽・김창순, 『한국공산주의운동사』(자료편2), 고대 아세아문제연구소, 1980.)

32) 박득현(朴得鉉, 朴均)의 일본에서의 주요 활동 경력을 보면 다음과 같다. 1927년 재일본조선노동총동맹 중앙위원 쟁의조사부장, 조직선전부장, 1928년

야체이카33) 책임 서인식, 성원 인정식, 김정홍,34) 김계림, 深川야체이카35) 책임 이우진, 성원 윤도순, 김두진,36) 임종웅, 神田야체이카 책임 김강, 성원 박형채, 장심덕, 高田야체이카 책임 박득룡,37) 성원 심재

2월 '회' 일본부 目黑야체이카, 1928년 6월 조선공산당 일본총국 선전부 책임, 서부 및 북부야체이카 지도.(「金漢卿外29名治安維持法違反事件豫審終結決定書寫」, 김준엽·김창순, 『한국공산주의운동사』(자료편2), 고대 아세아문제연구소, 1980.)

33) 1928년 1월 인정식의 소집으로 김계림, 이병순, 조학제는 회합하여 고려공산청년회 일본부 戶塚야체이카회의를 열고 비밀을 엄수할 것, 야체이카활동의 내용을 기록으로 남기지 말것, 회비를 낼것, 여행을 할때는 책임자의 허가를 받을 것, 표면단체를 지원할 것을 협의했다.(「金漢卿外29名治安維持法違反事件豫審終結決定書寫」, 김준엽·김창순, 『한국공산주의운동사』(자료편2), 고대 아세아문제연구소, 1980.)

34) 김정홍(金正泓)의 일본에서의 주요 활동 경력을 보면 다음과 같다. 1927년 9월 東京 조선노동조합 서부지부 서무부장, 1928년 5월 東京조선노동조합 상임위원 정치부장, 神奈川縣조선노동조합 상임위원, 1928년 5월 '회' 일본부 戶塚야체이카, 1928년 8월 橫浜야체이카 결성.(「金漢卿外29名治安維持法違反事件豫審終結決定書寫」, 김준엽·김창순, 『한국공산주의운동사』(자료편2), 고대 아세아문제연구소, 1980.)

35) 1927년 11월 고려공산청년회 일본부 深川야체이카회의는 박형채(책임), 김황파, 박종웅, 이우진과 모여 비밀을 엄수할 것, 기록을 남기지 말것, 회비를 수입의 3% 납입할 것 등에 대해 협의했다. 12월 이우진, 임종웅과 회합하여 신간회 대위원의 개선을 주장하는 조헌영일파를 배척하고 좌익간부를 옹호하기로 했다.

36) 김두진(金斗鎭)의 일본에서의 주요 활동 경력을 보면 다음과 같다. 1927년 7월 東京 조선노동조합 동부지부 가맹, 지부장, 1928년 5월 중순 고려공산청년회 가입, 고려공산청년회 일본부 深川야체이카.(「金漢卿外29名治安維持法違反事件豫審終結決定書寫」, 김준엽·김창순, 『한국공산주의운동사』(자료편2), 고대 아세아문제연구소, 1980.)

37) 박득룡(朴得龍)의 일본에서의 주요 활동 경력을 보면 다음과 같다. 1927년 4월 재일본조선청년동맹 가입, 1928년 3월 재일조선청년동맹 동경지부 조직선전 책임, 편집위원, 1928년 3월 고려공산청년회 가입, 고려공산청년회 일본부 高田야체이카 책임, 재일본조선청년동맹 東京지부 高田반 연구회 및 반의 소식지 발간 지도, 1928년 4월 고려공산청년회 일본부의 재일조선청년동맹 東京지부 플랙션 책임, 재일본조선청년동맹 특파원으로 大阪 파견. 大阪에서 윤동명, 김우섭과 야체이카 조직.(「金漢卿外29名治 安維持法違反事件豫審終結

윤,38) 문기련,39) 金昶翼, 日暮里야체이카 책임 이원현,40) 성원 진병로, 李起澤으로 정했다. 특히 진병로는 本所 제1, 目黑 및 戶塚 야체이카를, 김강은 本所 제2, 深川, 神田야체이카, 그리고 이계심은 高田, 日暮里 야체이카를 지도했다. 1928년 6월 橫濱區 야체이카를 책임 김정홍, 성원 徐鎭文으로 변경했다. 7월에는 關西部에서는 大阪야체이카를 결성하고 책임 박득룡, 성원 김병국, 김우섭, 윤동명으로 했다.41)

1928년 5월 고려공산청년회 일본부 관동부 東京區 위원회는 김계림, 진병로,42) 조학제 등이 모여서 개최하여 1) 東京區 위원의 부서 임명,

---

決定書寫」, 김준엽·김창순, 『한국공산주의운동사』(자료편2), 고대 아세아문제 연구소, 1980.)

38) 심재윤(沈在潤)의 일본에서의 주요 활동 경력을 보면 다음과 같다. 1927년 6월 東京조선노동조합 서부지부 가입, 1928년 3월 재일조선노동총동맹 東京조선노동조합 집행위원, 1928년 5월 고려공산청년회 일본부 高田야체이카.(「金漢卿外29名治安維持法違反事件豫審終結決定書寫」, 김준엽·김창순, 『한국공산주의운동사』(자료편2), 고대 아세아문제연구소, 1980.)

39) 문기련(文基璉, 文徹)의 일본에서의 주요 활동 경력을 보면 다음과 같다. 1928년 4월 東京조선노동조합 서부지부 상임위원, 선전부장, 재일조선노동총동맹집행위원 조직선전부장, 1928년 5월 고려공산청년회 일본부 高田야체이카.(「金漢卿外29名治安維持法違反事件豫審終結決定書寫」, 김준엽·김창순, 『한국공산주의운동사』(자료편2), 고대 아세아문제연구소, 1980.)

40) 이원현(李元賢, 이백산)의 일본에서의 주요 활동 경력을 보면 다음과 같다. 1928년 1월 조선예술동맹 가입, 미술부장, 1928년 4월 재일본조선청년동맹 동경지부 가입, 출판부장, 1928년 5월 고려공산청년회 가입, 고려공산청년회 일본부 日暮里야체이카 책임, 재일본조선청년동맹 東京지부 플랙션.(「金漢卿外29名治安維持法違反事件豫審終結決定書寫」, 김준엽·김창순, 『한국공산주의운동사』(자료편2), 고대 아세아문제연구소, 1980.)

41) 한편 1928년 10월 검거 당시 조직은 초기와 다르다. 目黑야체이카 성원에 김천해, 戶塚야체이카에 김창익, 박득룡, 문철, 神田야체이카에 인정식, 高田야체이카 대신 千馱谷야체이카 책임자 심재윤, 구성원 김세일, 최진태를 두었다. 그리고 橫濱區야체이카 책임자로 김천해, 구성원 김세일, 이성백, 大阪區 야체이카 책임자로 윤동명, 구성원 김우섭, 김병국을 두었다.(「在留朝鮮人の運動狀況」, 박경식 편, 『자료집성』(2-1), 46쪽.)

42) 진병로(秦柄魯)의 일본에서의 주요 활동 경력을 보면 다음과 같다. 동경조선청년동맹가입, 동경조선청년동맹 조사부 위원, 1927년 6월 재일조선노동총동

2) 東京을 중심으로 하는 本所 제1야체이카에서 日暮里 야체이카까지
의 편성과 지도에 대해 결의했다.[43] 그리고 3) 6월 고려공산청년회 일
본부 열성자회의에 송재홍, 이재유, 金世一을 보낼 것, 4) 야체이카회의
를 규칙적으로 열어 운동을 활성화시킬 것, 5) 야체이카는 담당지역 내
의 정세를 조사, 보고할 것, 6) 야체이카는 고려공산청년회원 후보자를
선정할 것 등에 대해 협의했다.

고려공산청년회 일본부 관동부 임시대회는 1928년 8월 6일 열렸다.
여기에 송재홍, 진병로와 박득현, 인정식 등이 출석했고 고려공산청년
회 일본부의 운동방침으로 노동청년에 주력할 것을 논의했다.

고려공산청년회 일본부 야체이카의 주요 활동을 살펴보면, 本所 제1
야체이카는 이상조, 이정규, 이재유, 박태을 등이 회합에서 비밀을 엄
수할 것, 회에 관한 기록을 남기지 말 것, 야체이카는 공장을 목적으로
활동할 것 등에 협의했다.[44] 本所 제2야체이카 1928년 6월 중순 조학
제의 소집으로 재일본조선청년동맹 사무소에서 이운수, 박춘성, 이학순,
이운수는 고려공산청년회 일본부 본소 제2야체이카 회의를 열고 비밀
을 엄수할 것, 기록을 남기지 말 것, 여행할 때는 책임자의 허가를 받
을 것, 표면단체의 운동을 응원할 것 등을 협의했다. 같은 해 6월말 조
학제의 하숙에서 이재유, 이학순 등과 회합하여 本所 제2야체이카 활
동 구역에서의 표면단체의 활동을 응원하기로 했다.

　　맹중앙위원, 서무부장, 1928년 2월 고려공산청년회 戶塚야체이카, 1928년 5월
　　고려공산청년회 일본부 관동부 東京區위원.(「金漢卿外29名治安維持法違反事
　　件豫審終結決定書寫」, 김준엽·김창순, 『한국공산주의운동사』(자료편2), 고대
　　아세아문제연구소, 1980.)
43) 「金漢卿外29名治安維持法違反事件豫審終結決定書寫」, 김준엽·김창순, 『한국
　　공산주의운동사』(자료편2), 고대 아세아문제연구소, 1980, 참조.
44) 「金漢卿外29名治安維持法違反事件豫審終結決定書寫」, 김준엽·김창순, 『한국
　　공산주의운동사』(자료편2), 고대 아세아문제연구소, 1980, 참조. 이하의 야체
　　이카 활동은 「金漢卿外29名治安維持法違反事件豫審終結決定書寫」를 참조.

日暮里야체이카는 1928년 5월에 이원현(책임), 진병로, 이기택, 김세일 등이 회합을 갖고 비밀을 엄수할 것, 회의에 관한 기록을 남기지 말것, 음주를 하지말 것 등을 얘기하고 야체이카내에 조사부, 선전부, 조직부를 설치했다. 야체이카 내에서 조직부를 책임지고 동시에 재일본조선청년동맹 동경지부 日暮里반 내에 연구반을 설치하여 「무산자정치교정」, 「고립에서 대중으로」라는 교재를 갖고 반원에게 이것을 강의하고 토의하도록 했다.

目黑야체이카는 1928년 5월초 박득현이 송재홍, 정희영, 김석순에게 고려공산청년회에 관한 문서를 일체 남기지 말것, 지령보고는 일체 구두로 할 것, 상부의 명령에 절대 복종할 것, 비밀을 엄수 할 것 등 회원으로서 지켜야 할 주의 사항에 대해 고지했다. 동경조선노동조합 남부지부 및 재일본조선청년동맹 동경지부 남부반을 중심으로 대중에게 계급의식을 고양시켜 전위투사로 양성하기 위해 연구회를 개최했다. 여기에 송재홍은 강사로 참가하여 공산주의 및 민족주의에 대해 선전했다. 또한 동경조선노동조합 남부지부 및 재일본조선청년동맹 동경지부 남부반을 중심으로 마르크스주의를 교양하고 전위투사를 양성하기 위해 연구회를 개최했으며 박균은 강사로 출석하여 제국주의전쟁의 위기, 노동자와 농민의 결합, 정치적 투쟁에 대한 프롤레타리아의 임무 등에 대해 강의하고 공산주의를 선전했다.

深川야체이카는 1928년 6월 김두진, 이우진, 윤도순, 임종웅으로 深川야체이카 회의를 열고 비밀을 엄수할 것, 여행할 때는 야체이카회의의 승인을 얻을 것 등을 논의했다. 동경조선노동조합은 공장노동자를 획득해야 했다.

戶塚야체이카는 김정홍, 서인식, 인정식이 회합을 열고 회원은 東京조선노동조합 서부지부 지역내에서 활동하고 김정홍은 早稻田工手학교, 早稻田상업학교 재학생을 대상으로 공산주의를 선전하기로 했다.

高田야체이카는 박득룡(책임), 문기련, 심재윤, 김창익과 회합을 갖고 재일조선청년동맹 東京지부 高田반 연구회 및 반의 소식지 발간을 지도했다. 1928년 4월 고려공산청년회 일본부는 재일본조선청년동맹 東京지부 내 플랙션을 구성하고 박득룡을 책임으로 했다. 플랙션회의에서는 재일본조선청년동맹 東京지부 집행위원회 후보자를 위원장 조학제, 조직선전부장 박득룡, 위원 이원현으로 선정하기로 내부에서 논의했다. 5월말 문철, 박득룡, 김계림, 김창익은 고려공산청년회 일본부 高田야체이카회의를 개최하여 회비를 납입할 것, 비밀의 엄수, 기록을 남기지말 것 등을 논의했으며 재일본조선청년동맹 동경지부 高田반의 연구회 및 반보 제작을 지도하는 것에 대하여 협의했다. 그리고 高田야체이카 내에 조사부, 교양부(문철 : 책임), 선전부를 두었다. 7월 高田야체이카회의는 새롭게 김계림이 책임자가 되어 야체이카 조직을 개편하고 재일조선청년동맹 東京지부 高田반의 「뉴-스」제작을 지도하기로 협의했다.

東京지역과 함께 大阪에도 야체이카가 결성되었다. 고려공산청년회 일본부 大阪야체이카는 박득룡, 김병국, 윤동명,45) 김우섭46)으로 조직되었다.47) 大阪야체이카는 회의를 열고 비밀을 엄수할 것, 기록을 남기

---

45) 윤동명(尹東鳴, 尹壽巖)의 일본에서의 주요 활동 경력을 보면 다음과 같다. 1927년 재일본조선노동총동맹 大阪조선노동조합 상임위원, 1928년 4월 재일본조선청년동맹 중앙위원 겸 재일본조선청년동맹 大阪지부 상임위원, 정치부장, 1928년 7월 고려공산청년회 일본부 大阪야체이카.(「金漢卿外29名治安維持法違反事件豫審終結決定書寫」, 김준엽·김창순, 『한국공산주의운동사』(자료편2), 고대 아세아문제연구소, 1980.)

46) 김우섭(金友燮, 金興燮)의 일본에서의 주요 활동 경력을 보면 다음과 같다. 재일본조선청년동맹 대판지부 가입, 상임위원, 조직선전부장, 1928년 7월 하순 고려공산청년회일본부 大阪야체이카.(「金漢卿外29名治安維持法違反事件豫審終結決定書寫」, 김준엽·김창순, 『한국공산주의운동사』(자료편2), 고대 아세아문제연구소, 1980.)

47) 1928년 9월 시기 김한경이 大阪에 갔을 때 윤동명과 남영우가 함께 만나는

지 말것, 음주를 하지말 것, 두발을 단정히 할 것, 야체이카회의를 10
일에 한번씩 열것, 청년동맹 기관지『청년조선』을 확장할 것, 청년동맹
大阪지부에 공장반을 확립할 것 등에 대해 논의했다.

전술했듯이 동경조선노동조합에는 일본총국 당의 플랙션과 함께 고
려공산청년회 플랙션이 설치되었다. 동부지부 책임 김두진, 서부지부
책임 문기련, 남부지부 책임 김석순, 북부지부 책임 이상조, 서남부지
부 책임 심재윤이었다. 재일본조선청년동맹 내 플랙션은 책임 박득룡,
성원 조학제,[48] 이원현, 학우회 플랙션은 책임 박형채, 성원 강춘순, 신
흥과학연구회 플랙션은 책임 이병호, 성원 김강, 서인식이었다.[49] 이상
의 고려공산청년회 조직은 당 조직과 함께 플랙션을 통해 투쟁을 선도
했다.

조선공산당 일본총국의 활동은 이전과 마찬가지로 조직의 강화와 계
급의식의 고양, 반일사상의 고취에 중점이 두어졌다. 그리고 선전활동
을 통해 당원의 획득과 당세의 확대에 노력했다. 따라서 대부분의 활
동은 주로 일본총국과 대중단체인 재일본조선노동총동맹, 재일본조선
청년동맹 중앙 그리고 각 지부, 반의 플랙션을 통해 전개되었다.[50]

것과 당시 활동을 보면 남영우도 일본부 대판 조직에 조직적으로 관련되어
있었던 것 같다.(京城地法檢査局,「內地檢査局情報綴」(1928-1930), 74쪽.)

48) 조학제(趙鶴濟, 趙永)의 일본에서의 주요 활동 경력을 보면 다음과 같다. 신
흥과학연구회 가입, 재일본조선청년동맹 가입, 東京지부 집행위원장, 1927년
11월 고려공산청년회 가입, 일본부 戶塚야체이카, 플랙션 책임. (「金漢卿外29
名治安維持法違反事件豫審終結決定書寫」, 김준엽・김창순,『한국공산주의운
동사』(자료편2), 고대 아세아문제연구소, 1980.)

49)「金漢卿外29名治安維持法違反事件豫審終結決定書寫」, 김준엽・김창순,『한국
공산주의운동사』(자료편2), 고대 아세아문제연구소, 1980, 816쪽. 1928년 10월
검거 당시 플랙션에 동경조선노동조합 남부지부 책임자로 김천해, 재일본조
선청년동맹 내에 김세일, 학우회 내에 김강을 두었다.(「1929年の共産主義運
動」, 39-40쪽.)

50) 구체적인 내용은 이후 대중단체의 활동에서 기술한다.

가시적인 활동의 내용은 출판 활동에 초점을 맞출 수 있다. 물론 출판 활동은 東京에서만 진행되지는 않았지만 東京을 중심으로 재일조선인 민족해방운동세력이 투쟁하는 어느 곳에서나 일상적으로 전개되었다. 京都야체이카는 국내에 보낼 삐라와 문건을 인쇄했고 大阪야체이카는 조선인 노동자 사이에서 선전활동을 적극적으로 전개했다. 이러한 활동은 1928년 국치일에 대규모의 선동으로 개화되었다. 1928년 8월 29일 오후 약 150명의 조선인 노동자와 유학생들은 東京 武藏屋백화점 옆 공터에서 혁명가를 부르고 삐라를 살포하며 거리를 행진했던 것이다. 이때 재동경조선인단체 협의회외 3단체의 이름으로 「국치일에 즈음하여 전조선 2천3백만 동포는 일제히 무장하여 일대 폭동을 일으키자」은 격문을 배포했다. 여기에서는 국치일의 의미를 되새기고 동시에 독일과 러시아의 혁명세력들과의 단결을 강조하는 등 국제연대를 피력했다.[51]

수많은 삐라를 대중단체들을 통해 간접적으로 발행하는 가운데, 국내와 중국 동북 삼성지역에서의 일제에 의한 탄압에 대해 공격하고 조선인의 투쟁을 고무했다. 특히 關東震災 때의 조선인에 대한 학살을 규탄하여 「죽어도 잊을 수 없는 9월에 전조선 2천 3백만 동포에게 격한다」, 「관동진재 당시 학살동포추도기념일에 際하여 조합원에게 격함」이라는 삐라를 살포했다.

국내와 중국 동북 삼성지역에서 검거된 공산주의자들의 재판을 변호하여 석방을 요구하면서 「간도공산당 공판은 임박했다. 전조선노동자, 농민은 전투 전위의 학살정책을 분쇄하기 위해 전민족의 대중투쟁을 일으키자」고 했다.[52] 이들 격문에는 治安維持法 撤廢, 前衛 鬪士의 奪

---

51) 이 사건을 계기로 조선공산당 일본총국에 대한 전면적인 검거 선풍이 분다.

52) 「在留朝鮮人의 運動狀況」, 박경식 편, 『자료집성』(2-1), 1159쪽, 「金漢卿外29名 治安維持法違反事件豫審終結決定書寫」, 김준엽·김창순, 『한국공산주의운동

還, 朝鮮總督 政治 打倒 등의 슬로건을 내걸었다.

국제연대의 차원에서 1928년 4월 전일본무산청년동맹의 해산명령에 대해 일본총국 고려공산청년회는 이재유의 이름으로 항의문을 내무대신 앞으로 발송하고 이것을 인쇄하여 각지에 발송하려다가 발각되어 압수당하기도 했다.[53]

조선공산당 일본총국은 1926, 27년에 걸쳐 전개된 재일조선인 민족해방운동의 성과에 기초하여 1928년 투쟁을 통일적으로 지도했다.

제2절 재일본조선노동총동맹의 성장

1. 재일본조선노동총동맹 제4회 대회

재일본조선노동총동맹 제4회 대회는 원래 1928년 4월 27-29일, 3일간 개최 예정이었다.[54] 그러나 4월 21일 본부의 습격과 28일 집행위원장 정남국, 김계림, 권대형, 정희영, 송창렴 등의 구속으로[55] 5월로 연기되었다. 대회 당일도 상임위원 박득현 이외에 준비위원이 검속되고 대회

사』(자료편2), 고대 아세아문제연구소, 1980, 816-817쪽. 이밖에도 「御大典을 계기로 내습하는 지배 계급의 조직적 탄압을! 우리들은 전선을 강고히 사수하여 대중적, 일상적 투쟁으로 분쇄하자!」, 「8월 29일, 제19회 국치기념일을 맞이하여 전조합원 제군에게 檄한다」 등의 격문을 확인할 수 있다. 이하의 내용은 재일본조선노동총동맹, 재일본조선청년동맹등의 활동에서 후술한다.

53) 「朝鮮共産黨ノ檢擧顚末」, 112쪽. 보다 자세한 내용은 대중단체인 재일본조선노동총동맹, 재일본조선청년동맹, 학우회, 신간회 일본지역 지회 등의 활동 속에서 살펴보도록 한다.

54) 「우리 일본조선노동총동맹본부 가택수색과 간부 총검 속에 대하여, 일본의 전투적 노동자 농민에게 격함」(1928. 4. 24), 대원사회문제연구소 소장.

55) 『無産者新聞』 1928. 7. 5.

의안을 강탈당했으며56) 1928년 5월 13, 14일 양일간 東京 本所區 柳島 元町 帝大 셋츠루멘트 대강당에서 열렸다.57)

이 대회에 대해 조선공산당 4차당 일본총국은 조직적으로 준비했다. 전술했듯이 일본총국의 대책은 1) 간부의 전형, 2) 신간회 지도문제 논의, 3) 대판조선노동조합 분쟁의 해결, 4) 기관지 발간, 5) 대회 결과의 정리 등이었다.

대회의 출석 상황을 보면 神奈川, 京都, 大阪, 中部, 富山, 神戶 등에서 조선인노동조합 대표가 참석했다. 출석 인원을 보면 東京 28명 神奈川 20명, 大阪 10명, 京都 1명, 北陸 1명 등 60명이 출석했으며 정원은 80명이었다. 대의원 60명 가운데 일월회 출신이 다수인 지역에서 50명, 60%의 회원을 갖고 있던 大阪 대표는 10명이 참석했다. 즉 구성원은 일월회 출신의 조선공산당 일본총국 조직원이 중심이었다.58)

이날 대회의 역원은 의장 송창렴59), 김천해, 서기 姜駱變, 김두진, 이상조였다. 그리고 심사위원으로는 자격 심사위원 鄭輝世, 송윤서, 權一宣, 김창익, 의안 심사위원 박형채, 서진문, 이우진, 법규·선언 심사위원 김정홍, 文澈, 윤동명, 예산 결산 심사위원 서진문, 李鎰, 이성백 등이었다. 의장이 지명한 전형위원은 이일, 정휘세, 서진문, 이우진, 이정규, 이성백 등이었다.

---

56) 『無産者新聞』1928. 7. 15.
57) 「안내장」, 「초대권」, 대원사회문제연구소 소장, 『日本社會運動通信』(48) 1929. 4.29.
58) 제명당한 윤동명, 남영우, 김수현 그리고 일월회계에 가까운 김달환, 송장복 등에 의해 점령되어 대판조선노동조합대회의 결정을 대변할 수 있는 소위 반간부파 대의원은 겨우 김문준 정도였다.(金森襄作, 「在日朝鮮勞總「大阪事件」について」, 『在日朝鮮人史硏究』(20), 1990. 10, 104쪽, 참조.)
59) 이 자리에서 송창렴은 "세계무산계급혁명운동은 강력하게 발전하고 있다. … 이러한 가운데 일본의 정치적 중심지인 東京에서 열리게 된 우리 4회대회는 역사적, 또한 국제적으로 중대한 의의 … 라고 취임사를 했다.(「재일본조선노동총동맹제4회전국대회회록」, 대원사회문제연구소 소장.)

첫째날은 1928년 5월 13일 오전 10시에 시작되어 오후 5시 12분까지 열렸다. 사회자인 김강이 "우리에게 가하는 모든 억압을 일축하고 우리 힘으로 용감하게 대회를…"이라고 선언했다. 경찰은 중지를 명령하고 검속을 하자 부사회자인 강락섭이 개회사를 계속 했다.[60] 축사는 金斗鎔(조선프로예술동맹 동경지회), 張準錫(신간회 동경지회), 이기택, 김문화 등이 했다.[61] 특히 서기가 검속되어 李炳燦과 朴春桓을 새로 뽑았다. 이날 회의의 내용을 보면 1) 남영우 자격문제에 대한 소위원회를 구성했다. 위원장은 이진, 위원은 권일선, 朴輝一, 정휘세, 이성백이었다. 2) 각 지방보고는 東京에 대해 이진, 神奈川에 대해 서진문이 그리고 大阪에 대해 김문준, 京都에 대해 정휘세, 北陸에 대해 박휘일이 했다. 3) 검속 교섭위원으로 김세걸, 박태을, 윤도순을 선임했다.

둘째날은 14일 오후 5시부터 시작되어 10시까지 열렸다. 10여개 단체의 축전과 축문의 낭독이 있었고 이진, 김정홍이 의사진행계로 선정되었다. 이 날은 大阪사건 진상소위원회의 보고가 있었다. 1) 윤동명과 남영우의 제명을 취소한다, 2) 정남국은 무기정권에 처한다, 3) 金光은 제명한다. 그리고 심사위원의 보고와 보고 내용에 대한 질의 응답 이후 중요사항이 가결되었다.[62] 그 내용은 다음과 같다. 1) 운동방침 개편에 대한 건(이진), 2) 강령 개정의 건(김정홍), 여기에는 심재윤의 제기로 행동강령으로 일본노동운동 적극 지지의 내용을 보완하기로 함, 3) 『조선노동』 속간에 관하여(정휘세), 신중앙위원회에서 위임하기로 함, 4) 신중앙위원장 김천해, 중앙위원 송창렴, 진병로, 김강, 남영우, 이성백, 서진문, 권일선, 정휘세, 박휘일, 송장복, 박균, 윤도순, 金達桓,

---

60) 「재일본조선노동총동맹제4회전국대회회록」, 대원사회문제연구소 소장, 이하의 별도의 주가 없는 경우는 이 자료를 참조.
61) 일본 내의 재일조선인 단체, 국내 단체 그리고 일본노동조합의 축문이 31건, 축사 8건, 축전 8건이 답지했다.
62) 이하의 내용 가운데 괄호 안은 보고자이다.

崔賢守, 김수현, 金浩永, 金文準, 이일 등을 선정함, 5) 8시간 노동제 획득에 관하여(윤동명), 6) 규약개정에 관하여(문철) 중앙위원회에 일임, 7) 실업반대운동에 관하여(이정규), 8) 조직 확립에 관하여(김창익), 9) 산업별 조합 편성에 관하여(이진), 10) 신간회 지지에 관하여 (김정홍), 11) 일본노동계급과 공동투쟁에 관하여(이정규), 12) 『대중신문』지지에 관하여 (임무) 이 자리에서 김문준은 과거『대중신문』이 오류를 범했다면서 청산할 것을 제기했는 데 이송규, 문철, 윤영택, 박휘일의 비판이 계속되었고 토의가 진행되었으나 시간을 이유로 신중앙위원회에 일임하기로 함, 13) 전위분자 양성에 관하여(서진문), 14) 도일 노동자 저지 반대운동에 관해서(김문준)는 항의문 발송, 일본의 노농대중에게 널리 알려 공동 주최로 비판연설회 개최를 첨가하기로 함, 15) 조선노동자 임금차별 철폐에 관하여(이정규), 16) 이민 반대에 관하여(문철), 신중앙위원회에 일임하기로 함, 17) 범태평양노동조합 서기국 지지에 관하여 (金鍾錫), 18) 최저임금법 제정 획득에 관하여 (박휘일) 등이었다.[63]

이후 선언을 김천해가 낭독하여 통과되고 1) 조선일보 정간에 관한 건, 2) 일본좌익 3단체 해체에 관한 건, 3) 경성여자상업학교 맹휴사건, 4) 차기대회 장소 결정의 건이 가결되었다. 전술했듯이 둘째날 대회에서는 진상소위원회가 열려 大阪사건이 처리되었다. 大阪사건은 1928년 3월 28일 대판조선노동조합 집행위원회가 대판조선노동조합의 김수현에게 東南지부로 이동하라는 지시를 무시하고 하부조직인 東北지부 상임집행위원회에 새로이 취임한 김광을 제명하기로 결정한 데에서 시작되었다. 이에 대해 일본총국의 지도로 재일본조선노동총동맹 중앙에서는 권대형[64]을 파견하여 중재를 시도했으나 반간부파 대의원들의 대판

63) 「재일본조선노동총동맹제4회전국대회회록」, 대원사회문제연구소 소장.
64) 1928년 5월 조선공산당 일본총국 회의에서 한림, 인정식, 송창염은 회합하여 대판조선노동조합의 내분을 해결하기 위해 재일본조선노동총동맹에서 위원

조선노동조합 확대집행위원회는 두차례의 대회를 열어 4명의 제명을
결정했다.[65] 1928년 4월 11일 대판조선노동조합 확대집행위원회는 남
영우, 윤동명, 김수현, 안종길을 분리주의자로 제명하고 김광을 복권하
기로 한 내용을 받아들이고 제2차 4월 23일 위원회는 제명당한 사람들
을 포함한 소위 간부파가 참석하지 않은 가운데 4명의 제명과 신간부
의 선임을 했다. 신집행위원을 보면 위원장 송장복, 김문준, 김병국, 김
달환, 김광 등이 맡았다. 여기에 대항하여 제명당한 간부들은 부당성을
호소하기 위해 재일본조선노동총동맹 중앙에 부당성을 상소한다고 선
언했다.

당시 재일본조선노동총동맹의 간부는 조선공산당 4차당이 독점적으
로 지위를 차지하고 재일본조선노동총동맹의 주도권도 이들에 의해 장
악되어 있었다. 大阪사건 처리 상황[66]을 정리해 보면, 일단 심의가 시
작되자 김문준은 大阪사건의 진상을 호소하고 제명의 정당성을 강력히
주장했다. 윤동명과 남영우는 여기에 반론을 폈다. 이렇게 되자 총회는
한 지부의 문제이므로 전국대회는 보다 중요한 과제의 토론이 우선이
라고 하여 이 사건에 대해서는 의장이 임명한 5명의 소위원회에 일임
했다.

소위원회는 열린 흔적이 없다. 조선공산당 4차당계의 재일본조선노
동총동맹의 5명의 위원과 김문준의 타협으로 12일 심의에 의해 보고되
고 윤동명, 남영우는 제명 취소, 정남국은 무기정권, 김광은 스파이 용
의와 투쟁자금 횡령으로 제명을 결정했다.[67] 특히 정남국의 경우는 재

을 파견하기로 결정했으며 그가 권대형이다.
65) 자세한 내용은 金森襄作, 「在日朝鮮勞總「大阪事件」について」, 『在日朝鮮人
史研究』(20), 1990. 10, 103-104쪽, 참조.
66) 「재일본조선노동총동맹제4회전국대회회록」, 대원사회문제연구소 소장, 참조.
67) 전술했듯이 윤동명, 남영우는 1927년 6월부터 고려공산청년회 일본부 대판야
체이카로 활동했다.

일본조선노동총동맹의 중앙위원장임에도 불구하고 東京, 大阪에서의
파벌적 행동을 자행한 내용이 구체적으로 언급되었다. 이후 토론이 전
개되어 결국 정남국의 무기정권은 의장에 의해 가결되었다. 이것은 조
선공산당 일본총국의 의사가 반영된 것임은 물론이다.

大阪사건의 처리와 함께 회의는 일반정세 보고와 12개안의 토의가
있었다. 전위분자 양성에 관한 건 이외에 8개의 의안이 상정되지 못했
다. 주요 내용은 다음과 같다. 1) 적색노동조합의 지지, 2) 중국혁명운
동의 적극적 지지, 3) 조선총독부 폭압정치 반대동맹의 지지, 4) 재만동
포의 옹호, 5) 전위의 양성, 6) 희생자구원회 설치, 7) 일본노동자계급
과 공동투쟁, 8) 산업별 조합조직, 9) 재일본조선노동총동맹의 투쟁의
방향[68] 등이었다.

이 가운데 일본노동계급과의 공동투쟁에 대한 내용에서는 조·일 연
대의 한계를 지적하고 있다. 구체적으로는 다음과 같다. 1) 전일본노동
계급과 공동투쟁이 성립되지 않고 좌익에만 국한한 것, 2) 노동자의 일
상적인 이익인 경제문제에 대한 공동투쟁을 등한시하고 정치문제에 대
한 공동투쟁에 치중한 것, 3) 사건이 발생했을 때에는 자연발생적 공동
투쟁이 된 것, 4) 간사와 간사 간의 제한으로 대중과 대중 간에는 공동
투쟁이 되지 못한 것.[69] 이렇게 일본인 노동자와 조선인 사이의 민족
차별 철폐와 연대투쟁은 계속적으로 육성되어 1920년대 전 시기와 30
년대에 지속적으로 전개되었다.

전술했듯이 둘째날 선언이 채택되었다.[70] 선언에는 재일조선인노동
자의 생활과 권리가 유린당하고 있는 상황에 대해 언급하고 "본동맹의

68) 金斗鎔, 「在日本朝鮮勞動運動は如何に展開すべきか?」(1929. 11.), 김정명 편,
『조선독립운동』(5), 1031쪽.
69) 『日本社會運動通信』(6) 1928. 6. 22.
70) 『日本社會運動通信』(6) 1928. 6. 22.

운동에 있어서 정당과 조합운동과의 관계에 의한 인식 부족에서 연유한 오류를 청산하고 조합운동의 정당한 기능과 그 직능을 발휘한다"면서 "본동맹은 노동자의 이익을 옹호하고 일상의 경제투쟁에 중심을 두며 미조직 조선노동자 대중의 조직에 결사적인 노력을 하여 조직노동자의 산업별조합 조직에 노력한다"고 했다.

특히 제4회 대회에서는 산업별 조합의 조직에 대하여 토의했으나 당시에는 실현되지 않고 있다가 이후 '1産業 1조합주의'로 본격적으로 나아감에 따라 실현되었다.71)

운동방침도 채택되었다. 선언에서도 보이듯 전민족적 공동투쟁에 적극적으로 참가하고 일본무산계급과 공동투쟁을 전체적, 유기적으로 전개해야 한다는 것이다. 이 가운데 신간회 문제와 조직의 산업별 조직화, 일본노동자와의 공동투쟁에 대해 구체적인 전술을 채택했다. 그 내용을 정리해 보면 다음과 같다.

첫째 신간회에 대해서는 당면한 정치투쟁의 주체로 신간회에 정치적 투쟁의 능력을 집중하여 '강력한 당'을 만들어야 한다면서 다음과 같은 방침을 들고 있다.

1) 조합의 활동분자를 신간회로 보내 회의 활동을 활발하게 할 것, 2) 신간회와 완전한 연락을 취하고 신간회의 활동에 적극적으로 지지 참가하고 또는 신간회의 요구에 따라서 대중적 운동을 조직하고 투쟁을 발전시킬 것, 3) 전조합원에게 적당한 방법으로 지속적으로 입회를 선전, 권유할 것 등이었다.

아울러 조선노동계급 좌익은 전민족적 공동투쟁의 이름 아래 계급의 독자성을 협동전선 가운데 해소한 것은 잘못이었다면서 "노동계급은 강력한 대표적인 투쟁에 의해 또한 이러한 투쟁에 관계하는 한 이후

---

71) 「在留朝鮮人の運動狀況」(1930), 박경식 편, 『자료집성』(2-1), 1124쪽.

모든 다른 계급, 계층과 공동전선을 전개하여 그들의 혁명력을 흡수하고 이용하며 스스로 강고, 강대하게 하는 것이 가능하다"고 지금 조선의 민족해방운동의 최후의 담당자인 노동계급은 자기 계급의 강화를 위해 신간회를 정당히 이용할 것을 주장했다. 이러한 내용은 정당한 평가로 조선공산당 3차당이 신간회 내에서 헤게모니 쟁취를 주창한 내용과 동일선 상에 있었다.

둘째로 재일본조선노동총동맹의 산업별 조합 조직에 대해서는 제4회 대회의 의안에서 산업노동자와 자유노동자에 대해서 가능한 공장노동자는 산업별로 조직하면서 동시에 자유노동자를 일상투쟁 속에 모아내고, 미조직 대중을 조직하는 것도 중요하다고 했다.[72] 당시 일본지역 가운데 조선인 노동자가 집중되어 있는 北海道, 仙臺, 廣島, 福島, 八幡 등의 미조직 노동자를 조직하여 견고한 재일본조선노동총동맹의 토대를 구축해야 했다.

재일본조선노동총동맹은 1) 본동맹의 통제 아래에 있는 각 조합은 산업별 조사위원회를 조직하고, 2) 각 조합은 산업별 노동자의 대표자를 통해 산업별 위원회를 조직하며, 3) 산업별 조직에 대한 의의를 일반 조직 대중과 미조직 대중에게 선전할 것을 천명했다. 여기에 더해 기존의 재일조선인 노동운동이 투쟁없이 진행되었다면서 구체적 방침의 결정적 오류는 조직과 투쟁의 관계를 충분히 인식하지 못했던 점과 산업별 투쟁을 반대하여 단순히 간부 사이의 양해와 일반 공식의 이론에 의해서 합동이 실현된 것이라고 했다.

셋째 일본노동자계급과의 공동투쟁에 관한 운동방침에서는 기존의 투쟁-조선총독 폭압정치 반대운동, 실업반대운동, 조선공산당 탄압사건 반대운동, 조선공산당 비공개 공판 반대운동, 노동쟁의 등-이 과감하게

---

72) 金斗鎔, 앞의 글, 1031쪽.

공동으로 전개되었으나 잘못을 범했다는 것이다. 그것은 주로 자연성
장적, 기계적 공동투쟁으로 일관했고 따라서 전일본노동계급과의 공동
투쟁이 아니라 좌익에만 국한되고 노동자의 일상적 이익을 위한 경제
문제를 등한시하여 정치문제에 대한 공동투쟁으로 편중되었다. 실제로
당시 공동투쟁은 대중 사이의 논의와 협의에 기초한 공동투쟁 보다는
간사들 사이의 공동투쟁이 많은 부분을 차지했다.

재일본조선노동총동맹 제1회 중앙집행위원회가 1928년 5월 15일 오
후 2시 김천해 의장의 사회로 시작되었다. 출석은 김천해, 남영우, 송
창렴, 이성백, 김강, 이일, 서진문, 권일선, 박휘일, 송장복, 김문준, 김
달환 등 13명이 했고[73] 서기는 김강이었다.

주요한 토의 내용은 1) 규약 개정의 건은 중앙 상임집행위원회에 일
임한다, 2) 중앙상임집행위원을 선거한다(전형위원 : 송창렴, 이일, 김
강, 중앙상임위원 : 박균, 진병로, 김강, 윤도순, 송창렴)는 것 내용이었
다. 이 가운데 재정상의 구체적인 내용들이 언급되어 있고 회비 납부
를 독촉하는 것으로 보건데 모금활동과 이에 따른 사업이 활발하지는
못했을 것이다.

상임위원회는 1928년 6월 1일에도 열렸다. 오후 1시 東京府下 戶塚
町 재일본조선로동총동맹 본부에서 다음과 같은 사항을 결정했다.[74] 1)
中國出兵 反對, 治安維持法 改惡反對, 暴壓反對 주간(6월 3일-9일)을 설
정하고 제1기에 각 지부, 각 반을 통해서 반대주간의 특별강좌, 조합원
간담회, 연설회 등을 개최하고 그 주간의 의의를 대중적으로 선전할
것, 제2기에 조선인대회와 노동자대회를 열어서 항의문을 보냄과 함께

---

73) 유고 결석한 사람은 박균, 윤도순, 진병로, 최현수, 김현수, 무고 결석한 사람
　　은 김호영이었다.(「재일본조선노동총동맹제4회전국대회회록」, 대원사회문제연
　　구소 소장.)
74) 『社會運動通信』(4) 1928. 6. 8.

데모를 할 것, 2) 당면한 슬로건으로 12항목을 채택했다. 이 가운데에
는 ①치안유지법 개악 긴급칙령 절대 반대, ② 치안유지법의 철폐, ③
소위 의식적 대검거 절대 반대, ④ 언론, 출판, 집회, 결사의 자유 획득,
⑤ 신간회, 근우회의 전국대회 금지에 전국적 항의를 하고 조선에 대
한 특수한 탄압에 절대로 대항하자, ⑥ 朝鮮 總督 政治를 타도하자,
⑦ 朝鮮 增兵, 中國 出兵 絶對 反對, ⑧ 노농러시아, 中國 革命運動에
대해 적극적 지지, ⑨ 帝國主義戰爭에 대해 絶對 反對, ⑩ 極東 被抑壓
大衆 團結하자 등의 내용이 있었다. 그리고 3) 府의원 선거대책으로 무
산당 후보자를 적극적으로 원조할 것, 4) 그리고 다음과 같이 부서를
결정했다. 조직선전부장 박균, 서무재정부장 진병로, 정치부장 송창렴,
쟁의부장 김천해, 기관지부장 김강, 조사정보 부녀부장 윤도순으로 했
다. 당면 슬로건은 이후 지역단위 조선인노동조합의 투쟁에서 전면적
으로 제기되었다.

2. 재일본조선노동총동맹의 발전

1) 조직

재일본조선노동총동맹원은 1928년 4월 시기 26,114명이 되었다. 간부
는 중앙집행위원장 김천해, 중앙상임집행위원 송창렴, 박균, 김강, 진병
로, 김계림, 중앙집행위원 남영우, 이일, 정휘세, 김문준, 송장복, 김수
현, 김달환, 김호영, 박휘일, 최현수, 윤도순, 서진문, 이성백, 권일선,
회계감사 윤동명, 전해 등이었다. 6월 시기에는 전술했듯이 조직선전부
장 박균, 서무재정부장 진병로, 정치부장 송창렴, 쟁의부장 김천해, 기
관지부장 김강, 조사정보 부녀부장 윤도순이었다.

1928년 4월 일본총국 당 한림 책임비서 시기에는 재일본조선노동총
동맹에는 플랙션을 두었다. 책임에는 박득현 그리고 송창렴, 진병로를
두었다. 6월 김천해 책임비서 시기에는 플랙션 내 구성원의 역할을 명
확히 하여 책임에 박득현, 부책임에 진병로, 그리고 송창렴으로 구성되
었다. 특히 재일본조선노동총동맹과 동경조선노동조합은 박득현이 통
일적으로 지도했다.75)

재일본조선노동총동맹 제4회 대회는 재일본조선노동총동맹을 노동조
합으로 확인한 점에서 획기적이었다. 그러나 자유노동자 중심의 재일
본조선노동총동맹은 공장노동자의 경우도 대부분이 가내, 영세 사업장
취업노동자이기 때문에 산업별조합으로의 재편은 현실적인 어려움이
많았다. 1928년 9월 재편성 지령이 내려졌으나 실시되지 못했고 지역
별 조직의 실체는 변하지 않았다.76)

1928년 4월 시기 재일본조선노동총동맹 지부는 東京조선노동조합,
神奈川縣조선노동조합, 京都, 大阪, 神戸, 富山조선노동조합, 北海道조
선노동조합(준비) 등이 조직되어 있었다. 北海道의 경우 재일본조선노
동총동맹이 洪澤二라는 조직원을 파견하여 조직 사업을 시도했으나 그
가 죽어 여의치 않았다. 九州에는 적당한 사람이 없어 조직원을 파견
하지 못했다.77)

1928년 시기 지역별 일반조합이 東京, 京都, 大阪, 中部, 神戸, 神奈
川, 富山, 三多摩, 新潟縣 등지에 설립되었으며 특히 투쟁이 활발했던
지역 조선인노동조합 조직을 살펴보면 다음과 같다.

東京조선노동조합은 1927년 11월 시기 양재도 집행위원장 체제 아래
5개의 지부와 약 3천 90명으로 조직되었다.78) 재일본조선노동총동맹

75) 「1929年の共産主義運動」, 김정명 편, 『조선독립운동』(4), 38-40쪽.
76) 金森襄作, 앞의 논문, 1369쪽.
77) 「朴廣海氏勞動運動について語る」(1), 『在日朝鮮人史硏究』(19), 1989. 10, 95쪽.

내의 플랙션과 함께 조선공산당 일본총국 당 조직은 한림책임비서 시기인 1928년 4월 동경조선노동조합에 이재유(책임), 윤도순, 이우진을 플랙션으로 두었다. 그리고 6월 시기에 가서는 조직의 확대에 따라서 플랙션 구성원 간의 역할을 분명히 함과 동시에 동경조선노동조합 각 지부에까지 플랙션을 설치했다. 즉 東京조선노동조합에는 이재유(책임), 이우진(부책임), 윤도순을 두었고, 지부에는 동부 : 김두진, 서부 : 문기련, 남부 : 김석순, 북부 : 이상조, 서남부 : 심재윤이 활동했다. 특히 東京조선노동조합에는 고려공산청년회 플랙션도 설치되었으며 그 구성원은 6월 시기 각 지부의 담당 플랙션과 동일하다. 이후 10월에는 동경조선노동조합 남부지부에 김천해가 책임으로 이중적인 활동을 했다.[79]

東京조선노동조합 산하 각 지부의 조직 상황을 보면 다음과 같다. 동부지부는 1927년 11월 시기 윤도순 지부장 체제로 회원은 700명이었다. 조직적으로 동부지부는 1928년 8월 10일부터 16일까지 반확립 주간을 설정하여 1주만에 11개의 반을 조직했다. 서부지부는 1927년 11월 시기 양재도 지부장 체제 아래 회원 300명이었다.[80] 1929년 1월 시기에는 조합원이 203명이었으며 학생 50명, 공장노동자 12명, 자유노동자 140명 등으로 구성되었다. 남부지부는 1927년 11월 시기 지부장 金顯一 체제 아래 회원 840명으로 구성되었다. 북부지부는 1927년 11월 시기 지부장 이운수 체제 아래 회원 950명이었다. 川崎지부는 1928년 8월 시기 역원으로 지부장 : 임치규, 위원 : 주양순, 김철주, 김봉수, 배명수, 유화우, 조명선, 김정수, 김진영, 최종술, 김용만 등, 회계감사 : 김현상, 박치관이었다.[81]

---

78) 『조선사상통신』 1927. 11. 30.
79) 「1929年の共産主義運動」, 김정명 편, 『조선독립운동』(4), 38-40쪽.
80) 『조선사상통신』 1927. 11. 30.

大阪에서는 재일본조선노동총동맹 산하 조합의 대표자회의를 1928년 4월 浪速區 東神田町에서 열었다. 이 자리에서는 大阪조선노동조합으로의 재편성이 확인되었다. 당시 가맹조합은 此花, 北部, 東北, 港, 西成, 堺, 泉北지부였고 조합 본부는 西成지부에 병설했다. 4월 12일 제2회 大阪조선노동조합 (정기)대회는 상임집행위원으로 정동파, 위경영, 추화0, 윤염규, 집행위원장에는 송장복을 선임했다.[82] 9월에는 大阪조선노동조합 역원인 정치부장: 김수현, 조직부장: 김영수, 쟁의부장: 남영우, 서무부: 이동성, 교육부: 김문준으로 개편되었다.[83] 이미 大阪조선노동조합에는 이미 조선공산당 일본총국 초기부터 윤양규, 위경영을 야돌로 하는 조직이 활동을 했고 1928년 7월에는 고려공산청년회 일본부 大阪야체이카(박득룡, 김병국, 김우섭, 윤동명)가 大阪사건 처리 이후 지도를 계속했다. 大阪조선노동조합은 1928년 결성 시기에 8개의 지부가 있었다. 특히 泉北지부는 堺市 三寶村平田 22번지에 있었고 泉北지부의 구성을 보면 지부장 : 성보맥, 서무부 : 정준, 정치교양부 : 이종도, 조직선전부 : 이수영, 조사쟁의부 : 김연식, 부인부 : 오운섭이었다.[84]

神奈川縣조선노동조합도 조직되었다. 여기에도 4개의 지부가 구성되었던 것을 확인할 수 있다. 1928년 11월 시기 東橫濱지부 : 김광제, 김태규, 윤동준, 西橫濱지부 : 지부장 이복조, 橫須賀지부 : 정운, 고암, 寒川지부 : 이폐열, 최상달이 각각 역할을 맡았다. 그리고 본부 위원장 권일선과 김정홍, 윤영탁 등도 이곳에서 활동했다.[85]

---

81) 川崎지부, 「뉴쓰」(1)(내무성 1928년 8월 22일 압수 문건)(早稻田大學 마이크로 필름실 소장)
82) 『日本社會運動通信』(48) 1929. 4. 29.
83) 『日本社會運動通信』(48) 1929. 4. 29.
84) 『日本社會運動通信』(48) 1929. 4. 29.
85) 神奈川縣조선노동조합본부, 「神組 ニュ-ス」(10) (내무성 1928년 11월 13일 압

三多摩조선노동조합은 1928년 7월 29일 오후 7시 300여명이 모여 조직되었다. 창립대회 이후 제1회 집행위원회는 집행위원장 : 조응환, 서무부장 : 최기동, 부원 : 조순환, 이덕봉, 조직선전부장 : 문철, 부원 : 김태, 김영배, 정치부장 : 노초, 부원 : 강성택, 이영춘, 교육출판부장 : 문철, 부원 : 김용호, 곽종선, 조사정보부장 : 추성해, 부원 : 김재홍, 박수문, 쟁의부장 : 노초, 부원 : 김용엽, 현경포, 박창래, 임병기, 부인부장 : 최기동, 부원 : 신영칠, 재정감사 : 노성관, 이석구, 고문 : 허환, 노성관을 선임했다.[86]

新潟縣에서도 1928년 12월 3일 재일본조선노동총동맹 新潟縣조선노동조합 창립대회가 50여명의 대표와 800여명의 소작인이 모인 자리에서 열렸다. 新潟縣조선노동조합[87]은 10여 차례의 집행위원회에서 개편되었다. 제1회 집행위원회(1928. 12. 5) 시기는 집행위원장 이성집, 집행위원 김병길, 강기상, 김정식, 김홍익, 임백수, 구성구, 남장화, 곽경삼, 장기화, 여근수, 김웅암, 여대성, 박광해, 임병태, 정성운이었고 부서담당을 보면 서무재정부장 김혁해, 정치부장 박광해, 교육출판부장 문명호, 조직선전부장 남장하, 조사정보부장 구성구, 쟁의부장 여대성이었다. 제4회 집행위원회(1929. 1. 15) 시기에는 서무재정부장 김혁해, 정치부장 박광해, 교육출판부장 홍동순, 조직선전부장 여대성, 조사정보부장 구성구, 쟁의부장 여대성이었다.[88] 그리고 제6회 집행위원회(1929.

수 문건)(早稻田大學 마이크로필름실 소장)

86) 三多摩조선노동조합, 「전선뉴쓰」(8)(1928. 8. 7.)(早稻田大學 마이크로필름실 소장)

87) 1928년 12월 재일본조선노동총동맹 가맹조합으로 성립되어 1931년 해소 성명을 발표할 때까지 활동을 했다.(橋澤裕子, 「新潟縣における朝鮮人運動-新潟縣朝鮮勞動組合を中心で-」, 『在日朝鮮人史硏究』(17), 1987. 9, 참조.)

88) 『在日朝鮮人史硏究』(18)의 「新潟縣朝鮮勞動組合第二回大會報告議案」(1929. 9. 15.)에 보면 조사정보부장이 없고 교육출판부장 홍동파, 조사선전부장 구성구로 되어 있다. 원본은 「新潟縣朝鮮勞動組合第二回大會報告議案附規約」이다.

2. 21) 시기는 서무재정부장 김혁해, 정치문화부장 박광해, 교육출판부장 박광해, 조직선전부장 여대성, 조사정보부장 구성구, 쟁의부장 여대성이었다. 제10회 집행위원회(1929. 4. 8) 시기는 서무재정부장 김병길, 정치문화부장 박광해, 교육출판부장 김경종, 조직선전부장 남장하, 조사정보부장 구성구, 쟁의부장 여대성이었다.[89]

이렇게 1928년 시기에 재일본조선노동총동맹은 지역 단위 조직의 활성화에 기초하여 지부, 반 조직의 강화가 눈에 띠게 전개되었다. 東京과 大阪지역의 조선인노동조합은 재일본조선노동총동맹 산하 조직으로 조선공산당 일본총국의 플랙션에 의해 지역 단위에서 지도되었다. 이러한 플랙션을 통한 활동으로 재일본조선노동총동맹은 일본지역에서 전국적인 조직으로 성장할 수 있었던 것이다.

2) 활동

전술했듯이 재일본조선노동총동맹 중앙과 지역단위 지부와 반 조직은 일본총국의 야체이카와 플랙션의 지도 아래 미조직 노동자의 조직운동에 전력을 기울이면서 조직 강화를 도모했다. 1928년 1월 31일 재일본조선노동총동맹 중앙은 조선노동총동맹 해금동맹을 전국적으로 조직하려고 전국 20여개의 단체에 지령을 내렸다. 재일본조선노동총동맹 중앙은 미조직 노동자의 조직운동에 전력을 기울여서 각지에 조직원을 파견하는 한편 대중 투쟁을 강화시켰다.[90]

1928년 시기 재일본조선노동총동맹은 關東震災 虐殺 反對鬪爭, 國恥

(대원사회문제연구소 소장) 이 문건은 「일본니이가다현 조선노동조합 제2기 대회 기록문」으로 『순국』1989.11, 12합호에 번역되어 있다.

89) 「일본니이가다현 조선노동조합 제2기대회 기록문」, 136-137쪽.

90) 『無産者新聞』1928. 7. 15.

日 紀念鬪爭, 御大典 彈壓 反對鬪爭, 治安維持法 撤廢運動, 中國 駐屯兵 卽時 撤收, 朝鮮 增兵 反對, 新勞農黨 組織準備會 應援 등 투쟁을 전개했다. 그리고 失業反對運動, 러시아혁명 기념투쟁, 關北 罹災民 救濟運動도 수행했다. 특히 국제연대에 기초하여 1928년 3월15일 일본공산당 탄압, 노동농민당, 일본노동조합평의회, 일본무산청년동맹 해산에 대해서도 용감하게 투쟁했다.[91] 이러한 재일본조선노동총동맹의 활동을 시간의 경과와 함께 살펴 보자.

1928년 6월 17일에는 동경조선노동조합 서부지부 주최로 폭압정치반대 대연설회를 高田町 星光館에서 개최했다. 이날 서부지부 구성원들은 삐라 수만 매를 전 시가지에 살포했다. 이후 연설회는 해산되고 곧바로 모인 군중들은 데모대로 변모되었다. 500여명의 투사들은 早稻田의 대로를 메웠다. 6월 28일에도 동경조선노동조합 동부 지부 주최로 月島에서 폭압반대연설회를 열고 데모를 결행했다.[92]

조선인대회가 일본 각지에서 지속적으로 열려 대중의 투쟁 의식을 고취했다. 1928년 2월 16일 大阪 天王寺공회당에서 오후 1시에 신간회 대판지회, 재일본조선노동총동맹 대판조선노동조합, 재일본조선청년동맹, 대판지부 주최로 열리는 것을 알리는 전단이 살포되었다.[93] 이 대회에서는 조선민족의 가혹한 착취와 조선국토를 유린하는 일본자본가 지주에 반대하여 자본가 지주의 정우회, 민정당 박멸을 외치면서 無産政黨 응원을 결의했다.[94] 2월 19일 京都 田中 水平社 야학교에서도 조선인대회가 열렸다. 이 자리에서 日帝官憲 糾彈, 朝鮮總督政治 反對, 選擧의 自由要求 등이 결의되었다.[95]

---

91) 『無産者新聞』 1928. 7. 5.
92) 『無産者新聞』 1928. 7. 15.
93) 早稻田大學 마이크로필름실 소장.
94) 『無産者新聞』 1928. 2. 18.
95) 『無産者新聞』 1928. 2. 25.

동경조선노동조합은 1928년 7월 대규모의 선전, 선동 활동으로 조선 증병과 치안유지법 반대 주간을 맞이하여 일제의 침략성을 폭로하고 기존에 4, 5만의 무장한 군대와 경찰이 주둔하고 있음에도 불구하고 군비 증설을 단행함은 수천명의 노동자, 농민을 감금, 투옥, 고문치사한 전례에 따라서 보건데 전면적 탄압을 보다 강화하기 위한 것이라면서[96] 반대투쟁을 전개했다.

1928년 8월 12일에도 조선인대회는 오후 7시 大阪市 天王寺 공회당에서 대판조선노동조합, 재일본조선청년동맹, 신간회 대판지회, 신당준비회 大阪지부, 借家人同盟 大阪지부 공동 주최로 열려 거주권 확립, 악질 집주인 퇴치를 결의했다.[97] 특히 반동단체 박멸을 위한 고삐도 늦추지 않았다. 반동단체 상애회는 建國會와 '內治外交 振興同盟'을 조직하고 1928년 4월 6일부터 9일까지 연설회를 열어 어용의 모습을 노골적으로 드러냈다. 이에 대해 재일본조선노동총동맹은 '相愛會撲滅 無産團體協議會'를 조직하고 '建國會 撲滅無産團體協議會'와 제휴하여 박멸 선전주간 투쟁을 전개했다.[98] 동경조선노동조합 남부지부도 「반동단체를 박멸하자! '내선공영회' 와 '상애회'」라는 문건에서 "대중을 기만하고 있는 … 내선공영회와 상애회의 배후에는 엇쩐놈이 잇는 것도 잘 알 것이다"고 일본제국주의의 음흉한 술책에 전면적으로 투쟁하여 여지없이 박멸해야 한다고 했다. 그리고 투쟁의 힘을 "1) 반동 중국 내각을 타도하자, 2) 일선공영회와 상애회를 박멸하자, 3) 노동자는 노동총동맹으로 들어가자"로 모았다.[99]

---

96) 노동총동맹동경조선노동조합본부, 「朝鮮增兵, 治安維特法 反對週間을 際하야 全朝鮮勞動者諸君의게 檄함」(1928. 7. 3)(早稻田大學 마이크로필름실 소장)
97) 『無産者新聞』 1928. 8. 20.
98) 『無産者新聞』 1928. 4. 10.
99) 「투쟁뉴쓰」(동경조선노동조합 남부지부)(1928. 12. 12)(早稻田大學 마이크로필름실 소장)

당시 상애회는 남부 大森 반원에게도 테러를 자행했다. 大森 반원들이 근처 도로에서 노동하는 것을 알고 상애회쪽에서는 회사의 '오야가타'에게 말해 반원들의 노동을 못하게 잡아놓고 상애회에 가입을 강요했으며 나아가 회비와 입회금을 내라고 했다. 이러한 반동적 행동에 재일본조선노동총동맹은 반, 지부, 본부 차원에서 지속적으로 투쟁해 나아갔다.100) 남부 지부는 헌옷과 내의를 모아서 犧牲者救援會에게 조직적으로 보냈다. 이렇게 희생자구원회를 적극적으로 지지, 지원했으며 동시에 출옥동지 위안회와 망년회를 통해 서로를 위안하고 조직의 강화를 도모했다.101)

재일본조선노동총동맹 산하 조선노동조합은 일본 경찰의 탄압에 전면 투쟁으로 대항하기도 했다. 神奈川縣조선노동조합은 1928년 8월 23일 오후 4시 정사복 일제 경찰의 만행에 투쟁으로 대항했다.102)

국제청년데이 투쟁도 계속되었다. 1928년 국제청년데이인 9월 1일을 맞이하여 『東橫濱戰線』은 '이날을 피로서 기념하자!'고 하면서 "우리는 자본주의 세상에서는 아모리 부즈런히 하야도 헛수작이다. 우리의 살님살이는 갈사록 구차하고 살사록 가난하여 간다. 밋을 것은 오직 우리의 힘밧게 업다(원문 그대로 : 필자)"고 노동자의 단결과 노동조합과 재일본조선노동총동맹으로의 결속을 강조했다.103) 동경조선노동조합 북부지부는 로자룩셈부르크를 기념하여 로자룩셈부르크의 날인 1월 15일을 맞이하여 反戰의 대시위 즉 '제국주의 전쟁반대집회'를 열자고 선동

---

100) 「투쟁뉴쓰」(동경조선노동조합남부지부) (1928. 12. 12) (早稻田大學 마이크로 필름실 소장)
101) 「투쟁뉴쓰」(동경조선노동조합남부지부) (1928. 12. 12) (早稻田大學 마이크로 필름실 소장)
102) 神奈川縣朝鮮勞動組合 本部, 「현경찰부의 강폭한 탄압을 들어 전조합원 제 군의게 격함」(내무성 1928년 8월 28일 압수 문건)(早稻田大學 마이크로필름 실 소장)
103) 『東橫濱戰線』 (1928. 8. 16)(早稻田大學 마이크로필름실 소장)

했다.104) 또한 동경조선노동조합 북부지부는 국제연대를 강조하면서 11
주년 러시아혁명을 맞이하여 러시아 사회주의의 전도를 방해하는 모든
제국주의 열강에 대항하여 세계의 노동자·농민과 함께 힘있게 싸울
것을 선동하고 '극동피억압민족은 단결하자!' '전세계무산계급은 단결
하자!'고 국제연대를 강조했다.105)

   1928년 8월 시기에는 국치일 기념투쟁과 간도공산당 공판투쟁이 대
중투쟁의 주요한 내용이었다.106) 제19회 국치기념일에 즈음해서는 다른
조합이 발간한 문건과 유사하게 三多摩조선노동조합은 "제군은 지금부
터 19년전 강도 일본정부와 국적 李完用, 宋秉畯 등이 半萬年 역사와
2천만 민족과 3천리 강토를 가진 우리 나라를 물건 매매하듯이 독단적
계약을 체결하고 소위 동양평화와 조선민족의 발전을 향상하야라는 미
명 하에 전 2천만 민중을 아지도 못하게 日韓合倂"(원문 그대로 : 필
자)한 것을 상기시키고 이후 일제의 억압이 더욱 심해지고 조선 민중
의 생활이 더욱 빈궁해졌다고 했다. 여기에 대해 "견디다 못하여 우리
의게 자유를 다고 우리의게 밥과 옷을 다고하는 者가 잇스면 구타, 검
속, 구류, 고문 또는 사형 등등"을 침략자 일제가 자행했다107)면서 투
쟁으로 대항하자고 했다. 3·1운동, 6·10만세 사건, 조선공산당 사건
으로 조선의 선진 활동가들이 사상범, 정치범이 되어 탄압을 받았다면
서 그 계기가 된 國恥日을 피로 기념하자는 것을 잊지 않았다.

   특히 1928년 8월 시기 간도공산당 공판사건이 임박하자 대중투쟁을

104) 東京朝鮮勞動組合 北部支部, 「활동뉴쓰」(1)(1929. 1. 15)(早稻田大學 마이크로
     필름실 소장)
105) 東京朝鮮勞動組合 北部支部, 「露西亞革命 11周年記念에 際하야 朝鮮勞動者
     農民에 檄함」(1928. 11. 4)(早稻田大學 마이크로필름실 소장)
106) 내무성 1928년 8월 23일 압수문건(早稻田대학 마이크로필름실 소장)
107) 三多摩朝鮮勞動組合 本部, 「제19회 국치기념일을 際하야 전조선노동자 제군
     의게 檄함」(1928. 8.)(早稻田大學 마이크로필름실 소장)

선전, 선동했다. 즉 「간도공산당원을 탈환하자 !」(1928. 8.)[108]는 문건은 다음과 같이 적극적인 탈환 투쟁을 선도했다. "간도공산당은 조선피억압 민족해방전선의 기관차이다. … 우리는 그들을 구원해야 한다. 우리들은 대중투쟁을 전개하여 지배계급에 항의운동을 일으켜 우리들의 전위를 탈환해야 한다." 식민지시대 조선인은 고향에서 쫓겨나서 부모형제를 두고 만주·일본의 노동시장으로 들어가게 되었는데 제국주의 일본의 수탈에 대항하여 "농부는 농민대회로, 노동자는 노동자대회로, 학생은 학생대회로 부인은 부인대회로" 힘을 모아 투쟁할 것을 선동했다.[109] 대판조선노동조합도 간도공산당 공판일(1928. 11. 26)이 다가오자 지난 해의 1차 조선공산당에 대한 잔학한 비공개 공판을 기억하며 대중의 해방운동을 압살하는 여러 악법 가운데 '제령7호'와 '치안유지법'을 철폐해야 한다면서 악법으로 위협하고 악형으로 폭압한다고 피폭압자의 해방전선이 일보라도 퇴각할 수 없다고 했다.[110]

재일본조선노동총동맹 중앙은 1928년 활성화된 지부, 반 조직을 통해서 민족해방운동을 보다 강력하게 전개했다. 조선 내의 탄압, 간도공산당 사건에 대한 항의 등이 삐라로 선전되었고, 7·8월에는 國恥紀念日, 關東震災日을 맞이하여 일본의 조선지배 정책을 비판하고 정치적 선전을 대대적으로 수행했다. 이 삐라는 내용에 있어 재일조선인노동자 뿐만 아니라 조선 민중 전체를 상정하는 내용이 많았다.

三總解禁運動과 1927년 이후 계속된 朝鮮總督 暴壓政治 反對運動도 계속되었다. 또한 국내와의 지속적인 연대와 지지 투쟁을 계속하여 하의도 소작쟁의 때에도 조선농민총동맹과 연락하여 지원을 아끼지 않았

---

108) 早稻田大學 마이크로필름실 소장.
109) 「조선노동자계군의게」(내무성 1928년 7월 7일 압수문건)(早稻田大學 마이크로필름실소장)
110) 大阪朝鮮勞動組合, 「간도공산당공판은 임박하엿다!!」(1928. 11. 22)(早稻田大學 마이크로필름실 소장)

고, 6월 부산 전차스트라이크에 대해서도 선활동을 전개했다.[111] 물론 1929년 시기에는 원산총파업 지지 활동도 있었다. 관북이재민 구원을 위해서는 朝鮮水災 神奈川縣救濟會가 조직되어 활동했다. 이후에는 川崎, 東橫濱 등에 분회가 조직되었고 국내 동포의 참상이 널리 알려졌다.[112] 재일본조선노동총동맹 중앙의 움직임은 그대로 지역 단위 조선인노동조합, 지부, 반 조직을 통해 내용이 더해졌다. 개별 지역 단위에서도 투쟁이 전개되었다.

新潟縣조선노동조합은 일본농민계급과 공동투쟁을 했다. 폭압반대운동을 비롯하여 3·15기념, 경작권 확립문제, 소작쟁의 등의 연설회에 적극적으로 제휴하여 투쟁을 전개했다. 新潟縣조선노동조합 제2회 대회는 일본 무산계급의 해방없이는 식민지의 해방이 있을 수 없다면서 '일본무산계급과 완전한 제휴 없이는 우리의 승리를 얻을 수 없다'고 일본무산계급과 공동투쟁할 것을 결의했다. 특히 과거의 일부 좌익전선에 국한되어 있던 공동투쟁의 전선을 일본무산 대중으로 확대할 것을 강조했다.[113] 특히 정치투쟁으로는 1928년 2월 일본 중의원선거 때 노동농민당 지원을 위해 각지에서 조선인대회를 개최하고 연사를 파견했다.

大阪조선노동조합은 연대투쟁을 지속적으로 수행했다. 大阪조선노동조합은 東大阪借家人同交會, 재일본조선노동총동맹, 大阪朝鮮勞動組合 東北지부, 大阪借家人同盟本部, 町內借家人有志 등의 조직과 연대하여 靑山末吉이 大阪 東成區 蒲生町 39번지에 살면서 주택 임대를 하는데 조선인이라는 이유로 東大阪借家人同交會의 沈某의 퇴거를 명하자 공

---

111) 金浩永, 「釜山電車乘務員の罷業を勝たせろ」, 『進め』, 1928. 7.

112) 神奈川縣朝鮮勞動組合 本部, 「神組 ニュース」(10)(내무성 1928년 11월 13일 압수 문건)(早稻田大學 마이크로필름실 소장)

113) 「일본니이가다현 조선노동조합 제2기대회 기록문」, 『殉國』 1989. 11·12합호, 150쪽.

동 투쟁에 나섰다. 이후 이 사건은 재판이 진행되어 靑山이 결석인 상태에서 그의 주문대로 일방적으로 결정되었다. 6월 18일 폭력단이 동원되어 沈의 집에 대한 압수, 집행이 자행되었다. 당시 沈의 임대방에 김광이 거주하여 재판에서 沈이 진 이후에도 투쟁이 계속되었고 결국 김광이 연행되어 가자 이를 계기로 무산계급의 거주권 확립을 위해 투쟁할 것을 호소했다.114)

재일본조선노동총동맹은 기관지 『조선노동』사수 투쟁을 전개했다. 『조선노동』의 사수를 위해 필사적으로 자금 모금에 나섰다.115) 특히 북부지부는 유일한 통일적 지도자, 선전자, 선두인 나침판 『조선노동』을 속간해야 한다면서 기금모집에 적극 나설 것을 선동하고 있다. 조합비 납입에 대해서는 지속적으로 반보 등을 통해서 고지하고 있다. "우리를 죽이기 위하여 탈취하는 세금을 한푼도 내지 말자"면서 세금 납부 거부와 조합비 수납을 연계시켜 선전, 선동 활동을 수행했다.116) 그밖에도 귀국하는 동맹원이 계속적으로 투쟁전선에서 활동하도록 환송회를 준비했다.117) 이것은 재일조선인 민족해방운동세력의 보편적 시각을 대변해 준다.

재일조선인 노동자들의 투쟁은 국내와 일본의 노동운동에서 보이는 것과 같은 경제적 요구를 주로 제기하기 보다는 민족, 정치적 요구를 전면화시킨 것이 특징적이었다. 일본이라는 지역적 특수성에 따라 재일조선인은 민족 문제를 우선시 했고 그 귀결은 정치적인 투쟁으로 나

---

114) 東大阪借家人同交會, 재일본조선노동총동맹, 대판조선노동조합東北지부, 대판차가인동맹본부, 町內借家人有志, 「친애하는 町民諸君에게 호소한다 !!」(1928. 6. 23.)(『社會運動通信』(8) 1928. 7. 6.)
115) 『續號』(2)(발행지 불명)(早稻田大學 마이크로필름실 소장)
116) 『續號』(2)(발행지 불명)(早稻田大學 마이크로필름실 소장)
117) 제목불명(내무성 1928년 8월 23일자 압수문건))(早稻田大學 마이크로필름실 소장)

타났던 것이다.

제3절 재일조선인 청년운동의 강화

1. 재일본조선청년동맹의 창립

재일본조선청년동맹은 삼청년동맹공동위원회의 조직적 성과로 창립되었다. 재일본조선청년동맹에 대해 살펴보기에 앞서 삼청년동맹공동위원회에 대해 살펴보자.

삼청년동맹공동위원회는 東京조선청년동맹과 大阪조선청년동맹의 주도로 양 청년동맹과 경도조선청년동맹의 구성원이 1928년 2월 2일 大阪市 浪速區 水津川町 대판청년동맹회관에서 모여 시작되었다.[118] 이 모임의 중심은 동경조선청년동맹이었으며[119] 출석위원은 東京의 인정식, 大阪의 위경영, 김우섭, 윤동명, 京都의 金正斗, 조재홍 등이었다.[120] 먼저 재일본조선청년동맹 조직과 관련한 주요한 결의 사항을 보면 다음과 같다. 1) 조직은 단일동맹을 구성하고 각 지방에 지부를 두며 각 동맹의 의사를 수렴할 것과 본부의 위치는 東京으로 한다, 2) 대회는 1928년 3월 11일 京都에서 열기로 한다, 3) 대의원은 단체마다 5명씩 선출하기로 한다, 4) 의안 인쇄비로 백원을 계산하고 기타 대회 경비는 보류하기로 한다, 5) 선언과 의안의 작성은 동경조선청년동맹에 일임한다. 6) 연락위원으로 동경조선청년동맹 인정식, 대판조선청년동

---

118) 『중외일보』 1928. 2. 11.
119) 고경흠, 「동경에 있어 조선공산주의자의 운동은 어떻게 발전하는가」, 배성찬 편역, 『식민지시대 사회운동론 연구』, 돌베개, 1987, 343쪽.
120) 『중외일보』 1928. 2. 11.

맹 김우섭, 경도조선청년동맹 조재홍을 선출했다.

1925년 전후부터 東京, 京都, 大阪 등지에 조선청년동맹과 기타 청년 단체들이 조직되었다. 이들 조직은 1926년 이래 국내 및 일본지역 운동상황의 변화와 관련하여 통일기관의 필요를 통감했다.[121] 삼청년동맹 공동위원회의 결의로 단일동맹을 조직하기로 한 재일본청년운동세력은 재일본조선청년동맹 준비위원회의 준비로 1928년 3월 21일 오후 6시 大阪 天王寺 공회당에서 창립대회를 열고 재일본조선청년동맹을 결성했다.[122]

창립대회는 준비위원 김우섭의 개회사로 시작되어 임시의장 정희영, 부의장 김정두, 서기 김ㅇ찬이 선출되었다. 집행부의 선거도 하여 집행위원장 정희영, 위원 金時容, 조옥현, 송재홍, 朴夏麟, 윤동명, 李丙植, 朴永萬, 김정두, 이상조, 인정식, 조학제, 김우섭, 金榮洙 등을 선임했다.[123]

대회에는 일본노동농민당, 조선의 각 단체의 축문, 축전이 답지했다. 경찰에 의해 중지를 당해 조선청년총동맹과 재일본조선청년동맹의 만세 삼창으로 오후 10시에 폐회했다. 재일본조선청년동맹의 강령은 '재류조선청년의 의식적 교육과 훈련을 하고 좌익운동을 철저히 한다'고 했으며[124] 21개조의 행동강령을 제정했다.[125]

「1) 전민족적 협동전선당 완성에 적극적으로 노력한다, 2) 조선청년

121)「在留朝鮮人の運動狀況」, 박경식 편, 『자료집성』(2-1), 137쪽.
122)『대중신문』(1928. 4. 1), 박경식, 『조선문제자료총서』(5), 388쪽.
123)『중외일보』 1928. 3. 31.
124)「在留朝鮮人の運動狀況」, 박경식 편, 『자료집성』(2-1), 37쪽.
125)『청년조선』(1928. 7. 7.), 박경식 편, 『조선문제자료총서』(5), 397쪽. 재일본조선청년동맹의 25세 이하의 연령 제한은 이미 동경조선(무산)청년동맹회, 동경조선청년동맹 시기에도 실시되었다.(박상희, 앞의 글, 참조.)

총동맹 일체의 집회 자유 획득의 건, 3) 조선총독 폭압정치 반대운동
에 적극적 참가, 4) 일본의 조선증병에 철저한 항쟁, 5) 조선 내지에
일본이민 절대 반대, 6) 중국 혁명운동의 적극적 지지, 7) 노농러시아
의 절대 지지, 8) 제국주의 전쟁의 위기와 투쟁, 9) 동방피억압 청년단
체와 공동 투쟁에 적극적 노력, 10) 재일본조선청년에 대한 학대와 멸
시에 항쟁, 11) 재일본조선노동자 청소년의 임금차별, 위험작업 폐지에
노력, 12) 조선 노예 교육정책에 절대 항쟁, 13) 교회 내의 청년에 대
한 장로 등의 전제적 지배에 반대, 14) 조선 청소년에 관한 봉건적 차
별 대우 반대, 15) 조선청년운동의 만 25세로 연령 제한, 16) 조선 청
소년 국경 출입권 자유 획득, 17) 재일본 각종 조선청년단체(종교, 예
술, 스포츠 등)와 공동투쟁에 적극적 노력, 18) 조선청년단체에 대한
파쟁적 책동의 근절에 노력, 19) 일본 각지에 산재한 조선청년 대중의
조직에 적극적 활동, 20) 조선노농운동을 적극적 지지, 21) 재일본조선
청소년의 교육, 보급에 노력」

　행동강령은 조선청년총동맹의 원칙 강령에 근거하여 재일본 조선청
년운동의 특수한 정세에 따라서 투쟁할 것을 강조했다.126) 특히 교회
청년과 기타 청년단체와의 공동투쟁에 노력할 것을 강조하는 것은 대
중획득과 대중운동의 강화를 지향한 것이었다. 재일본조선청년동맹은
사무실을 東京府下 戶塚町에 두었다.

2. 재일본조선청년동맹의 조직과 활동

　재일본조선노동총동맹의 결성과 함께 청년운동 진영의 조직 강화가
도모되어 東京, 大阪, 京都의 조선청년동맹이 지부로 변경하여 조직 내
에 들어왔다.127) 그리고 1929년 4월에는 兵庫지부가 결성되었다.128)

---

126) 『중외일보』 1928. 3. 31. 재일본조선청년동맹은 조선청년총동맹의 산하 조직
　　으로 각종 팜플렛에 서명되어 있다.

　1928년 3월 결성 이후 얼마되지 않은 5월에 재일본조선청년동맹에는 조선공산당 일본총국 고려공산청년회 인정식 책임 시기 플랙션으로 박득룡(책임), 조학제, 이원현이 활동했다.[129) 대체로 이 시기에는 재일본조선청년동맹의 구성원이 400명이었고,[130) 1929년 9월말에는 1,300여명이 되었다.[131)

　이러한 가운데 蘇生은 「반조직 확립의 결정적 급무」라는 투서에서 각지의 청년동맹이 파벌에 의해 이용되고, 조종되는 것이 조직의 대중적 기초가 없기 때문이며 지배계급에게 있어 조직적 기초와 연결이 없으면 청년 동맹을 탄압하고 전위를 빼앗는 것이 용이하다고 했다. 그리고 반 조직의 임무를 거론했다. 1) 조직문제의 기본으로 투쟁의 기초단위인 「반」이 공장, 광산, 농촌, 학교 등 청년대중이 일상적으로 억압, 착취당하는 곳을 중심으로 확립되어야 한다, 2) 청년대중의 정치의식을 높이기 위하여 里民大會, 面民大會, 郡民大會, 종업원대회, 학생대회 등의 투쟁형태를 통해서 총독부 폭압정치에 대한 대중적, 전국적 투쟁을 발전시켜야 한다, 3) 특히 공장반 조직을 강화해야 한다[132)고 했다. 투서 형식의 이러한 내용은 재일본조선청년동맹 중앙 간부의 기본적인 시각으로 생산현장 중심의 반 조직 강화는 당시 운동의 중요한 토대였다.

　재일본조선청년동맹은 재일본조선노동총동맹과 가장 긴밀한 우의관계를 유지하고 있었다. 특히 간부들은 양쪽의 역원을 겸임하는 사람이

---

127) 『대중신문』(1928. 4. 1), 박경식 편, 『조선문제자료총서』(5), 388쪽.
128) 「在留朝鮮人の運動狀況」, 박경식 편, 『자료집성』(2-1), 1075쪽.
129) 「1929年の共産主義運動」, 김정명 편, 『조선독립운동』(4), 39-40쪽. 그리고 1928년 10월 당 조직 검거 때는 김세일이 플랙션으로 활동하고 있었던 것이 밝혀졌다.
130) 『대중신문』(1928. 1. 28), 박경식 편, 『조선문제자료총서』(5), 377쪽.
131) 「在留朝鮮人の運動狀況」(1929), 박경식 편, 『자료집성』(2-1), 37-38쪽, 137쪽.
132) 『청년조선』(1928. 7. 31)(早稲田大學 마이크로필름실 소장)

많았다. 실제로 재일본조선노동총동맹은 재일조선인 민족해방운동에서
공산주의계를 대표하는 2대 세력 중의 하나였다. 재일본조선청년동맹
지역 단위 東京, 大阪, 京都지부의 조직을 살펴보자.

東京지부는 1928년 4월 8일 창립되었다. 1928년 7월 시점에 450명이
었고 16개 반이 조직되어 있었다.[133] 大井반을 1928년 12월 16일에 조
직했다.[134]

1928년 4월 東京지부에는 박득룡을 책임자로 하는 고려공산청년회
일본부 플랙션이 설치되었다. 플랙션회의에서는 재일본조선청년동맹
東京지부 집행위원회 후보자를 위원장 조학제, 조직선전부장 박득룡,
위원 이원현으로 선정하기로 했다. 東京지부의 사무실은 東京府下 戸
塚町 諏訪 160 請水方에 있었다.[135]

大阪지부[136]는 1928년 4월 20일 창립되었다. 大阪지부의 창립은 종
래의 비조직적 청년운동에서 대중적, 조직적 운동으로 진출하기 시작
한 것으로 1928년 7월 大阪지부의 구성을 보면 7개반, 470명이었다.

재일본조선청년동맹의 지령에 따라 大阪지부는 조직을 강화하여 반
을 공장반, 직장반, 거주반으로 구분하고 동일구역 내에 지구위원회를
조직하여 미조직 청년의 조직과 교양사업을 계속했다.[137] 1928년 8월
시기 재일본조선청년동맹 대판지부 혼합반은 지역반으로 지역반은 공
장반으로 정비·조직되었다.[138] 전술했듯이 고려공산청년회 대판야체이

---

133) 『청년조선』(1928. 7. 7), 박경식 편, 『조선문제자료총서』(5), 399쪽.
134) 東京支部 大井班, 「창립뉴쓰」(1928. 12. 16)(早稻田大學 마이크로필름실 소
     장)
135) 在日本朝鮮青年同盟 東京支部, 「뉴쓰」(3)(1929. 1. 15)(早稻田大學 마이크로필
     름실 소장)
136) 이하의 大阪지부의 내용 가운데 별도의 주가 없으면 『청년조선』(1928. 7. 7)
     을 참조함.
137) 『청년조선』(1928. 7. 31)(早稻田大學 마이크로필름실 소장)
138) 大阪지부의 반 활동으로 특기할 것은 大阪지부 신문위원회가 1928년 8월 1

카는 大阪지부 내 공장반 확립을 지도하는 등 大阪지부의 투쟁을 선도 했다.

大阪지부는 반 조직이 투쟁의 기본 단위로 운동의 결정적 임무가 있 다면서 반 조직의 중요성을 강조했다. 몇개 반의 활동을 살펴보면, 大 阪지부 浦江반의 경우 1928년 8월 시기 100여명의 동맹원을 획득했다.

1929년 1월 東成반의 경우 권한휘, 조희두가 전투적인 싸움을 계속 했다. 東南반은 투사인 김병국을 잃고 오랫동안 침묵을 지켰는데 1928 년 6월 一登에 모여서 토의와 임원 선정을 했다. 신임위원은 반장 : 최 창모, 서기 : 이0촌, 회계 : 강준근, 허진, 김덕수, 박석, 홍이0, 서병호, 박정모 외 2명이었다.139)

재일본조선청년동맹의 활동은 기관지 『청년조선』을 통해 먼저 확인 할 수 있다. 재일본조선청년동맹은 『청년조선』을 발행했으며140) 확인 가능한 호수는 창간호, 2호, 3호이다.141) 이것은 기존의 같은 이름의 동

일부터 7일까지 『청년조선』8백 독자 획득과 200원 기금모집 운동을 전개한 내용이 있었다.(『청년조선』(3)(1928. 8. 30)(早稻田大學 마이크로필름실 소장))

139) 在日本朝鮮青年同盟 大阪支部, 「뉴쓰」(신년특별호)(1929. 1. 10)(早稻田大學 마이크로필름실 소장)

140) 정희영은 극동압박청년반군국주의동맹의 성립, 기관지의 발간에 재일본조선 청년동맹이 선두에 섰는데 일본무산청년동맹과 국제적 연대를 구축하고, "우리들의 신문 『청년조선』이 금일 20일경부터 간행된다 !! 각 지부를 레포 트를 보내라 !! 독자도 레포트를 각 지부의 정세와 전황을 보고하라 !! 독자 는 체험감상, 폭로 등을 보내라 !! 신속하게 간결하게"라고 당부하고 있다. (鄭禧泳(집행위원장), 「폭압에 대항하여 전동맹원 제군에게 보낸다」(재일본 조선청년동맹, 『뉴스』(3), 『社會運動通信』(6) 1928. 6. 22)

141) 「在留朝鮮人의 運動狀況」, 박경식 편, 『자료집성』(2-1), 1074쪽. 『청년조선』은 1928년 7월 7일(창간호), 7월 31일(2호), 8월 30일(3호)가 발간되었다. 다른 일반 개별 전단, 삐라, 팜플렛보다 동일한 주제에 대해서 내용이 자세하다. 창간호, 2호는 박경식편 『조선문제자료총서』(5)에 실려 있고 3호는 창간호, 2호와 함께 早稻田大學 圖書館 마이크로필름실에 소장되어 있다. 창간호 (『청년조선』(2) 1928. 7. 31)와 2호는 발매 금지 당했다. (『청년조선』(3)(1928. 8. 30)(早稻田大學 마이크로필름실 소장)

경조선무산청년동맹회의 기관지와 비교해 보면 높은 수준이었다.

『청년조선』은 운동이 전투적, 대중적으로 통일되지 않고 광범위한 노동청년이 참가할 수 없으며, 또한 조선의 청년운동이 의식적, 적극적으로 수행되지 않는 상황에서 재일본조선청년동맹의 현실 타파의 한 방법으로 창간했다.[142] 아울러 세간에서 새로 발간하는 『청년조선』을 기존의 동명의 잡지[143]와 같이 평가하면 그것은 현재의 재일본조선청년동맹을 이전의 재동경조선청년동맹과 같이 평가하는 오류를 범하는 것이었다.[144]

『청년조선』의 주요 임무는 1) 조선청년을 얽어매고 있는 사슬의 형식과 내용을 폭로하고, 2) 종교문제를 취급하며, 3) 군국주의와 싸우고, 4) 봉건적인 관념과 투쟁하고, 5) 모든 기회주의자, 봉건주의자, 대중에게 사기친 사기꾼을 처단하며, 6) 청년투쟁의 역사적 사건과 경험을 보도하여 友誼단체의 투쟁을 자극하고, 7) 청년 대중의 언론, 출판, 집회, 결사의 자유획득을 웅변하는 것이었다.[145] 기관지 발간에는 기고와 자금이 중요한 문제였다. 이를 해결하기 위해 『청년조선』에 지속적으로 기금 송금자의 명단을 게재했다. 청년조선사는 600원 기금모집의 사고

---

142) 『청년조선』(1928. 7. 7), 박경식 편, 『조선문제자료총서』(5), 397쪽.
143) 한편 동경조선청년동맹은 「청년조선의 프린트 속간을 하면서 전국적 청년 신문의 제창」에서 『대중신문』(1928. 1. 1) 진병로(동경조선청년동맹 출판부)는 '광범위한 대중들을 우리의 지도 이론에 동원시키기 위하여 우리 청년의 일상 이익과 빛나는 사명을 다하기 위하여 우리는 반드시 … 정기적 신문을 가지지 않으면 아니 될 것이다'고 기관지의 필요를 피력했다. 그러나 재정상의 문제로 『청년조선』을 월간으로 속간하기 위해 노력했으나 불가능했다. 따라서 우선 프린트로 속간한다면서 전국의 청년대중에게 재정적 도움을 요청하고 나아가 정기적 출판물로 『청년조선』이 되면 재동경조선청년동맹의 기관지에서 전국적 청년신문으로 전화될 수 있다는 전망을 갖고 있었다. (『대중신문』(1928. 1. 1), 박경식 편, 『조선문제자료총서』(5), 371쪽.)
144) 『청년조선』(1928. 7. 7), 박경식 편, 『조선문제자료총서』(5), 397쪽.
145) 『청년조선』(1928. 7. 7), 박경식 편, 『조선문제자료총서』(5), 397쪽.

를 내고 있으며[146] 창간호부터 『청년조선』은 기금모집과 기관지 배포
망 확립을 선전, 선동했다. 기금 모집에 있어 『청년조선』(3)에 실린 사
고에는 이전에 비해 보다 선동적인 내용이 실려 있다. 여기에서는
「600원 기금 모집」로 『청년조선』을 방위하라면서 '국치기념 ! 국제청년
데이 ! 관동진재 ! 관동공산당 공판 !' 등에 『청년조선』은 싸울 것을
강조했다. 두차례에 걸친 발매 금지에도 또 다시 발간된 『청년조선』을
사수하기 위해 재정 확립을 위해 신문을 받으면 지대(紙代)를 즉시 지
불할 것을 요구했다. 또한 1인의 독자가 2인 이상의 독자를 모집하라
고 독자 모집에 적극적으로 나설 것을 선동했다.[147]

투쟁자, 비판자, 조직자, 통일자이며 친절한 지도자인 『청년조선』의
간행은 초기에 매월 2회 예정되었으나 재정 문제로 일단 월 1회 했
다.[148] 3회부터는 기존 지면의 반인 2면으로 되었다.[149] 이와 함께 『청
년조선』은 구성원이 자주 거주지를 옮겨 배달의 정확을 위해 주소와
이름을 자주 통지할 것을 고지하고 있다.[150]

『청년조선』을 통해 大阪에도 청년동맹이 있는 것을 알았다고 할 정

---

146) 『청년조선』(창간호)(1928. 7. 7)(早稻田大學 마이크로필름실 소장). 1928년 7
월 7일자 『청년조선』창간호의 기금모집 응모자의 명단은 다음과 같다. (원
을 단위로 하며 괄호 안은 액수이다) 田有占(5원), 朴亮根(5), 朴徹津(10), 崔
漢奎(5), 李宗基(5), 全永琦 (5), 李丙鎬(5), 朴焵埰(5), 張鉉發(10), 韓寅洙(5),
金縱基(5), 崔潤奭(5), 李昌仁(5), 金性東(1), 최채석(1), 崔命洛(1), 金杜桂(2),
徐종淑(2), 朴鎭珠(2), 宋汝相(2), 金軾均(2), 宋判述(1), 길군주(4), 李源昌(5),
李相北(3), C A(3), 金鍾喆(8), 姜鋏淳(2)이다.
147) 『청년조선』(3)(1928. 8. 30)(早稻田大學 마이크로필름실 소장). 기금응모자와
액수를 보면 다음과 같다. 黃義準(50錢), 猛日得(배재고보)(1원8전), 대판지부
부인반(1원), KS生(75전), 평양모탄광부(17전), 咸定默(3원), 春星生(1원), 小計
7원 50전, 累計 : 208원 65전이었다.
148) 1928년 7월 7일 발간한 『청년조선』은 발매금지 당했다.(『청년조선』(1928. 7.
31)) (早稻田大學 마이크로필름실 소장)
149) 『청년조선』(3)(1928. 8. 30)(早稻田大學 마이크로필름실 소장)
150) 『청년조선』(1928. 7. 31)(早稻田大學 마이크로필름실 소장)

도로 주요한 선전·선동의 장으로 『청년조선』은 그 역할을 수행했다.[151] 大阪의 權澤은 「『청년조선』만세 !」라는 기고에서 "우리는 이 거인을 공장으로 농촌에로 광산에로 어장에로! 학교에로 피압박청년이 있는 곳이면 반드시 들여 보내어 그들을 지도케 하며 動케 하며 조직케 하지 않으면 안될 것이다. 이러지 안으면 우리들의 『청년조선』을 잘 지키지 못할 것이다"고 사수 투쟁에 나서자고 했다.[152] 재일조선인 청년운동이 조선청년운동의 일부로 투쟁의 대상과 목표가 국내 청년운동과 동일하다고 전제할 때 『청년조선』은 재일운동에만 국한해서 논지를 전개시킬 필요는 없었다.

재일본조선청년동맹은 조직 내에 조선공산당 일본총국 고려공산청년회 플랙션이 들어가 있었다. 이들의 지도로 실제 투쟁은 조직되었으며[153] 우선 기관지를 통해 조선총독부의 삼총 해산음모에 반대하여 해금운동에 궐기할 것을 호소하고 治安維持法 改惡, 朝鮮 增兵과 中國 出兵 反對, 植民地 奴隷敎育 反對를 위해 일어난 조선 학생의 동맹휴학 투쟁 지지 등을 표명했다.[154]

1928년 4월 11일 田中 반동내각의 삼단체(노동농민당, 일본노동조합평의회, 일본무산청년동맹) 해산 명령에 대해 반대의사를 표명했다. 「田中 반동정부의 삼단체 해산명령에 대하여 본동맹의 태도를 성명함」이라는 재일본조선청년동맹의 1928년 4월 11일자 성명서는 일본무산청년동맹과 재일본조선청년동맹이 같은 입장에 있다면서 노동농민당, 일본노동조합평의회, 일본무산청년동맹의 해산에 국제 연대의 차원에서

---

151) 『청년조선』(3)(1928. 8. 30)(早稻田大學 마이크로필름실 소장). 귀국한 동맹원이 귀국투쟁보고를 잘하지 않았으며 대부분이 레포트, 기금, 배포망, 동맹비 등에 대한 소식을 전하지 않았다. 이것은 귀국 때의 약속을 어긴 것이었다.
152) 『청년조선』(창간호)(1928. 7. 7)(早稻田大學 마이크로필름실 소장)
153) 「在留朝鮮人の運動狀況」(1930), 박경식 편, 『자료집성』(2-1), 137쪽.
154) 『청년조선』(1928. 7. 7), 박경식 편, 『조선문제자료총서』(5), 397쪽.

절대 반대했다. 1928년 5월 「일본제국주의의 산동출병에 대하여 전극동피억압청년 대중제군에게 호소한다」155) 에서는 중국혁명을 지지하자는 국제주의적 슬로건을 내걸었다. 그리고 田中 반동내각의 4월 20일 중국 산동성 출병을 거류민 보호를 빙자한 것이라면서 그 반동성을 지적하고 여기에서는 조선에 대한 군대의 파견도 반대했다. 특히 일본제국주의의 조선, 대만 침략을 상기하여 반동적인 중국 침략을 저지해야 한다는 것이다. "조선증병 ! 이것은 그들이 우리 조선 민족해방운동을 총과 칼로 말살시키려는 의도가 아니면 안될 것이다. 그러나 이것은 그들 자신의 수축을 스스로 폭로함에 불과한 것이다. … 농촌 청년은 농촌에서, 공장 청년은 공장에서, 어장 청년은 어장에서, 학생 청년은 학교에서, 가두로 진출하라 !"156)고 했다.

계속해서 1928년 6월 재일본조선청년동맹은 「전조선청년은 조선증병 반대운동에 참가하라」은 문건에서 중국 민족의 해방과 조선민족해방운동은 불가분의 관계가 있고 중국 민족의 해방은 나아가 전세계 혁명의 열쇠라는 것이다. 그리고 노동자계급의 국제주의적인 시각에서 "한사람의 일본군을 조선에 상륙시키고 조선 학생들로 하여금 일본 군복을 입게 하며 일본의 총을 매게 하는 것은 전조선청년의 무력함을 보이는 것"이라면서 조선 증병과 중국 출병에 반대했다.

동양의 평화와 조선의 안녕질서를 보존하기 위해 6개단의 무장병과 1천여명의 경관을 증강시키는 것은 田中 살인 수상의 음모였다. "통치를 하기 위한 무장군대, 무장경찰의 전주 준비는 우리의 고혈에서 빼앗은 납세에서 엄연히 지불되지 않느냐 ! … 군대와 경찰의 한놈의 증치라도 우리는 죽어도 반대하자. … 노동 청년은 공장에서 광산에서 종업원대회를 개최하여 항쟁운동을 일으키는 동시에 증병, 경찰 증치

---

155) 『社會運動通信』 1928. 5. 17.
156) 『청년조선』(창간호)(1928. 7. 7)(早稻田大學 마이크로필름실 소장)

반대의 스트라이크를 결행하라. 농촌 청년은 里民大會, 面民大會를 열고 주재소, 경찰서의 경찰관 증치 반대운동을 일으키는 동시에 面所郡廳에 대한 세납 인하운동을 강렬히 전개하라!! 학생청년은 학교에서 학생대회를 개최하여 학교에 대한 경찰간섭 반대, 군사교육 반대의 투쟁을 궐기하라 !!"고 재일본조선청년동맹은 구체적으로 부문별 청년운동의 전술을 제출하면서 계속적으로 내용있는 선전과 선동을 하고 있다.157)

같은 5월에는 재일본조선청년동맹 부인부는 「폭학한 총독 경찰과 야합한 경성여자상업 학교장을 타도하자 !!」158)에서 오늘날 지배계급의 교육은 노예교육이라면서 이러한 교육을 담당하는 자는 노예적 교육에 충실한 주구가 아니면 교장도 선생도 될 수 없다는 것이다. 이에 따라 당시 경성여자상업의 학생들에게 존경하던 선생을 사직시킨 교장을 축출하도록 적극 선동했다.

공동투쟁의 일환으로 「함흥고보맹휴사건에 대하여 전조선학생제군에게 격함」을 재동경조선유학생학우회, 신흥과학연구회와 함께 발행했다. 여기에서는 먼저 당시의 조선에서의 교육을 일제의 관념적 무기로 규정하고 일제의 필요에 따른 소모품 생산이 주된 목적이라면서 조선의 학교는 암흑의 소굴에 영원히 잠재우기 위한 관념적 아편의 공장이라고 했다. 그리고 지난 8일 함흥고보에서 맹휴가 있었으며 당시 학생들이 요구한 '교장의 배척, 민족적 차별 교육의 철폐'는 정당한 내용이었던 것이다. 재일본조선노동총동맹은 조선 내에서 일어난 동맹휴학 투쟁에 대해 총독부의 식민지 교육정책의 오류를 통렬히 공격했다.159)

---

157) 「조선증병 경찰증치는 결사적 반대다 !!」, 『청년조선』(2)(1928. 7. 31)(早稻田大學 마이크로필름실 소장)

158) 『社會運動通信』 1928. 5. 17.

159) 「在留朝鮮人の運動狀況」(1929), 박경식 편, 『자료집성』(2-1), 38쪽.

"모든 학교야말로 … 전조선 민중을 억압하며 착취하기 위한 도구로써의 조선인 노예를 製出하는 지배자 계급의 관념적 지배기관이며 … 청년대중을 제국주의적 ×× 전쟁에 … 이용하며 희생하기 위한 백색십자군 편성정책 기본단위에 불과한 바는 누구의 눈에도 명확하게 보이는 속일수 없는 사실이다"고 하며 "통일적 전선을 짓기 위하여는 각 학교의 전투적 청년학생은 학생대회를 개최하라. 그리하여 학생의 요구조건을 학교 당국에 던지는 동시에 맹휴 중에 있는 학교의 학생에 대한 경찰의 탄압에 대한 대중적 항의운동을 전개하라!!"고 했다.160) 이와 함께 조선학생운동이 조선민족해방운동의 일익이라면서 '盟罷 학생은 盟罷校를 중심으로 학교대표자회의를 조직하라!'고 학생운동의 중요성과 조직 전망을 제시했다.161)

또한 「전조선피억압 청년대중 제군에게 격함-근우회 전국대회 금지와 조선일보 정간처분에 대하여-」에서는 근우회 전국 대회가 금지되고 근우회를 일본경찰이 해산시킨다고 위협하여 안녕 질서를 방해했다는 이유로 조선일보가 정간처분을 받았다면서 "무엇을 가지고 소위 근우회의 정신이 불온하다고 하며 무엇을 가지고 안녕 질서를 방해했다는 말이냐"고 반박했다. 근우회가 "전조선의 피억압 여성대중의 이익과 정당한 요구를 위해 가장 용감히 가장 솔직히 싸우지 아니하였드냐!"면서 근우회의 선진성을 분명히 했다. 동시에 조선민족의 불평과 불만을 정당히 보도한 것이 조선일보라고 했다.

재일본조선청년동맹은 국제연대의 시각에서 중·일 반제세력과 연대투쟁의 구축을 도모했다. 1928년 5월 재동경 중국인 반제민족해방운동가, 일본무산청년동맹원 총 38명과 함께 해방운동의 국제적 공동전선을 확장하기 위해 極東被壓迫靑年懇親會를 개최하고162) 極東被壓迫靑

---

160) 『청년조선』(창간호)(1928. 7. 7)(早稻田大學 마이크로필름실 소장)
161) 『청년조선』(창간호)(1928. 7. 7)(早稻田大學 마이크로필름실 소장)

年反軍國主義同盟163)을 조직하기로 결정했다. 그리고 준비위원회를 결성하고 시국 비판 활동을 전개했다.164) 특히 국제적 연대를 실현하여 일본무산청년동맹이 전술했듯이 4월 11일 해산을 당하자 '新無産靑年同盟 組織準備委員會'를 통해 조직적으로 일본무산청년운동의 활동을 전폭적으로 지지했다.165)

1928년 7월 시기 재일본조선청년동맹의 한 중요 임무는 극동 피압박 청년대중을 중심으로 한 반제통일전선의 결성이었다. 재일본조선청년동맹은 청년대중에 조직의 기초를 확립하고 동시에 선전과 선동을 거듭했다.166) 그리고 7월 1일부터 7일까지로 전쟁반대 투쟁주간을 정하고, 지부와 각 반에 반군청년대회를 개최했으며 각 반으로 하여금 삐라, 포스터 등을 제작하게 하여 『無産者新聞』, 『無産靑年』 등과 함께 전조선의 청년단체에게 발송했다. 특히 재일본조선청년동맹은 1928년 초부터 일본, 호주, 중국의 청년과 공동투쟁을 전개하여 '極東被壓迫靑年 反軍國主義同盟 準備會'에 참가했다.167) 1928년 7월 7일 東京에서 무산단체, 관동지방 협의회 자리에서 '戰爭反對同盟 關東地方準備會'가 성립되었다. 여기에 재일본조선청년동맹은 가입한 단체인 新黨準備會, 全日本無産靑年同盟準備會, 재일본조선노동총동맹 관동 금속, 목재, 전

---

162) 극동피압박청년간친회는 군국주의 일본의 탄압으로 전극동의 피억압 청년 대중은 유린당해 왔는데 철과 같은 강고한 단결에 의해서만 제국주의자의 무장정책에 대해서 단호하게 투쟁할 수 있다면서 고립적, 분산적 영역을 벗어나지 못한점을 인지하고 우리 자신에게 부여된 새로운 임무를 수행하기 위해 '極東被壓迫靑年 反軍國主義同盟'의 조직을 제창했다.(극동피압박청년간친회, 『『극동피압박청년반군국주의동맹』의 조직을 제창하여 전극동 피압박청년대중에게 호소한다!!』(1928. 5. 4)(『社會運動通信』(1) 1928. 5. 17))
163) 「안내장」, 대원사회문제연구소 소장.
164) 「在留朝鮮人の運動」(1931), 박경식 편, 『자료집성』(2-1), 252쪽.
165) 『청년조선』(1928. 7. 7), 박경식 편, 『조선문제자료총서』(5), 399쪽.
166) 『청년조선』(2)(1928. 7. 31)(早稻田大學 마이크로필름실 소장)
167) 『청년조선』(3)(1928. 8. 30)(早稻田大學 마이크로필름실 소장)

기노동조합, 동경합동출판노동조합과 함께 준비회의 상임위원회의 한 구성조직으로 활동했다.168)

1928년 7월 17일부터 31일까지 2주 동안을 중국 노동운동에 대한 국제 구원주간으로 설정했다. 7월 5일 피압박 민중을 위해 싸우다 희생된 전위투사와 가족들을 위해 東京에 재동경해방운동희생자구원회가 창립되자 주도적으로 활동했다. 이와 함께 재일본조선청년동맹은 "이 구원회는 결코 東京에만 국한하여 있을 것은 아니다. … 우리 피압박 민중이 있고 또한 희생된 투사가 있는 곳에는 반드시 이 구원회가 조직되어야 할 것이다"고 조직의 전망을 밝혔다. 그리고 슬로건에서 '解放運動者救援會를 전국적으로 조직하자!'고 했다.169) 6월에는 "6월 10일 ! 피의 날 ! 투쟁의 날 ! 우리 조선피압박 대중은 이 기념일에 궐기했다. 조선 내지는 물론 만주에서도 재일본 우리는 京都에서 大阪에서 東京에서 활발한 투쟁을 전개시켜 극도로 반동화한 일본제국주의와 싸웠다"면서 6.10만세 시위투쟁을 계기로 선동함을 잊지 않았다.170)

재일본조선청년동맹은 제14회 국제청년데이를 맞이해서 다음과 같이 선동했다. 1) 청년운동의 통일, 2) 언론, 집회, 출판, 결사 자유의 획득, 3) 치안유지법 및 법령 7호 철폐, 4) 조선증병 및 대중국 출병 반대, 5) 세계제국주의전쟁 반대, 6) 일상투쟁의 격발을 집요하고 용감하게 싸워 나아가자.

조선청년총동맹 산하 조직으로 출범한 재일본조선청년동맹은 국내와 연계 속에서 일제 통치에 대해 전면 반대 투쟁을 계속했다. 전조선 민중의 힘으로 三總의 巨營을 固守하기 위해 저항운동을 전개했다. "조선총독정치의 폭압에 대해, 우리 삼총해금운동을 위하여 전조선 민중이

---

168) 『청년조선』(2)(1928. 7. 31)(早稻田大學 마이크로필름실 소장)
169) 『청년조선』(2)(1928. 7. 31)(早稻田大學 마이크로필름실 소장)
170) 『청년조선』(창간호)(1928. 7. 7)(早稻田大學 마이크로필름실 소장)

분기하는 이 때에 있어서 저들 총독부놈들은 다시 우리 삼총의 해산을
음모하고 있다"면서 일제의 반동성을 내외에 천명하고 있다.[171] 재일본
조선청년동맹은 조선청년총동맹 집회 해금주간을 정하고 밑으로부터
투쟁을 조직했다.[172] 특히 경기도 경찰부장이 "삼총은 해산된 후 새로
조직된다 할지라도 주의자가 가입하지 않는 경우에만 허가하겠다"고
하는데 이것은 주의자 단체는 허가하지 않는다는 입장을 표명한 것이
었다.[173] 여기에서 '주의자'는 억압받고 착취당하는 조선민중의 일상적
인 이익을 대표하고 공장, 광산, 농촌학교에서 가장 용감히 투쟁하는
전투적 전위로 조선민족해방운동의 중추임은 두말할 것도 없다.

재일본조선청년동맹은 신간회 본부 간부들이 신간회 전국대회 금지
를 대중적 운동으로 분쇄할 것은 추호의 생각도 없고 각 지회에 지령
을 난발하여 항의운동을 중지시키고 있다면서 신간회 본부의 제2회 대
회 소집에 대한 태도를 비판하고 있다.[174] 신간회 중앙 간부들은 본부
는 급진적이지 않으나 지부의 급진적 운동이 대회를 허가하지 않았다
면서, 지회에 항의운동의 정지를 명령함과 동시에 동경지회에도 정지
명령을 내렸다. 이와 함께 1927년 가을 『신간신문』의 발간이 2, 3차례
금지당했다. 재일본조선청년동맹은 신간회 본부 간부를 합법주의적 개
량주의 간부로 평가했다.[175] 이러한 평가는 신간회 동경지회와 재일본
조선청년동맹의 조직적 상관관계에서 나온 당연한 귀결로 이것은 조선
공산당 일본총국의 대신간회 본부에 대한 입장과도 결코 무관하지 않
은 것이었다.

재일본조선청년동맹은 과거의 청년운동에서 청년 독자의 투쟁으로,

---

171) 『청년조선』(1928. 7. 31)(早稲田大學 마이크로필름실 소장)
172) 『청년조선』(창간호)(1928. 7. 7)(早稲田大學 마이크로필름실 소장)
173) 『청년조선』(1928. 7. 31)(早稲田大學 마이크로필름실 소장)
174) 『청년조선』(창간호)(1928. 7. 7)(早稲田大學 마이크로필름실 소장)
175) 『청년조선』(2)(1928. 7. 31)(早稲田大學 마이크로필름실 소장)

사상운동식 청년운동에서 광범한 대중적 청년운동으로 나아갔다면서 '그들(노동청년 : 필자)을 투쟁선 상에 내세우는 일면 郡동맹은 반조직을 확립하여 일상 투쟁을 격발시키는 동시에 각 郡의 연합체로서의 道연맹은 이것을 지도할 것'과 조직의 통일을 내걸었다.[176] 재일조선청년동맹의 활동으로는 청년대중에 대한 조직 차원에서의 조사 사업을 실시했다.[177] 재일본조선청년동맹원은 조선청년총동맹의 기치 아래 단결하여 조선민족해방운동의 선두대로서 투쟁을 수행해야 할 역사적 임무가 있었다.

이상과 같이 1928년 시기 재일본조선청년동맹은 재일본조선노동총동맹과 함께 4대 기념 투쟁과 朝鮮總督 暴壓政治 反對運動, 三總 解禁運動, 三團體 解散 反對運動, 治安維持法 改惡 反對運動, 朝鮮 增兵・警察 增置, 中國 出兵 反對運動[178] 그리고 植民地 敎育 反對運動과 특히 국제연대 조직 사업과 투쟁 등을 전개했다. 특히 조직적으로 국내와 연계되어 국내 반제 투쟁과 함께 했던 것이다.

제4절 대중 조직의 강화와 민족해방운동의 고양

1. 신간회 동경지회의 발전

신간회 동경지회 제2회 대회 이후 신간회 중앙의 1928년 2월 4일 임

---

176) 『청년조선』(3)(1928. 8. 30)(早稻田大學 마이크로필름실 소장)
177) 상임집행위원이 九州의 탄광, 공장에 파견되어 노동자 속에 들어가 조사활동을 했으나 이들은 경찰의 탄압으로 東京에 다시 돌아갔다.(『청년조선』 1928. 7. 31), 박경식 편, 『조선문제자료총서』(5), 403쪽.)
178) 「조선청년총동맹 재일본조선청년동맹 대판지부 東南반 반보」(1)(내무성 1928년 8월 15일 압수문건)(早稻田大學 마이크로필름실 소장)

시간사회는 동경지회의 내분을 조사하기 위해 조사위원으로 이관용을 파견하고 이것이 정리되지 않으면 동경지회의 대의원을 전국대회에 출석시키지 않는 것으로 결정했다.[179] 이러한 본부의 조정에 의해 일단 타협의 형태로 수습이 되었지만 대립상태는 해소되지 않았다.

전술했듯이 1928년 초에는 신간회 동경지회가 본부와 대립했다. 계기는 대회 금지에 대한 대응의 방식이었다. 창립 1주년이 되는 1928년 2월 15일 제2회 전국대회를 신간회는 개최할 예정이었으나 경찰이 금지 통고를 자행했다.[180] 이로 인해 개최가 불가능해지자 본부는 임시대회를 열고 경찰과 교섭을 진행하면서 지회에 신중하게 대처하도록 지령을 내렸다.[181] 이러한 본부의 자세에 반발해 다수의 지회가 대회 해금 대중운동의 전개를 주장했는데 그것을 동경지회가 앞장 섰다. 『대중신문』은 '신간회 전국대회를 대중투쟁으로 탈환하자', '전국대회는 일제와의 교섭으로 해결되지 않는다'면서[182] 현 간부는 그 소부르조아적 평화주의의 환상 아래서 대중의 투쟁 욕구를 억압하고 반항 대신에 평화, 온건의 환상을 주어 대중을 잠재우려 하고 있다고 신간회 본부를 비판했다. 그리고 전국적 대중적 항의운동을 전개하여 이것을 전민족적 정치투쟁으로 나아갈 것을 주장하고 있다.[183]

---

179) 『동아일보』 1928. 2. 7. 또한 東京지회의 내분은 총무간사회가 해결하기로 했다.
180) 『동아일보』 1928. 2. 8.
181) 『조선사상통신』 1928. 3. 2.
182) 『대중신문』 1928. 3. 13.
183) 『대중신문』 1928. 4. 29, 『청년조선』(2) 1928. 7. 31, 참조. 신간회 본부에 대한 비판적 모습은 국내에서도 일정하게 상존했는데 조선 내에서 출판 활동이 자유롭지 못하여 신간회에 대한 비판적인 글이 게재될 수 없자 閔生이라는 필명의 활동가는 『戰旗』의 「朝鮮から」에서 신간회의 간부를 大山郁夫 류로 취급하면서 신간회의 합법주의적 활동에 강력하게 반발하고 있다.(『戰旗』 1930. 5.)

또한 동경지회의 기관지 발간을 둘러싸고 신간회 본부와 의견의 대립이 있었다. 동경지회는 1927년 성립된 이후 기관지 발행을 계획했고[184] 제2회 대회에서도 결의되었으며 그 해 6월 내지는 8월에는 동경지회의 기관지로 『신간신문』이 준비되었다. 그러나 결국 본부의 발간 중지 명령으로 햇빛을 보지 못했다.

1928년 3월 19일 박량근의 사회로 동경지회 간사회가 열렸다. 여기에서는 1) 주로 대중 단체와 관련하여 결의하고, 2) 동시에 在滿 極東 朝鮮人學校 閉鎖에 관해 北京政府, 봉천성장, 주일 중국공사와 일본정부에 항의했으며, 3) 재만동포옹호회에 격려문을 발송하기로 했다. 이밖에도 橫須賀노동조합 창립을 원조하기로 했다.[185]

1929년 2월 17일 제3회 신간회 동경지회 대회에서는 '전민족적 총역량을 신간회에. 우리들의 대회를 용감하게 엄수하라' 등의 슬로건을 내걸고 토의를 준비했다. 대회에서는 김동훈[186]이 지회장을 맡았다. 당시 의안이 투쟁적이어서 일본 경찰은 120주 차압처분을 내렸고 15항목의 의안 가운데 1) 동양척식회사 및 기타 이민 반대의 건, 2) 해방운동 희생자 구원의 건, 3) 반제국주의동맹 지원의 건, 4) 범태평양노동조합회의 지지의 건 등은 자체에서 말소되고 말았다. 이것은 본부의 신간회 제2회 전국대회의 개량에 반대한 것과는 상치되는 활동이다.[187] 한편 신간회 일본지역 지회와 함께 民族唯一黨 在日獨立促成會가 조직되어 있었다.[188]

---

184) 『중외일보』 1927. 7. 20.
185) 『중외일보』 1928. 3. 25.
186) 김동훈은 '재건고려공산청년회 일본부' 플랙션으로 1929년 4월 시기 이후 활동했다.(「朝鮮人의共産主義運動」, 김정명 편, 『조선독립운동』(4), 944-945쪽, 참조.) 특히 지회 대표자회의에서 민족단일당 완성을 목표로 한 행동강령을 수정하기도 했다.
187) 『독립운동사자료집』(별집3), 85쪽.
188) 민족유일당 재일독립촉성회는 전민족의 반일본제국주의적 요소를 총 결속

신간회 동경지회에는 일본총국 당 조직 개편 때인 1928년 4월 한림
(책임), 강소천이 플랙션으로 활동했고, 6월에 가서는 서인식(책임), 임
종웅(부책임)으로 개편되었다.[189] 특히 신간회 동경지회는 조직 초부터
무정부주의계의 재일조선인단체와 조직, 개인적으로 거의 연대를 구축
하지 않았다. 이후에도 무정부주의계와는 계속 대립관계였다. 한 예로
1929년 6월 7일 회의 중인 학우회관에 무정부주의자들이 침입하여 신
철, 김창성, 이수영, 김기석 등에게 테러를 가한 일이 있었다.[190] 조선
공산당 일본총국 플랙션은 신간회 동경지회를 지도하여 동경지회가 재
일본조선청년동맹, 근우회 동경지회와 함께 하게 했음은 물론이다.

전술했듯이 1927년 시기 신간회 동경지회의 활동은 활발했다. 이러
한 활동은 재일조선인 대중단체와의 연대에 기초한 것이었다. 신간회
동경지회의 개별 운동 단위로서의 활동이 전면적으로 드러나지는 않는
다.

1928년 8월 하순 신간회 동경지회는 「국치기념일에 즈음하여 전조선
2천 3백만 동포는 일제히 무장하여 일대 폭동을 일으키자」는 삐라에
재일조선인 대중 투쟁의 중심 세력이었던 재동경조선인단체협의회, 재
일본조선노동총동맹, 재일본조선청년동맹과 연서했다. 여기에서 "어떻
게 해서 살아 갈 것인가? 우리들은 이 두가지의 길 이외에는 없다. 이
두가지의 길 중 어느 쪽이 우리들이 취해야 할 길인가? 누구도 죽기보

하고 전세계 피압박계급과 압박민족운동과 연대하여 일제를 타도하고 국제
자본주의를 타도할 '전민족적 유일당'을 결성할 것을 선동하고 비중앙집권
적 협의회 조직론과 철저히 대항하여 반동세력을 배격하여 '唯一黨促成會組
織同盟'을 제기했다.(민족유일당 재일독립촉성회, 「선언」(1928. 8. 12)(早稻田
大學 마이크로필름실 소장))
189) 「1929年の共産主義運動」, 김정명 편, 『조선독립운동』(4), 38-39쪽.
190) 『중외일보』1929. 6. 9. 무정부주의계열의 재일조선인운동에 대해서는 堀內稔,
「在日朝鮮人アナキズム勞動運動(解放前)」, 『在日朝鮮人史研究』(16), 1986. 10,
河岐洛, 『韓國아나키즘運動史』, 무정부주의운동사편찬위원회, 1978, 참조.

다 살 길이 있다면 살 길을 구할 것이다"면서 죽지 말고 살자고 했다. 그리고 그 방법은 우리 2천 3백만 동포가 한 사람도 빠짐없이 모두 함께 굳게 단결해서 결사적으로 놈들과 싸우는 것만이 승리의 북을 울리면서 태평가를 부를 수 있는 것이라고 했다.[191]

1929년 신간회 동경지회의 주요 활동은 원산총파업을 지지하는 격려 전보를 발송한 것, 3·1기념일, 국치기념일 연설회 준비 정도였다. 그리고 동경지회의 활동은 제3회 대회의 준비[192] 이외에 1929년 9월 조선인 노동자 강제송환에 대한 항의 활동 지령을 본부로부터 접수한 것 이외에는 1931년 신간회 해소 때까지 활동을 확인할 수 있는 자료가 없다.[193] 1929년의 주요한 투쟁 목표는 1) 渡航沮止 反對, 2) 居住權 確立, 3) 三總 解禁, 4) 言論, 出版, 結社의 自由 獲得, 5) 治安維持法 제령 제7호의 撤廢運動, 6) 移民 反對運動, 7) 增兵增警 反對運動, 8) 民族的 差別排斥 및 特殊 暴壓 反對運動, 9) 不當 禁足, 檢束, 監禁 및 拷問警察 反對運動, 10) 사법경찰 간섭 반대운동, 11) 內鮮融和政策 반대운동, 12) 해방운동 희생자 구원운동, 13) 정치적 자유획득 노동동맹 지지 등이었다.[194] 이러한 활동은 재일본조선노동총동맹과 재일본조선청년동맹과의 긴밀한 유대 속에서 진행되었다.

이와 함께 신간회 일본지역 조직은 名古屋, 大阪, 京都지회가 있었다.

名古屋지회의 조직과정을 살펴보자. 1928년말 名古屋에서 소수의 조

---

191) 이러한 문장을 보고 민족해방에 대한 열망을 이해할 수 있다면서 한편으로 비조직적인 폭동을 호소하는 점이 모험적이라고 하기도 하는데(水野直樹, 앞의 논문, 150쪽.) 삐라, 팜플렛에서 구체적인 조직과 투쟁의 방식을 달리 제기하지 않는 것이 일반적이다.

192) 대회는 1929년 2월 17일 오전 9시 戶塚 部源兵町 90 松月亭에서 개최되었다.(『無産者新聞』(206) 1929. 2. 10)

193) 水野直樹, 앞의 논문, 151-152쪽.

194) 『독립운동사자료집』(별집3), 85-86쪽.

선인 민족주의자가 민족운동단체를 설립했다. 중심 인물은 韓世福, 孔仁澤 등이었다. 이들은 신간회 尙州지회 간사 李玟漢과 연계되어 신간회 본부의 설립과 일본지역 신간회 지회의 힘을 빌어 1929년 2월 1일 名古屋지회를 창립했던 것이다.[195] 43명이 참석한 이 자리에서 이민한은 지회장으로 선출되었다.

이 날의 주요 토의 내용은 1) 일반노동자 최저 임금법 제정운동의 건, 2) 직업별 노동조합 조직 촉성의 건, 3) 노동야학에 관한 건, 4) 실업노동자 구제의 건 등이었다.[196] 아울러 朴亮根(신간회 동경 지회장), 山崎常吉(舊노동당 名古屋 지부장, 愛知縣 의원), 梅田定廣(노농정치동맹준비위원회), 石川(전협 중부합동노동조합) 등이 축하하기 위해 참석했다.

名古屋지회는 지역의 노동조합의 강화에 노력하여 1929년 10월 1일 실업문제와 주택 임대문제의 해결을 내걸고 名古屋조선노동조합을 결성하여 집행부에 지회의 간부가 참가했다.[197] 1930년 5월 1일 名古屋메이데이 때 愛知縣조선노동조합[198]은 전협 名古屋지부로 합류할 것을 정식으로 성명했다. 名古屋지회의 성립은 이 지역의 상애회세력과의 전면적인 대결이었고 1929년 2월 13일 상애회 愛知縣 본부의 간사 김태석은 회원을 名古屋지회에 빼앗긴 것에 대한 보복으로 지회장 이민한을 납치, 폭행했다.[199]

이 조직에는 일정하게 내분이 있었던 것 같다. 종로경찰서의 「신간

---

195) 金光烈, 「1930年代名古屋地域における朝鮮人勞動運動」, 『在日朝鮮人史硏究』(23), 1993, 4쪽.

196) 『조선일보』 1929. 2. 19.

197) 위원장 이민한, 위원 지경재, 권병락, 신영균 등이었고 집행위원이 22명이었다.(『동아일보』1929. 10. 6)

198) 이 조직은 愛知縣조선노동조합과 名古屋조선노동조합이 1929년 12월 1일 합동대회를 통해 출범했다.(金光烈, 앞의 논문, 4-5쪽, 참조.)

199) 金光烈, 앞의 논문, 4쪽.

회 名古屋지회에 관한 건」[200]에 따르면 名古屋지회 집행위원장 이민한은 신구 간부 사이의 내분에 따라 10여명을 제명하고 상무간사 공인택, 김용환 외 9명에 대한 인책 사임에 대한 성명서를 인쇄하여 신간회 본부와 일반 사상단체에 우송했다. 이후 東京지회가 중심이 되어 大阪지회에 명령을 내려 내용을 조사하도록 했으나 정확한 사실은 알 수 없다.

재일조선인 민족해방운동의 지역 중심으로 名古屋지회는 경성의 신간회 본부가 해소한 것을 알고 1931년 5월 24일 곧바로 집행위원회를 열어 위원장 이영식 이하 9명이 출석하여 지부의 해소를 결정했다. 6월 7일 후계단체 조직을 위한 협의회가 개최되어 이영식 이하 7명이 논의를 진행했으며 계급적 투쟁단체의 결성을 주장하는 쪽과 민족운동 지도단체의 재결성을 주장하는 쪽으로 나뉘었다. 결국 논쟁은 3대 4로 후자가 승리하여 재조직의 결정을 보게 되었다.

名古屋에서는 1930년 6월 13일 제1회 조직준비위원회에서 同聲會를 조직할 것과 행동강령을 결정했으나 성립을 보지 못했다. 준비위원 홍상동은 독자적으로 종래의 민족해방운동에 대신하여 투쟁을 통해 정치적 진출을 도모함을 목적으로 한 舊지회 간부 및 노동조합 간부 등을 규합하여 1930년 9월 共正會 조직준비회를 2회 개최하고 그 조직, 선언, 강령을 발표했다.

大阪지회는 1927년 12월 大阪조선노동조합 간부들에 의해 창립되었다. 이후 지역 재일조선인 민족해방운동의 구심으로 활동했다. 大阪지회는 1928년 1월 30일 확대간사회의에서 민중대회 개최문제, 東京·京都·大阪대표위원협의회 조직에 관한 문제 등에 대해 결의했다. 이밖에도 회관 문제, 역원 및 대회 대표위원 증·보선에 관한 문제, 대회

---

200) 한국역사연구회 편, 『일제하 사회운동사자료총서』(5), 고려서림, 1992, 643쪽.

제출 건의안, 유지 방침, 반조직 문제, 기념식 그리고 기타 사항에 대해 결의했다.201)

윤혁제를 비롯한 신간회 大阪지회202)는 1928년 일본에서 보통선거가 실시되자 조선유권자에게 '참된 벗'을 선출하자고 했다. 그리고 우리의 처지와 경우를 잘 이해하고 우리를 위해 가장 잘 싸워줄 정당에 권리를 행사하는 것이 좋은 방법이라고 하여 당시 일본의 政友會, 民政堂 등이 우리를 대변할 수 없다면서 그 대신 조선 민족의 이익을 보장해 줄 노동농민당을 기억하라고 했다. 실제로 노동농민당의 경우 大阪에서는 제1구(西區, 港區)에 野田律太, 제4구(西成區, 住吉區, 西淀川區, 東淀川區, 東成區)에 大橋治房을 추천하고 있다.203)

大阪지회는 '東大阪班聯合會'를 조직하고 선전대를 결성하여 반 확립을 위해 운동을 진행함과 동시에 원산 쟁의 응원 기금 모집, 『無産者新聞』 독자 획득 활동을 했다. 또한 지방별 친목회에 들어가 신간회를 지지하게 하거나 전부를 신간회에 가입시켰다.204) 이와 함께 大阪지회의 반은 반을 확립하고 상애회, 내선자치회를 궤멸시키기 위해 투쟁하자 일본 경찰은 야만적인 폭행을 자행했다. 高津署에서는 신간회 谷町반원의 명부를 입수하여 전회원을 검속, 구타했다. 이것으로 谷町반은 1929년 3월에 파괴되었다.

1928년 제2회 신간회 전국대회에 大阪지회는 대표로 신재용, 윤동명, 정동파, 심황파, 윤혁재, 홍순일, 김동원, 이중환205)을 파견했다. 大阪의

---

201) 『조선일보』 1928. 2. 5.
202) 부회장 : 김동원, 西成區 : 박영근, 港區 : 정동파, 東區 : 박병직, 東成區: 김정순, 浪速區 : 신재용, 東淀川區 : 김문준, 西淀川區 : 김건오, 송장복, 此花區 : 김동인, 성자선을 추천했다.(尹赫濟서명, 「추천장」(1928. 2.)(대원사회문제연구소 소장)
203) 尹赫濟서명, 「추천장」(1928. 2.)(대원사회문제연구소 소장)
204) 東大阪 一朝鮮人, 血「を以て防衛せん」, 『無産者新聞』(214) 1929. 3. 15.
205) 『조선일보』 1928. 1. 18.

이 신간회 지회는 노동조합이 강했던 大阪이기 때문에 東京지역 신간
회 지회 보다 정치적이지 않았다. 1929년말 재일본조선노동총동맹이
해소를 결의하고 전협으로 들어가자 노동자들 중심의 大阪지회는 회원
이 감소하고 간부의 다수가 전협으로 들어 갔다. 이후 민족주의적 성
향이 강한 간부가 지회를 유지하다가 1930년말 이래 자연 소멸되었다.

이밖에도 일본지역에는 신간회 지회로 京都지회가 있었다. 京都지회
에서는 장태현이 탈퇴하고 전협으로 들어간 것으로 보건데 1931년 시
기에 지회의 통제가 불가능한 자연소멸 상태에 빠졌던 것 같다. 이에
따라 京都지회는 본부의 해소에 어떤 반항도 없었다.[206]

2. 근우회 동경지회의 창립과 민족해방운동

근우회 동경지회의 창립에 앞서 이전 단계 일본지역 공산주의계 여
성운동 조직의 중심이었던 (재)동경조선여자청년동맹을 살펴보는 것이
순서이다. (재)동경조선여자청년동맹은 1927년 1월 16일 창립했다. 삼월
회의 후계조직으로 구성원은 40명 전후였으며[207] 초대 집행위원장은
姜平國이었다. 이 단체는 동경조선청년동맹에 단위단체로 가맹하여 민
족, 사회문제를 남성과 같은 위치에서 해결하고자 창립되었으며 단순
히 삼월회 해체 이후의 분산을 막기 위한 조직이기 보다는 계급적 성
향을 분명히 한 운동단체였다. (재)동경조선여자청년동맹은 현실 투쟁
에서 연대의 축을 가져 나아갔다. 재일조선인 단체로 실천투쟁에서 계
급적 입장을 선명히 했던 근우회 동경지회의 주요한 활동은 다음과 같
다. 1) 조선인단체협의회에 여자 학흥회와 함께 가입했다. 즉 김순실이

---

206) 「在留朝鮮人の運動」(1931), 박경식 편, 『자료집성』(2-1), 306쪽.
207) 李順愛, 「在日朝鮮女性運動-槿友會を中心に-」(上), 『在日朝鮮人史研究』(4), 1978.
12, 14쪽.

朝鮮人團體協議會, 朝鮮總督暴壓政治反對同盟에 대표로 참가했던 것이다, 2) 신간회 동경지회에 가입했다. 예로 신간회 동경지회 재무부 간사 金舜實은 재동경조선여자청년동맹 위원으로 활동했다, 3) 「城右고등여학교 당국의 불법에 대하여 재동경조선인단체는 전일본피억압 대중에게 호소한다!」는 성명서에 13개 연명 단체 가운데 하나로 참가했다. 그리고 4) 西神田경찰서 고문사건 항의운동에 주도적으로 참가했다.[208]

(재)동경조선여자청년동맹은 1928년 2월 22일 임시총회에서 동맹 존재의 필요가 없어져 해체되었다. 이 해체 임시총회는 1) 본 동맹의 해체선언을 내외 각지에 발표할 것, 2) 본 동맹원은 근우회 동경지회에 가입할 것, 3) 본 동맹 위원으로 재동경조선청년동맹 부인부에 가맹 자격이 있는 자는 속히 가맹할 것 등을 결의했다. (재)동경조선여자청년동맹의 해체는 1928년 1월 21일 근우회 동경지회가 결성되었기 때문에 실행되었다.

근우회 동경지회의 창립대회는 東京大 기독청년회관에서 1928년 1월 21일 열렸다. 이 자리에는 60여명의 회원과 백여명의 방청객이 참가하여 朴花城의 개회사로 시작되었다.[209] 이와 함께 일본부인동맹, 신간회 동경지회의 축사가 있었고 격렬한 토론에 기초하여 1) 선언, 강령, 규칙, 2) 운동방침에 관한 건, 3) 부인운동에 관한 건, 4) 인신매매에 관한 건, 5) 신간회 지지에 관한 건, 6) 일본부인동맹과 제휴의 건, 7) 교양에 관한 건, 8) 대중신문 지지에 관한 건, 9) 회 유지 등에 대해 결의했다.[210] 특히 이 가운데 『대중신문』지지를 결의한 것은 근우회 동경지회도 재일조선인공산주의자들에 의해 직, 간접적으로 지도되고 있음을 보여주는 한 증거이다. 일본 부인운동 세력과의 연대를 결의한 것

---

208) 이순애, 앞의 논문, 16-17쪽.
209) 『동아일보』 1928. 2. 1.
210) 이순애, 앞의 논문, 19쪽.

은 국제연대의 차원에서 주목할만 하다.

이날 선출한 역원은 위원장 박화성, 서무부 李玩句, 김순실, 金顯實, 邊賢子, 선전조직부 梁鳳順, 李南香, 金正希, 金元珠, 정치문화부 강평국, 金吉禮, 金瑛愛, 재무부 金粉玉, 金隱俊, 金濟鳳, 李正守, 출판부 尹聖相, 田有漸, 金鳳熙, 조사정보부 池景淑, 崔東禧, 林一圭 등이었다.211) 계급적 입장을 선명히 한 (재)동경조선여자청년동맹의 계속 조직인 근우회 동경지회는 조직 초기부터 김순실, 양봉순 등의 조선공산당 일본총국원이 활동하는 것으로 보건데 조선공산당 일본총국의 지도를 상당 부분 받았을 것이다.

이 조직은 신간회 동경지회가 쓰는 사무실을 함께 쓰고 있었다. 따라서 중요한 조직, 활동의 내용은 상당 부분 신간회와 함께 했다.212) 그것은 본부와 동경지회 간의 대립에서도 내용을 확인할 수 있다. 당시 대립은 근우회 정기 전국대회(1928일 5월 26, 27일 개최 예정)를 둘러싸고 본격적으로 야기되었다. 근우회 동경지회가 발행한「근우회 전국대회 금지 폭거에 대하야 전조선피억압 민중에게 격함」(1928. 5. 20) 은 5월 26, 27일을 기해 개최 예정이었던 근우회 전국대회를 5월 11일자로 종로서가 금지를 명령했다고 한다. 이유는 의안과 대회에 참석하는 인물이 불온하다는 것이었다. 여기에 대해 '근우회 전국대회 금지 폭거 사건은 결코 우리 근우회만의 문제로 볼 것이 아니라 어디까지든지 전민족적 문제로 전국적 항의운동으로 전환시키지 않으면 안된다' 고 하고 삼총해금운동, 신간회 전국대회 금지반대운동으로의 합류를 제기했다. 이러한 내용은 신간회 제2회 전국대회 금지 통고에서와 거

---

211) 『대중신문』 1928. 2. 8, 박경식 편, 『조선문제자료총서』(5), 376쪽.

212) 예를 들면「전민족적 단일전선 파괴음모에 관한 전조선 민중에게 호소한다」는 성명서에서 야기된 신간회 동경지회 내부의 싸움도 근우회 동경지회에 여파가 없지는 않았을 것이다. 성명서에는 金正希와 呂英淑의 이름도 있다.

의 같은 내용으로213) 근우회 동경지회는 신간회 동경지회와 함께 전면
투쟁으로 나아갈 것을 주장했다.

일제의 집회 금지에 대해 근우회 본부는 의안 토의를 하지 않는다는
조건으로 임시 전국대회를 7월 14일 개최하기로 했다. 이렇게 되자 근
우회 동경지회는 신간회 동경지회와 연명으로 「근우회 임시 전국대회
에 際하야 우리는 이러케 성명한다 - 특히 대회 대의원 제군에게 檄함
-」는 문건에서 지난 5월 제2회 전국대회가 금지되었는데 이것은 근우
회에 국한된 탄압이 아니기 때문에 탄압국면에 대항하여 정치적 해금
의 일시적 국면에서 대회를 지켜내야 한다면서 다음과 같이 선동했다.
1) 모든 반대세력과 대항하면서 대중투쟁의 힘으로 대회를 지켜낼 것
과 2) 전민족적 정치전선을 엄수하는 정신 밑에서 신간회에 대한 적극
옹호할 것 3) 일제타도를 결의하고 계급적 대립문제 해결을 통해서 조
선여성의 독자 투쟁을 전개하자.214) 두 조직의 이름으로 나온 이 문건
은 본부 신간회와 근우회에 대한 일본지역 지회의 시각을 담고 있다.
즉 일본지역 두 지회는 신간회, 근우회 두 조직에 대한 탄압에 전면
투쟁으로 대항했다.

동경지회의 성명서에 대해 근우회 본부는 7월 12일 집행위원회를 열
어 내부에서 논의를 하고 본부를 무시한 행동이라고 하여 동경 지회를
무기정권 처분시켰다.215) 이러한 상태에서 근우회 동경지회는 7월 14,
15일 임시 전국대회가 열리자 정권 상태로 출석했다. 이 자리에서는
양봉순216), 김순실217) 등이 격렬하게 본부 반대 투쟁을 했다.218) 본부

213) 『조선사상통신』1928. 3. 2.
214) 槿友會東京支會, 新幹會東京支會, 「근우회 임시 전국대회에 際하야 우리는
    이러케 성명한다 - 특히 대회 대의원 제군에게 檄함 -」(1928. 7. 4)(早稻田大
    學 마이크로필름실 소장)
215) 『조선일보』 1928. 7. 15.
216) 김한경과 1928년 9월 시기 부부로 위장하여 大阪에서 함께 활동했다.

에 대한 동경지회의 비판을 단지 반일투쟁의 자세를 비판한 것으로 볼 수도 있으나 양봉순과 김순실이 조선공산당 일본총국 조직원이기 때문에 이들의 활동을 다른 시각에서 볼 필요가 있다. 조선공산당 일본총국이 조선공산당 중앙의 신간회와 근우회에 대한 전술에 대해 문제를 제기한 것이었다.

東京에 조직의 기반을 굳건히 한 동경지회는 제3회 집행위원회를 개최하여 1929년 3월 12일부터 18일까지 선전데이를 정하고 활동을 강화했다. 이 자리에서는 3월 21일 정기대회를 개최하기로 했다. 이후 제2회 정기대회는 개최 예정일 보다 늦은[219] 1928년 4월 22일 열렸다. 高田町 星光회관에서 열린 대회의 의장은 김순실, 서기는 함일순이었다. 근우회 본부에서 발행한 기관지『근우』(창간호, 1929. 5. 10)에는 동경지회의 구성원의 이름으로 김순실, 최동희, 이현도, 유순선, 강명국이 보인다. 결국 제2회 정기대회에서 새롭게 역원이 선임되었던 것이다.

근우회 동경지회는 1929년 6월경부터 내분으로 활동에 많은 장애가 초래되었다. 동경지회는 1929년 이후에는 실제 활동의 기록이 보이지 않다가 신간회 동경지회의 자연 해산과 함께 조선 내 근우회의 해체를 기다리지 않고 일본 각지의 지회와 함께 해산했다.

동경지회의 활동에 있어 특기할 만한 것은 1928년 3월 18일부터 전개한 여성문제 대강연회였다. 이 모임은 재일조선인 대중단체의 적극적인 지지와 찬조에 의해 전개되었다.[220] 이 자리에는 재일본조선노동총동맹, 신간회 동경지회, 동경조선노동조합, 학우회, 프로예술동맹 동경지회, 신흥과학연구회, 재일본조선청년동맹, 삼총해금동맹 등의 찬조

---

217) 1929년 4월 재건된 '재건고려공산청년회 일본부' 근우회 東京지회 플랙션으로 활동했다.
218) 『조선일보』 1928. 7. 17.
219) 『중외일보』 1928. 3. 4.
220) 『대중신문』 1928. 4. 1, 『동아일보』 1928. 4. 14.

연설이 있었다.[221]

이와 함께 일본지역 근우회 조직은 京都, 大阪지회가 있었다.

근우회 京都지회는 1928년 2월 12일 창립되었다. 水平社 청년회관에서 열린 창립대회 자리에는 회원과 방청객이 100여명 참석했다. 당일날 선출된 역원은 회장 : 崔福熙, 부회장 : 金明順, 서무부 : 총무 黃仁京, 간사 朴基烈, 朴貞淑, 선전조직부: 총무 表景祚, 간사 崔景烈, 金玉卿, 陳仁業, 조사정보부 : 총무 金福熙, 간사 金聖哲, 安利淑, 재무부: 총무 高鳳京, 간사 柳譓惠, 교육부: 총무 文南植, 간사 金東玉, 李燦寶, 출판부 : 총무 韓有順, 간사 金潤淑이었다. 김복희의 개회사에 뒤이어 의안 토의가 있었다. 1) 부인노동에 관한 건, 2) 인신매매에 관한 건, 3) 교육 방침에 관한 건, 4) 신간회 지지에 관한 건, 5) 관서부인동맹지지에 관한 건, 6) 회 유지에 관한 건, 7) 재만동포 구축 반대에 관한 건 등을 결의했다. 이러한 내용은 동경지회의 결의 내용의 연결선 상에 선 것으로 특히 지역적 특수성에 기초하여 일본의 관서부인동맹의 지지를 천명한 것은 주목할 만한 국제주의적 연대의 내용이다.

大阪지회의 결성은 성립 자체가 정확하지 않다면서[222] 大阪지회가 설립되지 않은 이유를 大阪이 노동운동세력이 강했던 지역적 특이성에서 찾고 있다.[223] 그러나 大阪조선노동조합 서부지부 부인부가 근우회 大阪지회 창립 준비를 지원하여 여성문제 강좌를 개최하고 개별 가구를 방문하여 그 내용을 선전했던 것으로 보아 조직되었던 것으로 생각된다.

---

221) 早稻田大學 마이크로필름실 소장.
222) 神戸에도 있었던 것 같기도 하나 정확하지 않다.
223) 이순애, 앞의 논문, 23쪽.

3. 학우회 활동의 강화

전술했듯이 1928년 고려공산청년회는 학우회에 플랙션으로 박형채 (책임), 강춘순 등을 파견했다. 같은 해 10월 일본총국 검거 때에는 김 강의 활동이 보인다.[224) 학우회는 이렇게 조선공산당 일본총국 소속 구 성원들에 의해 지도되어 대중 투쟁을 전개했다. 학우회의 투쟁은 1928 년 시기에도 합법 대중 단체와 조직적인 유대 관계 속에서 계속되었다. 그 내용을 살펴보자.

1928년 5월 학우회는 신흥과학연구회, 재동경조선여자학흥회와 공동 으로 경성여자상업학교 동맹투쟁사건에 대해 「전조선의 학생대중에게 격함!」[225) 이라는 문건에서 "작년의 숙명여고, 중앙고보, 광성고보, 제 일고보, 보성고보 등 용감한 학생청년의 전제교육에 대한 과감한 항쟁 은 진실로 오늘날 각성된 조선청년의 기혼과 분노의 표현이 아니고 무 엇인가? … 오늘의 소위 조선학교 당국자는 제국주의의 노예교육의 집 행자이다. 경성여자상업학교에 내린 이 잔학한 폭압은 우리 전조선의 학생대중이 받은 폭압이다"고 조선 내에서 있었던 기존의 학교 단위 투쟁을 총괄하고 학교 교육의 한계를 명확히 했다. 일제의 반동적 탄 압에 대항하여 학생청년들은 일어나 식민 교육의 현실을 돌파해 나아 갈 것을 주장했다.

학우회는 국내 정세에 많은 관심을 갖고 계속하여 연대의 축을 형성 했다. 조선청년총동맹의 창립대회에 한창식, 변희용 등을 대표로 참가 시켰다.[226) 그리고 광주학생사건 기념일과 대중시위 투쟁을 재일본조선

---

224) 「1929年の共産主義運動」, 김정명 편, 『조선독립운동』(4), 39-40쪽.
225) 이 문건은 신흥과학연구회, 여자학우회와 함께 발간했다.(『社會運動通信』(1) 1928. 5. 17)

인단체 예를 들면 재일본조선노동총동맹 간부와 공동투쟁을 준비하기도 했다.227) 1929년 東京大 기독교 청년회관의 대회에서 학우회 간부 류원우의 개회사228)에서 알 수 있듯이 비록 일본에 있었지만 재일 유학생에게 국내 문제와 국내의 투쟁은 주요한 관심사였다.

여러 형태의 모임은 재일본 조선인 반일투쟁의 중심이었다. 국내 강연회를 비롯하여 육상운동회, 연설회, 졸업축하회, 웅변대회 등을 통해 학우회는 조선의 독립과 계급 해방을 대중적으로 선전하고 조직의 강화를 도모했다.

학우회는 조선 내에 지속적으로 강연단을 파견하여 강연회를 개최하여 대중적인 선전·선동 활동을 전개했다. 1920년부터 총 7회에 걸쳐 유학생 강연단이 국내에 들어왔으며 연사는 주로 간부진에서 맡았다. 그리고 열차선에 따라 강연단의 구성원을 선임하여 지역을 순회하면서 강연을 진행했다. 경부선의 부산, 김해, 마산, 대구, 청주, 예산, 경성의 한 코스와 경의선의 경성, 개성, 해주, 진남포, 평양, 의주 등의 서간방면 그리고 경원선(함경선)의 춘천, 철원, 원산, 함흥, 길주, 명천, 성진, 회령 등의 북간방면, 호남선의 대전, 강경, 전주, 군산, 이리, 광주, 나주, 목포 등의 코스로 진행되었다. 특히 1928년 시기에는 간도대가 편성되기도 했다.229) 주로 여름방학을 이용해 강연이 진행되었기 때문에

---

226) 박경식, 앞의 책, 116쪽.

227) 「在留朝鮮人の運動」(1930), 박경식 편, 『자료집성』(2-1), 119쪽.

228) 류원우는 개회사에서 "오랫동안 국권을 탈취당한 현단계에서 학우회 우리들은 매년 가혹한 박해를 받고 있음에도 조선운동을 위해 전초적 투쟁의 역할을 다해야 한다"고 학우회의 선봉대로서의 역할을 자임했다. 신태환(재일본조선청년동맹간부)은 축사에서 "우리는 오랜 역사를 갖고 있다. 본회는 조선청년동포 내지는 대중적인 모든 투쟁을 조선동포의 기대에 부합하게 해야 한다"고 했다.(「재동경조선유학생 학우회」,『독립운동사자료집』(별집3), 84쪽.)

229) 『동아일보』 1928. 7. 28.

여기에 다수의 유학생이 연사들과 참가했다.[230]

'반도문화의 발전'에 공헌하기 위해 만들어진 강연단[231]은 제1회 강연을 1920년 7월 9일 東萊東明 고등보통학교에서 열었다. 일곱 차례의 강연 가운데 1929년 7월 시기 제6회 하기 순회 강연은 기존의 강연이 고국방문과 연사 자신의 훈련의 기회로 활용되던 것과 달리하며 동시에 각 도시만을 강연지로 하던 결함을 참작하여 경성을 중심으로 경의, 경부, 호남, 경원선으로 나누어 연사를 결정했다. 그 내용을 보면 다음과 같다. 위원장 ; 李昌仁, 경의선 ; 이정근(책임), 신일성, 장인갑, 박용해, 경부선 ; 강일산(책임), 최봉식, 金濟昆, 이종태, 임경, 金光輝, 호남선 ; 정진(책임), 최정렬, 宋汝相, 박노갑, 孫昌周, 경원선 ; 이창인(책임), 林泉, 李原人, 金饒化, 金敎蘭이었다. 이 때 평양에서 이정근은 '국제정국과 추세', 신일성은 '세계적 문제와 조선적 문제'를 주제로 강연했다. 실제로 강연은 일제의 탄압으로 여의치 않았다.[232] 7월 19일 밤 경성의 중앙기독교 청년회관에서 열린 강연은 '주의'와 '중지'로 일관되어 11명이 등단하여 7명이 중지를 당했다. 다음날 신간회 인천지회에서의 강연은 등단한 연사가 모두 강연 중지를 받았다. 이후 전국의 강연은 중지되었다. 이 문제는 언론 출판자유 획득운동으로 발전하여 신간회가 '언론탄압 비판연설회'를 준비하기도 했다.[233]

당시 강연은 정치, 경제, 사회, 교육문제 전반에 걸친 내용으로 채워졌고 무산대중의 교양과 문화선전에 주안점이 있었다. 물론 반일사상

---

230) 7회에 걸친 강연은 1920, 1921, 1923, 1927, 1928, 1929, 1930년에 실시되었다.(『동아일보』, 『매일신보』, 『治安狀況』(1922), (1927), 「東京學友會巡廻講演會の件」, 「在東京留學生6回夏期巡廻講演隊出發の件」, 한국역사연구회 편, 『일제하 사회운동사 자료총서』(5), 고려서림, 1992.)
231) 「講演團消息」, 『학지광』(21) 1921. 1. 31, 78쪽.
232) 『중외일보』 1929. 7. 13.
233) 『중외일보』 1929. 7. 13.

과 민족, 계급의식을 고취했음은 당연하다.

4. 재일조선인 민족해방운동 세력의 연대 강화

1928년 시기는 재일조선인 민족해방운동에서 통일적 지도 아래 연대 투쟁이 가장 활발했던 때였다. 연대 투쟁은 전위 조직인 조선공산당 일본총국의 지도와 대중단체인 재일본조선노동총동맹, 재일본조선청년 동맹, 학우회, 신간회, 근우회, 朝鮮人團體協議會, 三總解禁同盟 등이 중심이었다. 이 가운데 단체 가입의 형식을 띤 조선인단체협의회, 삼총 해금동맹이 일상적인 연대의 구심적인 역할을 했다.

조선인단체협의회는 정우회선언 이후 국내 및 일본에서의 통합운동 의 결과 1927년 2월 19일 동경 조선청년동맹 사무소에서 학우회 위원 장 김상혁234)의 제의로 결성되었다.235)

재일조선인 민족해방운동 단체들은 3·1 紀念鬪爭, 國恥日 紀念鬪爭, 關東震災 朝鮮人虐殺 追悼會 등을 전개했고 이것이 조선인단체협의회 결성의 토대가 되었다. 조선인단체협의회는 형식과 실제에 있어 신간 회 보다 광범위한 조직으로236) 주의, 주장이 다르더라도 조선 민족의 해방을 희구하는 단체 18개가 결집했다. 여기에는 1927년 5월부터 東 京, 大阪, 京都, 名古屋 등지에 지회가 조직되었으며 유학생이 주동적 역할을 했다. 1927년말 조선인단체협의회에 참가했던 단체237)는 볼세비

---

234) 김상혁은 신간회 동경지회 간사, 조선공산당 일본총국 조직부원, 고려공산 청년회 책임 비서로 활동했다.
235) 「在留朝鮮人の運動」(1931), 박경식 편, 『자료집성』(2-1), 283쪽. 이 보다 앞서 일월회가 주도한 재일본조선무산계급단체협의회가 조직되어 활동하기도 했 다.(『사상운동』(3-4), 1926. 4, 박경식 편, 『조선문제자료총서』(5), 196쪽.)
236) 『조선사상통신』 1927. 12. 23.

키계의 재일본조선노동총동맹, 동경조선노동조합, 동경조선노동조합 동부지부, 동경조선노동조합 서부지부, 동경조선노동조합 남부지부, 동경조선노동조합 북부지부, 동경조선노동조합 玉川지부, 동경조선청년동맹, 동경조선여자청년동맹, 신흥과학연구회, 신간회 동경지회와 학우회238), 아나키즘계의 흑풍회, 자유노동조합 山の手部, 자유노동조합 江東部, 조선인배달원조합, 동흥노동동맹회, 大崎조선인일반노동조합 등이었다. 그리고 민족주의계로는 조선여자학흥회, 동경조선연합기독교회, 재일본동경조선기독교청년회, 천도교동경종리원, 천도교청년당동경부, 협동조합운동사, 고학생형설회, 고려공업회 등이 있었다. 재일조선인 단체들의 공동투쟁의 산물인 조선인단체협의회에는 신간회 동경지회의 주도 인물이 단체 이름으로 가입했다. 시간이 지나면서 조선인단체협의회에 참가했던 아나키즘계 단체는 신간회의 운동에 대해서는 대립적이 되었고 결국 탈퇴했다. 연대 투쟁을 위한 협의회의 기능을 가진 조선인단체협의회의 위상은 해체 시기까지 그대로 유지되었다.

조선인단체협의회의 활동은 연대, 공동투쟁 중심이었다. 조선인단체협의회는 결성을 주도한 김상혁의 활동과 아나키즘계가 탈퇴한 것으로 보건데239) 볼세비키계가 주도했다고 할 수 있고 결국 조선공산당 일본부와 일본총국의 지도 아래 움직였던 것이다. 따라서 구체적인 활동도 조선공산당 일본부와 일본총국의 지도 아래 있던 재일본조선노동총동맹, 재일본조선청년동맹, 신간회 일본지역 지회, 근우회 일본지역 지회 등의 주도로 전개되었다.

조선인단체협의회의 활동 가운데 몇가지 주목해 보자. 1927년 11월

---

237) 『조선사상통신』 1927. 12. 24.
238) 흔히 학우회를 민족주의계로 분류하는데 조직 내에 1925년 시기부터 공산주의자들이 조직의 중앙을 장악하고 있었기 때문에 볼세비키계로 보아야 할 것이다.
239) 『조선사상통신』 1927. 12. 24.

30일자 『동아일보』에 '조선 현대인물 투표 모집'이란 광고가 있었다. 여기에서는 민족적 역량을 집중하여 조선 사람의 살 길을 찾아야한다면서 '조선사회는 민중의 지도자를 요구한다'고 전제하여 우리 민중의 지도자가 될만한 인물 10명을 일반 투표에 의해 발견해 보자는 행사를 전개했다. 이에 대해 당시 東京에 있던 조선인단체협의회는 '전민족'이라는 미명 아래 자행되는 음모라고 행사의 성격을 규정하고, 1) 동아일보사에 대해 이러한 망동의 중지를 요구할 것, 2) 동시에 그 정체를 전조선대중에게 폭로시킬 것, 3) 조선 민족의 이름으로 동아일보 비매동맹을 조직할 것을 결의했다.[240]

당시의 『동아일보』는 전민족의 역량을 모아가지 않고 수수방관하며 특히 수리조합 조사에 대한 비민족적 행동, 학생운동 그 가운데에서도 학생의 정당한 요구에 대한 거부, 역선전 등으로 일관하고 있었다. 투표를 통해 지도적인 인물을 발견한다는 발상 자체가 문제였다. 이 사업이 내용을 갖고 진행된다고 해도 진정한 지도 인물을 일제 통치 아래에서 공개적으로 발굴할 수는 없었다. 이러한 행동은 자본가가 소비자를 기만하는 행동으로 배우, 미인 투표와 같이 민족을 개량화시키기 위한 책동과 결코 무관하지 않았다.

1928년 3월 1일 기념행사를 조선인단체협의회가 주최했다. 전국에 격문을 살포하고 동시에 신간회 동경지회 회관에서 기념식을 거행했다. 이날 경찰의 해산 명령에 분격한 대중들은 高田와 早稻田에서 시위투쟁을 전개했다.[241]

9월 30일에는 조선인단체협의회 주최로 관동진재 조선인학살 추도회가 열렸다.[242] 전술했듯이 일제는 1923년 당시 「不逞鮮人이 이 大地震

---

240) 『대중신문』 1928. 1. 1, 박경식 편, 『조선문제자료총서』(5), 369쪽.
241) 『대중신문』 1928. 3. 13, 박경식 편, 『조선문제자료총서』(5), 383쪽, 『無産者新聞』(139) 1928. 3. 5.

을 契機로 하여 화재를 일으켰다. 조선인을 죽이자!」라는 표어 아래 국
가기관을 동원하여 남으로 九洲지방, 북으로 北海道까지 재향군인단,
청년단, 경관, 군대 등을 내세워 죽창과 칼로 6千여명의 동포를 龜戶,
淺草, 本所, 深川 등지에서 학살했던 것이다. 그리고 일본무산계급의
선두에서 투쟁한 관동합동노동조합 투사 8명을 龜戶경찰서에서 죽였
다.243) 조선인단체협의회는 2천 3백만 학살동포를 '追悼'하는 것은 일
어나 싸우는 것이라고 전제하고 "최후의 일각까지! 최후의 1인까지! 노
동자는 총파업으로! 농민은 撤耕으로! 시민은 撤市로! 학생은 罷敎로!
싸우자"면서 가열찬 투쟁을 선동했다.

전술한 朝鮮總督 暴壓政治反對 關東地方同盟의 제창으로 1928년 1월
27일 신간회 동경지회 회관에서 '三總解禁關東同盟'이 결성되었다.244)
여기에는 재일본조선노동총동맹, 동경조선노동조합, 동경조선청년동맹,
신간회 동경지회, 근우회 동경지회, 학우회, 신흥과학연구회, 프롤레타
리아예술동맹 동경지회, 조선총독 폭압정치반대 관동지방동맹, 조선인
단체협의회가 가입했다. 이러한 가입 단체의 상당수가 일본부 조직의
지도 아래 움직인 단체였기 때문에 조선공산당의 지도와 지원을 받았
으리라고 쉽게 짐작할 수 있고 그것은 활동의 내용을 통해 확인이 가
능하다.

東京의 조직과 함께 '三總解禁同盟 京都(地方)同盟'이 1928년 2월 6
일 조직되었다. 三總解禁同盟 京都(地方)同盟은 조선인대회를 1928년 2

---

242) 『동아일보』 1927. 10. 2.
243) 재동경조선인단체협의회, 재일본조선노동총동맹, 재일본조선청년동맹, 신간
회 동경지회, 「죽어도 잊지 못할 9월을 際하야 전조선 2천 3백만 동포에게
檄함」(1928. 8.)(내무성 1928년 8월 29일 압수문건)(早稻田大學 마이크로필름
실 소장)
244) 水野直樹, 앞의 논문, 142-143쪽, 참조, 그런가 하면 『대중신문』1928년 3월
13일자에는 삼총해금동맹이 1928년 2월 1일 결성되었다고 한다.

월 12, 19일 개최하여 조직적인 활동을 전개했다. 19일 대회에서는 '삼 총집회의 자유를 대업전쟁에 의하여 획득하라!', '언론, 출판, 집회 결 사의 자유를 획득하라!'는 슬로건을 제기했다.245)

일본에서의 재일조선인의 지역 단위의 활동이 강화되면서 東京, 京 都지역의 삼총해금동맹의 활동을 보다 강화해 내기 위해 재일본조선노 동총동맹을 비롯하여 東京에 있던 조선인 단체 10여개는 三總集會解禁 全國同盟準備委員會를 통해 전국적 조직화를 도모했다.246) 이러한 삼총 해금운동은 각 단위 조직과 실행위원회를 중심으로 전개되었다. 재일 본동경조선청년동맹은 1928년 1월 하순 청총해금데이를 정하여 삐라 살포와 신간회 동경지회의 회관에서 청년대회를 열었다.247) 재일본조선 노동총동맹도 전국의 지부에 해금운동을 조직하도록 지령을 내렸다.248) 특히 삼총해금동맹 실행위원회는 1928년 2월 6일부터 13일까지를 제1 회 삼총해금주간으로 정하여 삐라 살포, 노동자대회, 청년대회, 연설회 등을 계획했다.249)

제5장 소결

재일조선인 민족해방운동사에서 1928년은 조선공산당 일본부가 일본

---

245) 『대중신문』 1928. 3. 1, 박경식 편, 『조선문제자료총서』(5), 383쪽.
246) 『대중신문』 1928. 4. 1, 박경식 편, 『조선문제자료총서』(5), 386쪽, s生은 「삼 총집회해금 전국동맹조직을 제창함」(1928. 3. 28)에서 전국동맹 조직의 필요 성, 신간회와 유기적 활동, 전국을 연결한 조직망의 구축을 도모해야 한다 고 했다.(『대중신문』 1928. 4.1, 박경식 편, 『조선문제자료총서』(5), 388쪽.)
247) 『동아일보』 1928. 1. 29, 2. 3.
248) 『동아일보』 1928. 2. 4.
249) 「제1회삼총해금주간을 단행하면서」(1928. 2. 6), 대원사회문제연구소 소장.

총국으로 위상이 강화되면서 일본총국의 조직 활동에 따라 투쟁이 고양되던 시기였다. 일본총국은 민족해방운동에서 프롤레타리아의 헤게모니 확립과 신간회를 통한 대중투쟁의 고양이 요구되는 시점에서 야체이카와 플랙션을 통해 대중단체를 지도했다. 특히 조선공산당 일본총국은 플랙션을 통해 실천투쟁에 전면적으로 나섰던 것이다.

조선공산당 일본총국의 지도로 제4회 재일본조선노동총동맹대회가 개최되었다. 여기에서는 김천해 중앙집행위원장 체제를 출범시키고 산업별 노동조합의 편성, 신간회 지지, 일본노동운동과의 공동투쟁 등을 결의했다. 그러나 조선인노동조합의 산업별 재편은 전협으로 재일본조선노동총동맹이 들어갈 때 비로소 시행되었다. 1928년 4월 시기 지부는 東京조선노동조합, 神奈川縣조선노동조합, 京都, 大阪, 神戶, 富山조선노동조합, 北海道조선노동조합 등이 조직되었으며 지역 단위 조직은 지부, 반 조직의 강화로 보다 강력해졌다.

재일본조선청년동맹은 조선청년총동맹 산하 조직으로 1928년 3월에 가서야 지역 단위 청년운동의 한 중앙으로 결성되었다. 창립과정에서부터 조선공산당 일본총국은 고려공산청년회원을 통해 재일본조선청년동맹을 지도했고 이것은 어느 시기 청년 조직보다 재일본조선청년동맹을 정치적 성격이 강한 조직으로 만들었다. 재일본조선청년동맹은 조선공산당 일본총국의 지도 아래 재일본조선노동총동맹과 함께 신간회 및 근우회 지회, 조선인단체협의회, 삼총해금동맹과 재일조선인 민족해방운동을 선도해 갔다.

재일조선인 민족해방운동이 고양되었던 1928년에는 협의회적 성격의 대중 조직의 강화가 이것을 지탱해 주었다. 신간회 및 근우회 일본지역 지회와 조선인단체협의회, 삼총해금관동동맹이 그것이다. 신간회 동경지회는 1928년 초 신간회 중앙과 대립했다. 계기는 신간회 제2회 대회 금지에 대한 대응의 방식과 기관지 발간문제였다. 신간회 동경지회의 본부와의 의견 대립은 일본지역 지회라는 특수성에 기인한 독자성 유지라는 차원에서 판단할 수 있으나 그것은 조선공산당 일본부와 일본총국의 지도와 결코 무관하지 않았다. 신간회 동경지회가 본부의 제2회 대회 소집에 대한 태도를 비판할 때 재일본조선청년동맹과 근우회 동경지회도 공동 보조를 취했다. 지역 단위에서 재일본조선노동총동맹, 재일본조선청년동맹 조직과 구성원 상에서 중복될 수밖에 없었던 신간회와 근우회 일본지역의 지회는 재일본조선노동총동맹이 지역 단위에서 강했기 때문에 지역의 투쟁을 선도하지 못했다. 상당수의 지역 단위 재일조선인 민족해방투쟁은 재일본조선노동총동맹 산하 지부가 주도했다.

신간회 보다 광범위한 조직 기반을 갖고 있던 조선인단체협의회는 다수의 조선인을 포괄한 공동투쟁의 장을 마련했다. 삼총해금관동동맹이 단체연합에 기초한 지역단위 대중 단체로 조직되었던 것이다. 재일조선인 민족해방운동 단체들은 신간회, 근우회, 조선인단체협의회, 삼총해금관동동맹 등에 이중삼중으로 조직되어 있었으며 이것을 총괄적으로 지도한 것은 조선공산당 일본총국이었다.

1928년은 재일조선인 민족해방운동의 중앙인 조선공산당 일본총국의 지도 아래 단체 연합과 연대가 활발했다. 4대 기념투쟁인 3·1운동 紀念鬪爭, 메이데이 鬪爭, 國恥日 鬪爭, 關東震災 紀念鬪爭과 함께 1927년부터 계속된 朝鮮總督 暴壓政治 反對運動을 비롯한 三總解禁運動, 治安維持法 改惡 反對運動, 朝鮮增兵 反對運動, 中國出兵 反對運動 등이 전개되었다. 특히 지역 단위 투쟁에서는 경제적인 요구를 내건 투쟁에서부터 반민족세력인 상애회 박멸 투쟁에 이르기까지 다양한 양상을 띠었다. 재일조선인 민족해방운동사에서 재일본조선노동총동맹 중심의 노동운동은 국내와 일본의 노동운동사에서 보이는 것 같은 경제적 요구를 중심으로 하는 투쟁보다는 민족적 성격이 강한 정치적 투쟁이 우선적이었다.

조·일 연대 투쟁도 국제연대에 기초해 계속되었다. 재일본조선노동총동맹은 신노농당 조직준비회 응원운동 등을 주도하며 일본 사회운동 세력과 지속적으로 연대를 도모했다. 이러한 국제연대가 일본 사회운동 발전의 한 계기가 되었다. 진정한 국제연대는 공산주의자들과 노동운동 단체들 중심으로 원론적 수준에서만 논의, 전개될 것이 아니라 노동 대중 사이에서 광범위하게 진행되어야 했다. 그러나 민족문제가 조선과 일본의 노동자에게 계급문제 보다 우선적으로 작용하는 상황에서 조선인과 일본인 노동자 대중 사이의 연대는 현실 투쟁에서 전면적으로 대두되기 어려웠던 것이다.

제6장 재일조선인 민족해방운동의 방향전환
(1929-31년 시기)

제1절 재일조선인 민족해방운동의 지속적인 발전

1. 1929년 시기 재일조선인 민족해방운동의 고조

1) 재일본조선청년동맹

1929년 미국에서 일어난 세계공황은 일본에도 영향을 미쳤다.[1] 1927년 금융공황에서 아직 벗어나지 못한 상태였던 일본경제는 미국경제에 크게 의존했고 그 타격은 극심했다. 주요한 산업의 생산 지수가 13% 줄었고, 生絲는 64% 감산되었으며 농업은 괴멸적인 타격을 받았다. 당시 일본 정부의 발표에 따르면 실업자는 1929년말 32만명에서 1931년 50만명으로 격증했다. 이러한 대량의 실업자는 산업합리화라는 미명 아래 임금 인하, 노동 강화를 용이하게 했고 결국 일본에서의 임금 지

---

1) 藤原彰 編, 『日本民衆の歷史』(8), 三省堂, 1975, 216쪽.

수를 1929년에서 31년에 걸쳐 20% 떨어뜨렸다.

재일조선인 민족해방운동의 방향전환을 가져온 1929년 시기에도 지역적, 대중적 기반을 가진 재일조선인 민족해방운동 단체는 지속적인 투쟁을 전개했다. 이 시기 재일본조선청년동맹에는 재일본조선청년동맹 중앙과 재일본조선청년동맹 東京지부(15반), 재일본조선청년동맹 大阪지부(9반), 재일본조선청년동맹 京都지부(5반), 재일본조선청년동맹 神戸지부(3반)가 있었다. 재일본조선청년동맹은 결성 이래 재일본조선노동총동맹과 함께 대중 투쟁의 중심이었다.

재일본조선청년동맹의 제2회 대회 이후의 조직과 활동을 살펴보자. 재일본조선청년동맹 제2회 대회는 1929년 4월 열렸다. 조직 강화의 차원에서 전국대회에 앞서 1929년 2월 東京지부 대회, 3월 大阪지부 대회가 각각 열렸다.2) 제2회 대회는 의안, 슬로건이 공산주의적이라고 하여 일본 경찰이 삐라 반포 금지, 연설 중지를 자행했다. 이 대회는 프로핀테른 제4회 대회의 결의에 기초하여 재일본조선노동총동맹과 그 소속 조합의 청년부 조직에 대해 지원할 것을 결정했다.3) 이후 재일본조선청년동맹은 해체의 방향으로 이행했다. 재일본조선노동총동맹 중앙의 정희영, 박재환, 조심현, 김정두, 김유섭, 윤동명과 東京지부의 조학제, 高景欽, 李昌仁, 박득룡 등이 적극적으로 이 운동을 추진했다.

1929년 4월 시기에는 후술할 '재건고려공산청년회 일본부'가 조직되었다. 당시 이 조직에서는 재일본조선청년동맹에 金時容을 플랙션으로 재일본조선청년동맹에 파견했다.4) 그리고 大阪야체이카 후보 선정을 주도한 印貞植은 大阪지부 각 반의 대표자를 선정했다.

---

2) 「在留朝鮮人の運動狀況」(1929), 박경식 편, 『자료집성』(2-1), 39쪽.
3) 「在留朝鮮人の運動狀況」(1929), 박경식 편, 『자료집성』(2-1), 39쪽.
4) 재일본조선청년동맹 동경지부에는 권기백이 플랙션으로 들어갔다.(「朝鮮人の共産主義運動」, 김정명 편, 『조선독립운동』(4), 944-945쪽, 참조.)

결국 1929년 7월 京都지부가 먼저 해체를 선언했다. 김두용은 재일
본조선청년동맹의 활동에 대해 다음과 같이 주창했다. "금일의 청년동
맹도 그 중에 노동청년은 조합청년부에 가입하고, 학생, 청년의 소수가
잔존하여 거의 해체된 상태이다. … 먼저 이론적으로 전진한 동경지방
의 청년동맹 지부는 이미 이론적으로 조합청년부 확립의 문제를 승인
했기 때문에 실질적으로 조합청년부에 들어가 활동할 것, 재일본조선
청년동맹 전국대표자회의에 이 문제를 제출하고 이 해체문제를 조선
내에 있는 청총에 건의 할 것, 이때 청총이 해체 건의를 승인하지 않
으면 어떻게 해야 하는가라는 이론적, 조직적 과오와 지탄을 배격하고
단연코 조합청년부에 가입하여 조합청년부를 강화하고 합동 투쟁의 중
추를 (확립하기 : 필자) 위해 활동해야 한다."5) 김두용은 강력하게 해
체를 주장하여 조선청년총동맹의 지도와 무관하게 조합 청년부로 들어
갈 것을 얘기했다. 그리고 전국대표자회의에 제출할 문건에서 알 수
있듯이 해체논의를 주도해 갔다. 이후 재일본조선청년동맹 본부와 大
阪지부도 해체를 성명하고 해산했다.6)

제2회 대회 이후 해체로 귀결되는 과정에서 1929년 재일본조선청년
동맹은 1928년 시기 운동의 연결선 상에서 활동을 전개했다. 1) 연구회
등을 조직하여 전위적 청년의 양성에 진력하고 특히 소년들에게 공산
주의를 선전할 목적으로 '大阪無産兒童學院'을 설치하여 지도했다, 2)
폭압반대 주간을 정하여 관헌에 대한 반대운동을 조직했으며, 3) 1929
년 6월 「田中반동내각의 야만적 폭압에 철저히 투쟁하자」은 제목의 격
문과 자위단의 조직에 관한 지령을 배포했다. 여기에서는 자위단의 조
직을 민족운동이 홍기할 때 무장된 혁명군으로 상정했다. 그리고 4) 大

---

5) 金斗鎔, 「在日本朝鮮勞動運動は如何に展開すべきか?」, 김정명 편, 『조선독립운
   동』(5), 1033쪽.
6) 일본 경찰은 본부와 동경지부가 자연 해체되었다고 보기도 한다.

山郁夫 등의 노농당 결성에 관해서는 배격운동을 전개하기도 했다.[7]

식민지시대 조선의 청년대중은 투쟁을 통해 단결의 의미와 싸움의 필요성을 배웠다. 단결은 연대적 책임 관념과 자기 희생 정신 속에서 생성되었으며 투쟁은 피착취자의 입장에서 전개하는 것이 유일한 도덕이었다.[8] 이 두가지는 분리할 수 없으며 어떻게 투쟁하고 행동할 것인가가 무엇보다도 중요한 문제였다. 재일본조선청년동맹은 『대중신문』, 『동아일보』, 『조선일보』, 『현계단』, 『인터내셔날』(日文), 『無産者新聞』을 교재[9]로 각종 모임을 조직하여 선전, 선동사업을 활발히 전개했다.

2) 재일본조선노동총동맹

가) 조직

1929년 시기 재일조선인 민족해방운동에 있어서는 당재건과 재일본조선노동총동맹의 강화가 중요한 임무였다. 1928년 초부터 재일본조선노동총동맹 내부에서는 운동의 방향으로 '自然發生에서 目的意識으로, 공장, 광산으로, 노동대중의 밀집지대로'라는 주장이 있었다. 이 주장은 1928년 5월의 재일본조선노동총동맹 제4회 전국대회에서 산업별 조직론으로 발전했으며 전술했듯이 당시에는 구체적으로 세포단체에 대한 지시로 실현되지는 않았다.

재일조선인노동조합 청년부의 임무는 프롤레타리아 청년의 경제적,

---

7) 「朝鮮人の共産主義運動」, 김정명 편, 『조선독립운동』(4), 937쪽.

8) 李斗初, 「청년x(운:필자)동의 교육코-스에 대하야」, 『현계단』(1-1), 1928. 8, 박경식편, 『조선문제자료총서』(5), 39-46쪽.

9) 이 가운데 『동아일보』와 『조선일보』는 비판적 교재였고 『대중신문』은 조선무산계급의 정치신문이었으며, 『無産者新聞』은 일본공산당의 기관지였다.(李斗初, 앞의 논문, 참조.)

정치적 이익 옹호 투쟁과 프롤레타리아 청년을 전계급투쟁에 활발히 참가시키는 것, 계급적, 공산주의적 교육을 수행하는 것이었다. 진실한 재일 노동청년의 이익을 위한 노동청년의 운동은 공산주의적 청년운동이라는 전제 아래 공산청년동맹 지도에 의해서만 이익이 실현될 수 있으며 공산청년동맹은 청년 대중의 공산주의적 교육의 단체였다.10)

동경조선노동조합 산업별위원회 및 청년위원회의 金革은 과거 일본 내 재일조선인 청년노동자의 투쟁이 재일본조선노동총동맹를 중심으로 전개되었으나 실제투쟁은 그리 활발하지 않았으며 역량의 손실이 컸다면서 재일본 조선 노동청년을 산업별 각 조합 청년부에 편입하는 것을 조직적 임무로 제기하고 있다. 동경조선노동조합의 경우 내부의 청년, 미조직 노동청년을 산업별로 조직하여 동경조선노동조합 산업별위원회 청년부(청년부 산업별위원회)를 결성해야 했다.

구체적으로 조직방침을 보면, 동경조선노동조합 산업별위원회와 연락하여 청년부 산업별위원회는 각 지역 지부에서 노동청년의 산업별 동향 조사에 착수하여 5인 이상으로 1개의 산업별 청년반을 조직해서 (공장반, 지역반)위원회의 통제 아래에 둘 것과 반은 정기적으로 연구회를 개최하는 것이었다. 여기에서는 강사의 선전, 주입에 머물지 말고 미래의 중요한 혁명군인 청년을 적당한 교재를 통해 공산주의로 무장시키며 나아가 일본노동자와 공동투쟁하여 일본조합청년부에 편입시켜야 했다.

재일본조선노동총동맹의 경우 중요한 임무가 조직의 강화였다. 그렇

---

10) 在日本朝鮮勞動總同盟 東京勞動組合 産業別委員會, 靑年委員會 金革「조합청년부에 대하야」(1929. 11.)(早稻田大學 마이크로필름실 소장). 이와 함께 진실로 우리의 이익을 요구하는 혁명적 조선 노동청년은 전협 산업별 노동조합에 가입하여 전세계 노동청년의 유일한 지도기관인 공산청년 인터내셔널의 지부인 일본공산청년동맹의 지도 아래에서 그 정책을 지지하고 투쟁해야 한다는 것이었다.

다고해도 중앙과 지부에서 상임으로 활동해 본 경험이 없는 믿을 수 없는 사람을 발탁하거나, 약간의 계급적 언사를 한다고 경험과 훈련도 없는 사람을 등용할 수는 없었다.11) 구체적인 방침은 班에서 활동하는 인자를 중심으로 반을 확립하는 것이었다. 반 조직은 2, 3명이라도 가능하며, 그룹을 만들어 지역 내 일반 노동자에게 접근하여 모든 기회를 이용해서 선전·선동활동을 해야 했다. 반이 확립되면 지부와 본부도 조직해서 모든 기회를 이용하여 대중으로 하여금 대중적 훈련과 레닌주의로 무장하도록 한다는 것이었다. 이렇게 재일본조선노동총동맹의 조직 강화는 새롭게 조직된 반이 토대가 되었다.12)

재일본조선노동총동맹은 1929년 결집력을 회복하고 활동을 부흥시키며 다수의 노동자를 획득했다. 東京, 神奈川, 京都, 大阪의 각 조선노동조합대회가 열렸고 東京에서는 8백명, 神奈川에서는 6백명의 노동자가 모였다. 新潟縣에서는 1928년 12월 3일 창립대회 이후 新潟縣조선노동조합이 재일본조선노동총동맹에 정식으로 가입했고 兵庫縣에서도 縣조직을 통일하고 1929년 4월 兵庫縣조선노동조합이 성립되었다.

1929년 6월 시기 재일본조선노동총동맹의 조직을 보면, 東京조선노동조합(12지부), 神奈川(4지부), 大阪(11지부), 京都(4지부), 兵庫, 神戸(4지부), 富山(3지부), 中部, 三多摩, 新潟, 北陸조선노동조합(2지부)이 있었고, 名古屋, 群馬, 宮城, 廣島, 北海道, 四國에 조직이 준비 중이었다.13) 9월에는 長野, 宮城, 廣島, 福島, 北海道, 四國에 지부 준비가 계

---

11) 金源生, 「在日本朝鮮勞動者諸君に與ふ」(投書)(1929. 7. 30)(『無産者新聞』(237) 1929. 8. 14)

12) 金源生, 「在日本朝鮮勞動者諸君に與ふ」(投書)(1929. 7. 30)(『無産者新聞』(237) 1929. 8. 14)

13) 在日本朝鮮勞動總同盟 東京朝鮮勞動組合 本所支部 「創立大會報告及議案」 (1929. 6. 6)(早稻田大學 마이크로필름실 소장). 재일본조선노동총동맹 동경조선노동조합 本所支部 「創立大會報告及議案」의 조직 내용과 근우회 東京지회의 「제3회정기총회안」에서의 조직 준비 중인 단체의 내용이 다른데 본고에

속 되었다.[14] 이러한 재일본조선노동총동맹의 조직은 주로 도시 중심
의 조선인 노동자 특히 자유노동자들의 조직율이 높았다.[15] 1929년 시
기 재일본조선노동총동맹 산하 지역 단위 조선인노동조합 조직의 확인
가능한 실체를 살펴보자.

동경조선노동조합은 12지부를 두었다. 이 가운데 本所지부는 창립대
회를 통해 출범했다.[16] 그 과정을 살펴보면 本所지부 준비회는 1928년
여름부터 李玄撒, 許英勳 등이 준비위원이 되어 활동했다. 1929년 1월
에는 새롭게 정석병, 康有鴻, 朴順耳가 준비위원이 되어 지부 창립의
기초를 보다 강화시켰으며 5월 12일 若宮제1, 2반에서 선출된 준비위

서는 참가 단체였던 재일본조선노동총동맹 동경조선노동조합의 案을 채택한
다.
14) 「新潟縣朝鮮勞動組合第2會大會報告議案附規約」, 『在日朝鮮人史硏究』(19), 1989.
10. 107쪽.
15) 1929년 6월 시기 재일본조선노동총동맹의 조직원은 근우회 동경지회 제3회
총회 의안에는 35,717명이었으며(경찰 자료는 23,500명으로 추산), 1925년(10
월) : 1,220, 1926년(10월) : 9,900명, 그리고 제3회 재일본조선노동총동맹대회
중앙위원회 보고에서는 30,312명이었다. 또한 일본 경찰의 1928년 4월 시기
통계는 26,114명이었다.
16) 在日本朝鮮勞動總同盟 東京朝鮮勞動組合 本所支部, 「創立大會報告及議案」
(1929. 6. 6)(早稻田大學 마이크로필름실 소장) 本所지부의 각 班의 연혁을 보
면, 若宮班은 1928년 6월 金元奎 외 5명의 동지로 창립되었으며, 北部지부의
통제 아래 있었다. 인원은 27명, 朴容郁 외 3명의 위원이 활동했다. 제1班은
1927년 7월 韓永乾 외 20명으로 창립되었으며 인원은 24명이요, 한영건외 3
명이 위원이었다. 제2班은 1927년 8월 許英勳, 李南鐵, 朴OO, 李木鐸 등이 발
기하여 18명의 동지를 획득하고 활동했다. 아나키스트들의 습격을 받아 일시
정체상태에 있기도 했으나 그후에도 계속 반원이 증가하고 진영이 정돈되어
1929년 6월 시기 120명으로 江東지역의 중심이 되었다.
결국 반 조직이 한 지역의 지부의 세력과 역할을 갖게 되자 지부 창립으
로 나아가게 되고 '지부 준비회'가 성립되었다. 이와 함께 제2반을 해체하고
3개의 새로운 班을 조직했다. 즉 江東班(花町東部 : 반원 35명, 책임 김원빈
외 3명), 江西班(花町西部 : 반원 22명, 책임 이완우 외 3명), 永岡班(永倉, 長
岡 등지 : 반원 31명, 책임 최정식 외 3명)을 조직했으며 이밖에 주소 불명자
22명은 당분간 동부지부 직속으로 편성했다.

원 박용방, 李昌雨, 韓永乾, 李0水, 康有鴻, 張白水와 申0容, 김한으로 本所지부 창립준비위원회가 조직되었다.[17] 1929년 시기 북부지부의 역원은 위원장 : 신의용, 서무부 : 이윤우, 조직부 : 이간, 선전부 : 김원규, 쟁의부 : 김한, 부인부 : 한웅, 조사부 : 한국진이었다. 1929년 4월 '재건고려공산청년회 일본부'는 결성된 이후 동경조선노동조합 플랙션에 육학림, 동경조선노동조합 부인부 플랙션에 김경숙을 각각 임명했다.[18]

대판조선노동조합은 11지부가 조직되었다. 이 가운데 대판조선노동조합 서부지부는 1929년 4월 시기 지부장 : 김경중 서무부 : 심춘경, 정치부 : 송장복, 쟁의부 : 윤혁제, 교육부 : 김건오, 조선부 : 김동인, 조정부 : 김해건으로 구성되었다. 서부지부 조합원은 245명, 미조직 노동자는 4천 350명이었으며 반은 5개였다.[19]

兵庫縣조선노동조합은 1929년 4월 7일 창립되었다. 4월 10일 제1회 집행위원회에서 선임된 역원은 집행위원장 주운석, 서무부장 겸 쟁의부장 최호준, 재정부장 이향우, 정치교육부장 전해건, 조사정보부겸 조직선전부장 김백남, 부인부장 이규병, 회계감사 이규병, 박채, 이석락이었다. 兵庫縣조선노동조합의 참가인원은 1929년 9월말 450명이었고 지부로는 西部, 尼崎지부가 있었다.

1929년 시기 재일본조선노동총동맹을 중심으로 조선인노동조합이 조직화 될 때 관동, 관서조합연합회는 조선인노동조합을 하부 지부로 삼았다. 그리고 지역연합회가 지역 일반노동조합으로 개편되었다. 특히 1929년 8월 시기에도 관동, 관서지방협의회가 계속 활동하여[20] 노동조

---

17) 在日本朝鮮勞動總同盟 東京朝鮮勞動組合 本所支部, 「創立大會報告及議案」, (1929. 6. 6)(早稻田大學 마이크로필름실 소장)
18) 「朝鮮人の共産主義運動」, 김정명 편, 『조선독립운동』(4), 944-945쪽.
19) 『日本社會運動通信』(48) 1929. 4. 29.
20) 「在留朝鮮人の運動狀況」(1930), 박경식 편, 『자료집성』(2-1), 122쪽.

합의 조직 형태가 분산적인 모습에서 보다 집중적으로 전화되어 과거에 비해 조직의 기능이 강화되었다.[21] 1929년 4월 이후 '재건고려공산청년회 일본부'가 關東지방 조선노동조합 대표자회의를 지도했다.[22]

나) 활동

재일조선인 노동운동은 1929년 재일본조선노동총동맹의 해체가 거론될 때에도 다양한 활동을 계속 전개했다.[23] 1929년 4월 조직된 '재건고려공산청년회 일본부'의 플랙션에 의해 8월 시기까지 지도되었던 재일본조선노동총동맹은 1928년의 계속선 상에서 투쟁을 전개했다. 주요한 활동은 일상적인 투쟁과 함께 조직 정비를 위한 대회, 국내 및 일본혁명운동 지지 투쟁과 교육활동을 통한 선전, 선동사업 등이었다. 그 내용을 살펴보면 다음과 같다.

1) 지방조합 본부와 지부의 대회가 지속적으로 열렸다. 1929년 3월 29일 東京대회에서는 특히 포스터에 '소비에트 러시아를 사수하자', '근절시키자 광폭한 백색 테러', '적기를 사수하자', '노동자 농민의 정부 수립' 등의 10여종의 포스터를 내걸었다.

2) 紀念日 鬪爭을 재일본조선노동총동맹은 1929년 시기에도 계속했다. 동경조선노동조합 북부지부는 1929년 3월 1일 기념투쟁을 주도했

---

21) 재일본조선노동총동맹의 조직은 연합회, 지역 일반 노동조합, 지방협의회, 산업별조합으로 발전해 갔다. 즉 1928년 4월 재일본조선노동총동맹 제4회 대회의 산업별 조직강화의 지령이 곧바로 실현되지 않았고 대체로 해소 이후 전협 내 산업별 조직 내로 들어가게 되는데 산업별 체계는 전협 조선인위원회를 중심으로 재편되었다. 조직 방식은 지구위원회를 통한 전협으로의 가맹이었다. (「各加盟組合解體に對いて」(指令3)(1930. 3. 8), 박경식 편, 『자료집성』(2-1), 208-209쪽.)
22) 「朝鮮人の共産主義運動」, 김정명 편, 『조선독립운동』(4), 944쪽.
23) 「1929年の共産主義運動」, 김정명 편, 『조선독립운동』(4), 32쪽.

다. 기념 투쟁을 위해 특별히 제작된 삐라에서 북부지부는 "다시금 우리의 해방을 위한(하의 誤字 : 필자)야 결사적으로 싸홀것을 굿게 맹서하자!! 단결하자!!"(원문 그대로 : 필자)면서 재일본조선노동자는 이날을 맞이하여 전부 재일본조선노동총동맹의 깃발 아래 단결하여 일본제국주의를 타도하고 조선민족의 철저한 해방을 얻고자 했다.[24]

1929년 5월 1일 메이데이 때는 재일본조선노동조합 중앙은 '資本家놈들에게 우리들의 힘을 과시하자'라는 격문을 배포하고 주간강좌를 열었다. 여기에는 전국 각지에서 약 2천 5백명에 달하는 사람들이 참가했다. 東京조선노동조합은 5월 1일 메이데이를 투쟁의 날로 의미를 다음과 같이 부각시키고 있다. "우리 조선노동자들은 조선을 해방식힐 사람도 우리 노동자들이라는 것을 깨닷고 우리의 적! 자본가놈들을 째려부시고 우리 노동자들의 세상을 만들기 위하야는 모도 불근 기를 압세우고 일거리를 내던지고 거리로 뛰여나가 자본가놈들의게 우리들의 큰 힘을 보혀야 할 날! 메데가 왔다"(원문 그대로 : 필자)는 것이다.[25]

兵庫縣조선노동조합의 全海建은 1929년 6월에 「6월 10일이 왔다 투쟁으로써 기념하자」은 내용의 삐라를 20여장 인쇄하여 13일 尼崎署에 검거되기도 했다. 전해건의 이러한 활동은 일제에 대항하여 무산계급

---

24) 東京朝鮮勞動組合 北部支部,「1919年의 3月 1日을 銘記하라!!」(1929. 3.)(내무성 1929년 3월 1일 압수 문건)(早稻田大學 마이크로필름실 소장)
25) 在日本朝鮮勞動總同盟 東京朝鮮勞動組合 本部,「우리 勞動者들의 명절날! 메데가 왔다!!」(1929. 5. 1)(早稻田大學 마이크로필름실 소장). 그리고 슬로건으로 18개조를 들고 있다. 1) 7시간노동제의 확립 ! 2) 실업절대 반대! 3) 자유노동자 상해보증의 확립 ! 4) 중간착취 철폐 ! 5) 민족적 임금차별 절대반대 ! 6) 조선인도항 자유 ! 7) 단결권, 파업권 확립 ! 8) 치안유지법 및 제악법 즉시 철폐 ! 9) 반동단체 박멸 ! 10) 언론, 집회, 출판, 결사의 자유 ! 11) ××(공산:필자)당 및 ××(공산:필자) 청년동맹원 검거 반대 ! 12) 해방운동희생자 구원 ! 13) 쏘비에트 러시아의 사수 ! 14) 제국주의 전쟁 절대 반대 ! 15) 타도××(일본:필자) 제국주의 ! 16) 조선민족해방 ! 17) 노동자농민정부 수립 ! 18) 만국노동자 단결하라 ! 등이었다.

의 해방과 피억압민족해방운동을 위한 투쟁이었으며 兵庫縣조선노동조합은 이 全海建을 대중적으로 탈환할 것을 선동했다.[26] 그런가 하면 6·10만세 기념일 투쟁은 1926년 이후 재일조선인운동 내에서 지속적으로 전개되었다.

國恥日 紀念鬪爭도 계속 전개했다. 동경조선노동조합의 손수진은 1910년 8월 29일을 "천년동안 조선 민중을 착취하고 지배하든 … 한국 정부가 전조선 민중의 생명(을) … 일본제국주의(에)게 매도한 날!"이라고 규정했다. 그리고 조선 사람은 '쌍놈'이라고 규정되어 노예적 생활을 감수했으며 일본 제국주의가 조선을 침략한 이후에는 '요보'란 이름 아래 억압과 착취를 당하고 있다면서 "우리 농민이 경작하든 전답을 탈취한 자가 누구며 만주 혹은 일본으로 유리, 분산적 생활을 시키는 자, 그 역시 일본제국주의가 아니고 누구인가. 그럼으로 우리는 이 일본제국주의와 철저히 투쟁하는 일이 없이는 우리 자신과 전조선 민족이 완전히 해방하지 못할 것을 잘 알고 있다"고 투쟁의 의미를 명확히 했다.[27] 國恥日을 스트라이크와 데모로 기념하고 조·일노동자가 공동으로 투쟁해 나설 것을 제기했다.[28]

동경조선노동조합 북부지부는 계급적 입장을 명확히 하는 기념투쟁을 선도했다. 리프크네히트·로자룩셈부르크의 날인 1월 15일을 맞이하여 이들을 기념하기 위해 反戰의 대시위로 '제국주의전쟁 반대집회'를 열자고 선동했다.[29] 그리고 「동지 레닌을 배호자」은 문건에서는 그

---

26) 兵庫縣朝鮮勞動組合 本部 崔浩俊, 「전투적 조선노동자 제군의게 격함」(1929. 6. 14)(早稻田大學 마이크로필름실 소장)

27) 在日本朝鮮勞動總同盟 東京勞動組合 孫秀鎭, 「怨恨깊혼 國恥의 날 8月 29日은 왓다 스트라키와 데모로 記念하자!」(1929. 8. 29)(早稻田大學 마이크로필름실 소장)

28) 孫秀鎭, 「國恥紀念 20周年을 際하야 全勞動者農民의게 檄함 !」(1929. 8. 29)(早稻田大學 마이크로필름실 소장)

29) 東京勞動組合 北部支部, 『활동뉴쓰』(1)(1929. 1. 15)(早稻田大學 마이크로필름

의 죽음을 애도하며 투쟁에 나아갈 것을 선전하며 동지 레닌이 1924년 1월 25일 오후 6시 30분 죽었어도 그 정신은 전세계 피억압 민중의 가슴 속에 살아 있다는 것이다. 폭압한 알렉산더 3세에 의해 죽은 형을 가진 레닌은 혁명에 대한 명확한 해답을 갖고 사회 민주주의자와 결정적으로 싸워 낼 것을 교시했으며 이와 함께 '조국옹호'를 위해 '제국주의전쟁 절대반대,' '제국주의 전쟁을 혁명으로'라는 슬로건 아래 반동에 대항하여 결사적으로 싸웠다.『투쟁뉴쓰』는 일제 식민지의 민중과 조선노동자는 이러한 내용을 배우자고 했다.30)

대판조선노동조합도 1929년 11월 7일이 다가오자 "데모? 스트라이크로서 노동자 농민 정부를 사수하자! 제국주의 전쟁 절대 반대다! 日鮮공산당 피고 즉시 석방하라! 치유법 기타 일체의 악법을 즉시 철폐하라! 타도조선총독폭압 정치! 노동자 농민의 정부를 수립하자!"면서 러시아혁명일을 투쟁으로 맞이하자고 했다.31)

3) 상애회원을 응징했다. 동경조선노동조합 제3회 대회가 열린 얼마 후인 1929년 4월32) 26일 동경조선노동조합 동부지부를 상애회가 습격했다. 이것은 일본 경찰의 지원 아래 진행되어 오히려 그들의 비호로 피해자인 조합원이 구속되었으나 지배계급의 직접, 간접적인 방해는 '최후의 발광 이외에 아무것도 아니다'면서 관동지방 조합대표자회의는

실 소장)

30) 東京朝鮮勞動組合 北部支部,『투쟁뉴쓰』(2)(1929. 2. 21)(早稻田大學 마이크로 필름실 소장) 슬로건으로 1) 동지 레닌을 배우자 ! 2) 제국주의 전쟁 절대 반대 ! 3) 제국주의 전쟁을 혁명으로 ! 4) 소비에트 러시아를 지키자 ! 5) 세계 피억압 대중 해방 만세 !를 내걸었다.

31) 大阪朝鮮勞動組合本部,「러시아 혁명 기념일은 도라왓다 11월 7일 !」(내무성 1929년 11월 7일 압수 문건)(早稻田大學 마이크로필름실 소장)

32) '재건고려공산청년회 일본부'는 1929년 4월 결성된 이후 동경조선노동조합 플랙션으로 육학림, 동경조선노동조합 부인부 플랙션으로 김경숙을 각각 담임하게 했다.(「朝鮮人の共産主義運動」, 김정명 편,『조선독립운동』(4), 944-945쪽.)

자위단을 조직해 반동단체 상애회의 처단을 강력히 주장했다.33) 이 상
애회 습격에 대항하여 橫濱을 중심으로 한 자위단 200여명은 상애회
川崎지부를 역습했다. 여기에 대해 상애회 東京 본부는 관헌과 깡패
150여명으로 폭력단을 조직하여 川崎로 갔다. 혁명적 노동자 200여명
은 조합원의 응원 아래 관헌의 탄압에 대항해서 투쟁했다.34) 5월 25일
재일본조선노동총동맹은 관헌의 추격·체포를 당하고 吉이라는 조선인
노동자가 검거되어 생사의 기로에 있었지만 川崎지부 자위단의 주도로
橫濱일대에서 성공적으로 상애회를 격퇴해 냈다.35) 川崎에서의 충돌은
재일본조선노동총동맹의 승리로 귀결되었으며 10분 사이에 400여명의
노동자를 동원하고 반동 자동차대를 격퇴한 것은 정규군에도 떨어지지
않는 것이었다. 이후 東京 南部지역에서는 谷山班 하나가 200여명의

---

33) 在日本朝鮮勞動總同盟 關東地方組合代表者會議, 「반동단체 상애회를 철저히
박멸하자!」(1929. 4월경)(早稻田大學 마이크로필름실 소장)

34) 東京朝鮮勞動總同盟, 「警視廳の手先相愛會を叩潰せ」(1929. 5. 17)(『無産者新
聞』(226) 1929. 6. 1, 『日本社會運動通信』(50) 1929. 7.)(早稻田大學 마이크로필
름실 소장) 이 문건은 "우리는 지금 무엇보다도 의의 있는 자위단을 조직,
확대시켜야 하는 객관적 정세에 직면하고 있어 이것이야말로 초미의 긴급한
일이다"고 하면서 "상애회가 조선노동조합에만 반동단체는 아니며 조선노동
조합에만 습격한 것이 아니다. 조선, 일본, 대만 나아가 지나의 형제에게도
적이다"고 했다. 그리고 자위단의 조직은 세포조직, 프롤레타리아가 있는 곳,
빈농이 있는 곳이면 수행해야 한다면서 전국적 규모의 조직 구축을 주장했
다.

35) 在日本朝鮮勞動者運動總同盟 「相次ぐ彈壓に際し日本の同志に檄す」(1929. 6.
9)(『無産者新聞』(230) 1929. 6. 28). 특히 여기에서는 일본의 동지에게 좌익 조
직의 재건과 일본공산당의 재조직 강화가 필요하다고 했다. 그리고 1) 本所
지부 창립 만세! 2) 자위단 조직 만세! 3) 상애회를 분쇄하자! 4) 타도 일
본제국주의! 5) 조선공산당의 기치 하에! 라는 슬로건을 제기했다. 이 가운
데 '조선공산당의 기치 하에'라는 슬로건은 굵은 활자로 강조하고 있다.
이 문건은 4, 5월에 걸쳐서 상애회 川崎지부가 재일본조선노동총동맹 동경
조선노동 東部지부(沈川)를 습격하여 전개된 투쟁에 대한 문건으로 「반동단
체 상애회를 철저히 박멸하자!」(1929. 4월 시기), 「警視廳の手先相愛會を叩潰
せ」(1929. 5. 17)에 뒤이은 것이다.

노동자를 동원해 상애회를 격퇴한 일이 있으며 北部지역에서는 相愛會
의 지부원 전부를 노동조합원으로 획득하여 완전히 상애회의 기반을
파괴시키기도 했다.36) 1929년 4월 시기 동경조선노동조합 동부 지부와
神奈川縣조선노동조합이 1929년 5월 15일 수행했던 일도 들 수 있다.
이 투쟁 이후 반동단체의 박멸투쟁을 강화하며 자위책으로 자위단 조
직을 기도하고 '자위단은 어떤 임무를 갖고 어떻게 조직할까,' '상애회
를 파괴하자'는 삐라를 살포했다. 여기에서 장차 내란이 일어나면 적위
군의 기초가 될 조직이 바로 자위단임을 강조했다. 특히 전술했듯이
동경조선노동조합 쟁의전위대 서기국에서는 구체적 내용을 담아내고
있다.

1929년 상애회를 앞장세운 소위 5·23탄압에 의해 재일조선노동총동
맹의 50여명이 체포되었다. 여기에 '解放運動犧牲者救援會 東京府支部
協議會'는 희생자 구원에 나섰다.37) 극도의 빈곤과 지배계급의 탄압에
도 불구하고 1929년 7, 8월 시기의 탄압에 대항해 재일본조선노동총동
맹은 희생자 구원운동을 일으켜서 생활비와 의료비를 1전, 2전을 모아
서 지불해 냈다. 특히 落合班의 경우는 전 구성원이 희생자의 구원을
위해 약 2개월 간 '토요일 노동'을 계속했다.38)

4) 소속 단체에 대한 주간 강좌, 연구회 등을 개최했다. 여기에서는
전위투사의 교양, 훈련을 도모하고 비밀리에 간부회를 개최하였으며
희생자 구원활동을 전개했다.

5) 대중훈련을 목적으로 노동쟁의를 일으키고 미조직 노동자의 규합
에 노력했다. 재일본조선노동총동맹은 각지에서 조선인 노동자가 자율

---

36) 金浩永, 「在日本朝鮮勞動者運動總同盟の鬪爭と新方向」, 『日本社會運動通信』 1930. 1.
37) 『無産者新聞』(238) 1929. 8. 20.
38) 金浩永, 「在日本朝鮮勞動總同盟の鬪爭と新方向」, 『日本社會運動通信』 1930.
   12, 참조.

적으로 활동을 전개한 노동자를 결집하여 쟁의를 고양시키려고 했다. 6월에 예정되었던 제5회 전국대회39)를 앞에 두고 재탄압을 당하는 과정에서도 정치투쟁은 지속되었다. 1920년대말 일본 내 재일조선인 지방 노동조합과 본부는 사회주의혁명을 노골적으로 내걸었다.

6) 국내에서 광주학생운동이 일어 나자 동경조선노동조합은 「재일본 조선학생제군에게 조직적 투기(쟁의 오자 : 필자)를 촉진한다」40)는 격문을 발송하고 간담회, 규탄연설회를 열어 시위투쟁에 대해 공개적인 선전, 선동을 수행했다. 그리고 「내무성과의 데모다. 조선혁명전을 지지하자. 혁명노동자제군에게」41)라는 문건에서 "조선의 혁명전은 지금 노예인 군대, 경찰, 소방대 등의 총동원 하에 20여만의 투옥과 백여명의 총살을 당했다"고 하고 피범벅이 된 반란은 나날이 벌떼같이 일어나고 있다면서 '감옥 경찰서를 파괴하고 모든 희생자를 탈환하자!', '조·일 노동자 공동투쟁 만세!', '일본제국주의를 타도하자!', '조선민족해방 만세!', '노동자·농민정부를 수립하자!'는 슬로건을 제기했다. 특히 동경조선노동조합 부인부의 김경숙은 「전일본 노동자, 농민에게 격함!」에서 조선의 운동이 백색테러에 의해 고통당하는 현상을 설명하고 국제적 노동계급의 연대 투쟁을 조직하여 일제 타도를 주장했다.42) 1929년 1월 14일 원산 문평 라이싱썬 석유공장노동자 2백여명이 회사측의

---

39) 탄압으로 인하여 개최되지 못했다. 金斗鎔, 「川崎亂鬪事件の事件」(『戰旗』 1929. 7.)을 보면 "來月 16일은 노총의 대회이다!!" 여기에서의 "來月"은 문맥 상으로 6월인데 이후에 재일본조선노동총동맹대회가 진행된 모습은 없다.

40) 여기에서는 광주학생사건으로 전국의 학생이 총스트라이크를 일으켜서 일제 와 결전을 치르고 있다면서 "혁명적 제군이여! 속히 일어나라! … 제군은 굳게 단결하여 봉기하자! 조선의 노동자, 농민은 물론 동일한 적을 갖고 있는 일본의 노동자, 농민 그리고 전투적 청년 학생과 단결하여 제국주의 지배의 독재를 타도한 후에야만 학생제군의 완전한 자유와 인간적 교육이 있는 것 이다"고 했다.

41) 이 문건은 동경조선노동조합 김경숙 명의로 되어 있다.

42) 「전일본노동자농민에게 격함!」(1929. 12.)(대원사회문제연구소 소장)

대우에 반대해서 元山총파업을 일으키자 그 내용을 알리고 조·일 노동자·농민의 제휴를 주장하고 후원금을 보내라고 했다.[43] 이것은 '재건고려공산청년회 일본부'의 陸學林에 의해 지도되었다.

7) 1929년 大山郁夫 등에 의해 제창된 신노농당 결성준비회가 조직되자 재일본조선노동총동맹 소속 각 지방 본부와 재일본조선청년동맹은 기만적인 합법정당은 절대 반대한다면서 1929년 10월 10일 재일본조선노동총동맹 이름으로 「신노농당 수립 절대 반대 배반자의 책동을 배격하자」은 격문을 발송하고, 반대운동을 전개했다. 특히 10월 3일 大阪에서 열린 결당 촉진 시국비판 연설회에서는 재일본조선노동총동맹원이 신간회, 재일본조선청년동맹 구성원과 함께 참가하여 大山郁夫, 小岩井淨, 河上肇 등의 연설을 방해하고 회장을 아수라장으로 만들었다. 10월 30일 동경조선노동조합은 大山郁夫 등의 신노농당 결성식에 참석하여 「전투적 조·일 노동자에게 격한다」[44]라는 격문을 배포하고 결당을 배격했다.

대판조선노동조합은 조·일 노동계급의 연대의 차원에서 勞農大議士 山宣의 노농장을 3월 15일 조일노동자의 국제적 피의 날에 거행하는 것이 의의가 있다면서 1) 15일 오후 1시를 기하여 직장, 공장에서 일제히 10분간 스트라이크를 일으킨다, 2) 15일밤 7시 天王寺 公會堂에서

---

43) 在日本朝鮮勞動總同盟,「元山爭議應援ニュ-ス」(第1號)(早稻田大學 마이크로필름실 소장). 송금은 戰旗社(東京市外上落合 689)로 하라고 했다. 이와 함께 재일본조선노동총동맹은 원산쟁의응원위원회를 조직하여 원산쟁의의 구체적인 내용과 조·일 노동계급에게 있어서의 유의미성을 강조하고 있다.(在日本朝鮮勞動總同盟 元山爭議應援委員長金重政,「元山のxx的勞動者蹶起について」,『戰旗』(2-3), 1929. 3, 참조.)

44) 여기에서는 "우리의 정당은 다만 xx(공산:필자)당만이다. 그 기치 하에서 굳게 결속하여 혁명적 투쟁을 계속하는 것이야말로 우리들의 참 동지이다. 계곡에 빠진 麻生, 鈴木, 濱口 등은 모두 같은 구멍의 벌레들이다. 그들을 분쇄하지 않고 우리들의 해방은 없다"고 했다.(「1929年の共産主義運動」, 김정명 편,『조선독립운동』(4), 54쪽.)

데모를 일으킨다, 3) 같은 시각에 山宣勞農葬歌를 고창한다, 4) 일본 동지들과 함께 끝까지 창가 데모를 한다, 5) 弔辭에서 백색테러를 폭로한다는 내용을 결의했다.[45]

8) 출판 사업을 지속적으로 전개했다. 愛知縣조선노동조합은 교육출판부 이름으로 田所輝明의 『無産者讀本』을 50부 작성하여 조합원 교육용으로 배포했다. 大阪조선노동조합도 청년부 설립과 借家人同盟分會[46]를 창립하고 투쟁뉴스 200매를 작성하여 조합원과 관련 단체에 배포했다.[47] 이와 함께 4월 시기 원산쟁의를 비롯한 시위투쟁이 개량화되어 실질적인 효과를 획득해 내지 못하는 상황에서 조선 노동계급의 조직·선전자로서 전국적 정치신문이 현실적으로 요구되었으며 전피억압계급의 불만을 집중, 지도하는 정치신문이 없이는 계급투쟁으로 나아갈 수 없어 『노동자 농민신문』이 그 역할을 맡아야 한다는 것이었다.[48]

이와 함께 조선인노동조합이 발간한 『활동뉴쓰』, 『전선뉴쓰』, 『투쟁뉴쓰』등에서 흔히 보이는 것처럼 조합원에게 조합비를 내도록 선동했다. 이것은 혁명적 조합원의 본분을 지키는 일이었다.[49]

45) 大阪朝鮮勞動組合委員長 朴永方, 「故山宣대의사 노농장에 관한 건」(大勞組發 第 5 號)(1929. 3. 13)(早稻田大學 마이크로필름실 소장)
46) 일본의 借家人運動은 借家人同盟의 주도로 1929년 시기 일본 내에서 임대료 인하운동으로 시작되어 계급적 성격을 띄었다. 이와 함께 임대 조건이 불리한 조선과 대만에서의 借家人運動 참가가 절실하다고 국제 연대를 피력했다.(布施辰治, 「朝鮮, 臺灣の借家人運動に就て」, 『法律戰線』 1930. 1.)
47) 內務省警保局, 「特高警察資料」(1929. 12.), 박경식 편, 『자료집성』(2-1), 98-99쪽.
48) 在日本朝鮮勞動總同盟本部, 「<노동자농민신문>후원의 건」(1929. 4. 16)(在日本朝鮮勞動總同盟本部 발행, 朝鮮勞動組合執行委員長 귀하)(早稻田大學 마이크로필름실 소장)
49) 東京勞動組合 北部支部, 『활동뉴쓰』(1)(1929. 1. 15)(早稻田大學 마이크로필름실 소장) 여기에서는 "담배 한갑 술 한잔을 줄이고 당일로 조합비를 납입하라"면서 "1929년에는 우리의 큰 힘을 꼭 보이자"고 모금 투쟁을 선동했다.

재일본조선노동총동맹 상임중앙위원회는 1929년 12월 "제2무산자사 신문은 의회해산 선거투쟁동맹의 조직을 절규한다. 일본전국협의회는 우선 이에 대하여 … 구체적 방침을 제창했다. … 노총에서 취할 구체 적 방침은 일본 全協의 그것 이외에 아무 것도 없다. 따라서 이후에 의회해산 선거투쟁동맹 방침서를 다시 프린트한다. 노동자, 농민을 탄 압하고 기만하며 자본가, 지주의 이익을 도모하여 사회민주주의 정당 의˙ 협력 아래 자본가적 산업합리화를 강행하면서 目前에 切迫한 제국 주의 전쟁의 계속되는 준비를 위해 제57회 회의를 소집한다. 노동자, 농민은 이러한 의회에 단연코 반대하지 않으면 안된다"50)면서 의회 해 산 선거투쟁에 함께 할 것을 천명했다. 또한 여기에서는 32개조의 슬 로건을 제기했다. 주요한 내용으로는 경제적인 요구에 집중할 것과 공 산당의 사수, 노동자, 농민의 대표를 의회로 보내고 노동자, 농민정부 만세 등이었다. 투쟁의 목표는 반동의회의 본질을 노동자, 농민에게 알 리고 투쟁의 중심이 일본공산당임을 천명하는 것이었다. 여기에서 재 일본조선노동총동맹은 일본의 혁명적 전위그룹이 중심에 서고 사회민 주주의당과 개량주의적 세력, 미조직 대중까지 포괄하는 투쟁조직을 거론하고 있다. 대표위원회를 열어 전국위원회를 조직하고 상임위원회 를 구축하여 여러 단체와 협력하며 지방협의회를 통해 지부를 확립하

그리고 '조합비 완납은 혁명적 노동자의 최대 의무다'면서 우리 힘으로 수행 하자고 했다.(在日本朝鮮勞動總同盟東京朝鮮勞動組合 北部支部, 「혁명적 조합 원 제군!」(내무성 1929년 1월 18일 압수 문건)(早稻田大學 마이크로필름실 소 장))

50) 在日本朝鮮勞動總同盟常任中央委員會, 「의회해산 선거투쟁방침서」(1929. 12. 21)(早稻田大學 마이크로필름실 소장) 특히 의회해산투쟁동맹 전국위원회 이 름의 「의회 해산선거투쟁 지침서」에 대해 김두용, 이의석, 임철섭 등은 토의 하고 이 문건을 번역하여 상임중앙위원회 명의로 30부를 인쇄하여 東京, 神 奈川, 大阪, 京都, 愛知, 兵庫, 北陸등지의 조선노동조합에 배포했다.(「思想硏 究資料」(特輯71號)(朝鮮人の共産主義運動), 『朝鮮人の共産主義運動』, 東洋文化 社, 1973, 99쪽.)

고 반협의회를 조직할 것을 제기하고 있다. 투쟁방식으로는 총선거의 마지막 시기에 전국적 스트라이크를 주장했다. 사회민주제당과 선거 협정을 체결해서는 안된다고 하며 반대정당으로는 民政堂, 政友會, 失業同志會, 明政會, 社會民主黨, 日本大衆黨, 勞農黨, 愛國社會黨을 구체적으로 들고 있다.

국제주의적 연대에 기초하여 일본공산당은 1929년 3월 1일을 혁명적 투쟁으로 맞이하여 기념하자고 했다.51) 일본곤산당의 기관지 『無産者新聞』사설은 10주년을 맞이하며 노동자, 농민이 조선혁명의 원동력이라면서 원산총파업이 노동자가 대중운동의 선두임을 보여준 사례로 평가하고 일본의 노동자, 농민은 굳게 조선의 노동자·농민과 동맹하고 힘을 모아서 일본의 제국주의와 투쟁해 가자고 천명했다. 또한 『無産者新聞』지국은 조선 국치일을 맞이하여 삐라를 통해 '일본조선노동자 제휴 만세! 타도조선총독정치! 조선민족해방만세!'를 선동하여 부분적인 국제 연대를 실현했다.52)

재일본조선노동총동맹은 1929년 御大典 탄압과 國恥日 紀念鬪爭에 대한 탄압으로 자행된 검속에 의해 일시적으로 활동이 주춤했다. 그러나 재일본조선노동총동맹은 투쟁의 과정에서 결집력을 회복하고 조직활동을 재차 활성화시키면서 다수의 조선인 노동자를 지역 단위에서 조직했다.

1929년 시기의 주요한 투쟁은 1927년 이후 계속된 朝鮮總督 暴壓政治 反對運動, 朝鮮人彈壓 反對運動53) 등이 있었다. 이와 함께 解放運動

---

51) 『無産者新聞』(209) 1929. 2. 5.
52) 내무성 1929년 9월 2일 압수 문건(早稻田大學 마이크로필름실 소장)
53) 물론 이 운동은 정치적 색채를 띤 것이었는데 식민지시대 재일조선인은 도일과 함께 일본 내에 들어가 일제의 직, 간접적인 선동에 고무된 이른바 일반 일본인 노동자와 지역단위에서 민족, 계급적 문제가 게재된 충돌을 경험해야 했다. 당시 일제는 지속적으로 재일조선인 민족해방운동을 전개하는 활

犧牲者救援會 支持, 범태평양노동조합회의 支持, 失業反對 運動 등이 전개되었다. 특히 동경조선노동조합 本所지부에서는 7시간 노동제 획득에 대해 "전인류가 전부 노동을 한다면 1일 3시간의 노동이면 충분하다"면서 현재 소련의 형제들도 6시간제를 실시하고 있으며 국제노동회의에서도 8시간제를 결의하고 있다고 전제하고 인간다운 생활을 하기 위해서는 7시간 노동제가 절실하다[54]고 7시간 노동제의 유의미성을 강조했다. 新潟縣조선노동조합도 7시간의 노동이 비인간적 생활을 현대적, 문화적 생활로 향상시키기 위해 필요하다고 했다.[55] 1929년 시기에는 재일노동운동과 일본노동운동에 있어 7시간 노동제 획득을 천명했다. 일본공산당도 당면 슬로건 가운데 7시간 노동제를 제기했다.[56]

2. 재일조선인 당재건운동

1) '재건고려공산청년회 일본부'[57])의 재건과 활동

당 조직의 검거를 피해 1928년 2월 해외로 도망간 高光洙는 1929년 1월 상순 블라디보스토크 신한촌 金光恩의 집에서 姜鎭, 元泰熙, 朴文秉 등과 함께 고려공산청년회의 재조직을 협의하고 'ML파 고려공산청년회' 중앙을 결성했다.[58] 이 조직은 「12월테제」에 기초하여 노동부문

동가들을 압박하고 대규모 학살을 계속해서 자행했다.

54) 在日本朝鮮勞動總同盟 東京朝鮮勞動組合 本所支部, 「創立大會報告及議案」 (1929. 6. 6)(早稻田大學 마이크로필름실 소장)

55) 「新潟懸朝鮮勞動組合第2回大會報告議案附規約」(대원사회문제연구소 소장)(이 문건은 『在日朝鮮人史硏究』(18)에 실렸다. 국내에서는 「일본니이가다현조선노동조합제2기대회기록문」, 『殉國』1989. 11·12합호에 번역되어 있다.)

56) 『赤旗』(27) 1929. 3. 20.

57) 보통 경찰 자료에 추종하여 'ML파 고려공산청년회 일본부'라고 한다. 그러나 본고에서는 조선공산당 4차당 고려공산청년회 일본부의 후계 조직이라는 의미에서 '재건고려공산청년회 일본부'라고 통칭한다.

에 중점을 두고 김광은이 지도했다. 고광수, 원태희는 조선 내에, 강진은 만주에 잠입하여 정세조사와 고려공산청년회 재조직 준비를 하고 박문병은 일본에서 고려공산청년회의 재조직을 담당하게 되었다.

박문병은 활동 방침으로 1) 기관지 및 팜플렛을 발행할 것, 2) 일본 내 조직원의 이론적 지도에 노력할 것, 3) 김한경, 송언필, 송창렴의 동정을 조사하여 기관지 편집부를 조직할 것, 4) 일본정세를 조사 보고할 것, 5) 조선 내의 동정을 조사, 보고할 것 등을 하달 받았다.59)

1928년 조선공산당 일본총국에 대한 검거를 피해 경성에 와 있던 인정식은 원태희와 접선하여 박문병의 東京 활동을 보조하기 위해 먼저 東京으로 가서 조직사업을 수행하라는 지시를 받는다.60) 그리고 인정식은 崔德俊으로부터 고려공산청년회 일본부 재조직 지시를 받고 1929년 2월 하순 京都에서 朴濟煥과 접선하여 박제환을 책임으로 하는 야체이카를 결성, 조직원을 획득하여 고려공산청년회 일본부 재조직을 진행시켰다.61)

경성에서 원태희를 만나고 東京에 간 박문병은 인정식과 곧 접선했다. 이 자리에서 인정식은 박문병에게 활동 내용을 보고했으며 특히 김한경, 송창염 등이 검거된 것을 알렸다. 이들은 "경제적으로는 현재의 사유재산제도를 폐지하고 공산주의 사회에 의한 신사회의 건설을, 정치적으로는 우리가 단체를 변혁하여 조선을 우리가 주최하여 독립시켜서, 공화정체의 수립을 목적으로 한다"는 취지에서 조직 사업을 계속

---

58) 「朝鮮共産黨組織計劃其他檢擧に關する件」(1929. 8. 10), 『朝鮮共産黨關係雜件』 (3), 高麗書林, 1990, 187쪽. 여기에는 吉林省 河南街 중국음식점에서 조직된 것으로 되어 있다. 조직의 대강은 다음과 같다. 책임비서 : 고광수, 조직부 : 강진(책임), 원태희(조선조직 지도책임), 선전부 : 박문병(책임, 일본부 조직책임), 백인석, 만주총국 책임비서 : 이기석(혹은 김병률)이었다.
59) 「1929年の共産主義運動」, 김정명 편, 『조선독립운동』(4), 42쪽.
60) 「1929年の共産主義運動」, 김정명 편, 『조선독립운동』(4), 42쪽.
61) 「朝鮮人の共産主義運動」, 김정명 편, 『조선독립운동』(4), 943쪽.

하여[62] 이른바 '재건고려공산청년회 일본부'를 1929년 4월 조직했다. 중앙의 조직부는 인정식, 선전부는 박문병이 맡고 동경구역국의 조직부는 김동훈, 선전부는 육학림이 책임을 맡았다. 그리고 관서구역국은 조직부를 박제환, 선전부를 정휘세가 각각 역할을 분담했다.[63]

당시 동경구역국에는 4개의 야체이카가 조직되었다. 深川야체이카 : 尹龍辰(책임), 本所야체이카 : 韓國辰(책임), 大崎야체이카 : 육학림(책임), 日暮里야체이카 : 張成業(책임), 張聖祚였고 무소속으로 權寄百이 활동했다. 이 가운데 日暮里야체이카는 落合야체이카로 개편되어 한국진(책임), 장성조가 활동했다. 이 가운데 김동훈은 深川, 本所야체이카를 지도했다. 이 시기의 플랙션으로는 재일본조선노동총동맹·재일본조선청년동맹 : 김시용, 근우회 동경지회 : 김순실, 동경조선노동조합 : 육학림, 동경조선노동조합 부인부 : 金慶淑, 재일본조선청년동맹 동경지부 : 권기백, 신간회 동경지회 : 金東訓이 활동했다. 또한 張濟亨이 책임으로 橫濱반과 神奈川縣조선노동조합 플랙션 조직사업을 수행했다.

약 11회에 걸친 동경구역국 회의에서는 조직의 강화와 개폐의 내용이 논의되었다. 이와 함께 중요한 활동 방침을 토의, 결정했다. 동경구역국 회의에서 지시된 조직, 선전부의 사명 및 회의에서 협의된 회원의 활동 방침을 보면 우선 조직·선전부의 활동 방침은 1) 조직부의 임무는 세포의 조직 및 플랙션을 가질 것, 2) 선전부는 고려공산청년회의 주의, 목적을 선전할 것, 선전방법으로는 『노동자 농민신문』이 출판되면 이것을 이용할 것, 3) 세포 조직에는 책임자, 조직, 선전, 조사부를 둘 것. 단 조사, 선전부는 겸임해도 무방하다, 4) 동경구역국은 東京

62) 「1929年の共産主義運動」, 김정명 편, 『조선독립운동』(4), 43쪽.
63) 「高麗共産靑年會日本總局關西區域局加入者檢擧ノ件」, 京城地方檢事局, 『內地檢事局情報綴』(1928-1930), 109쪽, 「在留朝鮮人の運動狀況」(1929), 박경식 편, 『자료집성』(2-1), 49-53쪽.

지방의 조직·선전사업을 총체적으로 관할할 것이었다.

야체이카 구성원의 활동 방침은 다음과 같다. 1) 회원은 특별한 허가 없이 다른 구역으로 옮길 때 가능성 여부를 책임자에게 알릴 것, 2) 회원의 연령, 재산, 주소, 활동은 분명히 파악할 것, 3) 회원 및 구역국원은 기록을 절대로 남기지 말 것, 4) 동경조선노동조합으로부터 활동 상황의 보고를 받을 것, 5) 재일본조선청년동맹 동경지부의 활동 상황에 대해 보고를 받을 것, 6) 신간회 동경지회의 활동상황에 대해 보고를 받을 것, 7) 원산총파업에 대해 재일본조선노동총동맹 명의로 선전인쇄물을 발행할 것, 이것을 육학림에게 일임한다. 8) 재일본조선청년동맹 명의로 6·10만세 시위투쟁에 대한 선전인쇄물을 발행할 것, 9) 재일본조선청년동맹 동경지부 회원과 동경조선노동조합원을 동원하여 자위단을 조직하고 반동단체의 박멸을 도모할 것[64] 10) 『대중신문』을 『노동자 농민신문』로, 11) 『현단계』를 『레닌주의』로 이름을 고쳐 발행할 것, 12) 표면단체에 대한 지도방침, 13) 재일본조선노동총동맹의 행동강령을 작성할 것, 14) 재일본조선노동총동맹 관동지방 조선노동조합 대표자회의에 대한 지도방침, 15) 신간회 지회 대표자회의에서 민족단일당 완성을 목표로 한 행동강령을 수정하게 할 것 등이었다.[65]

관서구역국에는 2개의 야체이카가 조직되었다. 京都야체이카 : 박제환(책임), 조옥현, 김정두, 김선동(연락원), 大阪야체이카 : 朴應淳(책임), 權穆龍, 송윤서가 활동했다. 두 야체이카는 정휘세가 지도했으며 京都야체이카의 경우 박제환에서 정휘세로 책임이 바뀌기도 했다.

1929년 2월 인정식은 관서구역국 설치 이전에 박제환과 먼저 협의하고 그를 책임으로 하는 야체이카 조직을 의뢰하고 1929년 4월 정식으로 조직했다. 관서구역국은 인정식의 지도 아래 다음과 같이 활동했다.

---

64) 「1929年の共産主義運動」, 김정명 편, 『조선독립운동』(4), 43-44쪽.
65) 「朝鮮人の共産主義運動」, 김정명 편, 『조선독립운동』(4), 944쪽.

1) 京都야체이카의 확대를 도모했다. 2) 京都조선노동조합 내에 청년부 설치를 기도하여 창립대회를 개최했다. 그리고 3) 인정식은 大阪야체이카의 후보자 선정, 연구회 구성 등을 지도하고, 회원 획득을 위해 재일본조선청년동맹 대판지부 각 반에서 대표자를 선정했다.

이상과 같은 '재건고려공산청년회 일본부'는 구역국 회의에서 논의, 정리된 활동방침에 따라 선전 활동을 전개했다. 선전활동을 위해 신문 및 잡지의 출판위원에 고경흠, 曺在洪, 金時容을 충원하고 여기에 張準錫, 김두용, 李北滿을 참가시켜 조직을 만들었다. 특히 김동훈, 육학림은 고려공산청년회의 후보자들을 모아서 연구회를 개최하여 마르크스주의 선전에 노력했다. 동경구역국에서는 박문병의 지휘로 조재홍에의해 번역된 「식민지 반식민지에서 혁명운동에 관한 테제」, 「조선문제에 관한 코민테른 집행위원회 결정서」과 吉林省의 'ML파 고려공산청년회' 중앙에서 보낸 지도 방침을 가지고 학습이 계속되었다. 김동훈, 육학림은 박문병에게서 지도를 받아 『레닌주의』 제1호 번역문을 이용해서 세포원을 교양, 지도하기도 했다. '재건고려공산청년회 일본부'는 지역의 특수성에 따라 선전활동과 출판사업에 보다 많은 힘을 쏟았다. '재건고려공산청년회 일본부'는 1929년 2월 재일본조선노동총동맹 명의로 「쟁의 전위대의 조직에 관한 지령」을 발행하고 이후 각단체 명의로 계속해서 지령과 뉴스를 발행, 살포했던 것이다.[66]

---

66) 확인 가능한 주요발행 문건으로는 다음과 같은 것을 들 수 있다. 1) 쟁의 전위대조직에 관한 지령 (2월, 동경조선노동조합), 2) 강사단 재조직에 관한 지령 (4월 10일, 동경조선노동조합), 3) 백색반동 상애회를 박멸하자 (4월 28일, 동경조합 쟁의전위대 서기국), 4) 상애회·건국회를 타도하자 (5월 13일, 동경조합 쟁의전위대 서기국), 5) 자위단은 어떤 임무를 갖고 어떻게 조직할까 (5월 13일, 동경조합쟁의 전위대 서기국), 6) 투쟁뉴스 (5월 13일, 동경조선노동조합), 7) 자위단 조직에 관한 지령 (6월 2일, 조선청년동맹집행위원장), 8) 동맹비징수에 관한 건 (5월 25일, 조선청년동맹 동경지부), 9) 6·10만세 기념투쟁에 관한 지령 (6월 3일, 조선청년동맹집행위원장), 10) 귀국동맹원에 관한

전술했듯이 '재건고려공산청년회 일본부'는 플랙션을 통해 직접 대중단체를 지도하여 선전, 선동활동을 계속했다. 이 가운데 대중사업 중에서도 반동 주구단체 박멸과 자위단의 조직에 중심을 두었고, 귀국동지에 대해 지속적인 투쟁활동의 고리를 갖도록 했다.

재일조선인 민족해방운동의 주류로 재조직된 '재건고려공산청년회 일본부'는 조직 확대가 진행되었다.[67] 초기와 달리 우선 동경구역국 소속의 플랙션(재일본조선노동총동맹, 재일본조선청년동맹, 근우회 동경지회, 동경조선노동조합 부인부)을 '재건고려공산청년회 일본부' 직속으로 개편하고, 관서구역국의 조직, 선전부에 책임(조직부 책임 : 정휘세, 선전부 책임 : 조옥현)을 두었다. 深川야체이카에 李先鎬, 朴達, 金石松, 무소속에 김순실, 김애숙, 김시용 등을 소속으로 하는 야체이카를 확대했다. 橫濱班과 神奈川縣조선노동조합 플랙션은 설치의 책임을 장제형이 조직 초기에 맡았으나, 설치 여부는 1929년 8월 검거 시기에는 드러나지 않는다.

'재건고려공산청년회 일본부'는 재일본조선노동총동맹과 재일본조선청년동맹을 기초로 조직적인 활동을 전개했다. 그러나 양 대중 조직을 완전히 장악하지는 못했던 것 같다. 그것은 단적으로 재일조선인 민족해방운동 해체 논의과정에서 확인할 수 있다.

2) 무산자사의 조직과 활동

당 조직의 검거를 피해 상해로 망명한 한위건, 梁明俊은 고경흠, 서인식, 김소익과 1929년 3월 '고려공산청년동맹'을 조직했다.[68]

지령 (6월 6일, 조선청년동맹집행위원장).
67) 「1929年の共産主義運動」, 김정명 편, 『조선독립운동』(4), 46쪽.
68) 「1932年の共産主義運動」, 김정명 편, 『조선독립운동』(4), 262쪽.

'고려공산청년동맹' 조직 이후 東京에 간 고경흠은 인정식의 소개로
1929년 4월 재건된 '재건고려공산청년회 일본부'에 가입하고, 『노동자
농민신문』과 『레닌주의』 출판부원이 되었다. 동시에 고경흠은 조선프
롤레타리아예술동맹 동경지회69)에 가입하여 활동했다.70)

일본으로 간 김치정, 양명준, 이평산, 황학노, 김소익, 이북만,71) 임인
식 등은 1929년 4월 이래 '재건고려공산청년회 일본부'와 별도로 당재

---

69) 조선프롤레타리아예술동맹(이하 카프로 칭한다.) 동경지회의 창립경과를 볼
　　때는 먼저 제3전선사 결성부터 보는 것이 타당하다. 임화, 한식, 이북만, 김두
　　용, 조중곤 등은 1926년 11월 東京에서 프롤레타리아 예술의 임무를 작품 행
　　동에만 국한하는 것이 아니라, 투쟁을 통해 프롤레타리아 계몽을 실행하기 위
　　해 예술을 무기로 하는 운동을 전개하기로 하고, 1927년 3월 잠정기관으로 제3
　　전선사를 조직했다.(任展慧, 『日本における朝鮮人の文學の歷史-1945年まで』, 法
　　政大學出版局, 1994, 참조.)
　　　이들은 카프의 재조직 후 자진 해체하고 『개척』의 동인과 함께 조선프롤레
　　타리아예술동맹 동경지부로 전환했다. (김기진, 「초창기에 참가한 늦둥이 나
　　의 회고록」, 『카프시대의 회고와 문학사』, 태학사, 1990, 438쪽.) 당시 조선프
　　롤레타리아 예술동맹 동경지부는 '전위양성소'와 같은 역할을 했는데 실제로
　　그 구성원인 이북만, 김두용, 고경흠, 최병한, 황양명, 조중곤, 이우적, 장준석
　　등이 재일조선인 민족해방운동단체에서 주도적인 활동했다. 이들은 일체의
　　투쟁을 정치투쟁이라고 사고하고 재일조선인 민족해방운동을 일선에서 선도
　　했다. 이 가운데 이우적의 사고는 「청년운동과 문예투쟁」(『예술운동』, 1927.
　　11.)에서 확인할 수 있었다.
70) 고경흠은 이후 北京에 다시 갔다가 한위건을 만나고 東京에 돌아가 출판 활
　　동을 장악하고 있던 김소익을 대신해 책임자가 되었다.
71) 이북만(李北萬, 李福萬, 柳春樹, 山田萬太郞)의 일본에서의 주요 활동 경력을
　　보면 다음과 같다. 1927년 봄 제3전선 가담, 1927년 7월 일본프롤레타리아예
　　술동맹 가입, 1927년 8월 조선프롤레타리아예술동맹 합동총회 중앙위원, 1928
　　년 10월 조선프롤레타리아예술동맹 東京지부 창립, 재일본조선청년동맹 및
　　신간회 동경지회 가입, 1929년 5월 조선프롤레타리아예술동맹 東京지부를 무
　　산자사로 재조직, 1932년 4월 중순 노동계급사 가입, 1932년 9월 29일 노동계
　　급사 전체대회에서 노동계급사를 해체하고 조선공산당의 재건을 위해 귀선
　　활동하는 것에 대해 논의하고 조선에 돌아와서 활동.(「內地裁判所に於ける進
　　行した治安維持法違反事件」, 『思想彙報』(6), 1936. 3, 임영태 편, 『식민지시대
　　한국사회와 운동』, 사계절, 1985.)

건 운동을 전개했다. 이들은 1) 혁명적 노동자, 농민을 광범위하게 조
직하여 당을 재건할 것, 2) 무산자사를 당재건준비기관으로 할 것, 3)
선전, 선동 및 조직을 위해 기관지를 발행할 것, 4) 『무산자』를 재건당
의 기관지로 할 것 등을 결의했다. 이러한 결의에 따라 1929년 5월 합
법 출판사로 무산자사를 김두용,[72] 이북만, 성기백 등이 주도하여 조직
했다.[73] 여기에는 1929년 11월 조선프롤레타리아예술동맹 동경지회가
해체를 선언하고 가입했다.[74] 이 조직은 『무산자』를 기관지로 정했으
며 기관지의 내용은 고경흠, 김삼규, 김치정 3명이 협의하여 게재하기
로 결정했다.[75] 무산자사의 중심 인물이었던 고경흠이 없을 때에는
『무산자』의 원고는 김치정, 김삼규 등이 검토하여 게재했다. 그리고 이
북만, 김삼규가 편집책임이 되어 무산자사 팜플렛을 발행했다.[76] 발행
된 문건은 조선과 일본지역에 배포되었다.

---

72) 김두용(金斗鎔)의 일본에서의 주요 활동 경력을 보면 다음과 같다. 1927년 조
   선프롤레타리아예술동맹 동경지부 결성, 1929년 무산자사를 조직, 위원장. 재
   일본조선노동총동맹 해체논의를 1929년 9월 시기부터 김호영, 이의석, 임철섭
   등과 전협 지도 아래주도. 1932년 전협 산하 일본 프롤레타리아문화연맹 조
   선협의회 위원장.(『アジア問題研究所報』(7), 1992. 9, 34-35쪽.)
73) 「朝鮮人の共産主義運動」, 김정명 편, 『조선독립운동』(4), 1054쪽.
74) 여기에서도 김두용의 「재일본조선노동운동은 어떻게 전개해야 하나」(1929.
   11.)가 이론적 토대가 되었다고 한다.(앵봉상인, 「조선프롤레타리아 예술운동
   소사」, 『예술』, 1945. 8, 65쪽.)
75) 한편 1930년 10월 『무산자』 배포망을 통해서 '無産者社研究會'를 조직하여
   고경흠, 김치정이 지도를 맡았다. 무산자사 연구회의 책임은 김삼규가 맡고
   정치경제부는 이북만(책임), 韓載德이 담당했는데 내용적 지도는 고경흠과 김
   치정이 수행했다. 『무산자』는 1930년 6월호를 마지막으로 폐간되고 부정기
   팜플렛으로 간행되었다.
76) 가장 대표적인 출판물로 고경흠의 「朝鮮共産黨再建のために」를 들 수 있다.
   이것은 無産者社의 팜플렛으로 출판했는데 고경흠은 김삼규에게 의뢰해 「00
   ×××再建のために」라는 식으로 합법적 출판을 했다. 당시에도 독자들이 복
   자에 어떤 글자가 들어가는지 충분히 이해했다. (『言論人金三奎』, 言論人金三
   奎刊行委員會, 1989, 24쪽.)

1929년 5월 조직된 이후 무산자사는 1930년 시기에 조직을 개편했다. 책임겸 서기국 책임 : 金三奎,[77] 서기국원 : 김효식, 편집국 책임 : 한재덕, 편집국원 : 안필승, 조직부 책임 : 송연수, 조직부원 : 김두정, 모플 : 김효식, 황학노, 반제동맹 플랙션 : 김효식, 한재덕, 김삼규, 실업동맹 플랙션 : 송연수였다.[78] 여기에서 주목할 것은 조직부 책임이 각 지구반을 조직하는 활동을 지속적으로 전개했던 사실이다.

1930년 11월초 김치정, 고경흠, 김삼규는 다음의 사실을 결정했다. 1) 고경흠은 北平에 가서 동지와 협의하여 운동자금을 받아올 것, 2) 김치정이 고경흠 부재 중 직무를 대행할 것. 이들은 東京을 떠나 각각 북평과 경성으로 들어갔다. 고경흠은 北平에 가서 東京에서의 활동 상황을 한위건에게 보고하고 운동자금을 접수했다. 그리고 경성에서 1931년 2월 서인식, 이종림 등과 회합하여 당 조직에 관해 의견 교환을 했으며 이 자리에서는 1) 당재건 준비를 위해 각지의 공산주의자들을 소집할 것, 2) 이종림은 강진, 김철환을 고경흠과 서인식은 김기선과 원대형을 소집할 것, 3) 다음 회합은 1931년 2월 27일 이종림 집에서 열 것, 4) 토의 의안은 고경흠, 서인식이 작성할 것 등을 결정했다. 이후 '조선공산당재건설동맹'이 결성되었다.[79]

---

77) 김삼규는 김두용의 권유로 高円寺에 있던 무산자사에 가입해 위원장이 되었다. 무산자사는 카프에서 활동하던 임화, 김남천, 한재덕, 이북만 등이 참가했다. (『言論人金三奎』, 24쪽, 264쪽.)
78) 「朝鮮人の共産主義運動」, 김정명 편, 『조선독립운동』(4), 1054-1055쪽.
79) 『조선일보』 1933. 1. 18. '조선공산당재건설동맹' 결성회의는 1931년 2월 27일 경기도 김포군 陽東面 木洞里 이화영 집에서 열렸다. 고경흠, 서인식, 이종림, 강진, 김기선, 권대형 등이 참석했는데 권대형이 회의를 주재하여 출석자의 운동상황 보고 후 회의에 들어갔다. 이 자리에서는 첫째 우선 공산주의자의 당면한 임무는 조선공산당의 재건설이고 새롭게 조직할 당은 노동자, 빈농 대중을 기초로 한 순수 볼세비키 당이어야 할 것, 둘째 공산주의자의 당면한 정치적 임무는 노동자, 농민 대중에게 계급의식을 침투시키는데 중심을 둘 것, 셋째 노동자, 학생, 소시민 획득의 수단으로 노동자를 중심으로 한

'고려공산청년동맹'의 일본지역 파견 조직원은 무산자사를 통해 합법적인 표면활동을 전개하고 당재건의 토대를 강화했다. 주로 출판물을 통해 토대 강화를 도모한 무산자사의 활동도 일국일당주의 원칙과 무관할 수 없었다. 결국 재일조선인 공산주의운동의 헤게모니를 둘러싸고 고경흠, 김치정, 김두용 등에게 지도되었던 그룹과 정희영,[80] 김동하 그룹[81] 사이에 무산자사의 해체를 둘러싸고 논쟁이 전개되었다.

반제국주의 협동전선의 전개가 필요하다면서 이 투쟁은 먼저 공장을 중심으로 확대할 것을 결의했다.

　전술한 2월 결의에 따라 1931년 2월 27일 제1회 중앙집행위원회는 조직 개편을 단행 하여 서인식, 이종림, 권대형이 전형위원이 되었다. 책임에 권대형, 조직부에 이종림(책임), 강진, 김철환, 고경흠, 선전부에 서인식(책임), 고경흠, 김기선, 서기국에 권대형(책임), 서인식, 이종림으로 정했다.(『조선일보』1933. 5. 27, 5. 28) 제2회 중앙집행 위원회의는 1931년 4월 10일 영등포의 곽복만의 집에서 서인식, 고경흠, 이종림, 김기선, 김철환, 강진, 권대형 등이 참석하여 열렸는데 조선공산당 재건설동맹의 당면한 임무는 노동·농민조합의 건설이기 때문에 각 구성원은 노동자·농민 속으로 들어가 조합의 조직을 위해 활동해야 하고 그 상호간의 연락만 계속 유지하면 되기 때문에 위와 같은 견고한 조직은 무용하며 특히 코민테른의 지도 정신에 반해 상부기관을 먼저 결성한 것은 잘못이라고 했다. (「고경흠등예심결정서 전문」(2회), 『조선일보』 1933. 5. 27, 참조.) 이에 따라 하부 조직과 연락, 내부통제 등에서 파벌을 낳을 우려가 있기 때문에 '조선공산당재건설동맹'은 해체하고 '조선공산주의자 협의회'를 조직했다.(『治安狀況』(1936), 20쪽.) 활동 구역을 나누어 함경북도(중심 : 함흥) : 강진, 함경남도(중심 : 원산) : 김철환, 경기도(중심 : 경성, 영등포) : 이종림, 전라북도(중심 : 전주) : 김기선, 평안남도(중심 : 평양) : 김기선(김기선은 전라북도에서 적당한 후보자를 선정하고 평양으로 갈 것을 결정했다) 등이 맡았다.(「공산주의자협의회 예심결정서전문」(3회), 『조선일보』 1933. 1. 20)

　이후 '조선공산주의자 협의회'는 권대형, 서인식, 고경흠은 東京에서 합법 출판물을, 권대형과 서인식은 국내에서 비합법출판물을 제작하기로 했다. 1931년 4월 자금을 가지고 東京으로 간 고경흠은 팜플렛을 대량으로 작성하여 국내와 일본에 있는 조선인들에게 배부하는 활동들을 새롭게 시작했다.

80) 정희영은 1929년 10월 시기부터 무산자사의 논리에 반대했던 것 같다.(「朝鮮社會運動略史コ-ス」, 梶村秀樹·姜德相 編, 『現代史資料』(29), 167쪽.)

81) 이들이 '재건고려공산청년회 일본부'에 소속되었는지 알 수 없다.

전개된 논쟁의 요지를 보면 무산자사의 해체를 주장하는 쪽은 "재일조선노동총동맹이 코민테른의 일국일당주의 원칙에 따라서 해체된 오늘에 있어 일본에서 조선인들만의 집단을 결성하여 일본 좌익단체와는 물론 보석상태에 있는 조선의 전위들과도 연락하지 않으면서, 더우기 무산자 청년의 무산자 신문 배포망에도 들어가려 하지 않고 독자반 조직을 따로 계획하는 것은 반동적이다"는 것이었다.

이에 반해 무산자사의 해체를 반대하는 쪽에서는 격심했던 계급투쟁이 최후의 해결의 길로 진전해 가는 상황에서 무산자사는 프롤레타리아의 역사적 임무의 일부를 수행하기 위해 싸워 왔다면서 "우리는 계급전선의 한 부대로서 정당한 문헌을 출판하고, 나아가서는 그것을 대중 속에 완전히 퍼뜨리기 위해 독자반을 조직하여 싸우고 있다. 다른 모든 부분이 그렇듯이 출판활동에 있어서도 일본 노동자, 농민을 대상으로 하는 것과 조선의 노동자, 농민을 대상으로 하는 것은 구별된다. 무산자사는 조선의 노동자, 농민을 대상으로 하는 잡지사이기 때문에 원칙적으로는 조선에 있어야 한다. 그러나 원칙이 있음과 동시에 구체적 상황에 따라서 변칙도 있을 수 있는 것이다. 일본에는 비교적 합법적 공간이 있기 때문에 일본에 존재하는 것이 유리하다"고 무산자사 존재의 당위성을 주장했다. 구체적으로 재일본조선노동총동맹과의 대비에서 대상의 차이를 거론하면서 일본 내 무산자사 존재의 필요성을 주장하고 있다.82)

---

82) 무산자사는 잡지사로서 일본 좌익단체와는 연락을 취하지만, 조선의 전위들과의 연락을 취하지 않는 이유는 그럴 필요가 없기 때문이다고 한다. 무산자사는 정희영, 김동하 등이 벌리는 무산자사 파괴책동에 대해 배격투쟁을 실천하여 왔다면서 "우리의 투쟁은 불행하게도 지금 소위 무산자사(조선공산당) 대 일본총국 운운하는 곡해로 변하여 일본총국 동지들의 분노를 사는 데 이르렀다. 우리는 우선 이러한 곡해를 해소시키기 위해 여기에서 다시 한번 일본총국 동지 제군들에 대한 우리 무산자사의 계급적 태도를 명시할 필요를 느낀다. 첫째로 우리 무산자사는 일본총국의 동지 제군들에 대해 적들의

해체를 주장하는 사람들은 일본 내에서 조선인의 주체적인 조직을
만드는 것은 코민테른의 일국일당의 원칙에 위배되는 반동적인 행위이
며 조선인만의 단체는 반동적 존재라고 했다. 이에 반해 해체 반대론
자들은 조선에서는 탄압이 혹독하기 때문에 조선의 노동자, 농민을 대
상으로 일본에서 출판활동을 하는 것이므로 해체할 필요가 없다는 것
이었다. 무산자사는 처음부터 대상을 조선 내에 두고 있었기 때문에
재일본조선노동총동맹 해체 뒤에도 존재 가치가 별도로 있다. 그러나
이러한 논쟁도 객관적 정세에 따라 해체로 논의가 강화되어 해체는 단
지 시기 상의 문제가 되었다.

무산자사의 창립 동기는 합법단체를 가장한 조선공산당의 재건이었
기 때문에 표면 활동보다 이면 활동이 중심적이었다. 따라서 고경흠
등은 무산자사를 거점으로 조선공산당 재건의 비합법운동을 진행했다.
결국 무산자사가 1931년 8월 하순 파괴되면서 여기를 무대로 활동하던
고경흠, 김삼규, 한재덕, 송연수 등은 검거되었다. 무산자사의 소멸로
합법단체에서의 활동이 어렵게 되자 검거를 피했던 함용석, 김두정, 윤
기청 등은 무산자사의 후신으로 '노동예술사준비회'를 조직했다. 이후
이 조직은 1932년 1월 '노동계급사'로 발전했다.

무산자사에서 활동하다가 검거를 피한 김두용, 박정석, 이북만 등은
조선프롤레타리아 예술동맹 동경지부 구성원, 동경조선프롤레타리아
연극연구회원과 東京의 조선인 유학생들과 동지사를 1931년 11월 결성
했다. 강령은 "정당한 마르크스주의적 예술이론을 가지고 기술을 수련

공격에 의한 우리 계급의 희생자로서 계급적 존경을 표시하는 바이다. 둘째
일본총국 동지들의 과거 빛나는 올바른 투쟁의 전통에 대해, 또 옥중 및 옥
외에서 보여 준 올바른 계급적 태도에 대해 계급적인 지지를 표명하는 바이
다"고 했다.(「朝鮮人の共産主義運動」, 김정명 편, 『조선독립운동』(4), 1036쪽.)
1929년 시기 재일조선인 민족해방운동에서 공산주의계로는 '재건고려공산청
년회 일본부'와 '무산자사'가 대표적이다.

하는 연구집단인 일본프롤레타리아 문학연맹83)과 조선프롤레타리아 예술동맹을 적극적으로 지원, 지지하고 확대 강화를 위해 투쟁한다"고 조선과 일본프롤레타리아 문학 연구의 지원과 조직의 강화에 초점을 맞추었다.

동지사는 「일프로문화연맹과 조선프로예맹의 지지 및 확대 강화 투쟁」(1931. 11. 20)이란 선언에서 "자본주의는 역시 국제경제의 통일적, 포괄적인 체제를 대표하고 있지 않다"고 자본주의의 한계를 전면적으로 비판하고 마르크스주의 예술이론을 파악하고 기술을 수련하는 연구단체인 일본프롤레타리아 문화연맹과 카프를 적극적으로 원조하고 강화를 위해 투쟁할 것을 맹세했다.84) 사무소를 東京市 高圓寺에 두고 조직 및 간부를 선임했다. 서기국 : 朴魚甲, 洪荒, 金波宇, 편집부 : 申鼓領, 蘇星, 李燦, 李如水, 조직부 : 朴石丁, 崔丙漢, 林將春, 金廷漢, 경영부 : 辛石然, 朴吉文, 吳天福을 두었다. 회원은 20명으로 작가, 영화, 연극, 음악, 미술의 5개 부문을 설치했다. 그리고 『동지』를 발행하여 조직의 확대를 도모했다.

이렇게 조직의 강화가 도모되고 활발하게 사업이 진행되는 가운데 일본에서 조선과 일본 예술의 공동전선의 원칙과 장차 또 일국 내에서 민족적으로 2개의 단체의 병립이 이론상 불가능하다는 지시가 있자 내부에서는 대립적인 논의 구도가 조성되었다.85) 1932년 1월 중순 카프에 이러한 내용이 알려지고 해체 요구가 있자 카프 중앙위원들은 협의한 결과 동지사를 해산하고 코프에 가입하기로 했다. 결국 동지사는 해체선언86)을 발표했고 동지사 회원들은 일본프롤레타리아 문화연맹,

---

83) 이하 코프로 칭한다.
84) 「在留朝鮮人の運動」(1932), 박경식 편, 『자료집성』(2-1), 478쪽.
85) 「在留朝鮮人の運動」(1932), 박경식 편, 『자료집성』(2-1), 478쪽.
86) 해체선언은 안필승이 1932년 2월 2일 작성했다. 주요 내용은 다음과 같다.
"재일 조선인만의 독자적인 민족별 문화조직, 대중조직을 설치하는 것이 마

연극동맹, 미술가동맹, 작가동맹, 과학연구소, 영화동맹, 사진동맹, 전투적 무신론자동맹으로 들어갔다.[87]

3. 코민테른과 재일조선인 민족해방운동

재일조선인 민족해방운동의 해체논의[88]에 대한 검토에서는 먼저 코

치 민족문화를 구속없이 자유롭게 발달시키기 위한 방책인 것처럼 생각하는 견해는 전면적으로 잘못된 것이다. 이것은 비판되지 않으면 안된다. … 일본에 있어서는 조선 인민만의 민족별 문화 대중조직이 필요하고, 그래서 동지사는 조선프롤레타리아예술동맹의 동경지부로 전환해야 한다는 村山知義, 森山啓의 견해는 전면적으로 잘못된 것일 뿐이다. 조선에서의 프롤레타리아 문화운동의 정치적·경제적인 배경과 일본에서의 그것은 서로 다른 것이다. 일본에서의 조선인 노동자들의 문화적 투쟁은 일본 프롤레타리아 문화운동에 포괄되어야만 한다. 그런 까닭에 일본 내의 조선인 노동자들의 문화적 욕구를 충족시키기 위한 투쟁과 조선 내에서의 프롤레타리아 문화운동을 적극적으로 원조하기 위한 투쟁 - 바꿔 말하면 조선과 일본의 프롤레타리아 문화운동의 혁명적인 국제적 연대를 위한 투쟁 - 을 일본프롤레타리아문화연맹과 그 산하의 각 연맹은 끝까지 전개해야만 한다. 동지사가 내걸었던 이상의 두 가지 임무는 곧 일본프롤레타리아 문화연맹의 임무이다. …이제 동지사를 해체하고 일본프롤레타리아문화연맹에 적극적으로 가입하여 일본프롤레타리아 문화연맹원으로서 조선협의회의 확립과 그 확대강화를 위한 투쟁에 올라서게 된 것이다."(고준석, 『조선공산당과 코민테른』, 공동체, 1989, 90-91쪽, 김정명 편, 『조선독립운동』(4), 241-242쪽, 참조.)

87) 김정명 편, 『조선독립운동』(4), 241쪽. 이후 조선과 일본 문화운동의 혁명적 연대를 위한 고리로 조선협의회가 조직되었다. 여기에서는 카프 동경지부의 설치를 일국일당 주의적 시각에서일방적으로 잘못으로 규정하고 동지사 해산을 주장했다.(임규찬, 『일본프로문학과 한국문학』, 연구사, 1983, 195-196쪽.)

88) 일본지역의 해체문제는 기존의 연구서에서 부분적으로 언급하고 있는데 박경식은 조선의 민족해방을 무시한 잘못된 관점에서 출발했다면서 다음과 같이 평가하고 있다. "프로핀테른 제4회 대회에서의 결의와 코민테른 제6회 대회에서 「식민지 및 반식민지에서의 혁명운동에 관한 테제」는 광범위한 식민지 민족의 대중, 민족부르주아지의 역량을 경시, 무시하고 적대시한 섹트적, 극좌적 편향을 띄고 있었다. 조선공산당 일본총국의 조직이 없어지고 일국일당주의 원칙에 따라서 재일조선인 공산주의자의 일본공산당 소속이 되는 것

민테른과 프로핀테른의 재일조선인 민족해방운동에 대한 입장을 확인
해 보는 것이 재일조선인 민족해방운동이 국제혁명운동의 한 부분임을
전제할 때 논리적으로 타당하다.

　재일조선인의 노동운동을 일본의 노동운동 속으로 전면적으로 매몰
시킨 방침이 국제적으로 결정된 것은 1928년 3월부터 4월에 걸쳐 모스
크바에서 열렸던 프로핀테른 제4회 대회에서였다.[89) 프로핀테른 제4회
대회[90) 3월 27일 총회에서 프랑스 대표 듀디리에는 조직문제에 대한

　이 논리적으로 납득이 가나, 대중단체인 재일본조선노동총동맹, 재일조선청
년맹, 학우회 등을 모두 일본인단체로 해소한 것은 중요한 투쟁목표인 민
족해방투쟁을 무시, 경시하고 기본적으로는 민족·식민지문제의 올바른 관점
이 이해되지 않은 것이다. 일본공산당 강령과 기타 문건에서 식민지 해방이
라는 방침을 내세우고 있으며 전협에서도 민족별 차별에 반대하는 슬로건을
내걸었으나 구체적으로는 거의 투쟁을 전개하지 않았다. 이 시기 일본공산당
의 활동과 일본의 노동운동에 '다수의 조선인 활동가가 적극적으로 참가했으
며 또한 많은 희생자를 냈다. 그러나 그들 조직에는 민족문제가 이해되지 않
았고, 또한 민족 차별을 철폐하기 위한 사상적 투쟁도 없었다. 조직가 내부에
서도 민족차별이 엄연히 존재하고 있었다."(朴慶植, 앞의 책, 224쪽.)
　渡部徹은 재일본조선노동총동맹의 전협으로의 합류를 평가할 때 실질적으
로는 옛 재일본조선노동총동맹원이 전부 전협으로 재조직되지 않은 점과 조
합원의 분산이 많이 보이는 것에 주목했다.(渡部徹, 앞의 책, 138쪽.) 일본공
산당과 전협이 일본노동자 계급에 대한 대중적 영향력이 뒤쳐짐을 극복하지
않고 재일조선인의 혁명적 역량을 흡수하여 스스로 재건과 대중화를 도모하
려고 한 것은 결국 국제적 연대의 끈을 끊고 민족 허무주의에 의해 국제적
연대를 공동화시킬 뿐이었다.(岩村登志夫, 앞의 책, 183-197쪽.)
　기존의 연구는 대중운동을 시야에 넣지 않고 재일조선인 민족해방운동이
해체되어간 점만을 지적하고 단지 비판적인 입장에서 해체과정을 평가하고
있으나, 구체적인 내용과 문제점에 대해서는 평가를 주저하고 있다. 그리고
코민테른의 근본적 한계에 대해 시점을 설정하지 못하고 있다.
89) 프로핀테른 제4회 대회의 논의는 별도의 주가 없으면 岩村登志夫의 앞의 책
　을 참조.
90) 프로핀테른 제4회 대회의 동향을 고찰할 때 무시할 수 없는 것은 1928년 2월
　코민테른 제9회 집행위원회 총회이다. 총회에서 채택한 계급 대 계급 전술은
　프롤레타리아트가 부르주아와 계급적으로 대립하는 한 공산당은 사회민주주
　의정당을 포함하여 모든 색깔있는 부르주아정당과 대립한다는 내용으로 공

副보고자로 프랑스에서의 경험에 따라 "외국인 노동자 및 식민지 출신 노동자를 노동조합에 가입시키는 문제"를 제기했다.

듀디리에의 보고에 뒤이어 일본 대표 國領五一郎은 당일 대회총회의 토의에서 재일조선인 문제에 대해 일본에서 이민노동자의 대부분을 차지하는 것은 조선인 노동자이다고 전제하고 "일본에는 조선노동총동맹이 존재하고 이 조합에 조선인 노동자가 조직되어 있다. 이 동맹은 일본에서 유일한 조선인 노동자의 전국적 조합으로 혁명적이다. 종래 평의회는 모든 투쟁에서 이 조합과 협력하고 제휴했다. 그러나 양자의 합동에 대해서는 조금도 고려하지 않았다. 테제의 기본방침에 따라 양자는 합동하고 합동 후 조합에는 조선부를 설치해야 한다. 물론 이것은 일조일석에 실현되지 않는다. 또한 무리하게 기계적으로 합동해서는 안된다. 종래 거의 생각도 노력도 하지 않았던 양 조합의 합동을 위해 평의회는 노력해야 한다"[91]고 재일본조선노동총동맹의 日本勞動組合評議會로의 합동을 제기했다.

특히 베라는 1928년 3월 29일 보고에서 조선민족해방운동에 대해 언급하고 일본노동자와 재일조선인 노동자와의 연대에 대해 "이 관계는 지극히 비정상적이고 일본인 및 조선인은 노동운동에 극히 유해한 영향을 끼치고 있다. 조선인 노동자는 완전히 고립되어 있다. 일본의 경영자, 부르주아지는 스트라이크를 하고 있는 일본인 노동자를 대신하

산주의자가 독자적 정당으로 행동하고 노동자의 경제투쟁에 대한 독자적 지도와 아래로부터의 통일전선이라는 전술을 행사하도록 주장한 것이었다. 제9회 집행위원회는 코민테른 제6회 대회의 준비를 위해 열렸는데 사회민주주의에 대한 투쟁을 강화하고 프롤레타리아혁명의 과정을 준비하는 전술이 채택되었으며, 국제공산주의운동은 파시즘의 위험을 과소평가한 섹트 주의에 빠졌다.(岩村登志夫, 앞의 책, 168쪽.) 이 시기 코민테른은 스탈린적 편향에 물 들어 있었다.

91) 「國領五一郎豫審訊問調書」, 『社會主義運動』(6), みすず書房, 1965, 366쪽.

여 스트라이크를 파괴하기 위해 조선인 노동자를 이용한다. 이것은 조선인 및 일본인 노동운동의 발전에 유해한 파괴적인 요인이다. 따라서 이 현상은 종지부를 찍어야 한다. 조선인의 노동운동이 일본인의 노동운동과 긴밀히 결합되기 위해서는 조선에서의 노동운동의 비정상적인 경향, 조선인 노동자 사이에 본질적으로 명확히 존재하는 일본인 노동자에 대한 계급적 감정을 타파하고 이것을 극복하는 것이 필요하다"고 재일조선인 노동자가 처한 현실을 무시한 발언을 서슴치 않았다.

여기에 대해 같은 날 대회총회의 토의에서 조선대표 韓海는 반론을 제기했다. "재일조선인노동자는 약 30만이다. 그들은 재일본조선노동총동맹에 결집되어 있다. 이 노총은 조선해방을 위해 활동하고 있으며 계급투쟁도 수행하고 있다. 그것은 일본의 좌익노동조합, 평의회와 긴밀한 관계를 갖고 있다. 양자는 여러가지 정치적 선동에 공동으로 참가해 왔다. 이것은 예를 들면 조선해방을 목표로 한 데모 때 드러난다. 일본의 동지와 함께 조선인도 '중국에서 손을 띄어라'라는 슬로건 아래 일본자본가의 중국문제에 대한 간섭에 반대했다. 이렇게 재일본조선노동총동맹은 지금까지 좌익적인 일본의 노동조합조직-평의회와 기본적으로 함께 행동했다." 그리고 "분명히 이 접촉은 양 조직의 합동에는 이르지 못하고 조선인 노동자는 평의회 산하가 아니라 개개의 조직으로 참가했다. 그러나 재일조선인 조직 노동자는 일본인 노동자에 반대하는 스트라이크 파괴행위의 여러가지 활동에 참가하지 않았다"고 했다. 동시에 조선에 거주하던 일본인 노동자는 "단순한 숙련노동자가 아 니라, 특권적 노동자이다"고 부언했다. 그러나 한해의 주장은 대세가 되어버린 식민지 종속국 노동자의 독자성을 무시한 결의에 어떤 영향도 미치지 못했다.

대회가 채택한 「식민지 반식민지제국에서의 노동조합운동에 대한 테제」의 조선에 관한 항목92)은 재일조선인 노동자가 일본 노동운동으로부터 고립되어 일본노동자의 생활수준 저하의 도구로 자본가에게 이용

---

92) "방대한 수의 조선 노동자는 이민이 되어 부득이 출국했다. 일본에 있는 조선인 숙련 노동자의 숫자만 해도, 조선 본국에 있는 공업노동자 총수보다도 많다. 다른 한편, 매우 많은 수의 일본인 노동자가 조선으로 건너가서, 일본의 자본가나 관리, 나아가서는 가장 양호한 토지에 눌러 살고 있던 강력한 일본인 '농민'과 함께 조선에 있어서 일본제국주의의 지주를 형성하고 있다. 일본 본토에서 조선인 노동자는 일본의 노동조합운동으로부터 분리되어 있다. 그들은 자신들의 의사에 관계없이 일본자본가의 수중에 있으면서 일본인 노동자의 생활수준을 끌어내리는 도구의 역할을 하고 있다"고 일본 노동자의 입장에서 재일조선인 노동자를 평가하고 있다. 그리고 이러한 평가에 기초하여 재일조선인 노동자들의 임무를 다음과 같이 정리하고 있다.
"(1) 각 조합과 地區團體를 조직적으로 강화하고, 간부 활동가를 양성하고 교육할 것, (2) 대부분 총동맹 조직의 밖에 있는 미조직 공장 노동자를 총동맹으로 끌어들일 것, (3) 광산노동자, 목재벌채 노동자, 어업노동자, 농업노동자 사이에서의 활동을 강화할 것. 총동맹이 조선의 농민운동에 작용하는 일이 이들 부류의 노동자를 매개로 하는 경우에 가장 용이하게 행해질 수 있다는 이유에서도 이들 사이에서의 활동은 중요하다"고 했다.
그 가운데 특히 "일본 노동조합운동의 좌익(日本勞動組合評議會)과 활동의 조정을 도모해야 한다. 이 두 조직은 공동의 행동강령을 작성하고 그 강령에 의거하여 일본 주재 조선인 노동자와 조선주재 일본인 노동자 사이에서 광범한 계몽활동을 개시하여, 한편으로는 일본인 노동자 일부에 감염되어 있는 인종적 편견이나 제국주의적 경향과 투쟁하고, 다른 한편으로는 잔혹한 억압 아래 있는 조선인 노동자가 일본인 노동자에 대하여 품고 있을 수 밖에 없는 불신감과 적의를 극복해야 한다. 즉, 일본의 노동운동과 조선인의 노동운동의 거리감을 극복해야 한다. 이렇게 해야만 조선 및 일본의 프롤레타리아트 양쪽 모두에게 유해한 일본 제국주의의 정책에 대해 효과적으로 투쟁할 수 있다"고 했다.(김영준 편역, 『적색노동조합 인터내셔널의 역사』, 거름, 1988, 185-186쪽.) 이후 재일조선인 노동자는 일본 노동자와 합동하게 되었으나 이에 반해 조선 내 일본인 노동자는 계급적 입장에서 정리, 정돈되지 않았다.

되고 있다고 지적했다. 그러나 여기에서는 조·일 노동조합의 합동에 대해서는 언급하고 있지는 않았다.

프로핀테른 제4회 대회 폐회 이후 4월 5일부터 3일간 열린 日本問題小委員會는 대회에서 결정된 모든 테제는 어떤 예외도 없이 일본에 적용된다면서 유의해야 할 점을 열거하고 있다. 그 가운데 조선, 대만의 노동조합과 평의회는 밀접히 제휴함과 동시에 재일본조선노동총동맹과 합동의 방침을 취해야 한다는 것이다.[93] 프로핀테른 제4회 대회는 자본주의제국의 외국인 노동자와 식민지 노동자는 자신이 현재 살고 있는 나라의 노동조합에 들어가서 싸워야 한다는 테제가 채택되고 대회가 끝난 후 열린 日本問題小委員會에서도 재일본조선노동총동맹은 日本勞動組合評議會에 통합하라는 방침이 결정되었다.

프로핀테른 제4회 대회가 일본노동조합평의회에 재일본조선노동총동맹과의 합동을 권고한 것은 전술한 것과 같다. 이러한 방침[94]은 평의회가 일제에 의해 해산 명령을 받았기 때문에 즉각 실시되지 못하다가 전협[95] 시기에 이르러 시행되었다.

1928년 시기 코민테른은 「제국주의전쟁에 반대하는 투쟁과 공산주의자의 임무」(1928. 8. 29)에서 소련의 옹호를 국제부르주아지가 국제 프

---

93) 「國領五一郎豫審訊問調書」, 「社會主義運動」 (6), 367-375쪽.
94) 그것은 1929년 8월 블라디보스토크 제2회 태평양노동조합회의에서 일본대표 山本縣藏의 찬성토론으로 동일산업별 조합 내에 민족별 조합의 합동문제로 확인되었다. 이 결의는 일본 내에서는 1929년 9월 20일 간행된 「일본의 노동자동지제군에게 고함, 제2회 태평양노동조합회의 보고」에서 공표되었다.
95) 전협은 1928년 12월 23일 東京 本所 공회당에서 평의회의 후계 조직으로 일본공산당의 지도 아래 결성되었다. 이 단체는 일본노동운동에 가장 전투적인 조직으로 1936년까지 일본에서 혁명적 노동운동을 주도했다. 국제연대를 강조하며 산업별 조직 원칙에 따라 조직 확대와 강화를 도모했다. 기타 자세한 내용은 渡部徹의 앞의 책을 참조할 것.

롤레타리아의 계급적 이익에 부응하는 것이라면서 그것은 명예이고 의무라고 규정했다.[96] 특히 「공산주의인터내셔날 강령」(1928. 9. 1)에서는 일국사회주의론[97]에 기초하여 소비에트연방 옹호의 중요성을 제시했다.

> 「자본주의체제의 극히 심각한 위기의 기본적인 표현은 세계경제가 자본주의 국가들과 사회주의를 건설해가고 있는 국가들로 분열하고 있는 것이다. 그러므로 소련의 프롤레타리아독재가 내부적으로 강화되고, 사회주의건설에 성공을 거두며 프롤레타리아 대중과 식민지의 피억압 국민들 사이에 소련의 영향력과 권위가 높아가는 것은 국제사회주의혁명의 계속, 강화 및 전개를 의미한다.」[98]

실제로 이러한 혁명론은 "국제프롤레타리아는 소련에서의 사회주의 건설의 성공을 돕고 자본주의 국가들의 공격으로부터 모든 수단을 통해 소련을 방위 해야할 의무를 지고 있다"[99]는 식의 잘못된 강령으로 귀결되었다. 이러한 코민테른의 잘못된 강령과 혁명론은 그대로 제6회 대회의 문건에 반영되었다. 특히 조선공산주의운동에서 금과옥조였던 「식민지·반식민지의 혁명운동에 관한 테제」와 「조선문제에 대한 코민테른 집행위원회 결의」[100]가 그것이다.

---

96) 村田陽一 編, 『コミンテルン資料集』(4), 大月書店, 1981, 391쪽,참조.
97) 일국사회주의론은 1923-24년 시기 일국 내, 즉 소련의 사회주의 혁명이 성공하는 것을 전망하는 논리로 당시 소련 내 관료주의 분위기의 표현이다. 이에 따르면 사회주의의 승리는 관료 자신의 승리와 등치되는 것이었다.(던컨 핼러스 지음, 오현수 옮김, 『우리가 알아야 할 코민테른 역사』, 책갈피, 1994, 151쪽.)
98) 村田陽一 編, 앞의 책, 354쪽.
99) 村田陽一 編, 앞의 책, 357쪽.
100) 이하 「12월테제」로 줄인다. 한대희 편역, 『식민지사회운동』, 한울림, 1986, 206쪽. 이하의 「12월테제」는 한대희가 번역한 것과 일본어역, 서대숙역을

1928년 코민테른 제6회 대회[101]는 '제3기'[102] 운운하면서, 일국사회주의론에 기초하여 공산당의 주적은 파시즘이 아니라 사회당이라고 규정하는 사회파시즘론을 주장했다. 사회파시즘론의 핵심은 사회민주당도 파시스트도당이라는 주장이다. 스탈린주의 코민테른의 이와 같은 좌선회의 본질은 1928년 스탈린이 국내에서 자행한 국가자본주의 반혁명을 초좌익적 언사로 호도하기 위한 술책일 뿐이며, 진정한 의미의 초좌익주의와는 무관한 것이었다.[103] 이러한 코민테른의 이론은 곧 조선민족해방운동의 지도 지침으로 굴절되어 조선운동에 반영되었다.

조선공산당은 연속적인 대검거의 소용돌이 속에서 「12월테제」 이후 자연 해산의 과정을 밟는다. 코민테른은 제6회 대회 이후 1928년 12월 코민테른 집행위원회 정치서기국에서 「12월테제」을 채택했다. 「9월테제」과 함께 1920년대말 30년대초 조선혁명운동의 지침서 역할을 한 「12월테제」은 조선혁명의 성격을 반제반봉건 부르주아민주주의혁명으

참조.

101) 1923년까지 코민테른이 약점과 오류에도 불구하고 진정한 노동자인터내셔널이었던 1924-28년 시기에는 비록 기형화되어 있었지만 자신의 혁명적 전통의 일부를 갖고 있었다. 그러나 점차 '중도주의' 관료기구가 되었다.(던컨 핼러스, 앞의 책, 239-240쪽, 참조.) 전술했듯이 코민테른 제6회 대회는 사회민주주의자 일반을 사회파시스트로 적대시하는 섹트주의적 방침을 정했다. 이 대회에는 일본에서 市川正一, 佐野學, 山本縣藏 등이 참가했으며 이들의 귀국 후 일본공산당은 합법적인 좌익사회 민주주의 정당에 대한 종래의 방침을 전환하여 공산당 이외의 노동자, 농민정당을 모두 부정했다.

102) 코민테른 제6회 대회는 제3기를 세계경제의 모순이 강력하게 발전하고 자본주의가 전반적 위기에 놓이는 시기로 보고 제국주의 전쟁, 소련에 대항해 제국주의 국가들이 일으키는 전쟁, 제국주의에 대항하는 민족해방전쟁, 제국주의의 개입전쟁이 전개되는 새로운 때라고 했다.(던컨 핼러스, 앞의 책, 186쪽.)

103) 정성진, 「트로츠키의 정치경제학 체계」, 『이론』(7), 1993년, 겨울, 276쪽.

로 규정하고 장래의 정권형태로 노농소비에트를 상정하며 사회주의혁명으로의 이행을 주장했다. 특히 노농소비에트를 대체권력으로 상정한 것은 기존의 조선공산당이 국내에서 발간한 문건과 내용적 차이를 보이고 있다.[104)]

「12월테제」는 조선공산당 지부 승인 취소[105)] 곧 조선공산당 해산에 대한 「결정」에 뒤이어 조선공산당의 조직과 활동의 한계를 천명했다. 파벌적 요소의 잔존, 조직 구성에서 지식인·학생 중심적 모습, 주의자의 비조직성, 비밀공작의 불철저성 등을 지적한 것은 대체로 올바르다.[106)] 그러나 즉각적으로 파벌청산의 방안을 제대로 제기하지 못한 점, 조선 내 대중운동의 발전을 시야에 넣지 못한 점, 아울러 일부 조선공산주의자들의 조선 내 운동에 대한 왜곡된 시각을 그대로 수용한 점은 코민테른의 잘못이었다.

1928년 이전에 조선공산당은 조직이 일본경찰에 탐지되어 검거선풍이 불어오면 그 속에서 후계 당조직을 계속적으로 산출하여 투쟁의 중앙을 보위하면서 민족해방운동을 지속적으로 전개했다. 그러나 조선공산당 4차당이 검거되고 '춘경원당'이 와해되며 동시에 코민테른의 조선공산당 지부 승인 취소가 계속적으로 진행되어 결국 조선공산당 4차당에 뒤이은 새로운 당 중앙이 곧바로 조직되지 못했다.[107)] 더군다나

---

104) 공산당 조직과 소비에트는 공산주의 사회를 위한 과정적 산물로 바라보는 것이 타당하다. 따라서 소비에트를 혁명과정의 목표로 그리고 당을 수단으로 보는 것은 잘못이다.(존몰리뉴 지음, 이진한 옮김, 『마르크스주의와 당』, 책갈피, 1993, 236쪽.)

105) 한편 이균영은 「12월 테제」가 조선공산당의 승인이 취소되고 해체가 지시된 것을 전제로 하여 작성된 조선공산당 재건지침서라고 한다.(이균영, 앞의 책, 443쪽.)

106) 졸고, 「조선공산당의 투쟁과 해산」, 『일제하 사회주의운동사』, 한길사, 1991, 79쪽.

107) 졸고, 앞의 논문, 81쪽, 참조.

조선공산당 4차당 중앙집행위원회로부터 조직의 전권을 접수한 양명조차 코민테른 산하 동양서기국의 지부 승인 취소 결정에 어떤 영향력도 행사하지 못했던 것이다.

코민테른은 『인프레콜』을 통해 「12월테제」를 발표한 후 조선공산주의자들에게 이른바 일국일당주의 원칙108)에 입각하여 새로운 당조직의 건설보다 공산주의자 각 그룹이 자신들이 활동하는 현지에서 그 지역의 당 조직에 들어가 지역의 혁명운동에 복무하도록 지시했다. 「12월테제」가 발표되자 당시 모스크바에 있던 李東輝·金圭烈·梁明·韓斌·金丹冶 등은 각기 이 문건을 접수하여 1928년 12월 블라디보스토크로 돌아갔고 이후 「12월테제」는 각 파별로 국내의 조선공산주의자들에게 알려졌다.

결국 일국일당주의 원칙에 따라 조선공산당 만주총국과 일본총국은 해산되었다. 만주총국의 경우 코민테른은 1928년 「12월테제」 이

---

108) 일국일당주의 원칙은 다음과 같다. "제2조, 공산주의 인터내셔널에 속하는 각 당은 00공산당(공산주의인터내셔널지부)이라 칭한다. 공산주의인터내셔널 지부로서 소속된 공산당은 각국에 하나만 존재할 수 있다. 제37조, 공산주의인터내셔널 지부의 당원 개인이 일국에서 타국으로 이전할 때는 소속지부 중앙위원회의 허가를 받아야 한다. 거주지를 변경한 공산주의자는 이주한 나라의 지부에 가입할 의무가 있다. 소속 지부 중앙위원회의 동의를 얻지 못해 축출된 공산주의자를 공산주의 인터내셔널 다른 지부에서 받아들여서는 안된다." (「코민테른규약」(1928. 8. 29), 『코민테른자료선집』(1), 동녘, 1989, 66-72쪽.)

　시기적으로 「코민테른규약」(1928. 8. 29)에 앞서 중국공산당 제6차 대회(1928. 7)는 일국일당주의 원칙을 적용하여 결의된 헌장 제9조에서 당은 지역을 구분하여 단위로 함을 원칙으로 하고 특정구역을 관할하는 당원은 민족과 국경의 구별없이 모두 중국 공산당의 지방지부의 조직에 가입하여 중국공산당의 당원이 되어야 한다고 했다.(이명영, 『재만한인 공산주의운동』, 성대출판부, 1975, 67쪽.) 이 문건 이전에 이미 코민테른은 「코민테른규약」(1924. 7. 7)(村田陽一 編, 『コミンテルン資料集』(3), 92-97쪽.)에서 똑같은 내용의 일국일당주의를 공식적으로 제기했다. 이와 같은 원칙은 실제로 조선공산주의자들에게 1929년 시기에 가서 적용되었다.

후 계속해서 볼세비키 전위 조직의 재건과 중국 동북 삼성지역 조
선인 공산주의자 가운데 당재건운동에 참여할 사람은 국내에서 활
동할 것을 명령했다. 그리고 중국 동북 삼성지역에 거주하는 조선
인 공산주의자에게 조선혁명에 대한 원조와 중국혁명의 직접 참가
라는 이중의 임무를 부과했다. 중국 동북 삼성지역 조선인 공산주
의자들은 조선연장주의 방침을 폐기했다.[109] 이 전환은 중국 동북
삼성지역 조선인 민족해방운동이 갖고 있는 약점에 대한 자기반성
의 결과였다. 활동가들은 무장폭동 노선을 실행에 옮기는 시점에서
조선인들이 차지하는 비중이 높다고 보았으나 반면에 조선인 사회
운동이 갖는 약점 때문에 중국 동북 삼성지역에서 한반도의 반제반
봉건운동이 불가능하다고 진단했고[110] 결국 중국 동북 삼성지역의
조선인 민족해방운동도 새로운 길을 찾아 갔던 것이다. 재일조선인
민족해방운동을 지도해 온 조선공산당 일본총국에게도 「12월테제」
는 지상명령이었다.

---

109) 「朝鮮共産黨滿洲總局解體宣言」(1930. 3. 20), 김정명 편, 『조선독립운동』(5),
749쪽.
110) 신주백, 「1920-30년 시기 간도지역 한인사회운동의 방향전환에 대한 연구」
(상), 『사학연구』(46), 1993, 234쪽.

제2절 재일조선인 민족해방운동 단체의 해체

1. 재일조선인 대중단체의 해체

1) 재일본조선노동총동맹의 해체

1929년 시기 일본에서는 국제공산주의운동의 지도방침의 변화에 따라 재일본조선노동총동맹의 전협으로의 해체가 본격적으로 논의, 실행되었다. 조선공산당 4차당 일본총국 간부의 다수는 재일본조선노동총동맹에 가맹하여 플랙션으로 활동했다. 이 가운데 재일본조선노동총동맹은 1928년 8월 시기 일본총국의 검거로 인해 중심 지도부를 잃고 조직이 일부 파괴되었다. 따라서 재일노동운동이 일시적으로 침체되었다. 전술했듯이 무산자사를 통해 계속 투쟁을 하던 김두용은 이의석, 김호영 등111)과 1929년 9월 시기부터 일본인 공산주의자와의 긴밀한 협의 아래 다른 활동의 지형으로 재일본조선노동총동맹의 해체운동을 주도했다. 그 내용을 살펴보자.

東京조선노동조합의 간부로 재일본조선노동총동맹 중앙위원인 金浩永, 동경조선노동조합 간부인 李義錫, 林澈燮 등은 전협으로부터 재일본조선노동총동맹의 해체가 거론되자112) 전협으로의 해소와 산업별 조직의 방향으로 나아갈 것을 제기했다.113)

---

111) 이들을 해체주도 그룹이라고 통칭한다.
112) 프로핀테른 일본문제 소위원회의 결의와 1928년 8월 제2회 태평양노동조합
    회의의 동일산업에 있어 민족별 노동조합의 합동이 확인된 내용이 일본에
    전달되어 일본공산당의 주도 아래 전협이 중심이 되어 조성된 의견이다.
113) 「朝鮮人の共産主義運動」, 김정명 편, 『조선독립운동』(4), 947-949쪽.

이러한 움직임에 神奈川조선노동조합의 이성백은 '시기상조론'을 주장하며 해체에 반대했다.[114] 그 내용을 보면, 1) 해소에 의한 민족적 결집점의 상실이 두려워서, 2) 당시 神奈川에서는 실업반대 투쟁이 우선적이었고 따라서 산업별 재편성이 의문시되었기 때문이며, 3) 운동의 대중성에 대한 의문으로 당시 전협보다 대중성에 있어서는 조선인 조직이 앞섰다. 그리고 4) 조·일 조직 사이의 연대에 있어 전협이 사회민주주의를 배격하여 연대가 일방적이기 때문이었다.

김호영은 이성백을 기회주의, 합법주의자로 비난하고 이에 따라 東京, 神奈川 두 조합간의 대립이 초래되었다. 여기에서 김호영, 이의석 등은 전협으로의 해체를 구체화하기 위해 재일본조선노동총동맹 전국대표자회의의 개최를 기도하고 이에 앞서 재일본조선노동총동맹 관동지방협의회를 열어 전국대표자회의 개최의 건 등을 협의했다. 이 자리에서는 유혈폭동이 일어났고 김호영은 재일본조선노동총동맹 중앙위원의 자리를 빼앗겼다.

이성백은 9월말 김두용을 권유하여 재일본조선노동총동맹 중앙에서 활동시키고 10월 중순 재차 재일본조선노동총동맹 관동지방협의회를 개최했다. 여기에 모인 이성백, 김두용, 이의석, 임철섭, 김추신, 정선호, 薛相烈, 李善珩, 金革, 權一宣, 李福祚 등은 종래의 재일본조선노동총동

---

114) 神奈川縣조선노동조합에서 지도적 역할을 했던 이성백은 민족별 조직 해체 방침을 신랄하게 비판했다. 이에 따라 縣 내에서는 다른 지역에 비해 노선전환이 가장 늦게 진행되었다. 1930년 橫浜의 메이데이에는 神奈川縣조선노동조합의 이름으로 참가했다. 그후 머지않아 전협 조선인산업노동조합이라는 이름이 보이는 것으로 상부의 방침을 수용하여 전협으로 가입하기 시작했던 것을 알 수 있다. 결국 토건노동자가 주력인 神奈川에서의 노선전환은 神奈川縣조선노동조합을 해체하여 전협토건(일본토목건축노동조합) 神奈川지부를 결성하고 川崎, 多摩川지구를 거점으로 한 金凡伊 등의 재조직활동으로 1931년 4월에 이르러 창립대회를 가졌다. 당시 전협토건 神奈川지부 조합원 810명 가운데 780명이 조선인이었으며 이 숫자는 전협계 조직인원(910명)의 대부분이었다.(梶村秀樹, 「在日朝鮮人の生活史」, 참조.)

맹은 민족해방투쟁을 기조로 한 좌익투쟁에 빠져있었기 때문에 일본제
국주의의 특수한 탄압을 받고 운동전선이 복잡해지게 되었다면서 재일
본조선노동총동맹 전국대표자회의를 열어 운동을 재건하고, 11월 말
전국대표자회의 개최하기로 결정했다. 그리고 준비위원으로 임철섭, 이
복만, 장석준, 정선호, 설상렬을 뽑고 다시 재일본조선노동총동맹의 임
시 상임위원으로 김두용, 이의석, 이선형을 선임했다.

이성백은 계속되어지는 해체주도그룹의 세몰이에 밀려 '즉시해소론'
에 대해 찬성하게 되었다. 김두용, 이의석, 임철섭, 이선형 등의 재일본
조선노동총동맹 중앙 간부는 협의한 결과 재일본조선노동총동맹을 해
체하여 전협으로 합류하는 방침을 확립하고 이에 대한 자문을 전국대
표자회의에 구하기로 결정했다. 이것의 준비를 진행하고 동시에 해체
의 취지를 철저히 하기 위해 이유를 설명한 팜플렛을 발행했다. 이 문
건은 재일본조선노동총동맹 전국대표자회의에 제출하기 위해 김두용이
작성했다. 문건은 「在日本朝鮮勞動運動을 어떻게 展開할 것인가」[115]이
다. 김두용은 이의석, 정희영 등과 협의하고 淺沼[116]에게 공람시킨 후
팜플렛으로 무산자사에서 발행했다.[117] 이후 이 문건은 각지 가맹조합

---

115) 김정명 편, 『조선독립운동』(5), 1018-1036쪽.
116) 전협과의 연락은 김두용이 1929년 11월부터 같은 해 말까지 전협의 관계자
    淺沼(早稻田大學哲學科生)와 早稻田소비조합, 동경제국대학신문사 등지에서
    여러차례 만나 이루어졌고 그후 김호영, 임철섭 등이 이 일을 담당했다.(
    『特高月報』, 1930. 4, 132쪽.)
117) 재일본조선노동총동맹의 해체 움직임을 이동우는 芝浦에서 김두용의 전술
    한 「재일본조선노동운동은 어떻게 전개해야 하나」라는 문건을 보고 알았
    고 한다. 그리고 조직해체는 안된다고 생각하고 大阪의 김문준과 같이 반대
    하려고 생각했다는 것이다. 이와 함께 神奈川의 이성백이 반대하고 있다고
    들었으나 남호영과 김호영은 반대하지 않고, 오히려 김호영은 해소추진파였
    다는 것을 알았다면서 결국 이동우도 관계 때문에 기회주의적으로 조류에
    순응하여 반대하지 않았다는 것이다. 왜냐하면 당시 이동우에게는 전협의 寺
    田과 神山와의 관계가 대단히 중요하기 때문이었다. (石坡浩一, 「芝浦
    の勞動運動と李東宇」, 『三千里』(15), 222쪽.)

에 배포되었다.

팜플렛 「在日本朝鮮勞動運動을 어떻게 展開할 것인가」은 "종래 재일
본조선노동총동맹은 노동계급 독자의 투쟁을 등한시하고 조선공산당의
지도 아래에 활동하며 혹은 조선 내의 민족적 투쟁과 결합하여 노총의
혁명적 조합투쟁을 방해했다. 또한 일본좌익단체와 연락이 지속적이지
않았기 때문에 일본제국주의의 특수한 탄압에 중심분자를 잃게 되었다.
이것은 분명히 운동방침의 오류에서 야기된 것이다"면서 이 오류를 청
산하기 위해서는 "종래 조선공산당의 지도 아래에 있었기 때문에 특수
한 탄압을 받았기 때문에 일본 내지에서는 일본공산당의 지도 아래 들
어가 이 지배계급의 공세에 대항해야 한다. 진실로 노동계급의 이익을
옹호 획득하는 길은 전노동계급의 공동투쟁 이외에는 아무 것도 없다.
재일본조선노동계급의 이익을 대표하여 충실하게 투쟁하기 위해서는
모든 민족적 투쟁을 버리고 오로지 좌익노동조합으로 철저히 권력 획
득을 위한 투쟁을 수행해야 한다. 조·일 노동자의 노동 조건은 완전
히 일치하고 임금의 차별, 민족적 차별 등의 특수한 탄압은 일본노동
계급을 위한 것이 아니며 일본제국주의의 소산이기 때문에 이들 차별
의 철폐는 일본노동계급과의 협력없이는 실현이 불가능하다"고 했다.
그리고 김두용은 일본에서 노동계급의 계급적 이해를 옹호하고 권력
획득 투쟁을 수행하는 혁명적 노동단체는 전협이기 때문에 여기에 합
류하는 것이 타당하다고 했다.

9월 중순 김호영은 관서로 가서, 독자적인 활동을 전개하여 해체 기
운을 고양시켰다. 大阪, 京都, 兵庫의 각 조선노동조합 사이에는 이러
한 의견에 따라 해체방침을 결정했다. 그리고 해체을 촉진하기 위해
관서지방협의회를 조직했다. 10월 29일 尼崎에서 협의회를 열고 관서
지방협의회 명의로 전협으로의 합류에 관한 의견서의 발표를 결정했
다.118)

김호영은 「在日本朝鮮勞動總同盟의 當面問題에 關한 意見書-産業別 編成과 日本勞動組合全國協議會 加盟으로-」에서 먼저 기존의 활동에 있어 문제가 생긴 근본적 원인으로 "노총의 근본적 결함은 공장에 기초를 두지 않는 것", "노동자의 산업별 이해를 혼합한 조직이라는 것", "1산업 1조합의 좌익노동조합의 조직원칙에 반하여 민족별 조합으로 한 것" 등을 지적하고 있다. 특히 산업별 이해를 혼합, 조직하여 일상적인 노동자의 경제적 이익 옹호를 위해 투쟁을 하지 않고 민족적 투쟁으로만 투쟁을 추상화시킨 결과 전체적으로 노동자들을 동원하지 못했다는 것이다. 이러한 결함을 극복하기 위해 1) 공장을 기초로 조합을 재조직할 것, 2) 조합을 산업별로 정리하여 산업별 투쟁을 일으킬 것, 3) 노총을 해체하여 전협으로 가맹할 것을 구체적인 방침으로 제출했다.

공장을 기초로 조직할 때는 1) 직장에 반과 반조직준비회를 조직하여 공장노동자는 공장반에 자유노동자는 공사현장반에 조직하라, 2) 조직의 책임자는 공장에서 일하는 노동자로 재편성하고 실업노동자, 대중투쟁의 경험이 없는 인테리켄차 출신의 투사는 미조직 대중에 배치하여 조합 간부의 일을 돕게 할 것, 3) 재조직위원회의 활동을 유효하게 수행하기 위해서 『재조직뉴스』를 정기적으로 발간하여 이용하고, 어느 정도 재조직이 되면 재조직위원회를 해체시켜야 한다는 것이었다.119)

이상과 같이 조합의 재조직 투쟁과 산업별 투쟁을 통해서 전협에 가

---

118) 岩村登志夫, 앞의 책, 182쪽, 참조.

119) 在日本朝鮮勞動總同盟關西地方協議會(大阪朝鮮勞動組合, 京部朝鮮勞動組合, 兵庫縣朝鮮勞動組合, 愛知縣朝鮮勞動組合)(金浩永), 「在日本朝鮮勞動總同盟の當面問題に關する意見書-産業別編成と日本勞動組合全國協議會加盟へ-」(1929. 10. 29)(『日本社會運動通信』1929. 11. 23)(早稻田大學 마이크로필름실 소장)

맹하고 조합은 현재 공장에서 일하고 있는 노동자에 의해 편성하는 것
이 재일본조선노동총동맹의 당면한 임무였다. 그러나 이것은 단기간에
수행되기 곤란했고 단순히 문제를 명확히 하는 것으로 해결될 수 없는
실천이 결부된 사안이었다.

11월 중순 김두용, 이의석 등은 지방에서 재일본조선노동총동맹 가
맹조합의 상황을 조사하고, 김두용, 이의석, 임철섭 등과 京都에서 회
합을 가졌다. 尼崎방면에서 활동하고 있던 이윤우와 연락을 취해 본
결과 전협으로의 해소에 찬성했다. 김두용, 이의석,[120) 이윤우[121) 등은
계속 재일본조선노동총동맹 본부와 연락을 취했다. 김호영도 아울러
大阪, 兵庫 등의 동지와 여러차례 만나서 전국대표자회의의 개최를 준
비했다. 몇차례에 걸쳐 그 날짜를 변경한 후 회의 장소는 당일까지 위
원들에게도 이것을 비밀에 부치고 시간은 심야로 선택하는 등 치밀한
준비 아래 1929년 12월 14일 밤 大阪市 西成區 南通 8丁目의 김용주

---

120) 이의석(李義錫)의 일본에서의 주요 활동 경력을 보면 다음과 같다. 동경조선
노동조합과 재일본조선노동총동맹에서 활동, 1929년 12월 14일 재일본조선
노동총동맹 전국대표자회의 및 확대중앙집행위원회 신중앙집행위원, 신중앙
상임위원회위원, 1930년 일본노동조합전국협의회 조선인위원회 간부, 1932
년 10월 일본공산당 동경시위원회 북부지구 『赤旗』 배포 책임, 1932년 11월
일본공산당 북부지구 神田街세포.(『독립운동사자료집』(별집3), 明石博隆·松
浦總三, 『昭和特高彈壓史』, 1975.)

121) 이윤우(李潤雨)의 일본에서의 주요 활동 경력을 보면 다음과 같다. 동경조선
노동조합에 가입, 1929년 9월 동경조선노동연맹 북부지부 상임위원, 동경조
선노동연맹본부 상임위원·중앙위원, 1929년 12월 14일 재일본조선노동총동
맹 전국대표자회의 및 확대 중앙집행위원회 신중앙집행위원, 1931년 일본적
색구원회 북부지구 가입, 1931년 12월말 일본노동조합전국협의회 화학노조
東京 강동지구에 가입, 1932년 6월 일본반제동맹 가입, 중앙부원, 동경지방
위원회 위원, 강동지구 책임, 1933년 1월 일본공산청년동맹 가두 세포. 9월
2일 검거되나 기소유예로 석방, 일본공산청년동맹 중앙부 기관지부원, 일본
반제동맹 중앙부 기관지부 조선어반 책임, 1934년 1월1일자 『反帝新聞』(조
선어판) 창간. 3월 24일 다시 검거.(『독립운동사자료집』(별집3), 明石博隆·
松浦總三, 『昭和特高彈壓史』, 1975.)

집에서 전국대표자회의 및 확대중앙집행위원회를 개최했다.[122]

이 자리에는 재일본조선노동총동맹 중앙에서 김두용, 이의석, 이선형, 東京조선노동조합 대표 이윤우, 新潟縣조선노동조합 대표 朴玩均, 鄭今述, 田昌永, 北陸조선노동조합 대표 金明基, 愛知縣조선노동조합 대표 孫禹錫, 池璟宰, 京都조선노동조합 대표 朴新漢, 金鎭禹, 大阪조선노동조합 대표 김문준, 趙夢九, 金榮洙, 朴永萬, 兵庫縣조선노동조합 대표 최경식 등과 방청객의 자격으로 김호영이 참가했다. 한편 이성백의 神奈川縣조선노동조합은 여기에 대표를 파견하지 않았다.

회의는 의장 김두용, 부의장 박완균에 의해 시작되어 '재일본조선노동총동맹은 해체하여 전협으로 가맹할 것', '1산업 1조합주의에 따라 재일본조선노동총동맹을 재조직하고 현 조합은 투쟁과정에서 점차 산업별 조직으로 변경할 것'을 결의했다. 그리고 선언, 강령, 규약, 투쟁방침을 회의의 수정 의견을 참조하여 작성할 것을 결의하고 姜駿燮, 이성백, 이정규를 규약 위반으로 제명하는 한편, 김호영의 복권을 승인하고 각 가맹조합을 전협으로의 해체투쟁으로 견인하기 위해 새로이 중앙위원회를 조직했다. 중앙집행위원회에는 김두용, 이의석, 임철섭[123], 이윤우, 김호영, 설상렬, 黃海雲, 김혁, 崔武聖 (이상 東京), 김문준,[124] 조몽구, 박영만, 김영수(이상 大阪), 김진우(京都), 손우석, 지경

---

122) 「朝鮮人の共産主義運動」, 김정명 편, 『조선독립운동』 (4), 1048쪽.

123) 임철섭(林澈燮)의 일본에서의 주요 활동 경력을 보면 다음과 같다. 재일본조선노동총동맹, 동경조선노동조합 간부, 1929년 12월 14일 재일본조선노동총동맹 전국대표자회의 및 확대중앙집행위원회에서 신중앙상임위원회 위원, 1930년 일본노동조합전국협의회 조선인위원회 간부.(岩村登志夫, 『在日朝鮮人と日本勞動者階級』, 1972, 明石博隆・松浦總三, 『昭和特高彈壓史』, 1975.)

124) 김문준(金文準)의 일본에서의 주요 활동 경력을 보면 다음과 같다. 1927년 大阪 재일본조선노동총동맹 가입, 1927년 7월 大阪조선노동조합 집행위원, 東南지부장. 1927년 12월 新幹會 大阪지회 결성, 1928년 6월 3일 大阪조선노동조합대회 교육부장. 1928년 7월 大阪朝鮮人居住權獲得同盟 조직, 1929년 4월 大阪朝鮮少年同盟 조직. 1929년 4월 '우리가 우리의 배를'이라는 슬

재(이상 愛知), 권일선, 김광제(이상 神奈川), 박완균, 정금술(이상 新潟) 을 그리고 회계감사에 李東華(大阪), 金泰文(神奈川)을 선임했다.

중앙집행위원은 회의 종료 후 위원회를 열어 상임위원에 김두용, 김 호영, 이의석, 임철섭을 뽑고 각자의 부서를 담당했다. 위원장 겸 교육 출판부: 김두용, 서무부 및 재정부: 이의석, 조직부·선전부 및 부인부: 임철섭, 쟁의부 및 청년부: 김호영이 맡았다. 김호영은 「在日本朝鮮勞 動總同盟의 鬪爭과 新方向」에서 1929년 12월 14일 재일본조선노동총동 맹 전국대표자회의의 방침인 1) 공장을 기초로 조합을 재조직하고, 2) 산업별 공동투쟁을 통해서, 3) 일본노동조합전국협의회로 해소한다는 내용에 따라 민족적 편견과 국민적 장애를 타파하여 '조선노동자는 노 총으로'라는 표현을 '모든 노동자는 전협으로'로 대치할 것을 강력히 주장했다.

1929년 12월 시기는 전국대표자회의의 결정이 곧바로 수행되기 힘든 상황이었다. 먼저 가맹조합원이 전협으로의 참가에 대한 이론적 근거 를 확실히 인식하지 못하고 있었다. 둘째 해체 지도가 강력하지 않아 서 재일본조선노동총동맹을 해체하면 참가 조합의 투쟁이 전국적 조직 과는 떨어져서 분산적 투쟁을 해야 하는 상황이었다. 1개월이 지난 1930년 1월의 시기에는 1) 각 조합에서 논의가 전개되었으며 2) 전협조 선인위원회가 확립되었다면서 노총상임위원회는 서면에 의해 중앙위원 회를 개최하여 재일본조선노동총동맹의 해체를 제안했다.[125]

로건 아래 '제주통항조합준비위원회' 결성. 1929년 가을 大阪고무공조합 결성, 1929년 8월 25일 신간회 대판지회 확대위원회 검사위원장. 1929년 12월 14일 大阪에서 열린 열린 재일본조선노동총동맹 전국대표자회의 및 확대집 행위원회 大阪대표로 참석, 신중앙집행위원. 1930년 전협일본화학대판지부 결성, 상임위원, 1935년 5월 '재일동포의 생활의 진상과 세론을 보도하는 不 偏不黨의 언론 활동, 생활의 개선, 문화의 향상촉진, 아울러 그 생활권의 확 립과 양호'를 강령으로 민중시보사 설립.(『アジア問題研究所報』(7), 1992, 『독립운동사자료집』(별집3), 국가보훈처, 『독립운동사자료집』(14).)

재일본조선노동총동맹은 전협으로의 가맹 방침을 전국대표자회의에
서 만장일치로 가결시켰다. 이후 재일본조선노동총동맹 상임위원회는
합법적 활동을 할 수 없었기 때문에 각 중앙위원에게 서면을 발송하여
문서에 의한 중앙위원회를 개최하기로 하고 위원장 명의로 각 위원 앞
으로 서면을 보냈다. 문건은 1) 서면에 의한 중앙위원회 개최에 대해,
2) 재일본조선노동총동맹해체에 관한 건, 3) 「전협조선인위원회」에 대
한 내용이었다. 특히 재일본조선노동총동맹 해체에 관해서는 전협 조
선인위원회에서 발표한 「스파이投機主義者 金文準等의 策動에 대해」과
마찬가지로 재일본조선노동총동맹이 즉시 해체되지 않아야 하는 이유
로 1) 가맹조합원이 전협 참가의 이론적 근거를 확실히 인식하지 못하
고, 2) 지도가 강력하지 않아서 재일본조선노동총동맹을 해체하면 참가
조합의 투쟁이 전국적 조직과는 떨어져서 분산적 투쟁을 해야 한다는
것이다.

전국대표자회의는 이후 1개월이 경과되자 대회 이후 각 조합이 모든
회합에서 논의했고, 일본노동조합전국협의회 조선인위원회가 확립되었
기 때문에 '하루라도 빨리 노총을 해체시켜야 한다'고 했다. 아울러
'노총중앙위원회의 해체와 지방협의회의 해체, 따라서 재일본조선 조선
노동총동맹이라는 하나의 연합체의 해체이다. 또한 노총 해체 후에 있
어 각 가맹조합은 말할 것도 없이 일본노동조합전국협의회 xx조선노동
조합(강조 : 필자)이 된다'고 명확히 조직 해체와 해체 이후의 명칭까

---

125) 日本勞動協議會朝鮮人委員會, 「スパイ投機主義者金文準等の策動について」
(1930. 1. 18)(『日本社會運動通信』(90) 1930. 1. 22)(早稻田大學 마이크로필름
실 소장). 그리고 김문준, 조몽구, 심춘경 등을 허일, 홍양명 등과 같은 춘경
원당계로 취급하고 철저히 박멸할 것을 주장했다. 슬로건으로는 1) 大阪의
노동자제군은 혁명적 그룹을 조직하여 김문준일파 박멸을 위해 일어서자,
2) 스파이 김문준, 조몽구 등을 박멸하자, 3) 일본노동조합협의회의 깃발 아
래, 4) 국제 ×××(공산당 : 필자) 및 일본×××(공산당 : 필자)을 사수하
자고 했다.

지 밝히고 있다. 전협조선인위원회(강조 : 필자)를 과도적 조직으로 상
정하고 투쟁은 해당 위원회의 결정 지령 아래에서 수행된다는 것이다.
마지막으로 이 문건은 1930년 1월 20일까지 회답이 도착하도록 보낼
것을 주의시키고 반대자는 이유를 별지에 명기해서 보내라고 했다.

김두용, 김호영, 임철섭, 이의석은 전국대표자회의 이후 東京에 가서
상임위원회를 열고 재일본조선노동총동맹 신중앙위원회, 상임위원회의
해체와 그에 대신할 기관으로 전협 조선인위원회의 설치를 결정했
다.126) 이러한 해체 논의는 당시의 재일조선인 노동 대중과 괴리된 가
운데 진행되었다. 따라서 일방성과 세몰이 가운데 하향식으로 일본 전
역을 풍미했던 것이다. 재일본조선노동총동맹의 해체가 확정되는 1929
년 말의 시기에도 재일조선인의 노동 투쟁은 멈추지 않았다.

재일본조선노동총동맹의 해체 선언은 원론적으로 지난 시기 투쟁의
오류를 극복하고 진정한 조·일 노동자의 계급적 연대로 가는 길을 재
일본조선노동총동맹의 해체와 전협으로 들어가 산업별 투쟁을 전개하
는 것이라고 했다.

> 「재일조선인 노동자들은 1925년 재일본조선노동총동맹이 결성된 이
> 래 그 깃발 아래 결집하여 모든 희생을 지불하면서 지배계급의 탄압
> 과 싸우며 용감한 투쟁을 계속하여 왔다. 이러한 투쟁에 있어 조·일
> 노동자 계급은 재빨리 서로 손을 맞잡고 모든 일상적인 혁명투쟁을
> 실천하여 왔다. 그러나 조선인 노동자들이 받는 차별임금과 민족차별
> 대우, 이에 동반하는 특수한 형태의 폭압을 이유로 해서, 그 혁명적
> 투쟁을 조선 내에서의 민족적 투쟁으로 결합시켜 노동자계급의 혁명

---

126) 金森襄作은 여기에 대해 사전협의가 전협과 없었다고 하나(渡部徹·木村敏
男, 『大阪社會勞動運動史』(2)(戰前編(下)), 有斐閣, 1989, 1371쪽.) 전술했듯이
해체논의 과정이 철저히 전협의 지도에 따랐던 것에서 알 수 있듯이 그
것은 사실과 다르다.

적 에네르기를 이러한 민족적 투쟁선상으로 해소시켜 버렸다. … 재일
조선인 노동자들의 일상적인 노동조건은 일본인 노동자들의 그것과
완전히 일치하는 것이며, 일본 내의 전 노동자계급의 관계는 진정으로
형제관계인 것이다. … 재일본조선총동맹은 일체의 민족해방투쟁을 그
만두고 좌익노동조합으로서 철저하게 권력획득 투쟁을 전개하는 것만
이 진실로 조·일 노동자계급의 이익을 대표하고 가장 충실하게 싸우
게 되는 길인 것이다. 더군다나 오늘날 일본에 있어서 노동자계급의
계급적 이익을 옹호하고 획득하려는 투쟁을 수행하는 혁명적 노동자
의 전국적인 결집체는 일본노동조합전국협의회, 바로 그것이며, 그 이
외에는 아무것도 없다.」[127]

그리고 '재일본조선노동총동맹 운동방침'[128]은 1) 공장을 기초로 조
직을 재조직할 것, 2) 조합을 산업별로 정리하고 산업별 투쟁을 확대시
키기 위해 산업별위원회를 조직할 것, 3) 재일본조선노동총동맹을 해체
하고 전협에 즉시 가맹하기 위해 투쟁을 내걸었다. '재일본조선노동총
동맹 운동방침'은 재일본조선노동총동맹 해체선언의 계속적인 연결선
상에 있는 문건으로 김두용이 작성한 앞의 「在日本朝鮮勞動運動을 어
떻게 展開할 것인가」과 많은 내용이 중복된다. 이 가운데 특히 세번째
가맹투쟁은 즉시 단시일 간에 수행하기 곤란하기 때문에 조금씩 가맹
하는 방식으로 투쟁력을 집중시켜낼 것을 강조했다.

1930년 1월 12일 김두용, 이의석, 김호영 세사람은 都鳳涉의 집에서
상임위원회를 열고 재일본조선노동총동맹 해체를 전제로 지도부인 중
앙상임위원회를 해체하여 전협조선인위원회로 개칭할 것을 결정했다.
그리고 서면에 의해 중앙위원회에 회부하여 지령, 기관지, 뉴스 등을
발행하고 가맹조합의 해소운동을 촉진해 나아갔다.[129]

---

127) 김정명 편, 『조선독립운동』(4), 949-951쪽.
128) 「在留朝鮮人の運動狀況」(1930), 박경식 편, 『자료집성』(2-1), 103-104쪽.
129) 해체과정에서 일정한 거리를 갖고 논의를 전개했던 大阪에서는 그 이전부

재일본조선노동총동맹 상임위원회는 전술했듯이 1930년 1월 20일 기한으로 서면교환의 형식으로 중앙위원회를 개최하고 전협조선인위원회로의 재편성에 대해서 승인을 구했다.

전협 조선인위원회는 「再組織, 再建鬪爭週間에 關한 指令」(1930. 1. 15)에서 먼저 투쟁주간으로 1월 21일 레닌기념일부터 1월 27일까지 1주간을 정하고 재건투쟁을 선동하고 있다. 이 투쟁주간의 조선노동조합의 임무는 1) 대공장으로 들어가며, 2) 산업별 정리, 산업별 단일 조합의 결성과 조선노동조합 해체의 방향으로 나아가고, 3) 공장을 기초로 노동조합을 재조직할 것 등이었다. 특히 공장을 기초로 재조직할 때는, 1) 종래의 자유노동자와 공장노동자를 혼합해서 만든 지역반을 해체하고 공장, 직장반, 공사 현장반을 조직할 것, 2) 5인 미만으로 독립반을 조직할 수 없는 경우에도 이것을 지역반에서 분리하여 공장, 직장반 준비회를 조직하여 조합원 획득 운동을 할 것, 3) 이러한 투쟁을 수행하기 위해 東京, 大阪과 같이 광대한 대중을 갖고 있는 조합은 조합 전체를 통해서 조직적 능력이 있는 투사를 모두 망라하여 '再組織委員會'를 조직하여 조합 전체의 재조직 투쟁을 할 것 등의 목표를 수행하기 위해 전력을 경주해야 한다는 것이었다.130)

터 내부에서 논쟁이 있었다. 大阪의 남영우, 윤동화, 정남국, 김광 등은 재일본조선노동총동맹이 일상적인 요구 투쟁보다 조선 해방에 투쟁을 집중시킨 것에 대해 공공연히 비판했다. 한편 새롭게 大阪조선노동조합 집행위원장에 취임한 김문준은 그들을 관헌의 스파이로 낙인찍어 제명처분한다. 이렇게 제명처분을 받은 사람들은 부당하다고 즉시 처분 취소를 중앙에 제기했는데 이것이 이른바 '대판사건'의 빌미이다. 그 가운데 남영우, 윤동화는 본부 집행위원까지 겸임하고 있어서 노선문제로 발전할 소지를 갖고 있었는데 결국 이러한 정황을 그대로 방치하면 재일본조선노동총동맹 전체에 파급할 위험이 있고, 중앙도 판단하기 힘들어 재일본조선노동총동맹 제4회 대회는 이 문제를 논의했다. 1928년 5월에 열린 재일본조선노동총동맹 제4회 대회에서는 전술했듯이 남영우, 윤동화의 제명을 취소하고 정남국의 무기정권, 김광의 제명이라는 절충적 조치로 낙착되었다.

일본노동조합전국협의회 조선인위원회 대판산업별재조직위원회의 「스파이社會投機主義者 金文準一派의 正體-戰鬪的 大阪의 勞動者 제군에게-」[131]에서는 김문준, 조몽구, 심춘경을 비롯한 현호진, 김용해 등을 허일 등에 의해 조직된 춘경원당과 관련있는 사람으로 보았다. 특히 대판산업별재조직위원회는 '춘경원당' 검거에 따른 그 구성원에 대한 변호 의뢰를 김문준이 大山派 변호사 小岩井에게 한 것과 大阪 港區支部의 벽신문에서 확인하여 보다 심증을 굳히고 있다. 김문준이 大阪지역 조선인노동자 사이에서 중심적인 역할을 하고 지역, 경제문제에 초점을 맞추었던 점에서 보건데 그에게는 파벌적 내용이 없었던 것 같다. 단지 조선공산당 일본총국에 관계하지 않았을 뿐이다.

재일본조선노동총동맹 해체주도 그룹은 김문준 등의 大阪지역의 반대세력을 시종일관 스파이, 사회투기자로 몰고 이들의 박멸을 주장했다. 문제는 해체을 주장한 그룹의 논리가 실제로 구체적인 내용을 전제로 전개되지 못했다는 것이다.

김문준도 1930년 2월 7일 전협조선인위원회에 비난의 취소를 요구하고 2월 25일에는 성명서를 발표했다. 여기에서 전협으로의 신속한 해체에 협력할 것을 결의했다. 김문준은 1930년 2월 28일 「또다시 聲明한다」[132]에서 다음과 같이 천명했다.

---

130) 日本勞動組合協議會朝鮮人委員會,「再組織, 再建鬪爭週間に關する指令」(指令第1號) (1930. 1. 15)(「日本社會運動通信」1930. 1. 23)

131) 早稻田대학 마이크로필름실 소장, 『日本社會運動通信』(121) 1930. 2. 28. 대원사회문제연구소 소장의 같은 제목의 문건은 1930년 1월 18일 발간한 것이 있다.

132) 대원사회문제연구소 소장. 이 문건에 대한 전면적인 비판이 朴xx生의 「典型的派閥主義者金文準の公開狀をアバク」(『進め』(1930. 7.))에 실려 있다. 여기에서는 김문준에 대해 장일성을 숭배하는 파벌주의자로 규정하고 일본의 노농파와 춘경원당이 완전히 제휴하고 있다고 했다.(朴xx生, 앞의 논문, 26쪽.)

「전협으로의 즉시 가입」(이라는 문건 : 필자)은 원칙적이고 절대적으로 올바른 것이었다.

구체적인 방침 의견이 결정된 김두용의 팜플렛 「재일본조선노동운동을 어떻게 전개할 것인가」가 발행된 12월 중순 전대회에서 전협으로의 가입이 결정되었다. 이 회의의 결의는 절대적이고 뒤에 반대하는 것은 반역자로 취급했다. 문제는 여기에 있다.

나(김문준 : 필자)는 앞에서 천명했듯이 처음부터 이해와 열의를 가지고 전협으로의 해소투쟁을 나의 임무로 적극적으로 수행해 왔던 사람 가운데 일인이다.」

김문준은 해체를 전면적으로 부정하고 반대 투쟁을 전개하지 않았다. 단지 大阪지역에서 활동하는 가운데 재일본조선노동총동맹 중앙과 조직선이 달랐던 것이 그에게는 문제였다. 김문준은 해체논의 과정에서 金守顯, 南英祐, 金敬中 등과는 조직적 관계를 갖지 않고 독립적으로 활동했다.

재일본조선노동총동맹은 해체 이후 전협 조선인위원회의 지령 아래 산업별 재조직 투쟁을 계속했다. 전협조선인위원회는 당면한 현실에 있어 조합이 노동자 대중으로부터 유리되어 있고, 반의 활동도 추상적인 교육활동에 제한되어 있으며 조합의 간부도 조직 내에서만 활동하고 있다고 전제하고 신운동방침으로 여섯가지를 들고 있다.[133] 1) 중요성은 단순히 전협 가맹을 위한 방침에서가 아니라 가맹과 동시에 부과된 다양한 임무 수행을 위한 방침이라는 점이다. 2) 조직 재능이 있는 노동자를 조합의 간부로 하여 자발적으로 일을 부여하여 조합원의 독창적 활동성을 재고시켜 활동적인 새로운 조합원을 부양함과 동시에

---

133) 全協朝鮮人委員會, 「再び新運動方針の具體化のための活動について」(指令 2)(『日本社會運動通信』(129) 1930. 3. 9)

대중투쟁에서 훈련시켜야 한다. 3) 공장을 조직으로 하는 조합 재조직이 필요하다. 소공장 노동자와 함께 자유노동자를 대공장의 노동자의 집단에 결합시키며 실업자가 많이 발생하는 시기에는 자유노동자의 조직을 등한시해서는 안된다. 4) 이후의 지도는 전협에 의해 산업별 조직의 결성으로 나아가며 이를 위해 자발적인 활동과 보고가 필요하다. 특히 반의 지도는 정당하고 실제적인 입장에서 되어야 하며 항상 반의 상태를 구체적으로 조사, 지도해야 한다. 5) 신운동방침을 적극적으로 수행하기 위해서는 완전히 새로운 역원이 필요하다. 종래의 구태의연한 역원은 업적이 있어도 조합 밖으로 추방해야 한다. 그리고 6) 청년노동자의 획득은 급무이다. 조합에서 청년 노동자의 자발적 활동 없이는 조합의 강화는 곤란하다고 했다.

재일본조선노동조합 동경조선노동조합은 새로운 제국주의 전쟁이 도래하자 재일 노동청년의 지위와 조합청년부의 임무에 대해 상론하고 있다.[134] 먼저 노동조합에 전문적인 청년부를 두는 이유를 들고 있다. "사회적으로 특수한 투쟁 조건을 가진 노동청년을 막연히 조합에 종속시켰는데 민족적 청년동맹에 가입시켜 둘 것이 아니라 노동청년으로 하여금 무산계급투쟁에 있어 강대한 부분으로 민족적 청년협동전선 선두대다운 독자적, 성격적 특수한 기능을 발휘하기 위해서"였다. 노동청년은 사회적으로 이중, 삼중의 억압을 받으면서도 반제, 사회민주주의 세력과 투쟁해 왔다. 혁명적 프롤레타리아 청년은 일본의 노동청년과 공동으로 스트라이크, 집회 등에 참석하여 계급투쟁에 맹진해야 했다.

새롭게 만들어지는 조합 청년부는 프롤레타리아 청년의 경제적, 정치적 이익 옹호 투쟁과 프롤레타리아 청년을 교육을 해야 하며 조직적으로는 조선의 노동청년은 '日本勞動組合全國協議會 産業別 勞動組合

---

134) 在日本朝鮮勞動總同盟 東京朝鮮勞動組合, 「組合靑年部の組織方針-組合靑年に對して-」(『日本社會運動通信』(135) 1930. 3. 26)

靑年部'에 가입하여 코민테른과 프로핀테른의 지도를 받아 활동해야
했다. 청년부 산업별위원회의 당면 임무는 산업별 각 조합청년부에 편
입하는 것이었다. 특히 동경조선노동조합 산업별위원회의 당면 임무는
동경조선노동조합의 청년 및 미조직노동청년을 산업별로 조직함에 있
었다.135)

전협조선인위원회의 산업별 조직의 강화와 함께 반대 세력에 대한
비난 공격은 계속되었다. 비난 공격은 김호영 자신이 인정하듯이 분파
투쟁적 색채가 노정되었고 1930년 3월이 되어서는 거의 효과가 없었
다.136) 전술한「또다시 聲明한다」는 문건에서 보이듯이 해체투쟁을 해
왔던 김문준 등 大阪조선노동조합은 1930년 4월 8일 전협조선인위원회
와 별개로 전협으로 해소한다고 성명을 발표했던 것이다.

해체운동은 실제로 1930년 1월 15일 '재조직 재건투쟁주간'을 통해
서 본격적으로 전개되었다. 조선노동조합 해체를 주도한 전협조선인위
원회는 지령, 기관지, 뉴스 등을 발행하여 가맹조합의 해체를 일상투쟁
과 결합시켜서 해체 활동을 전개했다.137) 이와 함께 재일조선인 노동운
동 세력은 새롭게 재편되었다. 재일조선인 노동운동 단체로 해체성명
서를 발표한 곳은 東京(1930. 7. 6), 大阪(1930. 4. 5), 京都(1930. 2. 1),
愛知(1930. 5. 1), 兵庫(1930. 5. 10), 三重縣조선노동조합(1930. 3. 13) 등
이었다.138) 京都의 경우는 大山, 水谷일파의 배반으로 미약했던 좌익세

---

135) 在日本朝鮮勞動總同盟 東京朝鮮勞動組合,「組合靑年部の組織方針-組合靑年
    に對して-」(『日本社會運動通信』(135) 1930. 3. 26)
136) 김호영은「『勞總』解體鬪爭の當面する危險性について」에서 1930년 1월 15일
    발행 전협조선인위원회의 지령에「공장의 조직책임자도 없고 실업노동자,
    또는 공장 내의 대중투쟁에 경험이 없는 인텔리겐챠 출신의 투사는 모두
    미조직 대중에 배치하여 그 조직투쟁을 통해서 훈련할 것」을 운운했는데
    조직, 선동선전의 기능에 관여했던 실업 노동자와 인텔리 출신의 투사에 대
    해서 악의적인 눈으로 보는 것은 소아병적이라는 것이다.
137)「在留朝鮮人の運動」, 박경식 편,『자료집성』(2-1), 255쪽.

력이 예전보다 강력해졌고 京都지방협의회가 확립되었다. 또한 三重縣
에서도 좌익의 세력이 보다 증대되었으며 兵庫縣 조선노동조합의 재조
직으로 좌익노동조합 내의 班이 확립되었다. 神戶는 兵庫縣조선노동조
합의 재조직에 의해 화학노동조합 지부가 확대되어 갔으며 또한 名古
屋도 중부지방협의회와의 긴밀한 연락으로 해체되어 갔다.

神奈川縣은 이성백을 옹호하는 간부의 배반에도 불구하고 젊은 청년
노동자에 의해 '전협으로'라는 선전·선동이 진행되어[139] 1931년 메이
데이 전부터 神奈川縣조선노동조합도 해소하고 전협 토건 神奈川지부
를 조직했다. 神奈川縣조선노동조합은 가장 늦게 해소했다.[140] 新潟縣
에서는 라미방적의 쟁의를 통해서 일본노동자와 공동투쟁을 전개하고
해체과정을 밟아갔다. 新潟縣조선노동조합은 잔류 간부 중 일부는 1931
년 7월경 전협계 토건 新潟지부 조직을 도모했다. 이 가운데 金秉吉은
일본농민조합의 관계자와 함께 連戰鬪化同盟에 관여하고 또한 일본공
산당의 기관지 『第2無産者新聞』을 배포하는 등 적극적인 활동을 전개
했다. 결국 新潟縣조선노동조합도 1931년 11월 전협 토건 新潟지부 상
임위원회 명의로 「노동자 농민의 혁명적 제휴에 대해 격함」이라는 문
건을 배포하고 해소해 갔다. 千葉縣의 조선노동조합, 富山縣의 北陸조
선노동조합도 1931년 11월 이후 자연 소멸되었다. 富山縣에서는 새롭
게 富山토목건축노동조합이 조직되었다.

1930년 4월 시기기 되면 東京조선노동조합의 대부분의 조직과 京都,
三重縣조선노동조합은 해체되어 산업별조합으로 재편성되었다.[141] 그

---

138) 괄호 안은 날짜이다.

139) 全協朝鮮人委員會 關西事務局, 「「産·再委員會」の地區委員會を組織せよ!」(指
令11號)(『日本社會運動通信』(167) 1930. 4. 28)

140) 「朴廣海氏勞動運動について語る」(1), 『在日朝鮮人史研究』(19), 1989. 10, 100
쪽.

141) 全協朝鮮人委員會 關西事務局, 「「産·再委員會」の地區委員會を組織せよ!」(指

후 전협조선인위원회는 關西지방 사무국을 설치하고, 김문준에 대해 비난하고 5월 중순에는 전협 일본화학노동조합[142] 대판지부준비회를 결성, 대판화학노동조합, 대판피혁노동조합, 대판고무공조합을 여기에 합류시켰으나 김호영의 전횡적인 행동때문에 내분이 일어났다. 5월 중순 김호영은 관서지방 사무국의 해체를 선언했다. 이에 반해 독자적으로 김문준 등의 大阪지역 노동운동세력은 5월 29일 전협화학 대판지부를 창립했다.[143] 김문준은 특히 東城區 고무공장 노동자를 중심으로 大阪 조선인 화학노동자를 재조직했다.

이상의 해체논의에서 나타난 이론과 방법을 살펴보면 다음과 같다. 해체의 이론은 1) 종래 조선공산당의 지도 아래에 있었고 특수한 폭압을 당했기 때문에 일본에서는 일본공산당의 지도 아래 들어가야 한다, 2) 지배계급의 탄압에 대항하는 길은 전노동계급의 공동투쟁 이외에

令11號), (『日本社會運動通信』(167) 1930. 4. 28)

142) 이하 전협화학으로 칭한다.

143) 大阪지역 해체운동에서는 잠정기관으로 전협조선인위원회의 지도를 받아 관서사무국을 조직하고 각 조합을 지도하여 완전히 산업별로 정리한 후에 전협으로의 합류를 주장하는 김호영 등과 전협으로 가맹하는 이상 곧바로 해소해야 한다는 김문준 등이 대립했다. 당시 전자는 전협조선인위원회의 지도를 받고 후자는 전협대판지방협의회의 지도를 받았다. 전자는 1930년 4월 12일 전협조선인위원회 관서사무국을 확립하고 5월 20일 일본화학노동조합 대판지부준비회를 조직했다. 이와 함께 전술했듯이 대판화학, 피혁, 호박의 세 노동조합이 합류를 도모했다. 그 사이에 김호영은 독자적으로 행동했고 이것은 내부와 김문준 등의 반대파에게는 유쾌하지 않았다. 결국 大阪의 재일본조선노동조합원은 1) 전협 가맹자, 2) 총동맹, 노동조합전국동맹(후에 전협), 관서노동조합총연맹과연합회 등의 일본의 합법조합 유입자, 3) 소비조합과 동아통항조합을 조직한 경우, 4) 독자적인 조합으로 남는 경우, 5) 조합에서 이탈한 경우로 나뉘었다.(渡部徹 · 木村敏男, 앞의 책, 1373쪽.)
한편 1930년 4월 시기에도 해체를 성명한 대판조선노동조합의 김문준에 대해 7월에 가서도 노스께, 샤이데만, 카우츠키, 山川均, 大山郁夫와 같이 취급하면서 실천운동에 있어 배반자로 낙인을 찍었다.(朴xx生, 앞의 글, 21쪽.)

아무 것도 없다, 3) 재일조선노동계급의 이익을 대표하고 충실히 투쟁하기 위해서는 모든 민족적투쟁을 방기하고 진실로 좌익노동조합으로 철저히 권력 획득을 위해 투쟁을 전개해야 한다, 4) 재일조선인 노동자와 일본인 노동자는 각종 차별에 공동으로 협력하여 투쟁해야 한다, 5) 일본에서 노동자계급의 계급적 이익을 옹호하는 투쟁을 수행하는 혁명적 노동단체는 전협이므로 여기에 합동해야 한다는 것이었다.

해체의 방법은 1) 1府懸 1조합주의를 포기하고 1産業 1조합주의를 채용하여 공장을 기초로 재조직할 것, 2) 조합의 볼세비키化를 실행하고 사상, 조직적으로 혁명적 통일을 도모할 것, 3) 전협의 행동강령 아래, 즉 아래로 부터의 합동에 의해 전협으로 해소할 것 등이었다. 이상과 같은 방침에 기초하여 재조직의 방법으로는 1) 종래의 혼합체인 반을 공장반, 공사현장반으로 정리, 확립할 것, 2) 종래의 지부는 해체하고, 산업별 지구위원회를 조직할 것, 3) 종래의 조합 본부를 해체하고, 00노동조합 조선인위원회를 조직할 것, 4) 산업별 투쟁을 위해 산업별 위원회를 조직할 것, 5) 관동, 중부, 관서, 北陸에 산업별 조선인위원회를 조직할 것, 6) 전협 내에 조선인위원회를 조직할 것 등이었다.

大阪지역의 해체논의와 해체과정은 지역의 주도권 싸움의 모습을 띠었고 김호영, 김두용, 이의석, 임철섭, 이윤우, 박연 등의 해체주도 그룹이 이성백, 김문준, 조몽구, 심춘경, 현호진, 김용해 등과의 논쟁에서 종국적으로 승리했다.

해체논의에 있어 해체 반대한 경우에도 전면적, 지속적으로 반대한 것은 아니며 단지 방식과 시기의 차이에서 연유한 일시적인 반대였다. 특히 大阪지역의 경우 운동의 주도권과 내부에서 누적되어 왔던 감정이 작용하여 일시적인 입장의 차이가 나타났을 뿐이었다. 해산논의와 해체과정은 세계공황 시기 재일조선인 민족해방운동의 잠재 역량을 무시한 것이었다. 당시 재일조선인 민족해방운동의 중심은 당재건운동과 대중운동의 활성화를 통한 전민족적 운동세력의 결집에 있었다. 이러한 움직임은 이후 지역의 대중 역량을 해산시켜서 분열로 귀결되었다.

1929, 30년 시기 전협 중앙은 재일조선인 노동자의 계급의식이 민족의식을 바탕으로 하고 있다는 사실과 조선인에게는 민족적 요구를 위한 투쟁이 곧 계급적 투쟁이라는 사실, 즉 조선인에게 노동운동은 민족해방투쟁의 중요한 일환이라는 사실을 인정하고 싶지 않았던 것이다. 1930년대 전협은 민족 차별 반대의 성명을 냈으나 실제로는 민족문제에 대한 올바른 시각을 세우지 못하고 현실 투쟁에서 재일조선인 노동자들의 투쟁력을 전면적으로 조직해 내지 못했다. 일본의 노동자계급의 요구와 피지배국인 조선의 노동자계급의 요구 사이에는 서로 다른 요소가 있음에도 불구하고, 전협은 일본인 노동자를 위한 조·일 노동자의 공동투쟁만을 우선적으로 강조했다. 이것은 일본사회의 광범한 층에 뿌리깊게 박혀 있는 조선·조선인에 대한 인식에 연유한 부분도 없지는 않을 것이다.

결국 전협 관동자유노동조합 상임집행위원회도 1931년 1월 발행한 「프로핀테른 제5회 대회에 대한 正當한 解釋과 大衆化를 위한 투쟁으로」[144]에서 재일본조선노동총동맹의 해소와 전협으로의 재조직의 과정에 오류가 있었음을 인정했다.

> 「舊재일본조선노동총동맹의 우리 전협으로의 해소가 당시 간부의 방침에 의해 오로지 기계적 종파적으로 수행되고, 일본의 노동자계급과 조선노동자의 투쟁을 통해서 통일의 혁명적 의의가 양국의 광범위한 대중 가운데에 충분히 침투하지 않고, 조직적으로도 神奈川, 新潟, 金澤을 비롯하여 전국에 걸쳐 舊재일본조선노동총동맹 가맹조합의 재조직을 끝내지 못하고, 東京, 大阪과 마찬가지로 재조직이 끝났다고

---

144) 『社會主義運動』(2), 431쪽.

하는 곳에서도 상당한 수의 노동자를 분산시켜 그대로 되어 있는 지
금 … 舊조선인위원회의 임무를 舊재일본조선노동총동맹의 전협으로
의 해소과정에서 특별한 과도적 기관으로 규정한 것, 이 기관에서 활
동한 동지가 지배계급에게 탈취당한 이후 재건을 위한 노력이 충분하
지 않았던 것은 명백히 오류이다.」

재일조선인 노동자의 특수성을 무시한 기계적인 재일본조선노동총동
맹의 해체는 간부 중심의 선도적인 활동으로 재일조선인 대중 조직의
약화와 조선인에 의한 전투적 투쟁의 포기로 귀착되었다. 잘못된 코민
테른의 지도와 전협, 일본공산당의 일방적 수용 그리고 전협으로의 해
소를 위한 재일본조선노동총동맹의 전면적 해체 실시는 재일조선인 민
족해방운동을 약화시켰던 것이다.

2) 기타 대중 단체의 해체

가) 재일본조선청년동맹

1926년경부터 東京, 大阪, 京都 등지의 재일조선인 청년동맹은 조직
적 발전을 도모하여 1928년 3월 大阪에서 재일본조선청년동맹을 결성
했다. 재일본조선청년동맹은 재일본조선노동총동맹과 함께 가장 전투
적인 재일조선인 민족해방운동 단체였다.

1929년 4월 제2회 재일본조선청년동맹은 프로핀테른 제4회 대회의
결의에 기초하여 재일본조선노동총동맹 청년부에 참가, 협력하기로 결
의하고 해산의 길로 나아갔다.[145]

---

145) 한편 조선청년총동맹 중앙은 기존에 조직된 노농대중을 노동, 농민조합 청
    년부로 재편성하고 조선청년총동맹을 소부르주아 단체로 재결성한 위에서
    조합 청년부의 헤게모니가 관철되는 청년들의 협의체적 반제통일전선을 꾸

경도지부가 1929년 7월 해체선언을 냈고 12월 대판지부도 해소를 결정했다. 재일본조선청년동맹 대판지부는 "우리가 주의해야 할 것은 大山일파를 중심으로 한 좌익사민주의자의 사회파시즘화의 위기와 조선에서 개량주의자 자치주의자들의 일본부르주아지에 대한 봉사(신간회, 천도교, 동아일보, 조선일보사 등에 모여 있는 개량주의자들은 최근 조선총독부로부터 거액의 운동자금을 획득하여 혁명적 노동자 원천의 탄압과 기만에 광분하기 시작했다)이다"[146]면서 신간회, 조선청년총동맹을 비판하고 이것들은 부르주아, 소부르주아 학생들이 잡거하고 있는 조직에 지나지 않다고 했다. 결론적으로 재일본조선청년동맹을 일본공산청년동맹으로 해소시키고 그 가운데 조직의 확대 강화를 위해 싸워야 한다는 식이었다. 구체적인 조직의 재편 방식은 노동조합의 자주적 청년부 설치와 일본공산청년동맹으로 해소해 가는 것이었다.

재일본조선노동총동맹의 경우와 마찬가지로 재일본조선청년동맹의 해체는 일국일당주의 원칙이 직접 영향을 미쳤다. 결국 동경지부는 해체성명서를 내지 않은 상태에서 자연 소멸 상태에 빠져 1929년 12월 23일 재일본조선청년동맹본부는 확대집행위원회를 열고 해체를 결의했다. 이후 재일 청년운동의 구심인 재일본조선청년동맹은 조직적 해체를 맞이하고 구성원들의 일부는 일본공산청년동맹, 일본적색구원회, 일본반제동맹 등 일본의 좌익단체에서 활동했다.

나) 학우회

학우회는 1926년 이후 조헌영, 김광수, 권국진, 박종대, 이호, 최영희,

리고자 해소론을 제기했다.(이애숙, 「1930년대 초 청년운동의 동향과 조선청년총동맹의 해소」, 『한국근현대청년운동사』, 풀빛, 1995, 400쪽.)
146) 岩村登志夫, 앞의 책, 183쪽.

박준원, 방창록, 정규, 김성민 등의 민족주의자에 이여성, 안광천 등이 가담하면서 재일조선인 대중운동에 있어 공산주의적 색채가 강화되었다.[147] 1930년 재일조선인 유학생 내에도 일국일당주의 원칙이 투영되었고, 1930년 학우회 정기대회에서는 12대 9로 공산주의계가 논쟁의 결과 승리했다. 학우회[148]는 1931년 2월 해체되었다. 그 해체 선언의 요지는 다음과 같다.

> 「과거에 학우회 자체가 항상 계급적인 해방운동을 망각했던 하나의 사상운동(부르주아 민족주의)의 잔재였고, 아무런 계급적 의식도 없는 애매한 집단이었기 때문에 각종 파벌이 횡행하고 각자의 세력 확장에만 몰두했다. 그럼에도 불구하고 계급의식이 있다면 모르지만 이들 파벌은 아무런 계급의식이 없는 반동적인 집단들이다. … 우리는 현단계에 있어 어떠한 운동이든지 계급적 입장을 망각한 것은 올바른 운동이 아니라고 단언한다. 물론 현재는 어떠한 운동이든지 혁명운동이라면 필연적으로 참된 세력에 의해서 추진되어진다. 동일한 이익을 추구하는 피압박민족과 프롤레타리아의 공동의 적인 자본주의 제3기에 있어 혁명운동은 국제적인 연대 속에서 발전한다.」[149]

학우회의 해체 선언은 조선혁명의 특수성을 무시하고 민족해방운동의 한 축인 재일유학생운동을 일본인 학생운동 속에 매몰시킬 것을 주장했다. 학우회가 해체되자, 재일조선인 유학생운동은 각 학교 별 조선인 유학생동창회를 중심으로 전개되었다. 이들 동창회를 중심으로 전개된 운동은 민족 독립을 주목적으로 하고 있었기 때문에 일본인 학생운동으로 합류하지 않았다.

학우회 해체 이후 재일조선인 유학생운동은 침체되어 갔다. 그것은

---

147) 坪江汕二, 앞의 책, 224쪽.
148) 여기에서는 재동경조선유학생학우회이다.
149) 鄭哲, 앞의 책, 340-341쪽.

일제의 탄압이 강화되었기 때문이기도 하지만, 코민테른의 일국일당주의 원칙에 의해 재일조선인운동을 일본인운동 속으로 매몰시켜 버렸던 혁명노선의 전환이 결정적인 영향을 미쳤던 것이다.

다) 신간회 동경지회

이상과 같이 재일본조선노동총동맹이 해소를 주장하자 일본 지역에 결성되었던 신간회 지회도 여기에 휩쓸리게 되었다.

대중운동 단체에 기반을 두고 출범한 신간회 일본지역의 지회는 노동, 청년, 학생 조직이 해체되고 민족해방운동의 주체가 새로운 지형으로 이동해 가자 해체를 결의하지 않고 자연 소멸되었다. 동경지회는 金東勳의 검거와 일본총국 조직의 와해로 인해 활동이 부진해지고 내부에서 신간회 해체론이 대두되었다. 전술했듯이 재일조선인 민족해방운동 단체의 해체가 진행되자 존재 의의가 상실되었던 것이다. 특히 경성의 신간회 본부 해소가 동경지회의 소멸에 결정적인 영향을 미쳤다.150) 문제는 1930년말부터 다음해 5월의 전국대회까지 해소를 둘러싼 논쟁이 전개되었을 때 신간회 동경지회는 아무런 의견도 표명하지 않았는 점이다. 이에 따라 해소를 결의한 전국대회에 일본지역의 지회는 대의원 파견도 하지 않았다.151)

재일본조선노동총동맹, 재일본조선청년동맹, 학우회, 신간회, 근우회 등의 일본지역 조선인 운동조직은 일본 속으로 들어갔다. 이와 함께 조선민족해방과 반제투쟁에서 재동경조선인 단체를 모아냈던 조선인단체협의회는 1928년 조선공산당 검거 사건, 1929년 재일본조선노동총동맹, 재일본조선청년동맹의 해체 그리고 1930년 12월 해체 결의, 신간회

---

150) 『독립운동사자료집』(별집3), 106-107쪽.
151) 『조선지광』(96), 1931. 5, 35쪽.

의 해소로 구성 단체와 구성원의 다수를 잃고 1931년 자연 소멸되었다.[152]

2. 조선공산당 일본총국의 해체

이름만 남은 조선공산당 일본총국과 고려공산청년회 일본부는 누가 작성했는지 알 수 없으나 일본공산당의 지도 아래 1931년 10월 해체를 결의하고 『赤旗』에 12월 23일 해체성명서를 발표했다.

「 대중자신의 자연생장적 창의에 의해 실천에 옮겨져 日鮮프롤레타리아의 계급적 협동은 광범한 계급전의 현실적 사태로서 나타났다. … 아직 일부 대중에는 우리 총국의 해체가 적의 압력에 의한 일시적 현상인 것처럼 인식하고 혹은 지금 정치적 지도부대로서의 총국이 현존하는듯 환상을 가진 자가 없지 않다.(강조 : 필자) 우리가 지금 해체성명을 하는 이유는 주로 여기에 있다. 그 해체는 당연히 당의 규정에 의해 상부기관의 지령에 의한 것이어야 함에도 불구하고 금일 국내의 제정세는 이런 정당한 수속을 허락하지 않는 상황이다. 따라서 우리는 총국 및 공청 일본부의 자발적 의사에 의해 이 토의에 참가하지 못하는 일부 동지를 제외한 전원일치로 해체를 결의함에 이르렀다. … 단지 해체가 단순한 진영의 해결이 아니고 새로운 투쟁으로의 전향임을 말하면 족하다. 우리는 日鮮프롤레타리아의 모든 혁명적 조직 속에서 자기의 계급적 임무를 발견할 것이다.」[153]

재일조선인 민족해방운동의 구심이었던 조선공산당 일본총국의 해체 문제에 관해서는 내부에 다소 의견 차이가 있었다. 이러한 일본공산당

---

152) 「在留朝鮮人の運動」, 박경식 편, 『자료집성』(2-1) 250쪽.
153) 『赤旗』(61) 1931. 12. 23.

과의 통합 문제에 대한 조선인공산주의자 사이의 의견 차이는 재일조선인노동자 내부의 대립에 비하면 비교적 작은 것이었다.

조선공산당 일본총국이 해산된 이후 재일조선인 공산주의자들은 일본공산당에 가입했다. 일본공산당은 재일조선인 공산주의자를 지원하고 지도하기 위해 1931년 5월 이미 민족부를 설립했다. 민족부는 일본공산당의 중앙상임위원회 직속으로 설립되어 岩田義道와 松尾茂樹의 도움을 받은 風間丈吉이 주도했다. 이 조직에 있어 조선부문의 지도자는 金致廷이었다.

재일조선인 공산주의자와 일본공산당과의 협력은 일정하게 유지되었다. 특히 일본공산당은 국내에 조선공산당을 재건하려고 하는 김치정, 김두정 등과 협력을 시도했다.[154]

조선공산당 일본총국과 고려공산청년회 일본부의 해체성명서는 일본지역 재일조선인 민족해방운동의 총괄적인 해체의 내용을 담고 있었다. 그러나 조선공산당 일본총국의 해체성명서는 몇가지 문제점을 안고 있었다.

첫째 이 시기 조선공산당 일본총국은 조직의 한계를 노정하여 재일조선인 민족해방운동의 실세가 되지 못한 상황이었다. 조선공산당 일본총국 세력은 1929, 30년 시기 재일조선인 민족해방운동을 주도하지 못했다. 이에 따라 당의 논리와 재일조선인 대중의 의사는 일정하게 괴리되었다. 따라서 임의로 전체 재일조선인 민족해방운동 세력을 총괄하는 듯한 문건을 조선공산당 일본총국이 제출한 것은 잘못이었다.

둘째로 투쟁을 주도하지 못하는 상황에서 결국 조선공산당 일본총국은 해산론이 강화되는 가운데 자주적이지 못했다. 이에 따라 성명서에서 보이듯 말뿐인 만장일치로 결의를 했던 것이다.

---

154) 후술한다.

세째 성명서에는 전면화되어 있지는 않으나 당시 조선과 일본공산주의자들이 갖고 있던 국제주의에 대한 편향도 무시할 수 없다. 레닌 사후 스탈린에 의해 주도된 코민테른은 절대권위의 상징이었고 코민테른과 프로핀테른의 노선은 지상 과제였다. 일국일당주의에 의거한 해체논의는 무비판적이었다.

협애한 민족적 한계를 초월하여 이른바 노동자 계급적 차원에서 공동투쟁을 전개하기 위해 재일조선인 공산주의운동은 일본공산당의 지도 아래 들어 갔다. '재건고려공산청년회 일본부'의 구성원은 일본공산청년동맹에 가입하여 투쟁해야 했다. 조선의 독립과 해방은 부차적인 것으로 취급되었고, 재일조선인운동은 일본 속으로 매몰되었다.

제3절 재일조선인 당재건운동의 전개

1. 노동계급사의 조직과 활동

1931년 10월초 김치정, 金斗楨은 검거선풍을 피해 黃鶴老, 咸龍石과 조선의 노농대중에 대한 계몽적 출판 활동을 전개하기 위해 출판사를 결성하기로 하고 같은 달 10월 김치정, 김두정, 문용하, 최두한, 함용석, 김봉철 등과 창립 준비회를 개최했다. 이 자리에서는 다음과 같이 결의했다. 1) 무산자사를 해체하고 새롭게 '노동계급사'라는 출판사를 결성하고 『노동계급』을 발행한다. 2) 노동계급사가 결성될 때까지 준비활동을 통제하기 위해 임시기관으로 임시 상임위원회를 두고 그 책임자를 김치정, 위원을 나머지 출석자로 하며 각자 동지의 획득을 위해 노력한다. 3) 임시 서기국을 설치하여 책임자에 김치정, 국원에 김두정,

韓鳳石으로 결정한다는 것이었다.155)

1932년 1월 중순 무산자사의 후신인 '노동예술사준비회'를 결성했다. 책임자 : 함용석, 서기국 책임 : 함용석, 재정부 책임 : 文庸夏, 연구부 책임 : 김두정, 조직부 책임 : 尹基淸, 자료부 책임 : 柳鳳燮으로 했다. 3월 중순 함용석, 김두정, 윤기청, 박경호, 김치정, 문용하 등이 참가하여 '노동예술사준비회'는 위원회를 열어 '노동예술사'를 '노동계급사'로 개칭했다.156)

무산자사와 마찬가지로 표면상 출판사로 위장한 노동계급사는 초기에 중앙위원회 : 김두정(책임), 김치정, 유정식, 양봉기,157) 조직부 : 박경호(책임), 재정부 : 문용하(책임), 서기부 : 김두정(책임), 편집부 : 김두정(책임), 출판부 : 윤기청이었다. 이와 함께 출판사로 위장하기 위해 별도로 편집부 : 윤기청(책임), 서기부 : 이북만(책임), 자료부 : 박상호(책임)를 각각 선정했다. 특히 '조선공산당재건투쟁협의회 일본출판부' 검거와 함께 들어난 '노동계급사' 조직은 중앙상임위원회 : 김치정, 宋演壽, 김두정, 윤기청, 문용하, 韓承格, 서무부 : 김두정(책임), 재무부 : 문용하(책임), 조직부 : 송연수(책임), 편집부 : 趙銀洙(책임), 출판부 : 윤기청(책임)였고 반대표자회의(책임 : 송연수)에는 江東a, b반, 中部반, 城北a, b반, 城西반이 참가했다.158) '조선공산당재건투쟁협의회 일본출판부'의 표면 조직으로 활동한 노동계급사는 '조선공산당재건투쟁협의

---

155) 「朝鮮人の共産主義運動」, 김정명 편, 『조선독립운동』(4), 1057쪽.
156) 「1932年の共産主義運動」, 김정명 편, 『조선독립운동』(4), 263쪽. 한편 노동계급사가 1932년 1월 1일 조직되었다고도 한다.(「勞動階級社, 朝鮮共産黨再建鬪爭協議會日本出版部事件」, 『思想彙報』(3), 1935. 6, 50쪽.)
157) 「朝鮮人の共産主義運動」, 김정명 편, 『조선독립운동』(4), 1058쪽에서는 중앙위원회가 김치정(책임), 김두정, 문용하, 한봉석, 김봉오, 유봉성, 최두환으로 규성되었다고 한다. 이밖에 조직부에 한봉석(책임)이 있었으며, 연구부(김선필 : 책임)가 설치되었다.
158) 「在留朝鮮人の運動」, 박경식 편, 『자료집성』(2-2), 767-768쪽.

회 일본출판부'의 김치정, 김두정, 문용하, 송연수, 朴景鎬 등의 플랙션에 의해 지도되었다. 초기 중앙상임위원회에는 김두정, 김치정, 유정식, 양봉기가 활동했으며 이후 김두정, 김치정, 송연수, 윤기청, 문용하, 한승격이 가담했다. 부서의 경우도 초기에는 5개 부서에서 4개 부서로 개편되고 표면 조직도 3개 부에서 2개 부로 조정되었다. 그리고 반대표자회의와 그 아래 6개반을 두었으며 서적 및 우편물 발송 임시위원회를 두기도 했다.

노동계급사의 투쟁 목표는 "제국의 패권에서 벗어나 사유재산제도를 부인하고 무산계급의 독재를 경과하여 공산제사회를 실현하는 것"이었다.[159) 노동계급사는 1932년 6월에 발표한 「노동계급사 창립에 즈음하여-노동자·빈소농 및 근로대중 여러분에게 선언한다-」에서 "일본제국주의의 잔악무도한 탄압에 굴하지도 않고 모든 험난한 노정을 돌파하여, 피나는 투쟁에 궐기한 우리 노동자 빈소농 및 일체의 근로대중은 공장, 광산에서, 농촌, 항만에서 보다 광범위하게, 보다 과감한 투쟁을 전개하고 있다. 이렇게 미증유의 급박한 객관적 정세에 계급적, 혁명적 출판물을 빵 이상으로 갈망하고 있다"면서 계급적, 대중적 출판물의 필요가 요청된다고 했다. 구체적으로 그 내용을 보면 다음과 같다.

1) 무지와 암흑 가운데 가혹한 착취와 야만적 혹사를 강제당하는 대중을 계급적으로 계몽하기 위해서였다. 2) 일본제국주의의 식민지 노예교육과 교화의 독소를 소멸시켜야 하기 때문이었다. 3) 민족부르주아지의 반동적 출판물을 대중으로부터 격리시키기 위한 것도 있었다. 당시 『조선일보』, 『동아일보』, 『중앙일보』 등의 민족부르주아지의 신문과 『해방』, 『비판』, 『혜성』, 『삼천리』, 『신동아』, 『신여성』 등의 반동적 잡지는 혁명적 출판물이 발간되지 못하는 상태를 기회로 대중 가운데 독

---

159) 「勞動階級社, 朝鮮共産黨再建鬪爭協議會日本出版部事件」, 참조.

소를 뿌리고 있어 반동적인 출판물을 대중으로부터 격리시키고 우리들의 혁명적 출판물을 통해 노동대중을 마르크스-레닌주의로 무장시키기 위해서였다. 4) 아사선 상에서 방황하는 대중을 혁명적으로 선동, 선전하여 투쟁으로 동원시켜 기본조직의 물질적 기초로 조성해야 하며 노동자, 농민 대중의 피맺힌 투쟁의 경험을 충분히 섭취하여 일본제국주의 잔악무도한 횡포를 대중 앞에 숨김없이 폭로하기 위해서 필요했다. 5) 전국적으로 제기되고 있는 수많은 문제와 격화되고 있는 혁명적 투쟁을 통일시켜야 하는데 문서활동의 불충분으로 어떤 지방에서는 청년동맹을 조합 청년부로 해소했음에도 불구하고 다른 지방에서는 청년동맹을 건설하고 혹은 근우회를 해소해야 한다고 운운하면서 여성 노동자를 조합 부인부로 흡수하지 못하는 현실을 타개하기 위해서 필요했다. 6) 국제프롤레타리아트의 혁명적 투쟁의 경험, 교훈, 지시 등을 충분히 소개하기 위해서였다.

노동계급사는 東京에서 일시적으로 출판활동을 수행했다. 노동계급사가 東京에 존재하게 된 것은 출판 활동의 용이함 때문이었다. 그 내용을 보면 다음과 같다.

1) 일본제국주의의 폭압으로 조선에서는 문화적 영역까지 완전히 봉쇄되어 있는데 일본은 합법 공간이 열려 있었기 때문이었다. 예를 들면 조선에서는 멧세지 한장도 읽을 수 없고 삐라 한장에 징역 3년을 언도하고, 만화를 그려서 일본제국주의를 희롱한 어린이를 극형에 처하는 상황이었다. 그러나 일본에서는 혁명적 출판물이 홍수처럼 대중에게 유입되고 있었다.

2) 조선에서는 문서활동 및 프롤레타리아트의 문화활동이 대단히 불충분했던 것에 반해 일본은 독일과 함께 자본주의 열강 가운데 프롤레타리아트 문화투쟁과 문서활동이 가장 활발하게 전개되고 있었다.

3) 조선에서는 원고 검열제도를 실시하여 일체의 혁명적 원고를 몰

수, 삭제하며 여기에 통과하지 못하면 출판되지 못하나 일본에서는 납
본제도이기 때문에 출판을 위한 상황이 전연 달랐다.

4) 일본은 해외의 다른 지역보다도 배포, 통신이 용이했다. 5) 조선
에서는 출판물을 간행하는데 지리적 관계가 대단히 불리할 뿐만 아니
라 이용할 수 있는 인쇄물이 거의 없었다. 이에 반해 東京은 지리적
관계 및 조건에 따라 보조적 출판활동을 수행할 수 있었다.

노동계급사는 각 기관이 1주 1회의 모임을 갖고 동지의 획득과 출판
준비, 재정 획득에 노력했다. 특히 취지대로 노동계급사는 출판활동을
적극적으로 전개하여 첫째 김두정이 작성한 창립선언서를 『노동계급』
창간준비호에 발표했다. 둘째 『노동계급』 창간준비호를 1,000부 인쇄
납본하여 즉시 발매 금지 당하지만 계획적으로 조선, 일본지역의 배포
망을 통해 발송·배포했다. 셋째 일문 선언서와 『노동계급』 임시호 200
부를 인쇄하여 일본과 조선 각지에 배송했다.[160] 이와 함께 노동계급사
는 유봉섭이 입수한 「朝鮮社會運動略史코스」 50부를 인쇄하고 일문 선
언서를 발행했다.[161]

후술할 '조선공산당재건투쟁협의회 일본출판부'의 활동과 관련하여
1932년 9월 29일 김치정 등 20여명은 회합에서 당재건준비의 일부가
완료되었다면서 표면적으로 노동계급사를 해산한 것처럼 위장하여 조
선공산당 재건의 오르그로 귀국하여 활동하기로 협의했다.[162] 東京府
龜戸町 조선인 飯場에서는 유정석, 윤기청, 김두정, 金鳳喜, 이북만, 박
경호, 허경인, 엄종호, 김경준, 최두환, 양봉기, 조정업 등이 참가하여
해체를 10대 7로 결의했다.[163] 재일조선인 민족해방운동이 전환되어 가

---

160) 「在留朝鮮人の運動」, 박경식 편, 『자료집성』(2-1), 506-507쪽.
161) 「朝鮮人の共産主義運動」, 김정명 편, 『조선독립운동』(4), 1058-1061쪽.
162) 박경식 편, 『자료집성』(2-2), 767쪽.
163) 「1932年の共産主義運動」, 김정명 편, 『조선독립운동』(4), 263쪽.

는 시기에 노동계급사의 존재에 김두용, 박석정 등은 반대했다. 이들은 재일본조선노동총동맹의 해체 논의 때 해체를 주도하던 사람들로 일본 사회운동단체에 존재의 올바름과 출판사임을 인지시키기 위해 노력하기도 했다. 그러나 반제동맹을 제외하고 다른 모든 단체는 노동계급사를 인정하지 않았다. 일본공산당은 오히려 노동계급사의 해체를 종용했고 조직 내 간부 사이에서는 해체가 결의되었다.164)

2. '조선공산당재건투쟁협의회 일본출판부'의 활동

노동계급사에서 김치정, 김두정 등은 출판활동에 종사하는 한편 효과적인 활동을 전개하기 위해 선진분자를 조직하고 이를 통해 조선공산당 재건운동의 정치적 이론을 조선의 무산대중에게 이해시키고 전선의 통일을 위해 1932년 5월초 문용하, 박경호 등과 '조선공산당재건투쟁협의회 일본출판부'165)를 조직했다.

이 조직은 노동계급사와는 별도의 정치적 출판활동 조직으로 "비합법 출판으로 공산주의적 의식을 조선의 무산대중에게 주입하여 실천운동에 나아가게 하며 조선공산당의 재건과 제국의 단체를 변혁하여 사유재산제도를 부인함"에 목적을 두었다.

초기의 조직 구성을 보면 책임 : 김치정, 출판부 : 김두정,166) 재정

---

164) 「在留朝鮮人の運動」, 박경식 편, 『자료집성』 (2-1), 507쪽.
165) 이 조직은 조선공산당재건투쟁협의회, 조선공산당재건투쟁협의회 일본출판부, 또는 일본출판부로 지칭되었는데 본고에서는 공식 명칭으로 '조선공산당재건투쟁협의회 일본부'를 채용하고 약칭할 때는 '일본출판부'로 한다. (「勞動階級社, 朝鮮共産黨再建鬪爭協議會日本出版部事件」, 52쪽.)
166) 김두정(金斗楨, 金斗禎, 崔益善)의 일본에서의 주요 활동 경력을 보면 다음과 같다. 무산자사 가입, 1932년 1월 1일 김치정, 문용하, 박경호, 김선필, 유봉섭 등과 노동계급사 조직, 중앙상임위원, 서기국원, 편집부책임 등 겸임, 1932년 5월 조선공산당재건투쟁협의회 일본출판부 조직, 편집 담당, 1932년

부 : 문용하, 조직부 : 함용석, 김두정이었다. 중앙상임위원 : 문용하, 김두정, 박경호, 함용석이었고 노동계급사 플랙션으로 김치정, 김두정, 문용하, 송연수, 박경호가 활동했다. 당시 구성원은 100명 정도이고 중요 구성원은 표면단체인 노동계급사와 일본공산당, 전협, 반제동맹, 일본공산청년동맹 등에 가입해 있었다.[167]

1932년 11월 시기[168] '조선공산당재건투쟁협의회 일본출판부'의 조직은 중앙위원회 : 김치정(책임), 조직부 : 송연수(책임), 박경호, 재정부 : 문용하(책임), 金鳳點, 편집부 : 김두정(책임), 야체이카 a : 송연수, 金景俊, 吉且述, 李根晦, 李相基, 야체이카 b : 김두정, 朴喜昌, 嚴鏞鎬, 김봉점, 朴春和, 梁鳳基, 야체이카 c : 김치정, 박경호, 한승격, 許景仁, 야체이카 d : 문용하, 崔斗煥, 鄭益善, 기타 구성원으로 崔信道, 金峰伊, 尹商德, 尹熙淸, 오某, 조某, 박某, 장某였다.[169]

주요한 조직 활동은 다음과 같다. 1) 김치정, 김두정 등이 노동계급사의 구성원을 획득하고 확대 강화를 도모한 것. 2) 김치정, 김두정, 문용하, 송연수, 박경호 등이 플랙션으로 노동계급사의 활동을 통제했다. 3) 일본공산당에 김봉오, 허경인, 엄종호가 가입했으며 특히 일본공산당과 긴밀한 관계를 유지했다. 4) 송연수, 김봉점, 김봉선, 허경인, 엄종

11월 경성에 들어와서 활동하다가 일본 경찰에 검거, 1935년 12월 옥중에서 전향. 1938년 7월 전선사상보국연맹이 결성될 때 옥중에서 축하 메시지를 보냄.(「勞動階級社, 朝鮮共産黨再建鬪爭協議會日本出版部事件」, 서대숙, 『한국공산주의운동사연구』, 화다, 1985, 임종국, 「제1공국과 친일세력」, 『해방전후사의 인식』(2), 한길사, 1985.)

167) 坪江汕人, 앞의 책, 321쪽. 이러한 내용은 일국일당주의에 위배되는 것이나 한편 재일조선인 민족해방운동의 특수성을 반영하는 내용이다.

168) 坪江汕二, 앞의 책, 322쪽. 김치정 이외에 양봉기, 김봉희, 엄종호, 김봉점, 최두환 그리고 조선 내의 이평산 외 6명이 검거되었으며 그 단서는 1932년 8월 29일 조선공산당 서명의 「일본공산당 당원 사형, 중형, 절대반대」의 삐라였다.(「內地に於ける朝鮮人の思想運動」, 『思想月報』(2-12), 1933. 3, 53쪽.)

169) 「在留朝鮮人の運動」, 박경식 편, 『자료집성』(2-2), 767-768쪽.

호 등을 조직에 가입시킨 것을 들 수 있다.

'일본출판부'는 결의기관으로 전체대회, 중앙집행위원회, 중앙상임위원회를 두었으며 다음과 같은 규율을 정하고 활동했다.[170) 그 내용은 다음과 같다.

1) 조직을 위해 생명, 재산, 명예를 바칠 것, 2) 봉건적이고 소시민적인 고정관념을 청산할 것, 3) 조직의 비밀을 사수할 것, 4) 내부적 분파행동을 엄단할 것, 5) 외부적 행동을 통일할 것, 6) 민주주의적 중앙집권제 규율에 절대 복종할 것, 7) 재정적 부담을 의무로 질 것 등이었다.

김치정은 '일본출판부' 결성 후 일본공산당 중앙에 대해 조선공산당 재건설의 급무를 설득하고 노동계급사 및 '일본출판부' 결성의 사정 및 활동상황을 상술하여 일본 내에서의 활동의 승인과 여기에 대한 지원을 요구했다. 1932년 7월 일본공산당 중앙에 상신서를 제출하는 한편 일본공산당 민족부 준비회와 연락하여 민족부 연락원이 되었다. 김치정[171)이 일본공산당 중앙상임위원회 산하 민족부에서 조선부를 맡게 되면서 일본공산당의 보다 직접적인 지도 아래에서 활동하게 되었다.

9월 일본공산당은 紺野與次郞, 石田脇三 등으로 특별위원회를 구성했다. 일본공산당은 紺野與次郞가 제안한 "조선인으로 우수한 사람이라면 일본공산당은 이를 원조해야 한다. 조선에는 일본에서 이주한 사람들이 많고 또한 조선의 기업은 일본인이 많이 운영하고 있다. 이러한 점에서 실제 조선의 투쟁은 일본인과의 공동투쟁이 없으면 안된다. 조선에서 일본인을 조직하는 것은 일본인이 쉽다. 이상의 이유로 조선의 동지로 진실로 우수한 오르그를 부쳐서 이를 조선에 귀국시켜서 조선

---

170) 「朝鮮人の共産主義運動」, 김정명 편, 『조선독립운동』(4), 1062쪽.
171) 김치정은 1931년 6, 7월에 각각 일본공산청년동맹과 일본공산당에 가입했다.(김준엽·김창순, 앞의 책(5), 162쪽.)

에서 당 재건을 위해 활동시켜야 된다고 생각한다"[172]는 내용에 따라 조선에 조직원을 파견하자는 김치정의 제안을 수용하고 조선공산당의 재건을 위해 재일본조선인 당원 가운데 우수한 사람을 오르그로 귀국시키기로 결정했다. 김치정, 김두정, 문용하, 송연수, 박경호 등은 1932년 6월, 7월 회합을 갖고 다음과 같이 결의했다.

1) 조선의 공산주의 운동 전선은 수차례에 걸친 검거로 혼란에 빠져서 대중은 극도로 피폐하고 혁명적 지도자의 지도를 요망하고 있기 때문에 빨리 조선공산당을 재건해야 한다.

2) 일본에서의 출판활동에는 많은 동지가 필요하지 않기 때문에 일본공산당으로부터 원조가 구체화되는 정세에서 빨리 조선으로 들어가 조선의 현상을 정확히 인식하고 대중의 전위로 동지의 규합에 노력하여 정세에 따라 조선공산당재건의 준비조직으로 각종 협의회의 결성, 기존 노동조합, 농민조합의 좌익화, 혁명적 노동조합, 혁명적 농민조합의 결성, 공산청년동맹, 반제동맹, 모플의 재건, 카프 문화연맹으로의 전화 등에 진력한다.

3) 노동자, 농민에 조직의 기초를 두고, 파벌투쟁이 없는 하부로부터 점차 상부로 조직을 상향 발전시켜 낸다. 그리고 운동지역은 산업도시를 중심으로 전 조선을 5개 (영남지방 : 경상남북도, 충청북도, 호남지방 : 전라남북도, 충청남도, 중부지방 : 경기, 강원, 황해도, 관서지방 : 평안남북도, 관북지방 : 함경남북도)지방으로 구분하고 영남지방에 송연수, 길차교, 이상기, 중부지방에 韓性格, 朴陽建, 관서지방에 김두정, 윤기청, 윤상덕, 관북지방은 문용하, 徐尙樂, 양봉기 등을 각각 담당하게 했다.[173]

결국 이를 위해 기존의 조직이 재편되었고 송연수, 길차교, 이상기는

---

172) 「在留朝鮮人の運動」, 박경식 편, 『자료집성』(2-2), 766쪽.
173) 당시 호남지방은 미정이었다. 이후 중부지방도 김두정이 책임을 맡았다.

1932년 7월 하순 문용하, 서상락은 8월 상순에 각각 조선에 들어왔다. 그리고 김두정은 중부지방에서 활동하기 위해 11월초에 윤기청, 윤상덕 등은 관서지방에서 활동하려고 11월 중순 각각 조선으로 돌아왔다. 결국 1933년 봄까지 다른 구성원들도 귀국했다.

노동대중을 기초로 기간 조직의 재건을 도모한 '일본출판부'의 국내에서의 활동174)은 부산지방의 경우 영남지방에서 활동한 송연수는 길차교, 이상기, 박상근에게 귀국하여 활동할 것을 종용했다. 이후 이들은 1932년 7월 말 귀국하여 부산지방의 정세를 조사하고 혁명적 노동, 농민조합의 조직 결성을 기도하여 부산에서 활동의 근거를 마련했다. 10월 중순 길차교, 김동윤과 공장의 조사, 동지의 획득, 양성 등을 협의하여 결정하고 공장을 기초로 운동의 전개에 노력했다. 11월 중순 길차교, 이영복과 회합하여 포항에 존재했던 '社會科學硏究會'를 해체하고 직업별 조직으로 개조하여 반제국주의적인 지도·교양을 수행했다. 12월 중순 김동윤, 具守萬 등과 부산공산주의자 가두그룹을 결성했다.

원산지방의 경우 문용하, 서상락은 1932년 8월 상순 부산에서 송연수와 회견하여 정세에 대해 의견 교환을 하고 경성에 잠입했다. 서상락은 1933년 2월 金斗現, 李濟奉, 張在坤 등과 원산지방에서 학생운동의 전개 등에 대해 협의하고 원산지방의 운수노동자를 규합하여 원산지방운수노동조합의 결성을 위해 노력했다.

경성지방의 경우 김두정은 경성을 동서 2개 지구로 나누어 협의회를 조직하고 운동의 발전을 도모했다. 安明山, 金正達과 협력하여 용산철도공장, 전매국, 방송국, 제사공장, 직업소개소 등에서 동지를 규합하여 세포의 결성에 노력했다.

---

174) 「朝鮮人の共産主義運動」, 김정명 편, 『조선독립운동』(4), 1064쪽.

이밖에도 함흥, 평양과 조선 내 주요 도시에서 공장노동자를 획득하여 당 재건의 토대를 강화하고 충남 홍성에서는 공산주의협의회를 설치하여 홍성노동조합을 혁명적으로 개조하기 위해 노력했다. 여수에서는 1932년 6월 이후 여수적색노동조합 건설준비회[175]를 조직하고, 부산에서는 1933년 3월 이후 산업별 부산노동조합건설협의회를 조직하여 수차례에 걸쳐 기관지 『붉은 항구』 및 노동절 격문을 작성·살포했다. 홍원에서도 홍원노동조합을 혁명적 적색노동조합으로 개조하고 은밀히 활동했다.[176]

이렇게 조선에 들어온 김치정, 이복만, 양봉기, 김봉희, 최두환, 허경인, 엄종호, 함명헌 등은 일본공산당원으로 일본공산당의 지원 아래 조선공산당재건을 위해 국내에서 활동했다. 일본에 남은 '일본출판부' 조직원들은 1932년 10월 24일 '일본출판부' 전체대회를 열었다.[177] 이 자리에는 김치정, 김두정, 박경호, 윤기청, 윤상덕 등 약 30여명이 참석했다. 이 자리에서 김두정은 "조선공산당의 재건은 긴급을 요하나 재건에 있어서는 일본 및 중국 각 공산당과 연락을 긴밀히 하고 선내 기존 조직은 일체 해체하여 새로이 공장, 광산, 농촌 등 광범위한 대중을 기초로 전조선공산주의자의 아래에서부터의 통일전선을 전개할 것"을 발의했다.[178]

이상에서 살펴본 것처럼 초기에 노동계급사의 이면 조직으로 결성된 '일본출판부'는 조선공산당 재건투쟁협의회 산하에서 출판 활동을 통한 선전, 선동을 주로 전개했다. 1932년 7월 이후 일본공산당의 지도 아래 들어가면서 일본공산당의 지침에 따라 조선에서의 당재건 활동에 역점

---

175) 졸고, 「식민지시대 여수지역 민족해방운동에 대한 일고찰」, 『성대사림』(7), 1991. 12,70-74쪽, 참조.
176) 『治安狀況』(1933), 42-43쪽.
177) 「朝鮮人の共産主義運動」, 김정명 편, 『조선독립운동』(4), 1063쪽.
178) 「勞動階級社, 朝鮮共産黨再建鬪爭協議會日本出版部事件」, 참조.

이 옮겨졌다. '일본출판부'는 노동계급사를 지도하면서 출판활동과 대중투쟁을 내용적으로 주도해 갔다. 짧은 시간이지만 일정하게 조직의 확대을 도모하다가 1932년 11월 일본 경찰에 검거되었다.

제4절 소결

국제혁명운동의 중심이었던 코민테른은 1928년 「12월테제」와 이후 조선공산당에 내린 문건에서 조선에서의 노동자, 농민 대중에 기초한 볼세비키 당 조직의 재건을 지시했다. 재일조선인 민족해방운동을 지도해 온 조선공산당 일본총국에게도 이 「12월테제」와 일국일당주의는 지상명령이었다. 즉 코민테른과 프로핀테른의 지침은 곧바로 조선민족해방운동의 지도 이론으로 반영되었고, 일본지역에서 활동하던 재일조선인에게도 굴절되어 적용되었다. 이러한 상황에서도 재일조선인의 투쟁은 지속되었다.

'ML파 고려공산청년회' 중앙의 지도 아래 '재건고려공산청년회 일본부'가 조직되어 당재건운동을 전개했다. 그러나 조선공산당 일본총국의 계속 조직으로서의 위상을 갖고 출범한 '재건고려공산청년회 일본부'이지만 1929년 8월 조직이 와해될 때까지 재일조선인 민족해방운동을 주도하지는 못했다. 무산자사와 함께 '일본출판부'가 일본지역에서 재건운동을 전개했다. '재건고려공산청년회 일본부', 무산자사, '일본출판부' 이 세 조직은 재일조선인 민족해방운동 단체의 조직적 해체기에 직면하여 재일조선인 민족해방운동을 주도한 중심이었다. 특히 '일본출판부'는 1932년 하반기에 일본공산당 민족부 산하 조선인위원회와 연계하여 국내에서 당재건운동을 전개하기도 했다. 그러나 이것은 어디까지나 일시적이었다.

일본지역 재일조선인 민족해방운동의 방향전환을 추동한 프로핀테른의 재일본조선노동총동맹의 일본노동조합평의회로의 재편에 대한 방침은 계속적으로 발전한 재일조선인 노동운동과 민족해방운동을 시야에 넣지 못한 것이었다. 지역 단위 민족별 노동자의 독자성을 무시한 프로핀테른의 일방적인 시각은 자유노동자 중심의 재일조선인 노동자의 현실을 무시했을 뿐만 아니라 운동을 약화시켰다. 공황기를 맞이하여 재일본조선인 노동운동은 산업별 체계를 강화하고 노동청년에 주목하여 노동조합 내로 노동청년을 흡수하는데 주력했다. 3·15 탄압과 일본총국에 대한 검거로 일시적으로 약화되었던 재일조선인 노동운동 조직은 개건되었던 것이다.

일본지역에서 방향전환을 야기한 해체논의는 형식적으로 재일본조선노동총동맹이 주도했고 내용에서는 일본공산당과 전협이 선도했다. 해체주도 그룹인 김두용, 이의석, 김호영 등은 1929년 9월부터 전협의 지도 아래 재일본조선노동총동맹 내에서 해체논의와 해체투쟁을 전개했다. 김두용은 프로핀테른의 식민지 노동자에 대한 인식에 기초하여 일본지역의 조선인 노동자와 일본인 노동자의 노동조건이 일치한다면서 임금의 차별, 민족적 차별 등은 일본노동계급을 위한 것이 아니라고 전제하며 차별의 철폐는 일본노동계급과의 협력없이는 실현이 불가능하다고 했다. 그리고 당시 일본의 유일한 혁명적 노동단체로 일본공산당의 지도를 받던 전협에 재일본조선노동총동맹이 해소하여 합류할 것을 주창했다. 김두용은 조선인과 일본인 노동자에 대한 민족별 차별을 전제하고 전개되었던 재일조선인 민족해방운동을 어느날 갑자기 전면 부정하며 국제노선을 추종했다. 이것은 재일조선인의 정서와 상태, 그리고 재일조선인 민족해방운동진영의 투쟁력을 전혀 고려하지 않은 잘못된 논리였다.

갑자기 국제노선이라는 후광을 입고 노동운동의 주류도 등장한 해체 논의에 대해 재일본조선노동총동맹 神奈川조선노동조합의 이성백은 시기상조론을 주장하며 반대했다. 이성백은 민족적 결집점의 상실과 운동의 대중성, 진정한 조선과 일본의 연대에 의문을 제기했던 것이다. 大阪지역에서도 김문준을 중심으로 한 조직적인 반대도 일시적으로 존재했다. 이러한 '해체반대론'은 내용을 갖고 있지 않았다. 따라서 해체 반대론자들은 합리적인 설명이 없이 단지 해체주도 그룹의 세몰이에 밀려 파벌주의자들로 규정되었다. 비민주주의적 방식의 논의구조는 국제주의의 권위와 함께 그것의 반사적 대립물인 중앙집권적인 활동체계만를 양산했던 것이다.

해체주도 그룹은 전국대표자회의 이후 東京에서 상임위원회를 열고 재일본조선노동총동맹 신중앙위원회, 상임위원회의 해체와 그에 대신할 기관으로 전협조선인위원회의 설치를 결정했다. 그러나 재일본조선노동총동맹의 해체는 곧바로 진행되지 않다가 1930년 1월 15일 '재조직 재건투쟁 주간'을 통해서야 본격적으로 전개되었다. 이렇게 전협조선인위원회는 지령, 기관지, 뉴스 등을 발행하여 가맹조합의 해체를 일상투쟁과 결합시켜 수행하고자 했다.

현실 속에서 철저하게 민족적 차별을 받던 재일 조선인 노동자들은 해체를 전폭적으로 지지할 수 없었다. 그러나 프로핀테른을 등에 업은 전협의 해체 세몰이는 1930년 초까지의 재일조선인 노동자들의 투쟁 성과를 뒤흔들어 버렸다. 결국 재일본조선노동총동맹은 해체의 길로 갈 수 밖에 없었다. 노동조합의 볼세비키화를 실행하고 사상, 조직적으로 혁명적 통일을 도모할 것을 주창한 해체논의는 재일조선인 노동자의 정서와 부합된 것은 아니었다.

결국 방향전환으로 재일조선인 노동운동을 몰고간 재일본조선노동총
동맹의 해체논의는 일본지역 대중단체에게 직접적인 영향을 미쳐 재일
본조선청년동맹, 학우회도 해소를 결정했으며 이에 연동하여 신간회
東京지회도 자연 소멸되었다. 대중단체가 해체되는 과정에서 조직의
실체가 불분명했던 조선공산당 일본총국은 일본공산당의 지도로 1931
년 10월 해체를 결정했다. 그리고 12월 23일『赤旗』를 통해 해체성명
을 발표했던 것이다.

조선공산당 일본총국과 고려공산청년회 일본부의 해체성명서는 일본
지역 재일조선인 민족해방운동의 총괄적인 해체의 내용을 담고 발표되
었다. 이것은 대중의 현실적 요구와 괴리된 선언적 문건으로 1920년대
전 기간을 통해 계속적으로 발전했던 재일조선인 민족해방운동을 일국
일당주의에 입각하여 매도하며 지역단위 운동의 특수성을 무시한 비현
실적인 논리 그대로였다.

재일조선인 민족해방운동에서 진정한 프롤레타리아 국제주의는 1928
년 이후 코민테른의 스탈린적 편향에 따라 왜곡될 수 밖에 없었고, 일
본공산당의 편향은 그것을 보다 현실에서 강화시켰다. 식민지 종속국
의 피억압 대중을 해방시키지 않고 본국 프롤레타리아의 해방은 불가
능함에도 불구하고 일본공산당은 조선공산당을 원조하는 일에 적극적
이지 않았다. 일본의 대중단체는 1920년대와 마찬가지로 1930년대 초
에도 적극적으로 연대를 도모하지 않았다. 결국 1930년대 일본공산당
과 일본의 노동, 사회운동세력은 재일조선인 민족해방운동세력을 전면
적으로 수용하지 못했다. 좌익반대파가 인정되지 않고 일국사회주의론
적 국제노선의 실현이 지상과제였던 1920, 30년대 세계혁명운동에서
조선인공산주의자와 재일조선인공산주의자들은 코민테른의 지침에 그
대로 추종할 뿐이었다. 이것은 진정한 과학적 혁명운동과는 괴리된 것
이었다.

해체주도 그룹에 의해 해체가 일방적으로 논의된 1929년 9월 이후에
도 재일조선인의 민족해방운동은 조직적으로 전개되었다. 1929년은 재
일조선인 민족해방운동사에서 1927년 이래의 정치적 성격의 계기투쟁
이 지속되면서 계속적으로 운동이 발전했던 해였다.

제7장 결론

재일조선인은 제국주의 일본의 타도를 위해 식민지시대 전기간에 걸쳐 가열찬 투쟁을 전개했다. 조선민족해방운동사에서 1925년부터 31년까지는 그 어느 때 보다 발전의 상승곡선을 타던 때였다. 그것은 재일조선인 민족해방운동사도 마찬가지였다. 1931년에 가면 지속적으로 발전하던 재일조선인의 운동이 급속히 하락했다. 이렇게 공산주의계가 주도한 재일조선인의 1925년부터 31년 시기 민족해방운동은 조선민족해방운동과 함께 하며 한편으로 지역적 특수성을 띠고 전개되었다.

1) 1925 - 31년 시기 재일조선인 민족해방운동 조직의 발전

1920년대 중반 30년대 초 노동자와 학생이 중심이 된 재일조선인은 일본의 노동 구조에서 최하층 노동을 담당하며 일본 경제의 산업예비군으로 일본자본에 철저히 착취당했다. 따라서 재일조선인은 강한 단결에 기초한 조직적인 투쟁을 수행해야만 했고 이 가운데 조직의 발전이 도모되었다.

재일조선인 민족해방운동은 조직운동의 성과에 기초하여 발전했다. 1925년에서 31년 시기 재일본 조선민족해방운동사에서 조직의 중심은 일월회→조선공산당 일본부→조선공산당 일본총국→'재건고려공산청년회 일본부'·무산자사·'일본출판부'로 이전되었다. 이 가운데 조선공산당 일본부와 일본총국이 주도하던 시기에만 통일적인 활동이 야체이카와 플랙션을 통해 전개되었다. 다른 시기에는 지역 단위의 분산적인 움직임이 있었을 뿐이다. 지도 중앙이 강할 때는 재일조선인 민족해방운동이 통일적으로 발전, 고양되고 중앙이 약해지면 분산적인 모습을 보였던 것이다.

재일조선인 민족해방운동사에서 지도의 한 중심이었던 마르크스주의 사상단체 일월회는 1925년 시기 재일조선인 민족해방운동에서 제한적이지만 중심적인 자리에 있었다. 일월회는 조선공산당 1차당 일본부와 대중단체 속에서 은밀하게 활동했고 특히 현실투쟁의 성과에 기초하여 조직된 재일본조선노동총동맹 결성을 주도했다. 여기에는 혁명사 일본지역 구성원이 결정적인 역할을 했다.

조선공산당 3차당 시기에 앞선 1926년 2차당 때는 '조선공산당 임시 일본부'가 설치되었다. 김정규를 책임으로 한 조선공산당 2차당 일본부는 일월회의 구성원이 들어가 있었다. 이와 함께 일월회 출신의 안광천, 한위건, 하필원 등은 혁명사 국내 조직의 조직적 성과에 토대하여 정우회를 통해 선언을 발표하고 조선공산당 3차당 중앙을 장악했던 것이다.

조선공산당 3차당 시기 '일본부'는 안광천 책임비서 때 부활되었다. 안광천 책임비서시대는 어느 시기보다 일본부의 조직활동이 활발하여 처음으로 고려공산청년회도 설치되었다. 고려공산청년회의 조직은 당조직의 전면적인 확대를 나타내주는 것으로 재일조선인 민족해방운동사에서 통일적 발전의 한 요인이 되었다. 왜냐하면 고려공산청년회의 구성원이 대중단체를 전면 장악했기 때문이었다. 안광천 책임비서 시기에 일본부가 재건될 수 있었던 것은 안광천의 東京시절의 동지가 그 시기 東京에 잔류해 있고 일본 내 조선인의 대중단체의 투쟁이 긴밀한 관계를 유지했던 것이 주요하게 작용했다. 조선공산당 제3차당 대회에 의해 구성된 조선공산당 4차당 중앙은 일본총국과 만주총국을 설치했다. 일본부에서 위상이 강화되어 개편 조직된 일본총국은 1928년 4월경 조직되었다. 한림, 김천해가 책임비서였던 일본총국은 조직적 강화를 도모하여 야체이카와 플랙션을 통해 직접 대중단체에 대해 통일적으로 지도했다. 이 때에 와서야 비로서 조선공산당 일본총국에 의해 재일조선인 민족해방운동이 선도될 수 있었으며 결국 전면적인 대중투쟁의 강화로 귀결되었던 것이다.

한편 코민테른은 1928년 「12월테제」과 이후 조선공산당에 보낸 문건에서 노동자, 농민 대중에 기초한 볼세비키 조직의 재건을 지시했다. 일국일당주의에 따라 조선공산당 만주총국과 일본총국은 해산되었고 통일적 재일조선인 민족해방운동은 분산되었다.

당재건운동 시기에 들어서면서 재일조선인 민족해방운동은 일본총국이 존재하던 시기와 달리 '재건고려공산청년회 일본부', 무산자사, '일본출판부'가 주도권을 나누어 잡았다. 그러나 세 조직은 해체기에 직면한 재일조선인 민족해방운동을 대중 투쟁 가운데 통일적으로 지도하지 못하고 단지 출판 중심의 활동만 수행했다. 이렇게 될 수밖에 없었던 요인은 무엇보다도 「12월테제」과 프로핀테른의 재일본조선노동총동맹 해체 지시였다. 경직된 재일조선인 공산주의자에게 코민테른과 프로핀테른은 무오류 그 자체였고 여기에서 내린 방침은 절대 불가침의 성역이었다.

이상의 공산주의계의 전위 조직은 대중단체인 재일본조선노동총동맹, 재일본조선청년동맹, 신간회, 학우회 등을 지도했다. 재일본조선노동총동맹은 단체 가입의 원칙 아래 12개 단체 800명으로 출발해 1925년 10월 1,220명의 조합원으로 성장했다. 1926년 시기 관동, 관서연합회 중심으로 조직되었던 재일본조선노동조합은 1927년 4월 조직을 지역별 일반조합으로 재편되었다. 재일본조선노동총동맹은 1928년에는 1府懸 1조합주의 원칙을 산업별 조합으로 재편성하기로 결의했다. 그러나 조선인노동조합의 산업별 재편성에 대한 지시는 1928년 9월 지령으로 내려졌음에도 불구하고 곧바로 실시되지 못했다. 재일본조선노동총동맹은 1929년 9월 시기까지 東京, 神奈川, 大阪, 京都, 兵庫, 神戸, 富山, 中部, 三多摩, 新潟, 北陸, 長野, 宮城, 廣島, 福島, 北海道, 四國에 조선인노동조합의 조직·조직 준비가 계속되었다. 재일본조선노동총동맹은 도시의 자유노동자를 중심으로 조직된 재일조선인 노동운동과 민족해방운동의 구심이었다.

재일본조선청년동맹은 1928년 3월 결성되었다. 조직 결성 후 다른 대중 조직 보다 계급적 성격을 선명히 한 재일본조선청년동맹은 東京, 大阪, 京都, 兵庫에 지부를 두었다. 재일본조선청년동맹은 재일본조선노동총동맹과 달리 전국적 조직으로 서지는 못했다. 이렇게 된 원인은 분산된 지역의 청년운동 조직이 강했기 때문이기도 하지만 재일본조선노동총동맹과 재일본조선청년동맹의 구성원이 중복되는 것과 재일본조선노동총동맹이 전국 조직으로 발전해 있었기 때문에 굳이 청년운동의 전국 조직이 재일조선인 민족해방운동에서 절실하지 않았기 때문이었다.

지역 단위 재일조선인 민족해방운동은 노동운동과 청년운동 그리고 신간회와 근우회 일본지역 지회와 단체연합에 기초했다. 국내와 조직적인 연계와 공동투쟁에 기초하여 1927년 5월 7일 신간회 동경지회가 창립되었다. 그리고 조선인단체협의회와 삼총해금동맹의 조직은 공동투쟁을 강화했다. 특히 조선인단체협의회는 학우회가 조선공산당 일본부의 지도로 결성을 주도했던 것을 주목할 필요가 있다.

이상과 같이 재일조선인 노동운동과 민족해방운동 조직은 공산주의

계에 의해 주도되었다. 공산주의계인 일월회, 조선공산당 일본부, 조선
공산당 일본총국 등은 국내 및 해외의 다른 지역과는 달리 노동 대중
에 기초한 전국 조직을 일본지역 단위에서 구축했다. 여기에는 재일조
선인 노동조합의 지부, 반 조직의 강화가 확고한 기반이 되었다. 이러
한 조직적인 성과에 따라 재일조선인 민족해방운동은 노동운동 중심의
투쟁이 많이 전개되었다. 즉 광범위한 전민족의 요구를 수렴하는 투쟁
보다 정치적 색채가 명확한 계급적 성격의 '정치 투쟁'이 보다 많이 전
개되었던 것이다. 재일조선인 민족해방운동 조직은 당과 대중단체의
유기적 관계 속에서 발전했고 여기에 기초하여 재일조선인 민족해방운
동이 활발히 계속되었다.

2) 1925 - 31년 시기 재일조선인 민족해방운동의 지속적인
발전과 방향전환

재일조선인 민족해방운동은 전위그룹의 지도와 대중단체의 유기적인
연관 속에서 노동자, 청년, 학생 중심으로 전개되었다. 공산주의계는
조직의 강화와 확대를 도모하며 대중의 교양과 마르크스주의의 선전,
선동에 적극적이었다. 특히 대중단체들을 야체이카와 플랙션을 통해
지도하며 투쟁을 선도했던 것이다.

1920년대 중반 재일조선인 민족해방운동은 마르크스주의 사상, 대중
단체의 공동투쟁이 중심적인 내용을 갖고 있었다. 구체적으로 1926년
시기 재일조선인 민족해방운동은 단체 중심적 성격을 띠며 연설회와
대중집회를 통해 투쟁을 전개했다. 이와 함께 메이데이 투쟁, 關東震災
紀念鬪爭, 國恥日 鬪爭, 小樽高等商業學校 軍事敎育事件 反對運動 등이
계속되었다.

재일조선인 민족해방운동사에서 발전의 고양기를 향해 치닫던 1927년에는 재일조선인의 민족해방운동이 본격적으로 운동 단체 연대에 기초해 공동투쟁의 길로 나아갔다. 재일조선인은 4대 투쟁인 3·1運動 紀念鬪爭, 메이데이 鬪爭, 國恥日 鬪爭, 關東震災 紀念鬪爭과 더불어 朝鮮總督 暴壓政治反對, 朝鮮共産黨의 公開 裁判, 治安維持法 撤廢, 三總解禁運動, 朝鮮增兵, 對支干涉 反對, 相愛會 撲滅, 日本左翼 團體支持 등의 활동을 전개했다. 이 가운데 朝鮮總督 暴壓政治 反對運動은 조·일 연대의 중요한 기반으로 국제연대의 상징적 성과이다.

1927년 재일조선인 민족해방운동의 통일적 지도부였던 조선공산당 일본부는 내용적 지도를 시작했다. 플랙션을 통한 방식이었는지 구체적이지 않으나 다양한 야체이카의 활동을 통해 조선공산당 일본부는 중앙으로서의 역할을 수행했다. 지속적인 야체이카의 성장은 전체 재일조선인 민족해방운동을 보다 계급적으로 만들었던 것이다. 일본부가 지도한 계급적 성격의 구체적인 활동으로는 朝鮮共産黨 非公開 公判 反對運動, 朝鮮總督 暴壓政治 反對 關東地方同盟이 주도한 反對運動, 반민족세력인 相愛會 撲滅 鬪爭을 들 수 있다. 특히 공산주의계가 지도한 재일본조선노동총동맹의 노동운동은 일본의 노동운동사에서 보이는 것 같은 경제적 요구를 주안점으로 하는 투쟁보다 재일조선인이 처한 민족·정치적 조건에 따라 정치적 성격이 강한 투쟁이 보다 많았다.

1928년은 조선공산당 일본총국의 조직 강화가 도모되어 야체이카와 플랙션을 통해 직접 대중단체의 지도가 통일적으로 이루어지는 시기였다. 따라서 단체연합과 연대가 보다 활발했고 대중투쟁도 1927년의 계속선 상에서 계속 전개되었다. 1927년의 계속 투쟁으로 朝鮮總督 暴壓政治 反對運動, 治安維持法 撤廢運動, 三總解禁運動, 朝鮮增兵, 對支干涉 反對運動과 4대 투쟁은 일상적으로 재일본조선노동총동맹과 재일본조선청년동맹의 중앙과 지부, 반 단위에서 지속되었다. 계속적인 투쟁

제 7 장 결론 327

은 대중 조직을 강화시켰고 그것은 전위 조직인 조선공산당 일본총국의 강화로 귀결되었다.

조선공산당 일본부와 일본총국의 지도로 조선인단체협의회, 삼총해금동맹의 연대 투쟁도 계속되었다. 이와 함께 국내와 조직, 사상의 지속적인 교류가 도모되어 재일조선인의 투쟁력이 재고되었다.

1929년에도 재일조선인의 민족해방운동은 발전을 거듭했다. 비록 통일적 중앙이 와해된 이후 잠시 조직의 붕괴가 있었으나 재일본조선노동총동맹의 지부를 비롯한 하부 단위에서부터 재일조선인 민족해방운동 조직들은 재건되기 시작했다. 오히려 재일노동운동에서는 대공황으로 인한 정세의 변화와 연동하여 투쟁의 강도가 강화되었다. 이와 함께 당재건운동이 일본지역에서도 전개되어 약화되었던 재일조선인 민족해방운동의 기반을 복구했다. 그러나 이러한 1929년의 재일조선인 민족해방운동의 모습은 조직적 한계에서 기인하여 이전 시기 보다 투쟁력이 떨어졌던 것만은 사실이다.

한편 코민테른과 프로핀테른은 1929, 30년 공황기에 접어들어 계속적으로 발전하는 재일조선인 민족해방운동을 정확하게 파악하지 못하여 잘못된 지도로 일관했다. 결국 조선공산당 일본총국과 고려공산청년회 일본부의 해체성명서가 1931년 12월 발표되면서 전협의 주도로 진행된 재일조선인 민족해방운동의 방향전환은 일본지역 재일조선인 민족해방운동을 약화시켰다.

재일조선인 민족해방운동을 방향전환으로 몰아가는 해체논의는 재일본조선노동총동맹이 주도했다. 김두용, 이의석, 김호영 등의 해체주도 그룹은 1929년 9월 경부터 일본인 공산주의자, 전협 조직원과의 긴밀한 협의 아래 재일본조선노동총동맹의 해체논의와 해체투쟁을 주도했다. 해체논의는 코민테른의 식민지 종속국 노동자에 대한 프로핀테른식 인식을 재일조선인에게 그대로 적용한 것이었다. 재일조선인 노동

자의 독자성에 대한 전면적인 부정과 이에 따른 조선인 노동자만의 독
자적 조직의 해체를 주장했다. 아무런 현실적 근거도 없는 이러한 해
체 논리는 국제노선이라는 이유만으로 실행해야만 할 과제가 되었다.
한편 이러한 재일조선인 노동자 조직에 대한 해체 지침은 일본공산당
과 전협에게는 조직 강화의 계기로 받아들여졌다. 전협은 프로핀테른
의 후광을 입고 재일본조선노동총동맹 해체의 세몰이를 수행했던 것이
다.

해체논의의 과정에서 해체론이 강화되자 재일본조선노동총동맹의 간
부이며 神奈川조선노동조합의 지도자였던 이성백은 운동의 대중성 확
보와 조선인노동조합 조직의 해체 이후 연대의 한계, 조선 민족의 결
집점 상실을 들어 해체에 반대했다. 大阪에서도 김문준을 중심으로 한
반대가 있었다. 그러나 모두 대세인 해체에 일시적으로 반대할 뿐이었
다.

전협은 조직적으로 해체 반대세력을 파벌주의자로 규정하고 처단했
다. 그 가운데에는 단지 기존에 조선공산당 일본부 및 일본총국과 조
직적으로 무관했다는 이유에서 전협에 의해 파벌주의자로 규정된 김문
준과 같은 사람도 있었다. 해체운동은 1930년 1월 15일 '재조직 재건투
쟁 주간'을 통해 본격화되고 전협조선인위원회는 가맹조합의 해체를
주도했다.

이러한 재일본조선노동총동맹의 해체 논의와 해체과정은 일본지역
대중단체에게 직접적인 영향을 미쳐 재일본조선청년동맹, 학우회도 해
소를 결정했으며 신간회 동경지회도 자연 소멸되었다. 이와 함께 재일
조선인 민족해방운동은 조선공산당 일본총국과 고려공산청년회 일본부
의 해체성명서로 방향전환을 결정지었다. 여기에는 일국사회주의론적
시각에 선 코민테른의 재일조선인 노동자와 노동운동의 현실을 무시한
일방적인 해소 지침과 일본 사회운동세력의 코민테른에 대한 사대주의

그리고 재일조선인 민족해방운동 진영의 코민테른 맹종이 각각 요인으로 작용했다. 재일조선인 민족해방운동사에서 조선인의 민족해방투쟁은 재일조선인노동총동맹의 전협으로의 해소가 지시되는 시점과 해체가 진행되는 과정 그리고 해체 이후에도 계속되었다.

조직의 발전은 투쟁을 통해 현실 속에서 내용성을 가져 간다. 재일조선인은 4대 투쟁을 일상투쟁과 함께 수행했다. 특히 국제연대 투쟁과 국내 지지·지원활동 그리고 계급적 성격을 분명히 한 정치적 투쟁은 보다 재일조선인 민족해방운동을 풍부하게 했다. 조선총독 폭압정치 반대운동을 통해 알 수 있듯이 재일조선인 민족해방운동은 부문운동 단위에서 전개되었기 보다는 대중 단체 사이의 연대와 전위 조직의 지도에 기초하여 전개된 특징이 있었다.

3) 1925-31년 시기 재일조선인 민족해방운동의 역사적 의의

이상과 같이 1925년부터 31년 시기 전개된 재일조선인 민족해방운동은 식민지시대 조선민족해방운동사에서 나타나는 보편적 한계를 그대로 배태하고 있었다. 우선 노동자, 농민 가운데 군건한 토대를 구축하지 못한 점이나 운동의 지속성과 은밀성의 결여 그리고 인테리적 방식의 운동이 그한계이다. 여기에는 일본 경찰의 탄압도 한 요인으로 작용했을 것이다.

아울러 재일조선인 민족해방운동에서는 지역단위 운동으로서 그 한계가 드러난다.

첫째 재일조선인 민족해방운동에서 공산주의세력이 전면적으로 투쟁의 주도권을 잡게 되자 재일조선인 민족해방투쟁은 정치적이 되었고 결국 이것은 일상적인 요구를 제대로 수용하지 못했다. 물론 여기에는 민족문제가 개재되어 불가피하게 정치투쟁 중심으로 전개될 수밖에 없

었던 일면도 있지만 절대 다수의 자유노동자 중심의 재일조선인의 상
태를 상정한다면 낮은 수준의 경제적인 요구로부터 수렴해 내는 것이
보다 현실을 고려한 실천투쟁이었을 것이다.

둘째 1925년에서 31년 시기 재일조선인 민족해방운동은 조직상으로
공산주의계가 주도했으나 지역적 특수성에 따라 단절적인 모습이 나타
났다. 일월회는 혁명사를 통해 조선 내 뿐만 아니라 중국지역의 조직
과도 연계되었다. 그러나 일본이라는 지역적 제한은 조직 활동의 영역
을 축소시켰고 이것은 종국적으로 縣·府 단위로 한정지었다. 따라서
大阪, 神奈川과 같은 곳에서는 독자적인 횡보를 가진 지역 단위 운동
세력들이 존재하기도 했다.

셋째 재일조선인과 일본의 노동자계급은 제국주의 일본을 주적으로
전면적인 연대를 구축하지 못했다. 여기에는 일본지역에서 민족적 대
결 구도가 지속되었던 것과 조선과 일본 공산주의자 사이의 계급적 연
대가 제한적이었던 점이 작용했다. 실제로 양국 노동단체 사이의 연대
는 간사들 수준에서만 끝나는 경우가 보통이었다. 일본제국주의자들의
강력한 통치정책과 뿌리깊은 침략적 대조선관에 각인된 일본의 노동자
에게 진정한 프롤레타리아 국제 연대는 쉬운 일이 아니었다.

넷째 해체논의의 과정에서 확인되듯이 재일조선인 공산주의자들은
코민테른과 프로핀테른을 맹목적으로 추종하여 전술 구사에서 현실성
을 결여하게 되었다. 특히 일국사회주의론적 시각에 매몰된 코민테른
의 당시 세계혁명론을 역사주의적 한계로만 치부하고 재일민족해방운
동을 평가하는 것이 문제라고 전제할 때 민주주의적 중앙집중제의 원
칙이 조선공산당과 외곽의 대중단체에서 관철되지 못하는 상황에서 현
실을 고려하지 않은 코민테른의 일방적인 지침은 당연히 투쟁의 현장
에서 마찰을 일으킬 수밖에 없었다. 진정한 국제주의적 시각에선 과학
적 혁명운동과는 거리가 있었다.

이와 같은 한계에도 불구하고 1925년에서 1931년 시기 공산주의계가 주도한 재일조선인 민족해방운동은 재일조선인 민족해방운동사와 식민지시대 조선민족해방운동사에서 그 역사적 의의가 있다.

첫째 재일조선인 민족해방운동은 식민지시대 조선민족해방운동의 지역단위 운동으로 조직적인 발전이 계속되었다. 공산주의계가 주도권을 장악하고 지도한 재일본조선노동총동맹과 재일조선청년동맹의 창립과 발전은 조선민족해방운동과 함께 하며 대중투쟁의 중심이 되었다. 아울러 일본지역에서는 특이하게 조선인단체협의회와 삼총해금동맹이 신간회 일본지회와 함께 단체 연대에 기초하여 공동투쟁을 도모했다. 특히 재일본조선노동총동맹 창립 이후 조선인 노동조합의 발전은 반, 지부를 통해 활성화되었고 정치적 성격을 띤 투쟁을 강화시켰다. 중국 동북 삼성지역에서 농민운동이 대중투쟁을 주도한 것과 달리 재일조선인 민족해방운동사에서는 노동운동이 대중투쟁을 선도했다.

둘째 조직의 성장과 함께 재일조선인 민족해방운동도 지속적으로 발전했다. 일상적인 요구에 기초한 투쟁으로부터 4대 기념 투쟁을 비롯한 계기 투쟁이 계속되었다. 그리고 돌발한 사건과 관련하여 일어난 투쟁이 재일조선인 민족해방운동을 보다 정치적으로 만들었다. 즉 三重懸 虐殺事件 反對運動, 小樽高等商業學校 軍事敎育事件 反對運動, 三總集會禁止 反對運動, 朝鮮共産黨 非公開公判 反對運動 등은 재일조선인을 보다 강하게 단결시켰다.

특히 1928년은 재일조선인 민족해방운동사에서 조선공산당 일본총국의 지도 아래 통일적으로 민족해방운동이 전개된 운동의 고양기로 재일조선인의 투쟁력이 만개했다. 지역적 특수성에 기초하여 전개된 재일조선인 민족해방운동은 계급적 모순이 민족 모순 보다 우선적으로 작용했고 결국 투쟁도 이와 함께 강화되었던 것이다.

셋째 재일조선인 민족해방운동을 한 시기 주도했던 일월회의 활동에서 알 수 있듯이 일본에서 조선인의 투쟁경험은 조선 내에 유입되어 조선민족해방운동의 한 토양이 되었다. 재일조선인은 크게 세차례에 걸쳐 대거 국내로 들어와 조선민족해방운동에 복무했다. 그것을 시기별로 보면 첫째가 3·1운동기였고 둘째가 일월회가 국내로 진출한 1926년 경이었다. 그리고 셋째 당재건운동기에 일부의 일본공산당 산하 구성원이 국내로 들어와 활동했던 것을 들 수 있다. 세번에 걸친 대규모의 국내 진출과 함께 재일조선인은 계속 국내로 들어와 일본에서의 정치, 경제, 사회적 경험을 이식했다. 재일조선인 민족해방운동은 조선민족해방운동에서 운동세력 양성의 한 통로로서의 역할을 다했다.

네째 재일조선인 민족해방운동은 지역단위에서 국제적 연대를 일본공산당 및 노동운동 세력과 부분적으로 투쟁을 통해 실행했다. 선언적인 연대도 없지는 않았으나 조선과 일본노동자계급의 전위인 양국 공산당은 국제공산당의 지부로 서로의 존재를 인정했다. 그리고 일본 내 조선공산당 지부가 설치되는 것을 일본공산당은 잠정 승인했던 것이다. 일상적인 투쟁에서와 함께 일본공산당의 재일조선인 민족해방운동에 대한 지원과 일본 내 정치운동에 대한 재일조선인 공산주의자들의 조직적인 참가는 현실 투쟁에서 조·일 연대를 보다 굳건하게 만들었다. 특히 부분적인 노동자계급의 연대는 '관념적인' 조·일 공산주의자 사이의 연대를 일정하게 극복하기도 했다.

식민지시대 재일조선인 민족해방운동에서 1925년부터 1931년 시기 공산주의계가 주도한 투쟁은 운동의 극성기를 맞이했다. 본고에서 다룬 1925년에서 1931년은 전체 재일조선인 민족해방운동에서 살펴 볼 때 조직적 발전이 가시적으로 나타났으며 통일적 중앙 조직의 출현과 재일조선인 민족해방운동의 발전이 계속 되었다. 이와 함께 재일조선인 민족해방운동 세력의 조직 활동은 국내 운동의 발전과 함께 하며 동시에 국내 민족해방운동을 추동했다. 재일조선인의 투쟁은 지속적인 국내운동에 대한 지지·지원투쟁을 통해 민족해방운동의 성격을 보다 강화시켰으며 일본공산당을 비롯한 일본사회운동 세력과의 연대투쟁은 일상적인 요구와 소위 정치 투쟁 그리고 전면적인 반제투쟁을 통해 부분적으로 국제주의를 실현하기도 했다. 1920년 중반 30년대 초 재일조선인의 투쟁은 민족해방운동에서 보편적으로 나타나는 반제적인 성격을 띠었다. 그리고 지역적 특수성에 기초하여 독자성을 갖고 노동운동을 토대로 지속적으로 강도 있게 전개되었던 식민지시대 지역 단위 조선민족해방운동이었다.

참고문헌

1) 자료

(편찬자료)

梶村秀樹・姜德相 編, 『現代史資料』(6)(25)(29)(30), みすず書房, 1963-1972.

김경일 편, 『韓國民族解放運動史資料集』(1-10), 영진문화사, 1993.

金英達・高柳俊男 編, 『北朝鮮歸國事業關係資料集』, 新幹社, 1995.

金正明 編, 『朝鮮獨立運動』(3)(4)(5), 原書房, 1960-1967.

金正柱 編, 『朝鮮統治史料』(6)(7), 宗高書房, 1970.

김준엽・김창순 편, 『한국공산주의운동사』(자료편2), 고대아세아문제 연구소, 1980.

독립운동사편찬위원회, 『독립운동사자료집』(별집3)(재일본한국인민족 운동자료집), 1978.

明石博陸・松浦總三 編, 『昭和特高彈壓史』(6)(7)(8), 太平出版社, 1975-76.

朴慶植, 『在日朝鮮人關係資料集成』(1-5), 三一書房, 1975-1976.

朴慶植, 『朝鮮問題資料叢書』(1-15), アジア問題研究所, 1994.

山邊健太郎 編, 『社會主義運動』(2), みすず書房, 1965.

小澤有作 編, 『在日朝鮮人』(『近代民衆の記錄』(10)), 新人物往來社, 1978.

이여성・김세용, 『숫자조선연구』(2), 세광사, 1931.

荻野富士夫 編, 『特高警察關係資料集成』(5), 不二出版社, 1992.

朝鮮總督府, 『朝鮮の 群像』(調査資料16輯), 1926.

조선총독부경무국 편, 김봉우 역, 『일제식민통치비사』, 청아출판사, 1989.

朝鮮總督府法務局, 『朝鮮獨立思想運動の變遷』, 1931.

하종근 옮김, 『日帝植民官僚가 분석한 朝鮮人』, 세종출판사, 1995.

한국역사연구회 편,『일제하 사회운동사 자료총서』(1-12), 고려서림, 1992.

『朝鮮共産黨關係雜件』(1-3), 高麗書林, 1990.

『朝鮮警察之槪要』, 朝鮮總督府警務局, 1925.

『勞動關係資料集』(4), 여강출판사.

『조선연감』(1948), 조선통신사.

『在日朝鮮文化年鑑』(1949), 朝鮮文藝社, 1949.

『福本主義初期著作集』(3), こぶし書房, 1972.

『山川均全集』(4)(5)(6)(7), 勁草書房, 1966-1976.

고경흠, 「동경에 있어서 조선공산주의자의 운동은 어떻게 발전하였는
        가」, 배성찬 편역, 『식민지시대 사회운동론 연구』, 돌베개,
        1987.

「高景欽等豫審決定書全文」(2)(3), 『조선일보』1933. 5. 27, 28.

「共産主義子協議會豫審決定書全文」(3), 『조선일보』1933. 1. 20.

「國領五一郎豫審訊問調書」, 『社會主義運動』(6), みすず書房, 1965.

「國恥記念日をストライキとデモ戰へ」(反帝リ-フレット第1輯), 1929. 8. 23.

김기진, 「초창기에 참가한 늦둥이 나의 회고록」, 『카프시대의 회고와
        문학사』, 태학사, 1990.

金斗鎔, 「在日本朝鮮勞動運動は如何に展開すべきか?」, 金正明 編, 『朝
        鮮獨立運動』(5), 原書房, 1967.

金斗鎔, 「川崎亂鬪事件の事件」, 『戰旗』1929. 7.

金源生, 「在日本朝鮮勞動者諸君に與ふ」(投書)(1929. 7. 30.)(『無産者新

聞』(237), 1929. 8. 14.)

金鍾範, 「朝鮮に於ける無産階級運動の發興」, 『前衛』(3-2), 1923. 2.

金重政, 「在日朝鮮人勞動者の現狀」, 小澤有作編, 『近代民衆の記錄』(10) (在日朝鮮人), 新人物往來社.

「金漢卿外29名治安維持法違反被告事件豫審終結決定書寫」, 김준엽 · 김창순 편, 『한국공산주의운동사』(자료편2), 고대아세아 문제연구소, 1980.

金昊洋, 「帝國主義の走狗反動的派閥鬼を撲滅しょう」(1928. 1. 13.), 『進め』, 1928.3.

金浩永, 「釜山電車乘務員の罷業を勝たせろ」, 『進め』, 1928. 7.

金浩永, 「在日本朝鮮勞動總同盟の闘爭と新方向」, 『日本社會運動通信』1930, 12.

金熙明, 「メ-デ-を前にして」, 『文藝戰線』(4-5), 1927. 5.

「勞動階級社,朝鮮共産黨再建闘爭協議會日本出版部事件」, 『思想彙報』(3), 1935.6.

大山郁夫, 「軍事教育の階級性の發現-小樽高商の野外演習に於ける所謂『想定問題』に關する一批判-」, 『中央公論』(1924. 12.)

東大阪 一朝鮮人, 「血を以て防衛せん」, 『無産者新聞』(214), 1929. 3. 15.

R生, 「비판의 절충주의-박문병군에게 답함」, 『현단계』(창간호), 1928. 8.

「無産階級から見た朝鮮解放問題」, 『赤旗』(3-4), 1923. 4.

朴xx生, 「典型的派閥主義者金文準の公開狀をアバク」, 『進め』, 1930. 7.

裵成龍, 「‘階級意識理論’의 反駁文(?)을 읽고」(14), (『동아일보』 1926. 6. 20-7. 7.

裵成龍, 「階級意識의 理論」, 『개벽』(69), 1926. 5.

福本和夫, 「方向轉換はいかなる諸過程をとるか」, 『福本和夫初期著作集』(3), こぶし書房,1972.

福本和夫, 「折衷主義の批判」, 『福本主義初期著作集』(3), こぶし書房,

1972.

「秘密結社朝鮮共産黨竝ニ高麗共産靑年會事件檢擧ノ件」, 姜德相·梶村
　　　秀樹 編, 『現代史資料』(29), みすず書房, 1972.

「思想硏究資料」(特輯71號)(朝鮮人の共産主義運動), 『朝鮮人の共産主義
　　　運動』, 東洋文庫, 1973.

「社會運動の狀況」, 金正明 編, 『朝鮮獨立運動』(4), 原書房, 1967.

山川均, 「勞動農民黨の任務について」, 『山川均全集』(7), 勁草書房, 1966.

山川均, 「無産政黨綱領の問題」, 『山川均全集』(6), 勁草書房, 1976.

山川均, 「普通選擧と無産階級の戰術」, 『山川均全集』(4), 勁草書房, 1967.

山川均, 「新形勢と新方策」, 『山川均全集』(5), 勁草書房, 1968.

「3·1 記念日」, 『赤旗』(35), 1931. 3. 1.

「3·15 3周年記念日に際して全國の勞動者農民に檄す」, 『赤旗』(36), 1931.
　　　3. 17.

「상기하자 ! 피의 9월 조선동포의 대학살」, 『赤旗』(特別號), 1931. 8.
　　　29.

安光泉, 「極東無産階級の共同戰線」(2), 『大衆』(1-2), 1926. 4.

安光泉, 「日本社會運動者の態度」, 『政治硏究』, 1925. 3.

安光泉, 「朝鮮社會運動의 意識上의 진통」(상)(하), 『조선일보』 1927.1.4, 6.

「양명, 이종림, 최성우 적색 삼거두체포」, 『조선일보』 1937. 6. 16.

앵봉상인, 「朝鮮프롤레타리아 藝術運動小史」, 『예술』, 1945. 8.

燕京學人, 「轉換期에 臨한 朝鮮社會運動槪觀:過去 일년간의 回顧 (1
　　　회)」, 『조선일보』 1927. 1. 2.

王子文, 「朝鮮靑年(運)動의 現段階-아울러 경청성명의 誤謬를 일제함-」,
　　　『청년조선』(1928. 7. 7.)

李斗初, 「靑年x(運·필자)動의 敎育코-스에 대하야」, 『현계단』(1-1), 1928. 8.

李友狄, 「靑年運動과 文藝鬪爭」, 『藝術運動』 1927. 11.

이청원, 「조선사람지도자 김천해」, 『신천지』(1-6), 1947. 7.

羽田光雄,「朝鮮の同志に與ふる手紙-特に合同問題を中心として-」,『進め』, 1928. 2.

「印貞植等共産黨事件判決」, 金正柱 編,『朝鮮統治史料』(6), 宗高書房, 1970.

「日本共産黨關西地方委員會に關する決意」(1932. 8. 17)『赤族』(93)(1932. 8. 30)

「日本勞動階級と共同鬪爭に關する件」(1928. 5. 14)(『日本社會運動通信』(6) 1928. 6. 22)

日本勞動組合協議會朝鮮人委員會,「再組織,再建鬪爭週間に關する指令」(指令 第1號) (1930. 1. 15)(『日本社會運動通信』1930. 1.23)

「일본제국주의자에 의한 조선약탈의 날에 조선의 근로 피억압민중에게 호소한다」,『赤旗』(91號)(1931. 8. 20)

「日韓併合の革命的記念の爲に」,「8月29日!日本帝國主ギが朝鮮を掠奪した日」,『赤旗』(51)(1931. 8. 30)

「資料在日朝鮮人共産主義運動(1-3)」, 世界革命研究會編,『世界革命運動情報』(第20號), (特別號2・3), レボルト社, 1969-1971.

「資料在日朝鮮人共産主義運動(1920年代)」, 世界革命研究會編,『世界革命運動情報』, (特別號4), レボルト社, 1972.

「在日勞總3回大會宣言,綱領,規約」(1927. 4. 20),『在日朝鮮人史研究』(創刊號), 1977. 12.

「在日朝鮮勞動總同盟規約」,『在日朝鮮人史研究』(創刊號), 1977. 12.

在日本朝鮮勞動總同盟東京朝鮮勞動組合,「組合青年部の組織方針-組合青年に對して-」(『日本社會運動通信』(135), 1930. 3. 26)

在日本朝鮮勞動者運動總同盟,「相次ぐ彈壓に際し日本の同志に檄す」(1929. 6. 9), (『無産者新聞』(230), 1929. 6. 28)

在日本朝鮮勞動總同盟 元山爭議應援委員長 金重政,「元山のxx的勞動者蹶起について」,『戰旗』(2-3), 1929. 3.

「再び捕縛された朝鮮共産黨員に對する大衆的釋放運動をおてせ!!」,『赤
　　　　旗』(3), 1928. 3.

全協關東自由勞動組合　常任執行委員會,「プロフィテルン第五回大會に
　　　　對　する正當なる解釋とその大衆化のために鬪へ」, 山邊健
　　　　太郎 編,

『社會主義運動』(2), みすず書房, 1965.

全協朝鮮人委員會,「名加盟組合解體に對して」(指令3號)(1930.　3)(『日本
　　　　社會運動通信』(150), 1930. 4. 9)

全協朝鮮人委員會,「聲明書(姜駿燮,李廷圭除名,神奈川組合幹部に宛てた
　　　　警告文發送, 李成栢除名等等の)」(『日本社會運動通信』(127,
　　　　128) 1930. 3. 7, 8.)

全協朝鮮人委員會關西事務局,「「産・再委員會」の地區委員會を組織せよ!」
　　　　(指令11號), (『日本社會運動通信』(167), 1930. 4. 28)

「朝鮮共産黨日本總局及高麗共産靑年會日本部解體聲明書」,『赤旗』(61),
　　　　1931. 12. 23.

「朝鮮共産黨組織計劃其他檢擧に關する件」(1929.　8. 10),『朝鮮共産黨關
　　　　係雜件』(3), 高麗書林, 1990.

「조선공산당 일본총국 공판에 즈음하여-전조선 및 일본의 노동자, 농
　　　　민 제군에게 檄한다!-」,『赤旗』(67), 1931. 3. 25.

「朝鮮共産黨　日本總局事件　豫審終結決定書全文」(1-19),『조선일보』
　　　　1930. 8. 30-9. 24.

「朝鮮社會運動略史コ-ス」,『思想月報』(2-8), 1932.　11.　15.(姜德相・梶村
　　　　秀樹 編,『現代史資料』(29), みすず書房, 1972.)

酒井利男,「朝鮮人勞動者問題」(上),『社會事業硏究』(19-5), 1931. 5.

朱鐘建,「メ-デ-と朝鮮の問題」,『進め』(1-4), 1923. 5.

朱泰道,「학지광의 歷史的 사명」,『학지광』(29), 1930. 4. 5.

「中國共産黨中央ノ日本共産黨朝鮮部革命者後援會連絡狀況ニ關スル事」,

『朝鮮共産黨關係雜件』(3), 高麗書林, 1990.

「中國·朝鮮·日本の勞動者は團結して日本帝國主義と支那反動に銃口を向けよ!-万寶山及び朝鮮事件について檄す!-」(1931. 7. 16), 『赤旗』(47), 1931. 7. 29.

「천황에게 폭탄을 투척한 조선의 민족혁명가 공개 금지로 사형을 구형하다」, 『赤旗』(97), 1931. 9. 20.

崔雲擧, 「在日本朝鮮勞動運動の最近の發展」, 『勞動者』(2-9), 1927. 9.

崔益翰, 「朝鮮社會運動의 빗」(2), 『조선일보』 1928. 1. 27.

崔徹, 「『勞總』解體鬪爭の當面する危險性について」, 『進め』, 1930. 4.

片山潛, 「日本における朝鮮人勞動者」, 『片山潛著作集』(3), 1960.

布施辰治, 「朝鮮, 臺灣の借家人運動に就て」, 『法律戰線』 1930. 1.

乎于生, 「병인1년간 朝鮮社會運動槪觀」(3), 『동아일보』 1927. 1. 3.

「海外逃避 12年, ML黨 最後의 巨物」, 『조선일보』 1933. 6. 16.

洪陽明, 「朝鮮運動의 特質-飜譯主義 克服과 特殊朝鮮의 認識」, 『조선일보』 1928. 1. 1-1. 29.

黃奎燮, 「학지광 更生의 意識」, 『학지광』(29), 1930. 4. 5.

<기타 관련 신문, 잡지>

『學之光』, 『批判』, 『思想運動』, 『理論鬪爭』, 『斥候隊』, 『현단계』, 『개벽』, 『조선지광』, 『대중신문』, 『朝鮮思想通信』, 『자아성』, 『社會運動通信』, 『日本社會運動通信』, 『無産者新聞』, 『赤旗』, 『進め』, 『中央公論』, 『戰旗』, 『プロレタリア科學』, 『マルクス主義』, 『前衛』, 『赤旗』, 『新光』, 『文藝戰線』, 『大衆』, 『解放』, 『階級戰』, 『改造』, 『政治批判』, 『勞動者』.

(미간행자료)

『姜達永外 47人調書(8의1, 2)』(고대 아세아문제연구소 소장)

『姜達永外 48人調書(10의1)』(고대 아세아문제연구소 소장)

京城地法檢査局, 「內地檢査局情報綴」(1928-1930)(고대 아세아문제연구
　　　　소 소장)

『金俊淵外 27人調書(11)』(고대 아세아문제연구소 소장)

『金俊淵 31人調書(9)』(고대 아세아문제연구소 소장)

『金俊淵 31人調書(10)』(고대 아세아문제연구소 소장)

『革命』(23)(1926. 6. 1.)(「朝保秘」(472號)(1926. 6. 24))(고대 아세아문제
　　　　연구소장)

『車今奉調書』(고대 아세아문제연구소 소장)

『許璋煥外2人調書』(국사편찬위원회 소장)

「大會報告書」(1926. 12. 7) (러시아 현대사자료 보관 및 연구센터 소장)

『불꽃』(7)(1926. 9. 1) (러시아 현대사자료 보관 및 연구센터 소장)

「간도공산당원을 탈환하자!」(1928. 8.)(早稻田大學 마이크로필름실
　　　　소장)

槿友會東京支會, 「第三回定期總會議案」(早稻田大學 마이크로필름실 소
　　　　장)(이것은 『在日朝鮮人史硏究』(2)(1978. 6.)에 「槿友會東京支會
　　　　第三回總會文獻」(1929)으로 실려 있다.)

槿友會東京支會, 新幹會東京支會, 「근우회 임시 전국대회에 際하야 우
　　　　리는 이러케 성명한다 - 특히 대회 대의원 제군에게 檄함 -」
　　　　(1928. 7. 4) (早稻田大學 마이크로필름실 소장)

金文準, 「再び聲明する」(1930. 2. 28) (대원사회문제연구소 소장)

勞動總同盟東京朝鮮勞動組合本部, 「朝鮮增兵,治安維特法反對週間을 際
　　　　하야 全朝鮮勞動者諸君의게 檄함」(1928. 7. 3)(早稻田大學 마이

크로필름실 소장)

「뉴쓰」(東京朝鮮勞動組合 南部支部)(내무성 1928년 9월 14일 압수 문
　　건)(早稻田大學 마이크로필름실 소장)

「對中出兵反對, 治安維持法 改惡反對, 모든 폭압반대운동에 관한 건 」
　　(1928. 5. 24) (대원사회문제연구소 소장)

大阪朝鮮勞動組合, 「간도공산당공판은 임박하엿다!!」(1928. 11. 22)(早
　　稻田大學 마이크로필름실 소장)

大阪朝鮮勞動組合本部, 「러시아 혁명 기념일은 도라왓다 11월 7일 !」
　　(내무성 1929년 11월 7일 압수 문건)(早稻田大學 마이크로필름
　　실 소장)

大阪朝鮮勞動組合本部, 「일본제국주의의 폭압에 대하여 전피억압 대
　　중에게 격한다」(1929. 1.)(早稻田大學 마이크로필름실 소장)

大阪朝鮮勞動組合委員長 朴永方, 「故山宣대의사 노농장에 관한 건」(大
　　勞組發第 5號)(1929. 3. 13)(早稻田大學 마이크로필름실 소장)

大阪朝鮮勞動組合 西部支部 擴大委員會, 「직업적 운동착란자 장태원,
　　장성, 분파병자 김경중 등등 3인을 제명하는 데에 전말을 전투
　　적 노동자제군에게 성명한다」(1930. 2. 27)(대원사회문제연구소
　　소장)

東京朝鮮勞動總同盟, 「警視廳の手先相愛會を叩潰せ」(1929. 5. 17)(『無
　　産者新聞』(226), 1929. 6. 1, 『日本社會運動通信』(50), 1929. 7.)
　　(早稻田大學 마이크로필름실 소장)

東京朝鮮勞動組合東部支部, 「間島共産黨公判臨迫에 際하야 全朝鮮勞
　　動者諸君에게 檄함!!」(1928. 8.)(早稻田大學 마이크로필름실 소
　　장)

東京朝鮮勞動組合東部支部, 「第3回定期大會에 際하야 全朝鮮勞動者諸
　　君에게 訴함」(1929. 1.)(早稻田大學 마이크로필름실 소장)

東京朝鮮勞動組合東部支部, 「투쟁뉴쓰」(내무성 1928년 8월 28일 압수

문건))(早稻田大學 마이크로필름실 소장)

東京朝鮮勞動組合南部支部, 「투쟁뉴쓰」(2)(내무성 1928년 8월 21일 압수 문건)(早稻田大學 마이크로필름실 소장)

東京朝鮮勞動組合南部支部, 「暴壓期에 際하야 全勞動者諸君에게 檄함」(1928. 11. 5)(早稻田大學 마이크로필름실 소장)

東京朝鮮勞動組合西部支部, 「關東震災當時00同胞追悼記念 第五周年을 當하야 전조합원에게 訴함」(1928. 8. 20)(早稻田大學 마이크로필름실 소장)

東京朝鮮勞動組合西部支部, 「으로시아 革命 11周年記念日인 11月7日은 왔다!」(1928. 11.)(早稻田大學 마이크로필름실 소장)

東京朝鮮勞動組合西部支部, 「第19回 國恥記念을 際하야 全組合員諸君에 檄함」 (1928. 8. 20)(早稻田大學 마이크로필름실 소장)

東京朝鮮勞動組合西部支部, 「투쟁뉴스」(5)(1928. 8. 1)(早稻田大學 마이크로필름실 소장)

「동경조선노동조합서부지부 제2회대회의안과 보고서」(1929. 1. 25)(대원사회문제연구소 소장)

東京朝鮮勞動組合西南支部, 「第2回大會議案報告書」(1929. 1. 25)(早稻田大學 마이크로필름실 소장)

東京朝鮮勞動組合北部支部, 「關北水害罹災同胞救援에 對하야 全朝鮮勞動者諸君에 檄함!!!」(내무성 1928년 11월 2일자 압수 문건)(早稻田大學 마이크로필름실 소장)

東京朝鮮勞動組合北部支部, 「露西亞革命 11周年記念에 際하야 朝鮮勞動者 農民에 檄함」(1928. 11. 4)(早稻田大學 마이크로필름실 소장)

東京朝鮮勞動組合北部支部, 「戰線뉴쓰」(내무성 1928년 9월 14일 압수 문건)(早稻田大學 마이크로필름실 소장)(일본국회도서관 소장)

東京朝鮮勞動組合北部支部, 「제5주년진재 … 전조합원 제군에게 檄

함!!!」(내무성 1928년 8월 28일 압수 문건)(早稻田大學 마이크로필름실 소장)

東京朝鮮勞動組合北部支部, 「1919年의 3月 1日을 銘記하라!!」(1929. 3.)(내무성 1929년 3월 1일 압수 문건)(早稻田大學 마이크로필름실 소장)

東京朝鮮勞動組合北部支部,「활동뉴쓰」(1)(1929. 1. 15)(早稻田大學 마이크로필름실 소장)

東京朝鮮勞動組合北部支部, 『투쟁뉴쓰』(2)(1929. 2. 21)(早稻田大學 마이크로필름실 소장)

東京朝鮮勞動組合北部支部日暮里班,「在日本全朝鮮勞動者諸君에게 檄함」(내무성1928년 7월 27일 압수문건)(早稻田大學 마이크로필름실 소장)

東京朝鮮勞動組合北部支部日暮里班, 「敬愛하는 全朝鮮勞動者諸君」(내무성 1928년 8월 9일 압수 문건)(早稻田大學 마이크로필름실 소장)

東京支部 大井班,「창립뉴쓰」(1928. 12. 16)(早稻田大學 마이크로필름실 소장)

東大阪借家人同交會, 在日本朝鮮勞動總同盟, 大阪朝鮮勞動組合東北支部, 大阪借家人同盟本部, 町內借家人有志,「친애하는 町民諸君에게 호소한다 !!」(1928. 6. 23)(『社會運動通信』(8) 1928. 7. 6)

「東橫濱戰線」(2)(1928. 8. 16)(早稻田大學 마이크로필름실 소장)

民族唯一黨 在日獨立促成會,「선언」(1928. 8. 12)(早稻田大學 마이크로필름실 소장)

「반동적 파벌주의군의 蠢動에 대하여 만천하동포제군에 격함」(1928. 1. 13)(대원사회문제연구소 소장)

兵庫縣朝鮮勞動組合本部 崔浩俊, 「전투적 조선노동자 제군의게 격함」(1929. 6. 14)(早稻田大學 마이크로필름실 소장)

「산업별 정리에 관한 방침, 산업별 위원회 구성에 관한 지령」(재일노
　　　총지령 제7호)(1928. 7. 11)(早稲田大學 마이크로필름실 소장)

三多摩朝鮮勞動組合, 「전선뉴쓰」(8)(1928. 8. 7)(早稲田大學 마이크로필
　　　름실 소장)

三多摩朝鮮勞動組合本部, 「제19회 국치기념일을 際하야 전조선노동자
　　　제군의게 檄 함」(1928. 8.)(早稲田大學 마이크로필름실 소장)

「三重縣撲殺事件に際し全日本無産階級に訴ふ」(1926. 2. 10)(대원사회문
　　　제연구소 소장)

「聲討文」(1924. 2.)(대원사회문제연구소 소장)

『續號』(2)(발행지 불명)(早稲田大學 마이크로필름실 소장)

孫秀鎭,「國恥記念 20周年을 際하야 全勞動者農民의게 檄함 !」(1929. 8.
　　　29)(早稲田大學 마이크로필름실 소장)

「植民地留學生の歸國中の活動に關する指令」(1932.　6.)(대원사회문제연
　　　구소 소장)

新幹會東京支會會員, 「全民族的單一戰線破壞陰謀に關し全朝鮮民衆に
　　　訴ふ-統一戰線 を攪亂せんとする新派閥鬼の正體を曝露し新幹會
　　　東京支會の臨時大會の召集を要求す-」(日文)(1928. 1.)(대원사회문제
　　　연구소 소장)

「新潟縣朝鮮勞動組合第二回大會報告議案附規約」(대원사회문제연구소
　　　소장)(이문건은 「일본니이가다현 조선노동조합 제2기대회 기록
　　　문」로『殉國』1989. 11, 12합호에 번역되어 있다.)

「新潟縣朝鮮勞動組合第二回大會報告議案」,『在日朝鮮人史研究』(18), 1988.

神奈川縣朝鮮勞動組合本部, 「官犬群의 強竊盜的 蠻行을 들어 全組合
　　　員 諸君의게 訴함 !」, (내무성 1928년 11월 2일 압수 문건)(早
　　　稲田大學 마이크로필름실 소장)

神奈川縣朝鮮勞動組合本部, 「神組 ニュース」(10)(내무성 1928년 11월 13
　　　일 압수 문건)(早稲田大學 마이크로필름실 소장)

神奈川縣朝鮮勞動組合本部, 「쏘다시 도라왔다 ! 우리가 잇지 못할 치
　　욕의 날 !! 8월 29일을 당하야 전조합원의게 격함」(내무성
　　1928년 8월 28일 압수문건)(早稻田大學 마이크로필름실 소장)

神奈川縣朝鮮勞動組合本部, 「현경찰부의 강폭한 탄압을들어 전조합원
　　제군의게 격함」(내무성 1928년 8월 28일 압수 문건)(早稻田大
　　學 마이크로필름실 소장)

「案內狀」(1926. 1. 10)(대원사회문제연구소 소장)

「우리 재일본조선노동총동맹 본부 가택 수색과 간부 총검속에 대하
　　여, 일본의 전투적 노동자농민에게 고함」(1928. 4. 24)(대원사회
　　문제연구소 소장)

尹赫濟서명, 「추천장」(1928. 2.)(대원사회문제연구소 소장)

日本勞動組合全國協議會 朝鮮人委員會, 「스파이 투기주의자 김문준
　　등의 책동에 대하여 격한다」(1930. 1. 18)(대원사회문제연구소
　　소장)

日本勞動組合全國協議會朝鮮人委員會, 大阪産業別再組織委員會, 「スパイ
　　社會投機主義者金文準一派の正體-戰鬪的大阪の勞動諸君に-」(早稻
　　田大學 마이크로필름실 소장)(『日本社會運動通信』(121) 1930. 2.
　　28.)

日本勞動協議會朝鮮人委員會, 「スパイ投機主義者金文準等の策動につ
　　いて」(1930.1. 18)(『日本社會運動通信』(90)(1930. 1. 22)(早稻田大
　　學 마이크로필름실 소장)

「일본의 동지제형 여러분에게 고함」(1926. 6. 15)(대원사회문제연구소
　　소장)

在東京朝鮮人團體協議會, 在日本朝鮮勞動總同盟, 在日本朝鮮靑年同盟,
　　新幹會 東京지會, 「죽어도 잇지 못할 9월을 際하야 전조선 2천
　　3백만 동포에게 檄함」(1928. 8.)(내무성 1928년 8월 29일 압수
　　문건)(早稻田大學 마이크로필름실 소장)

在日本朝鮮勞動總同盟, 「元山爭議應援ニュ-ス」(第1號)(早稻田大學 마이
　　크로필름실 소장)

在日本朝鮮勞動總同盟, 「抗議文」(1928. 6. 12)(早稻田大學 마이크로필
　　름실 소장)

在日本朝鮮勞動總同盟關東地方組合代表者會議, 「반동단체 상애회를
　　철저히 박멸하자!」(1929. 4.)(早稻田大學 마이크로필름실 소장)

在日本朝鮮勞動總同盟關西地方協議會(大阪朝鮮勞動組合, 京部朝鮮勞動
　　組合, 兵庫縣朝鮮勞動組合, 愛知縣朝鮮勞動組合)(金浩永), 「在日
　　本朝鮮勞動總同盟の當面問題に關する意見書-産業別編成と日本
　　勞動組合全國協議會加盟へ-」(1929. 10. 29)(『日本社會運動通信』
　　(1929. 11. 23)(早稻田大學 마이크로필름실 소장)

在日本朝鮮勞動總同盟東京朝鮮勞動組合, 「間島第四次共産黨의 暴擊에
　　臨하야 全被壓迫階級勞動者諸君의게 激함」(1928. 10. 10)(早稻
　　田大學 마이크로필름실 소장)

在日朝鮮勞動總同盟東京朝鮮勞動組合本部, 「간도共産黨公判에 迫하여
　　全朝鮮勞動者 諸君의게 檄함 !!!」(1928. 8. 4)(早稻田大學 마이
　　크로필름실 소장)

在日本朝鮮勞動總同盟東京朝鮮勞動組合本部, 「光州學生事件에 際하여
　　全朝鮮被壓迫民族諸君에게 檄함」(내무성 1929년 11월 27일 압
　　수문건)(早稻田大學 마이크로필름실 소장)

在日本朝鮮勞動總同盟東京朝鮮勞動組合本部, 「우리 勞動者들의 명절
　　날! 메데가 왔다!!」(1929. 5. 1)(早稻田大學 마이크로필름실 소
　　장)

在日本朝鮮勞動總同盟東京勞動組合孫秀鎭, 「怨恨깁흔 國恥의 날 8月
　　29日은 왓다 스트라키와 데모로 記念하자!」(1929. 8. 29)(早稻田
　　大學 마이크로필름실 소장)

在日本朝鮮勞動總同盟本所第2班, 「조선노동총동맹의 旗下로 모으자-

친애하는 職業紹介所自由勞動者兄弟諸君!!-」(내무성 1928년 10
월 21일 압수문건)(早稻田大學 마이크로필름실 소장)

在日本朝鮮勞動總同盟東京朝鮮勞動組合南部支部, 「일본제국주의의 조
선증병, 치안 유지법 개악에 대하여 전조선피억압 대중제군에
게 檄함」(1928년 7월)(早稻田大學 마이크로필름실 소장)

在日本朝鮮勞動總同盟東京朝鮮勞動組合東部支部, 「御大典을 際하야 全勞
動者諸君에게擊함」(1928. 10.)(早稻田大學 마이크로필름실 소장)

在日本朝鮮勞動總同盟東京朝鮮勞動組合西部支部, 「寒天에 貴團體의 健
鬪를 祝하아자」(1929. 1. 12)(早稻田大學 마이크로필름실 소장)

在日本朝鮮勞動總同盟東京朝鮮勞動組合本所支部, 「創立大會報告及議」
(1929. 6. 6)(早稻田大學 마이크로필름실 소장)

在日本朝鮮勞動總同盟東京朝鮮勞動組合北部支部, 「혁명적 조합원 제
군!」(내무성 1929년 1월 18일 압수 문건)(早稻田大學 마이크로
필름실 소장)

在日本朝鮮勞動總同盟東京勞動組合産業別委員會, 靑年委員會 金革,
「조합청년부에 대하야」(1929. 11.)(早稻田大學 마이크로필름실
소장)

在日本朝鮮勞動組合東京朝鮮勞動組合, 爭議前衛隊 書記局, 「自衛團は
如何なる任務を持ち如何にして組織するのか?」(내무성 1929일 5
월 18일자 압수문건)(早稻田大學 마이크로필름실 소장)

在日本朝鮮勞動總同盟本部, 「「노동자농민신문」후원의 건」(1929. 4.
16)(在日本朝鮮勞動總同盟本部 발행, 朝鮮勞動組合執行委員長
귀하)(早稻田大學 마이크로필름실 소장)

在日本朝鮮勞動總同盟兵庫縣朝鮮勞動組合 李在豪, 「在東京 2만동포
구축에 際하여 전선노동자 제군에게 檄한다!!」(연도불명 10월
28일)(早稻田大學 마이크로필름실 소장)

在日本朝鮮勞動總同盟常任中央委員會, 「의회해산선거투쟁방침서」(1929.

12. 21)(早稻田大學 마이크로필름실 소장)

「在日本朝鮮勞動總同盟第4回全國大會會錄」(대원사회문제연구소 소장)

「在日本朝鮮勞動總同盟第3回定期大會通知書」(대원사회문제연구소 소장)

「在日本朝鮮勞動總同盟趣旨書」(대원사회문제연구소 소장)

在日本朝鮮靑年同盟東京支部,「뉴쓰」(2)(1928. 8. 15)(早稻田大學 마이
　　크로필름실 소장)

在日本朝鮮靑年同盟東京支部,「뉴쓰」(3)(1929. 1. 15)(早稻田大學 마이
　　크로필름실 소장)

在日本朝鮮靑年同盟東京支部,「우리 노동자 계급의 모든 요구의 관철
　　을 期한 5월 1일 !메-데는 왔다 !!」(1929. 4. 28)(早稻田大學 마
　　이크로필름실 소장)

在日本朝鮮靑年同盟東京支部,「혁명로서아 11주년은 왔다 ! 과감한 대
　　중적 일상투쟁으로 기념하자 !!」(1928. 11. 7)(早稻田大學 마이
　　크로필름실 소장)

在日本朝鮮靑年同盟大阪支部,「뉴쓰」(新年特別號)(1929. 1. 10)(早稻田
　　大學 마이크로필름실 소장)

在日本朝鮮靑年同盟東京支部落合班,「조선청년은 조선청년총동맹의
　　旗下로」(1928. 11.)(早稻田大學 마이크로필름실 소장)

在日本朝鮮靑年同盟東京支部中野班,「中野班뉴쓰」(早稻田大學 마이크
　　로필름실 소장).

在日本朝鮮靑年同盟東京支部早稻田班,「투쟁뉴쓰」(1929. 1. 13)(早稻田
　　大學 마이크로필름실 소장)

鄭禧泳(집행위원장),「폭압에 대항하여 전동맹원 제군에게 보낸다」(재
　　일본조선청년동맹,『뉴스』(3),『社會運動通信』(6) 1928. 6. 22.)

「朝鮮靑年總同盟在日本朝鮮靑年同盟大阪支部東南班班報」(1)(내무성
　　1928년 8월 15일 압수문건)(早稻田大學 마이크로필름실 소장)

「朝鮮靑年總同盟在日本朝鮮靑年同盟大阪支部浦江班班報」(1)(1928. 8. 2)

(早稻田大學 마이크로필름실 소장)

雜司ケ谷班,「조선청년제군!」(내무성 1929년 1월 12일 압수 문건)(早稻
田大學 마이크로필름실 소장)

「戰0 뉴쓰」(國恥記念準備號)(6)(東京朝鮮勞動組合 西部支部 發行, 1928.
8. 20) (早稻田大學 마이크로필름실 소장)

「전일본노동자농민에게 격함!」(1929. 12.)(대원사회문제연구소 소장)

「전조선 피억압 대중 제군에게 격함」(1928. 2. 17)(대원사회문제연구소
소장)

「제1회삼총해금주간을 단행하면서」(1928. 2. 6)(대원사회문제연구소 소
장)

「조선노동자계군의게」(내무성 1928년 7월 7일 압수 문건)(早稻田大學
마이크로필름실 소장)

川崎지부, 「뉴쓰」(1)(내무성 1928년 8월 22일 압수 문건)(早稻田大學
마이크로필름실 소장)

『靑年朝鮮』(創刊號)(1928. 7. 7)(早稻田大學 마이크로필름실 소장)

『靑年朝鮮』(2)(1928. 7. 31)(早稻田大學 마이크로필름실 소장)

『靑年朝鮮』(3)(1928. 8. 30)(早稻田大學 마이크로필름실 소장)

「招待狀」(대원사회문제연구소 소장)

「투쟁뉴쓰」(東京朝鮮勞動組合南部支部)(1928. 12. 12)(早稻田大學 마이
크로필름실 소장)

「투쟁뉴쓰」(6)(東京朝鮮勞動組合南部支部)(내무성 1928년 10월 9일 압
수 문건)(早稻田大學 마이크로필름실 소장)

「間島共産黨公判에 臨迫하여 全朝鮮勞動者諸君의게 檄함」(내무성
1928년 9월 14일 압수 문건)(일본 국회도서관 소장)

「뉴쓰」(3)(東京朝鮮勞動組合 南部支部)(1928. 8. 28)(早稻田大學 마이크
로필름실 소장)(일본 국회도서관 소장)

在日本朝鮮勞動總同盟,「간도공산당 공판은 임박하엿다. 전조선 노동
　　자 농민은 전투적 전위의 학살정책을 분쇄하기 위하야 전민족
　　적 대중투쟁을 궐기하라!」(1929년 8월 20일)(삐라)(일본국회도
　　서관 소장)(早稻田大學 마이크로필름실 소장)

2) 연구 논저

(단행본)

姜德相, 『關東大震災』, 中公新書, 1975.

姜東鎭, 『日本言論界와 朝鮮』, 지식산업사, 1987.

姜萬吉, 『日帝時代 貧民生活史 硏究』, 창작과 비평사, 1987.

姜在彦, 『在日朝鮮人の日本渡航史』, 신경환군을 돕는회, 1976.

姜在彦, 金東勳, 『在日韓國·朝鮮人-歷史と展望』, 1989.

姜徹, 『在日朝鮮人史年表』, 雄山閣, 1983.

高麗社會科學硏究會, 『朝鮮の歷史と現狀』(朴鐘鳴先生還曆記念論文集),
　　　　1988.

고승제, 『韓國移民史硏究』, 장문각, 1973.

高峻石, 『越境-朝鮮人·私の記錄-』, 社會評論社, 1977.

高埈石, 『在日朝鮮人革命運動史』, 拓植書房, 1985.

고준석, 『조선공산당과 코민테른』, 공동체, 1989.

고준석 감수, 문국주 편저, 『조선사회운동사사전』, 고려서림, 1991.

고준석 지음, 김영철 옮김, 『조선공산당과 코민테른』, 공동체, 1989.

金圭昇, 『日本の植民地法制の硏究-在日朝鮮人の人權問題の歷史的 構
　　　　造』, 社會評論社, 1987.

金淇周, 『韓末 在日韓國留學生의 民族運動』, 느티나무, 1993.

金達壽 外,『手記=在日朝鮮人』, 龍溪書舍, 1981.

金斗鎔,『日本における反朝鮮民族運動史』, 鄕土書房, 1947.

金斗鎔,『朝鮮近代社會史話』, 鄕土書房, 1947.

김민영,『일제의 조선인노동력 수탈 연구』, 한울아카데미, 1995.

김복희,『아버지 팔봉 김기진과 나의 신앙』, 정우사, 1995.

金三奎 外,『朝鮮と日本のあいだ』, 朝日新聞社, 1980.

김상현,『在日韓國人』, 단곡학술연구원, 1969.

김영준 편역,『적색노동조합인터내셔날의 역사』, 돌베개, 1988.

김인걸,『1920년대 맑스-레닌주의의 보급과 노동운동의 발전』, 일송정, 1989.

金鐘在, 王城素,『渡日韓國人一代』, 圖書出版史, 1978.

김준엽・김창순,『한국공산주의운동사』(1-5), 청계연구소, 1986.

金贊汀,『關釜連絡船-海峽を渡った朝鮮人-』, 朝日新聞社, 1988.

金贊汀,『朝鮮人女工の歌-1930年岸和田紡績』, 岩波書店, 1980.

金贊汀,『火の慟哭 -在日朝鮮人抗夫の生活史』, 全絅書店, 1980.

金澈,『韓國の人口と經濟』, 岩波書店, 1965.

金泰燁,『抗日朝鮮人の證言』, 不二出版, 1984.

김태엽,『꺼지지 않는 불길』, 도서출판 부루칸모로, 1989.

김형직,『불굴의 투사-리철부동지를 추억하여-』, 료녕인민출판사, 1982.

나가하라 게이지 편, 박현채 역,『일본경제사』, 지식산업사, 1983.

勞動者 ルポルタ-ジ集團,『日本人のみた在日朝鮮人』, 1959.

大原社會問題硏究所,『太平洋戰爭下の勞動運動』, 1968.

던컨 핼러스 지음, 오현수 옮김,『우리가 알아야 할 코민테른 역사』, 책갈피, 1994.

渡部徹,『日本勞動組合運動史』, 靑木書店, 1970.

渡部徹・木村敏南,『大阪社會勞動運動史』(1)(戰前編(上)), 有斐閣, 1986.

渡部徹・木村敏南,『大阪社會勞動運動史』(2)(戰前編(下)), 有斐閣, 1989.

藤原彰 編,『日本民衆の歷史』(8), 三省堂, 1975.

リチヤ-ド・H・ミツチエル, 金容權 譯,『在日朝鮮人の歷史』, 彩流社, 1981.

마르크스・엥겔스 공저, 주익종 역,『식민지론』, 녹두, 1989.

木村健二,『在日朝鮮人の社會史』, 未來社, 1989.

문윤성,『사슬을 끊고-이강훈 옥중 항일투쟁기-』, 행림출판사, 1989.

미첼, 김윤식 역,『일제의 사상통제』, 일지사. 1982.

梶村秀樹,『在日朝鮮人論』(梶村秀樹著作集 第6卷), 明石書店, 1992.

카지무라 히데키 지음, 김인덕 옮김,『재일조선인운동-1945~1965-』, 현음사, 1994.

민관식,『재일조선인의 현상과 미래』, 고대아세아문제연구소.

朴慶植,『在日朝鮮人-私の靑春-』, 三一書房, 1981.

朴慶植,『在日朝鮮人運動史-8・15解放前-』, 三一書房, 1979.

朴慶植,『在日朝鮮人運動史-8・15解放後-』, 三一書房, 1989.

朴慶植,『朝鮮人强制連行の記錄』, 未來社, 1972.

朴慶植,『天皇制國家と在日朝鮮人』, 社會評論社, 1986.

朴慶植 外,『天皇制と朝鮮』, 神戶學生・靑年センタ-出版部, 1989.

朴慶植 外,『體驗て語る解放後の在日朝鮮人運動』, 1989.

朴慶植,『在日朝鮮人・强制連行・民族問題』, 三一書房, 1992.

박명용,『한국 프롤레타리아 문학 연구』, 글벗사, 1992.

朴在一,『在日朝鮮人に關する綜合的硏究』, 新紀元社, 1959.

박창욱 주편,『조선족혁명열사전』, 요녕출판사, 1983.

방인후,『북한 '조선노동당'의 형성과 발전』, 고대 아세아문제연구소, 1967.

배성찬 편역,『식민지시대 사회운동론 연구』, 돌베개, 1987.

베트남공산당사연구회 지음, 김종욱 옮김,『베트남공산당사』, 소나무, 1989.

兵庫朝鮮關係硏究會 編,『兵庫と在日朝鮮人』, 1985.

竝木眞人 외, 편집부 엮음,『1930년대 민족해방운동』, 거름, 1984.

사회과학원 역사연구소 편,『조선근대혁명운동사』, 한마당, 1988.

杉原薰, 玉井金五 編,『大正大阪スラム』, 新評論, 1986.

서대숙 저, 현대사연구회 역,『한국공산주의운동사연구』, 화다, 1985.

서중석,『한국근현대의 민족문제연구』, 지식산업사, 1989.

서중석,『한국현대민족운동연구-해방후 민족국가건설운동과 통일전선-』, 역사비평사, 1991.

성윤식,『朝鮮人部落』, 三一書房, 1973.

小林未夫,『在日朝鮮人勞動者と水平運動』, 部落問題硏究所, 1974.

小森惠,『社會運動·思想關係資料案內』, 三一書房, 1986.

小澤有作 編,『在日朝鮮人』(『近代民衆의 記錄』(10)), 新人物往來社, 1978.

손성필,『해방후 우리나라에서의 로농동맹』, 조선로동당출판사, 1965.

스칼라피노·이정식 외 지음,『신간회연구』, 동녘, 1983.

스칼라피노·이정식 공저, 한홍구 옮김,『한국공산주의운동사』, 돌베개, 1986.

안종철 외,『근현대의 형성과 지역 사회운동』, 새길, 1995.

야마다쇼오지·다카사키소오지 등지음, 샘기획 옮김,『근대사속의 한국과 일본』, 돌베개, 1992.

岩村登志夫,『在日朝鮮人と日本勞動者階級』, 校倉書房, 1972.

『言論人金三奎』, 言論人金三奎刊行委員會, 1989.

隅谷三喜男,『日本勞動運動史』, 有信堂, 1976.

E.W.ワグナ,『日本における朝鮮小數民族』, 外務省, 1951.

柳東植,『在日本韓國基督敎靑年運動史-1906~1990-』, 재일본한국기독교청년회, 1990.

梁永厚,『前後·大阪の朝鮮人運動-1945-1965-』, 未來社, 1994.

윤병석,『한국독립운동의 해외사적 탐방기』, 지식산업사, 1994.

尹炳奭,『獨立軍史』, 지식산업사, 1990.

李康勳 編,『獨立運動大事典』(1)(2), 도서출판 동아, 1990.

이강훈,『민족해방운동과 나-靑雷 李康勳自敍傳-』, 제삼기획, 1994.

李光奎,『在日朝鮮人-生活實態를 中心으로-』, 일조각, 1983.

이균영,『신간회연구』, 역사비평사, 1993.

이기하,『한국공산주의운동사』, 국토통일원 조사연구실, 1976.

『어느 여공의 노래』, 인간사, 1983.

이명영,『재만한인 공산주의운동』, 성대출판부, 1975.

李瑜煥,『日本の中の38度線-民團, 朝總連の歷史と現實』, 洋洋社, 1980.

李瑜煥,『在日朝鮮人五十年史』, 新樹物産株式會社出版部, 1960.

李庭植,『韓國과 日本』, 교보문고, 1986.

이청원,『조선에 있어서 프롤레타리아트의 헤게모니를 위한 투쟁』, 조
　　　선민주주의 인민공화국 과학원, 1955.

日本共産黨中央委員會,『日本共産黨の五十年』, 日本共産黨中央委員會
　　　出版局, 1972.

日本共産黨中央委員會,『日本共産黨の七十年』(上), 新日本出版社, 1994.

日本朝鮮研究所,『日朝中三國人民の連帶の歷史と理論』, 1964.

林光澈,『李朝封建社會史』, 在日本朝鮮人聯盟中央總本部文敎部, 1949.

임규찬 엮음,『일본프로문학과 한국문학』, 연구사, 1983.

임규찬・한기형 편,『카프시대에 대한 회고와 문학사』, 태학사, 1989.

임영태 편,『식민지시대 한국사회와 운동』, 사계절, 1985.

任展慧,『日本における朝鮮人の文學の歷史-1945年まで-』, 法政大學出版
　　　局, 1994.

張斗植,『ある在日朝鮮人の記錄』, 1976.

張錠壽,『在日六十年・自立と抵抗』, 社會評論社, 1989.

荻野富士夫,『特高警察體制史』, セキタ書房, 1984.

全錫淡・李基洙・金漢周, 『日帝下의 朝鮮社會經濟史』, 朝鮮金融組合
     聯合會, 1947.

田駿,『朝總聯硏究』, 고대 아세아연구소, 1972.

井上淸, 『日本の歷史』(上・下), 岩波書店, 1977.

鄭哲, 『在日韓國人の民族運動』, 洋洋社, 1970.

재일본조선인과학자협회, 『론문집』(조선민주주의 인민공화국 창건 15
     주년 기념)(사회과학 편), 사회과학원출판사, 1964.

재일본한국유학생연합회, 『일본유학100년사』, 재일한국유학생연합회,
     1988.

朝鮮大學校,『關東大震災における朝鮮人虐殺の眞相と實態』, 1963.

『조선민족해방투쟁사』, 김일성종합大學, 1949.

조지훈, 『한국민족운동사』, 나남, 1993.

존 몰리뉴 지음, 이진한 옮김, 『마르크스주의와 당』, 책갈피, 1993.

중공중앙당사연구실, 『중국공산당의 70년』, 민족출판사, 1992.

中川 淸, 『日本の都市下層』, 勁草書房, 1985.

川瀨俊治, 『奈良・在日朝鮮人史1910-1945』, 奈良在日朝鮮人敎育を考な
     る會, 1985.

村田陽一 編,『コミンテルン資料集』(2)(3)(4), 大月書店, 1981.

『친일변절자 33인』, 가람기획, 1995.

크리스 하먼 지음, 배규식 옮김, 『노동자를 위한 마르크스주의 입문』,
     신평론, 1991.

樋口雄一,『協和會-戰時下朝鮮人統制組織の硏究-』, 社會評論社, 1986.

편집부, 『코민테른자료선집』(1), 동녘, 1989.

坪江汕二, 『朝鮮民族獨立運動秘史』, 日刊勞動通信社, 1959.

坪井豊吉, 『在日本朝鮮人運動の槪況』, 法務硏修所, 1959.

布施柑治, 『ある辯護士の生涯』, 岩波書店, 1963.

布施辰治, 張祥重, 鄭泰成, 『運命の勝利者朴烈』, 世紀書房, 1946.

河岐洛,『韓國아나키즘運動史』, 무정부주의운동사편찬위원회, 1978.

「解放のいしずえ」刊行委員會,『解放のいしずえ』, 解放運動犧牲者合葬
　　　追悼會世話人會, 1956.

한국역사연구회 근현대청년운동사 연구반,『한국근현대청년운동사』,
　　　풀빛, 1995.

한국역사연구회 1930년대연구반,『일제하 사회주의운동사』, 한길사,
　　　1991.

한대희 편역,『식민지사회운동』, 한울림, 1986.

韓德銖,『在日朝鮮人運動の轉換について』, 學友書房, 1955.

韓德銖,『主體的海外僑胞運動の思想と實踐』, 未來社, 1986.

현규환,『한국유이민사』, 삼화출판사, 1976.

　　(논문)

角木征一,「東京・深川における朝鮮人運動-1930年-」,『在日朝鮮人史研
　　　究』(6), 1980. 6.

강만길,「민족해방운동의발전-신간회운동-」,『한국사연구입문』, 지식산
　　　업사, 1981.

강만길,「한국민족해방투쟁사 연구현황과 과제」, 역사문제연구소 편,
　　　『한국근현대연구입문』, 역사비평사, 1988.

姜在彦,「朝鮮人運動」,『社會主義講座』(8), 1957.

姜在彦,「在日朝鮮人の渡航史」,『朝鮮月報』(別冊), 朝鮮研究所, 1957.
　　　(이후 이 논문은 金達壽・姜在彦 編『手記=在日朝鮮人』(龍溪
　　　書舍, 1981)에 실렸다.)

橋澤裕子,「新潟縣における朝鮮人勞動運動-新潟縣朝鮮勞動組合を中心
　　　に-」,『在日朝鮮人史研究』(17), 1987. 9.

關幸夫,「「非共産黨マルクス主義」は何んてすか」(1)-(9),『科學と思想』

(63-73), 1987-1989.

堀內稔, 「兵庫縣における朝鮮人勞動運動-兵庫縣朝鮮勞動組合を中心に-」, 『在日朝鮮人史研究』(19), 1989. 10.

堀內稔, 「兵庫縣における朝鮮人勞動運動と全協」, 『在日朝鮮人史研究』(22), 1992. 9.

堀內稔, 「兵庫縣・朝鮮人の初期勞動運動」, 『在日朝鮮人史研究』(23), 1993. 9.

堀內稔, 「在日朝鮮人アナキズム勞動運動(解放前)-朝鮮東興勞動同盟會と朝鮮自由勞動者組合-」, 『在日朝鮮人史研究』(16), 1986. 10.

金森襄作, 「大阪朝鮮勞動同盟會」, 渡部徹・木村敏男, 『大阪社會勞動運動史』(1)(戰前編(上)), 有斐閣, 1986.

金森襄作, 「在日朝鮮人の勞動組合運動」, 渡部徹・木村敏南, 『大阪社會勞動運動史』(2)(戰前編(下)), 有斐閣, 1989.

金森襄作, 「在日朝鮮勞總「大阪事件」について」, 『在日朝鮮人史研究』(20), 1990. 10.

김경일, 「일제하 노동운동의 전개와 활동」, 『한국사』(15), 한길사, 1994.

金光烈, 「1930年代名古屋地域における朝鮮人勞動運動」, 『在日朝鮮人史研究』(23), 1993.

김기승, 「1920년대 안광천의 방향전환론과 민족해방운동론」, 『역사와 현실』(6), 1991. 3.

김기승 「배성룡의 정치경제사상연구」, 고려大學校 박사학위 청구논문, 1993.

김영근, 「1920년대 노동자의 존재 형태에 관한 연구」, 『일제하 한국의 사회계급과 사회변동』(한국사회사연구회 논문집 제12집), 문학과 지성사, 1988.

김인덕, 「조선공산당의 투쟁과 해산」, 『일제하 사회주의운동사-조선공

　　　　산당재건운동을 중심으로-』, 한길사, 1991.

김현숙, 「일제하 민간 협동조합운동에 관한 연구」, 『일제하의 사회운
　　　　동』(한국사회사연구회논문집 제9집), 문학과 지성사, 1987.

吉岡吉典, 「朝鮮人がはじめて參加した第3回メ-デ-前後-白武氏にきく-」,
　　　　『朝鮮硏究』(40), 1965. 6.

大和和明, 「朴慶植著『在日朝鮮人運動史』」, 『歷史評論』(355), 1979. 11.

류시현, 「1920년대 전반기 사회주의사상의 수용과 발전과정에 대한
　　　　연구」, 고려大學校 석사학위 청구논문, 1990.

梶村秀樹, 「1920-30年代朝鮮農民渡日の背景」, 『在日朝鮮人史硏究』(6),
　　　　1980.

梶村秀樹, 「朝鮮民族解放鬪爭」, 『岩波講座世界歷史』(27), 1971.

「朴廣海氏勞動運動について語る」(1), 『在日朝鮮人史硏究』(19),　1989.
　　　　10.

朴慶植, 「在日思想團體北星會・日月會について」, 『在日朝鮮人:私の靑
　　　　春』, 三一書房, 1981.

朴慶植, 「在日朝鮮勞總の活動」, 『在日朝鮮人-私の靑春-』,　三一書房,
　　　　1981.

박성구, 「일제하 프롤레타리아 예술운동에 관한 연구」, 『일제하 한국
　　　　의 사회계급과 사회변동』(한국사회사연구회 논문집 제12집),
　　　　문학과 지성사, 1988.

박정의, 「일본식민지시대의 재일한국인여공-방적・제사여공-」, 『원광대
　　　　논문집』(17), 1983.

박철하, 「고려공산청년회의 조직과 활동(1920-1928)」, 『한국근현대청년
　　　　운동사』, 풀빛, 1995.

「빈병장수 20년, 이병우」, 『마당』(1984. 1.)

山田昭次, 「書評『在日朝鮮人運動史-8・15解放前』」, 『日本史硏究』(218),
　　　　1980. 10.

서중석, 「일제시대 사회주의자들의 민족관과 계급관」, 『한국민족주의의 론』(3), 창작과 비평사, 1987.

石坂浩一, 「芝浦の勞動運動と李東宇」, 『三千里』(15).

石坂浩一, 「神奈川縣朝鮮勞動組合の活動をめぐって」, 『近代日本の社會主義と朝鮮』, 社會評論社, 1993.

성대경, 「3·1운동시기의 한국노동자의 활동에 대하여」, 『일제하 식민지시대의 민족운동』, 풀빛, 1981.

松村高夫, 「日本帝國主義下における植民地勞動者」, 『經濟學年報』(10), 1967.

水野直樹, 「신간회 동경지회의 활동에 대하여」, 『신간회연구』, 동녘, 1984.

水野直樹, 「朝鮮總督府の「內地」渡航管理政策-1910年代の勞動者募集取締-」, 『在日朝鮮人史研究』(22), 1992.

辛基秀, 「在日朝鮮人運動と日本勞動者階級」, 『勞動運動史研究』(13), 1984.

신기수, 「형평사와 수평사의 교류」, 형평운동70주년 기념사업회 엮음, 『형평운동의 재인식』, 솔, 1993.

신재홍, 「일제하 재일한국인의 민족유일당운동」, 『편사』(4), 1972. 8.

신주백, 「1920-30년 시기 간도지역 한인사회운동의 방향전환에 대한 연구」(상), 『사학연구』(46), 1993.

鈴木博, 「京都における在日朝鮮人勞動者の鬪い-1920年代-」, 『在日朝鮮人史研究』(8), 1981. 6.

鈴木秀子, 「在日朝鮮人運動と日本人」, 『朝鮮研究』(79), 1968. 1.

梅田俊英, 「日本勞動組合全國協議會と在日朝鮮人勞動者-山梨縣土建勞動者爭議を通して」, 『勞動運動史研究』(55), (56), 1972.

안건호·박혜란, 「1920년대 중후반 청년운동과 조선청년총동맹」, 『한국근현대청년운동사』, 풀빛, 1995.

窪田宏, 「滿洲支配と勞動問題-鑛山·港灣荷役, 土木建築勞動における 植民地的搾取について」, 『日本帝國主義と東アジア』, アジア經 濟硏究所, 1979.

外村大, 「1920-30年代在日朝鮮人の住宅問題」, 『民衆史硏究』(41), 1991.

外村大, 「在日本朝鮮勞動總同盟に關する一考察」, 『在日朝鮮人史硏究』 (18), 1988. 10.

外村大, 「在日朝鮮人史硏究の現狀と課題についての一考察-戰前期を對 象とする硏究を中心に-」, 『在日朝鮮人史硏究』(25), 1995, 9.

尹健次, 「戰後歷史學における他者認識-在日朝鮮人の視點から-」, 『歷史 學硏究』(1594), 1989. 6.

李順愛, 「在日朝鮮女性運動-槿友會を中心に-」(上), 『在日朝鮮人史硏究』 (4), 1978.12.

이애숙, 「1930년대 초 청년운동의 동향과 조선청년총동맹의 해소」, 『한국근현대청년운동사』, 풀빛, 1995.

林光澈, 「渡航史」, 『民主朝鮮』, 1950. 7.

林光澈, 「朝鮮解放運動史」(1)(2), 『歷史評論』(28)(29), 1951. 4, 5.

林光澈, 「在日朝鮮人問題」, 『歷史學硏究』(特輯「朝鮮史の諸問題」), 1953.

林光澈, 「朝鮮人學校廢校問題」, 『理論』, 1954. 12.

林博史, 「1920年代における在日朝鮮人勞動運動對策」, 『一橋硏究』(8-4), 1984.

임종국, 「제1공화국과 친일세력」, 『해방전후사의 인식』(2), 한길사, 1985.

오미일, 「일제시기 사회주의자들의 농업문제인식-1920년대 후반기 방 향전환·미족협동전선논쟁과 관련하여-」, 『역사비평』(7), 1989, 겨울.

오미일, 「1930년대 사회주의자들의 사회성격논쟁」, 『역사비평』(8), 1990, 봄.

「在日朝鮮人.韓國人社會活動家略傳(1)-(3)」,『アジア問題研究所報』(7)-
     (9), 1992-1994.

田中徹, 「朝鮮人勞動者と日本の勞動運動」,『日本人のみた在日朝鮮人』,
     1959.

田村紀之, 「植民地期「內地」在日朝鮮人人口」,『經濟と經濟學』(52), 1983.

정성진, 「트로츠키의 정치경제학 체계」,『이론』(7), 1993, 겨울.

CHIN SUNG CHUNG, COLONIAL MIGRATION FROM KOREA TO
     JAPAN, A DISSERTATION SUBMITTED TO DOCTOR OF
     PHILOSOPHY CHICAGO, 1984.

정진성, 「일제하 재일조선인노동자들의 조직운동」, 서울대 사회학연구
     회,『한국사회학연구』(8), 한울, 1985.

정진성, 「계급으로서의 민족공동체」, 서울大學校 사회학연구회 엮음,
     『현대자본주의와 공동체이론』, 한길사, 1988.

정진성, 「1920년대의 조선인광부 사용-(使用) 상황 및 사용경비(經費)-
     일본 치쿠호 지방의 미쯔비시탄광을 중심으로-」, 주종환회갑
     기념논문집간행회 편,『한국자본주의론』, 한울, 1989.

정혜경, 「1910-20년대 東京한인 노동단체」,『한국근현대사연구』(1), 한
     울, 1994.

齊藤秀夫, 「岩村登志夫『在日朝鮮人と日本勞動者階級』書評」,『歷史學
     研究』(7), 1974. 7.

佐佐木信彰, 「在日朝鮮人の形成史」, 磯村英一 編,『講座差別と人權』(4),
     雄山閣, 1985.

佐佐木信彰, 「1920年代における在阪朝鮮人の勞動=生活過程」, 杉原薫,
     玉井金石 編『大正大阪スラム』, 新評論, 1986.

杉原達, 「在阪朝鮮人の渡航過程-朝鮮・濟州島との關連で-」, 杉原薫, 玉
     井金石 編『大正大阪スラム』, 新評論, 1986.

최응철, 「1920년대 조선에서 로동계급의 상부 구조 형성에 끼친 종파

분자들의 해독성에 대하여」,『력사과학』(1), 1958.

沖浦和光,「日本資本主義の思想方法と特質」,『現代イデオロキ』(2), 三一書房, 1961.

沖浦和光, 「日本マルクス主義の思想方法の一特質-福本イズムの思想史的意義をめぐっつ-」, 『講座現代のイデオロギ-』(2), 三一書房, 1961.

樋口雄一,「在日朝鮮人部落の成立と展開」, 小澤有作編,『近代民衆の記録』(10)(在日朝鮮人), 新人物往來社, 1978.

樋口雄一,「金天海について」,『在日朝鮮人史研究』(18), 1988. 10.

片山潛,「日本における朝鮮人勞動者」,『片山潛著作集』(3), 1960.

한상구, 「1926-28년 신간회의 민족협동전선론」, 서울大學校 석사학위청구논문, 1993.

홍석률, 「일제하 청년학생운동」,『한국사』(15), 한길사, 1994.

後藤耕二, 「京都における在日朝鮮人をめぐる狀況-1930年代-」, 『在日朝鮮人史研究』(21), 1991.

□저자 약력□

김 인 덕
성균관대학교 사학과 졸업
성균관대학교 대학원 사학과 석사
성균관대학교 대학원 사학과 문학박사
성균관대학교, 상지대학교병설전문대학 강사
국가보훈처 보훈연구실 연구원(현재)

□ 논문
「식민지시대 여수지역 민족해방운동에 대한 일고찰」
(『성대사림』(7), 1991.)
「1920년대말 재일조선인 민족해방운동의 해체논의에
 대한 검토」(『신연철교수정년퇴임기념 사학논총』, 1995.)
「학우회의 조직과 활동」(『국사관논총』(66), 1995.)
「在日本朝鮮勞動總同盟についの一考察」
(『在日朝鮮人史硏究』(26), 1996.)등

식민지시대 재일조선인운동 연구

1996年　11月　20日　印刷
1996年　11月　30日　發行

지은이 : 김　　인　　덕
발행인 : 정　　찬　　용
편집인 : 한　　봉　　숙
발행처 : 국 학 자 료 원

등록번호 제2-412호
서울시 성동구 행당동 28-7 정우B/D 402호
전화 : 2917-948, 2727-949
FAX : 291- 1628

값 13,000원

*저자와의 협의하에 인지를 생략함